고대 인도의 일상생활

La Vie quotidienne dans l'Inde ancienne

인더스 문명의 공예품

(위) 원통형 홍옥수 구슬로 된 허리띠로 각 구슬의 길이가 12~13cm에 이른다.

(아래) 붉은색 유약을 바르고 검은색 안료로 문양을 넣은 채색 항아리. 기하학적 문양과 보리수 나뭇잎이 그려져 있다.

짐승 형상의 토우(왼쪽)와 지모신상(위)
테라코타로 만든 소조상들은 장난감이나
봉헌물로 사용되었다.

인더스 문명의 인장
요가 수행자가 뿔이 달린 머리 장식을 쓰고 동물들에
게 둘러싸인 채 가부좌를 틀고 있다. 이는 후대에 나
타나는 '설법하는 부처'의 모습과 매우 유사하다.

쿠샨 시대의 주화

쿠샨 왕조의 왕들은 이란의 여러 신들과 그리스 여신들, 그리고 힌두교의 신들과 부처가 새겨진 주화를 발행했다. 불상(위), 시바 신과 황소(아래), 카니슈카 왕(가운데).

아잔타의 차이티야와 비하라 석굴

기원전 1세기부터 서기 7세기까지 점진적으로 형성되어 29개의 석굴군을 이루게 되었으며 석굴 내부의 수많은 벽화와 조각 작품들을 통해 당시 불교미술의 수준을 짐작할 수 있다.

부처와 협시보살이 표현된 사리기

루비가 박혀있는 원통형 금제 사리기로 공양자의 이름 이 새겨진 석함 안에 들어있었다.(서기 60년경)

사자석주 기둥머리

아소카 왕은 자신의 제국 전역에 돌기둥을 세우고 칙령 을 새겼다. 석주 꼭대기에는 법륜(法輪) 위에서 포효하 는 네 마리의 사자가 정교하게 조각되어 있었다.

신전에서 예배를 드리고 있는 여인의 모습
의식을 중시했던 브라만 계급은 희생제물을 바치고 기도를 올리며 예물을 봉헌하는 일을 하루의
주된 일과로 삼았다.

왕자의 목욕재계

왕자가 의식을 준비하는 장면을 그린 아잔타 석굴 벽화. 왕자는 염소 모양이 조각되어 있는 왕좌에 앉아 있고,
두 명의 시종이 금속 주전자로 물을 뿌려주고 있다. 부채를 든 세 명의 여자가 시중을 들고 있다.

후궁의 몸단장

왕의 관심을 끌기 위해 향수를 뿌리고 기름을 바르며 몸치장을 하는 것이 후궁들의 주요 일과였다. 발바닥에 붉은 라크를 칠한 후궁에게 몸종이 거울을 보여주고 있다.(그림 위쪽)

카주라호 사원의 관능적인 조각상
황궁 근처에 사는 부유한 크샤트리아 젊은이들은 교양 있고 세련된 고급 창녀들의 정부가 되어 방탕한 생활을 하곤 했다.

여자 악사와 창녀
피리를 불며 춤을 추는 여자 악사(왼쪽)와 고급 창녀의 모습. 두 명의 젊은 남성이 육감적인 모습의 여인을 떠받치고 있다.(오른쪽)

산치의 스투파

불교의 초기 석탑들 가운데 가장 잘 보존된 것으로 부처의 유골을 보관한 사리기가 안치되어 있으며 사방 네 개의 탑문에는 불교설화의 내용이 부조되어 있다. (오른쪽 페이지)

미가다 왕의 진투

궁사, 기병, 전차, 코끼리부대로 구성된 군대가 성을 포위하고 있다. 인도의 왕은 기본적으로 크샤트리아 계급으로서 항시 병법 연구에 전념해야 했다.

왕실의 행렬

말총으로 만든 파리채와 양산을 든 시종들에 둘러싸인 왕자가 수도를 행진하고 있다. 백성들은 길가나 발코니에서 장엄한 행렬을 구경하며 볶은 곡식과 금가루와 꽃을 뿌렸다.

상아 세공인 길드

길드에 소속된 상아 세공인들이 부처의 명문이 새겨진 터번에 예배를 드리고 있다. 이들은 막대한 자본을 축적하여 산치의 스투파 탑문 가운데 하나를 헌납하는 위치에까지 올랐다.

상아 세공품

정교한 기술과 미적 감각을 자랑하는 상아 세공인들은 조각상은 물론 침대와 의자의 다리, 거울 손잡이, 주사위, 액자틀 등을 제작했다.

청동제 물병
네 마리의 말이 끄는 전차를 타고 있는 왕자의 모습을 묘사하고 있다. 왕실의 전차를 모는 사람은
조정의 중요인물로 귀족이면서 음유시인이기도 했다.

마말라푸람의 암벽 조각

한쪽 다리로 서서 참회하는 고행자에게 은혜를 베푸는 시바 신의 모습이 보인다.(상단 왼쪽) 그 아래 비슈누 신의 신전이 있고, 나이 든 현자가 가부좌를 하고 앉아서 세 명의 제자에게 가르침을 주고 있다. 이들 옆으로는 네 명의 수행자들이 다양한 참회 의식을 치르고 있다. 중앙에 흐르는 강물 위로 뱀의 신 나가와 나기니가 보인다.

왕관을 쓴 가네샤

브라만교에서는 코끼리를 시바 신의 아들인 가네샤의 화신으로 여기며 불교에서는 힘과 지혜,
안정과 사리분별을 상징한다. 특히 흰색 코끼리는 왕실의 상징이었다.

코끼리가 새겨진 은제 원판

막대기를 쥔 몰이꾼이 코끼리의 목에 올라타 있고 중간에 왕이 앉아 있다. 또 다른 몰이꾼 한 명은 뱃대끈
에 연결된 밧줄로 자신의 허리를 묶은 뒤 코끼리의 궁둥이에 걸터앉았다.

사냥터의 왕

사냥복 차림의 왕이 매 사냥을 하고 있는 모습. 그물과 덫을 가진 몰이꾼들과 몇 마리의
사냥개가 왕의 뒤를 따랐다.

La Vie quotidienne dans l'Inde ancienne

고대 인도의 일상 생활

자닌 오브와예 지음 | 임정재 옮김

우물이 있는 집

La Vie quotidienne dans l'Inde ancienne
By Jeannine AUBOYER

차례

1부 인도인의 삶

1장_ 지리적 배경과 역사적 배경

2장_ 사회구조와 종교적 원칙

3장_ 정치구조와 행정구조

4장_ 경제와 일상생활

<h1 style="text-align:center">3부 황궁과 귀족의 생활</h1>

1장_ 도시 생활과 멋쟁이들

2장_ 황궁과 그 주변의 생활

3장_ 왕의 공적 생활: 최고 권력자의 화려함

20세기에도 여전히 수천 년 전에 확립된 전통에 기반하고 있다는 점에서 현대 인도는 독특하다고 할 수 있다. 하지만 인도는 결코 낡은 문명에 얽매여 있지 않다. 실제로 인도는 모든 산업분야에 걸쳐 지속적인 발전을 이룩함으로써 전통에 대한 일관성과 균형감각을 동시에 지니고 있음을 웅변하고 있다. 이러한 사실은 인도처럼 풍부하고 복잡한 문명에서는 놀라운 현상이라 할 수 있다. 인도의 사상가와 예술가들에게 영감을 불어넣어주던 샘은 이미 말라버렸으며, 인도의 개혁가들은 반대를 위한 반대만을 일삼는 극렬 보수주의자들의 저항에 부딪혀 제대로 힘을 쓰지 못하고 있다고, 그러므로 개혁을 위한 모든 노력은 수포로 돌아갈 것이라고 흔히들 생각하기 때문이다. 하지만 인도는 이러한 영향에 전혀 흔들리지 않았으며 문명의 발전을 저해 받지도 않았다. 오히려 이와 같은 특수한 조건에서도 인도만의 고유한 특질과 저력으로 인근 국가들에게 자신이 지닌 독특한 원리를 전파했다. 모든 분야에서 더디게만 진행되는 인도의 변화는 고래로부터 지금까지 지속되어온 연속성에서 비롯된 당연한 현상으로서, 국가구조의 절대적인 토대였던 농경생활 특유의 유유자적한 태도를 유감없이 반영하고 있다.

위의 두 가지 요인은 인도철학이 우연성을 도외시하고 절대성만을 강조하는 사실에서 비롯된 태도, 즉 역사를 이상할 정도로 경멸하는 태도와 결합되어 있다. 인도의 왕들은 비문에 자신의 위업을 칭송하는 글을 새길 때조차도 재위기간이나 통치시기를 정확히 기술하지 않았다. 나아가 고대 시대 내내 실제로 일어났던 사건들의 기록, 즉 왕실 연대기와 지방의 연대기를 신화와 전설로 끊임없이 변모시켰다. 이러한 까닭에 현대 역사가들은 인도 고대사 연구에 상당한 어려움을 겪고 있으며, 오직 추론에 의해 역사를 기술하는 경우도 벌어지고 있다.(최근에 출간된 인도 연구서에 "기원전 4세기경의 인도를 연구하는 역사학자들은 문법 사례를 바탕으로 역사를 구축할 뿐이다!"[J. Naudou, 『세계사(Historie universelle)』, 1, p.145]라는 표현이 나오는데, 이를 통해 역사학자들의 고충을 미루어 짐작해볼 수 있다.)

인도에는 지금까지도 제대로 설명되지 않는 기묘한 사실이 존재한다. 아주 오래 전부터 기본적인 경전들이 구비형태로 전승되어왔고, 기원전 6세기경에 붓다가 활동했다는 사실은 역사적으로 의심의 여지가 없을 만큼 확실한데도 최초의 고고학적 기념물은 기원전 2~3세기까지만 소급된다. 이런 사실을 고려해보면 인도의 진정한 역사시대는 매우 늦게 시작되었음을 알 수 있다. 비록 문자가 존재하긴 했지만 안타깝게도 문헌을 제대로 해석할 수 없으므로 그 이전 시대를 실제로 원사(原史)시대라고 단정할 수는 없다.

전통이 더디지만 꾸준하게 지속되고 발전한다는 사실은, 심지어 현대 인도의 국가적 특징마저도 기원전 2~3세기경에 이미 확립된 인도문명의 전형을 그대로 답습하고 있다는 말과도 같다. 그렇다고 해서 사회구조상의 어떠한 변화도 없었다고 주장하는 것은 아니다. 물론 오랜 세월에 걸쳐 제도들이 발전했고, 사회는 결코 정적이지 않았으며, 문화는 점진적으로 변화를 거듭했다. 하지만 중요한 사실은 이 같은 변화가 갑작스러운 충격이나 눈에 띄는 개혁을 거치지 않고 부지불식간에 이루어졌다는 것이다. 또한 이러한 현상을 뒷받침해줄 만한 근거나 사료가 턱없이 부족하기 때문에 개혁이 일어난 시기나 새로운 조치가 단행된 시기를 정확하게 추정하는 것은 불가능에 가깝다. 그러므로 우리는 인도에서 태고의 풍습과 최근의 풍습이 전혀 충돌하지 않고 함께 공존하면서 상이하게 발전해나가는 문화를 발견하게 된다.

이런 까닭에 이 책에서는 좀더 심도 있고 정치(精緻)한 연구를 위해 1천 년에 가까운 긴 시기를 다룰 수밖에 없었다. 비교적 짧은 시기만을 다루는 연구나 단일 왕조에만 주력하는 연구는 고대 인도인의 일상생활을 단편적으로 기술하게 마련이기 때문이다. 따라서 900년의 기간 ― 기원전 2세기부터 기원후 7세기에 이르는 ― 이 길다고 느껴질 수도 있겠지만 실제로는 이러한 시대구분이 오히려 적절하다고 할 수 있다. 이 기간 동안 인도 영토의 상당 부분이 정치적으로 통합되었고, 행정조직이 정교하게 정비되었을 뿐만 아니라 중앙집권화도 어느 정도 이룩되었기 때문이다. 또한 이 시기에 브라만교와 불교도 융성했다. 뛰어난 아름다움을 자랑하는 신전과 사원이 잇따라 세워졌고, 새로운 학파와 스타일이 봇물처럼 터져 나왔으며, 세속문학이 자기 색깔을 갖추는 등 인도 역사상 그 유례를 찾아볼 수 없을 정도로 예술이 전성기를 구가했다. 이 같은 고대 문화와 종교는 중세 인도의 밑거름이 되었다. 수많은 왕들이 당시를 이상적인 시대로 여겨 자신들의 치적을 윤색한 글을 남겼고, 인도의 문헌들은 풍요로움을 구가했던 위대한 고대 시대를 세상에 널리 알렸다.

고대 인도인들의 일상생활을 엿볼 수 있는 귀중한 사료들은 매우 풍부하다. 이를테면 일련의 기술서적과 일반서적들, 매장되어 있던 비문, 고고학 유적, 화폐, 금석문, 그리고 그리스인과 로마인, 중국인들이 기술한 당시의 연대기 등이 그것이다. 위의 사료들을 통해 부족한 부분을 보완하면 당시의 일상생활을 좀더 자세하게 살펴볼 수 있다. 바위나 돌에 새겨져 있는 조각 작품과 벽화를 통해 문헌의 내용을 보다 확실하게 밝힐 수 있으며, 반대로 문헌에 나오는 내용으로 조각 작품과 벽화를 더욱 확실하게 해석할 수도 있다. 가장 유익한 문헌을 꼽자면 무엇보다도 베다 시대(기원전 400~200년)에 나온 것으로 가정의 제사의례를 설명한 『그리히아수트라』*를 들 수 있다. 제사의례가 변화를 겪기는 했지만 인도의 전통이라는 전체 역사에 비춰볼 때 그 변화는 지극히 미미하다는 사실을 이 문헌을 통해 알 수 있다. 가장 홍미를 끄는 문헌으로는 붓다의 '전생'을 다룬 설화집인 『자타카』**를 꼽을 수 있다. 이 문헌에는 프랑스 중세 시대의 소화(笑話) 만큼이나 고대 인도의 일상생활이 풍부하게 나와 있다. 『자타카』의 편찬 연대는 알려져 있지 않지만 기원전 200년부터 『자타카』에 나온 일화들을 자세하게 묘사한 암석 조각 작품들이 제작된 것만은 확실하다. 당대의 사교생활과 성문화를 자세하게 살필 수 있는 문헌으로는 『카마수트라』***를 꼽을 수 있다. 이 문헌의 기록연대는 서기 4~5세기부터 7세기에 이르기까지 다양하게 추정되고 있다. 왕실, 정부, 행정, 병법 등에 대한 더할 나위 없이 귀중한 자료를 꼽자면, 카우틸리아가 기원전 400년 초엽에 기록했다고 추정되는 『아르타샤스트라』****를 들 수 있다. 하지만 30년간에 걸친 연구에도 불구하고 이 중요하고 범상치 않은 문헌의 성격은 명확히 규명되지 않고 있다. 이것이 헌법 — 현실과 동떨어진 — 이 갖추어야 할 이상적인 요소들을 집약한 '왕의 지침서'인지, 아니면 당대의 국가구조를 실제로 충실하게 설명하고 있는 '정치지침서'인지는

---

  * '수트라'는 불교경전의 기본 형식이다. 초기의 인도 철학자들은 성문화된 경전을 경멸했기 때문에 지극히 간결한 설명서만을 남겼다. 주로 의식절차에 대한 설명이었지만 후대로 갈수록 더욱 폭넓게 이용되었다.

  ** 석가의 전생을 묘사한 설화. 붓다는 오랫동안 브라만의 사상에 물들어 있던 인도인들을 일시에 불교사상으로 변화시킨다는 것이 결코 쉬운 일이 아님을 깨닫고, 이 같은 본생설화의 형식을 통해 불교에 입문시키려고 시도했다.

 *** 현존 최고의 성애 관련 문헌. 여러 종류가 있으나 철학자 비차야나가 약 400년경에 편찬한 것으로 추정되는 『카마수트라』는 7장으로 구성되어 있다. 인도에서 카마(성애)는 예로부터 아르타(처세), 다르마(도덕)와 함께 속세의 3대 목표였는데 이 책은 당시까지의 성애에 관한 학설을 모은 것이다.

**** 정치조직체에 관한 고전적인 논문으로 카우틸리아가 살던 시기까지 아르타(처세)에 관해 씌어진 거의 모든 글들이 수록되어 있으며 찬드라굽타의 정치지침서가 되었다.

정확히 알 길이 없다. 세속문학의 경우, 가장 유명한 작가를 꼽자면 시인이자 희곡작가인 칼리다사를 들 수 있다. 그는 4~5세기 경, 또는 6세기 경에 살았던 것으로 짐작된다. 하지만 인도의 문학유산은 상상을 불허할 만큼 방대하기 때문에 지금 단계에서 다른 작품들을 일일이 언급한다는 것은 부질없는 일이리라. 따라서 필요한 작품들은 본문 내용에 따라 그때 그때 언급하는 것으로 충분하리라 생각한다.

마지막으로 이것만은 반드시 짚고 넘어가자. 서구의 독자는 위의 자료에서 인도의 실제적인 모습보다는 이상적인 모습을 보게 된다. 하지만 이 문헌들이 단지 실제로 존재했던 것을 추상적인 시각에서 바라보고 있다고 속단하면 오산이다. 오히려 인도문명을 기본적으로 전통주의자의 관점에서 바라보고 있다는 점을 명심해야 한다. 이러한 특성으로 인해 실제적인 것과 관습적인 것의 구분은 미미해진다. 인도의 정신적 외양은 언제나 순응주의 정신의 영향을 강하게 받아왔다. 특히 고대 인도인들은 어떤 분야이건 간에 습관처럼 법전화하고 분류했으며, 전통이 정의한 규범에서 한 치도 벗어나려 하지 않았다.

또한 연대기 기록자는 객관적 현실에 기반을 두지 않았다. 그들은 전통에 따라 적절하게 표준화한 유형, 그리고 미리 결정된 전례 규정에 일치하는 유형을 따랐다. 그들은 잘 알려져 있는 마을이나 유명한 역사적 인물, 특정한 상황, 눈에 띌 만한 사건, 심지어 감정과 의견을 뒤섞어 설명했는데 이것이 비논리적으로 보이지는 않는다. 반면 많은 시인과 희곡작가들은 현실의 세세한 부분들을 철저하게 주목하고 그것들을 의식적으로 사용했음을 스스로 밝혔다. 이를테면 시인과 희곡작가가 화려하기 그지없는 제국 수도의 면면을 진부한 방식으로 신나게 일일이 열거했다면, 연대기 기록자들은 '수도 가까이에 있는 마을의 도로 양편은 진흙탕이었다' 고 단 한 구절로 표현했으리라. 단편 운문시, 이야기, 그리고 일화들을 남긴 무명의 작가들은 자연스럽게 생활이 묻어나는 온갖 이미지로 작품을 꾸미려 했다. 여기에 세세한 사료와 중국인 순례자들의 일대기가 덧붙여져야 한다. 중국인 순례자들이 기록한 문헌의 내용이 인도 사료의 내용과 상당히 일치한다는 사실은 시사하는 바가 크다.

따라서 우리는 현재 알고 있는 인도와 크게 다르지 않은 고대 인도, 즉 규칙과 의식(儀式)의 혼용 속에서 인간 현존이 드러나는, 다시 말해 이론과 원칙과 실재가 동시에 이루어진 국가를 재구성해볼 수 있다. 우리의 기대와는 달리 인도인들이 특수성에서부터 보편성으로의 편향적인 관찰을 했다 하더라도, 또한 서구적 의미에서의 진정한 연대기를 갖고 있지 않다고 하더라도, 그들의 가장 일상적인 모습을 재현하려 한 이 책에서 독자들은 고대 인도의 모습이 수세기를 통해 우리 서구인들에게 전해진 이미지와 그대로 부합한다는 점을 확신하게 될 것이다. 우리를 사로잡는 그 인상적인 이미지는 전통적인 양상을 보다 풍부하게 해주는 생생한 디테일로 좀더 쉽게 다가온다.

1959~60, 자닌 오브와예

1부

인도인의 삶

제1장 | 지리적 배경과 역사적 배경

인도인들은 인도의 물리적 조건을 멋지게 개발했다.
인도의 한쪽 끝에서부터 다른 쪽 끝에 이르기까지
발견되는 공통적인 몇 개의 문명적 특징을 부여받은
4억6천5백만 명의 인구가, 펀자브 지방과 트라방코르 지방처럼
서로 확연히 다른 지형적 · 기후적 한계 속에서 태어나 살아가야 하기 때문이다.
— 피에르 구루 『아시아(L'Asie)』, p.374

인도는 위도 37도(스페인의 세비야와 같은 위도)부터 위도 8도(아프리카의 시에라리온과 같은 위도)에까지 걸쳐 있다. 이러한 사실만으로도 인도는 하나의 국가라기보다는 대륙에 가깝다는 것이 증명된다. 인도의 기후는 만년설이 있는 지역부터 열대 밀림지역까지 다양하며, 생태계 역시 기후에 따라 다양하게 분포되어 있다. 상당수의 인종과 언어가 일찍부터 자리잡았으며 인종간의 전쟁과 언어 침입이 끊이지 않았다.

북쪽으로는 통행조차 어려운 히말라야 산맥이 병풍처럼 펼쳐져 있고 카라코람 산맥이 가로막고 있을 뿐만 아니라 끝없이 이어진 해안선으로 둘러싸여 있다. 따라서 인도 반도는 인더스 강 유역에 형성된 거대한 문명이 북서지방의 세계와 부단히 교호하지 않았다면 다른 세계와 심각하게 단절되었을 것이다. 덧붙여 말하자면 적도지대에 형성된 세계 최대의 충적토 평야지대와 인도-갠지스 평야 — 모든 침략자들의 탐욕의 대상이자 진정한 인도 문명의 요람인 — 가 없었다면 인도는 결코 찬연한 문화를 꽃피울 수 없었

을 것이다. 이 지역은 몬순 기후대에 속해 있어서 곡식을 재배하는 데 전혀 문제가 없었다. 사실 몬순 기후대가 아니었다면 국토 대부분은 생명이 살 수 없는 불모의 사막으로 변했을 것이다. 정치적으로 분열되었다는 사실, 그리고 제도들이 확고하고 독창적이라는 사실로 미루어볼 때 인도가 거대한 국가임을 쉽게 짐작할 수 있다. 외견상으로는 폐쇄된 세계처럼 보일 수도 있으나 그 실상을 들여다보면 폐쇄적인 것과는 거리가 멀다. 인도는 외국에서 들어오는 것이면 무엇이든지 인도의 것으로 만드는, 일종의 영적 '자화(磁化)'의 능력을 신으로부터 부여받았다.

지금까지 이루어진 유물 발굴작업을 통해 인더스 강 유역에서 대규모 도시 밀집지역이 발견되었다. 이 도시들은 기원전 2,000년경이나 그보다 조금 이른 시기에 메소포타미아 및 수시아나(지금의 이란)와 교류했으며 아프가니스탄 지방과 발루치스탄 지방의 도시들과도 연관을 맺었던 것으로 보인다. 그러나 인도가 이 지방들과 교류했다는 사실은 여전히 가설에 그치고 있다. 어쨌든 아리안족이 이 시기의 마지막에 출현한 것은 분명하며(기원전 1,500년경?), 고대 인도에 지대한 영향을 미쳤다. 바로 이들이 산스크리트어와 베다 종교를 비롯한 중요한 문화를 인도에 전해주었기 때문이다.

사실, 우리가 '사용할 수 있는' 정확한 역사적 사실은 이로부터 몇 세기 이후에 발생한다. 따라서 우리는 '사용할 수 있는' 역사적 사실이 남아 있는 그 시점에서부터 아리안족의 발자취를 따라가볼 수 있다. 인도 대륙에 들어온 아리안족은 계속 동진(東進)하여 갠지스 평야에 자리를 잡았다. 그와 동시에 방대한 베다 경(經) ― 오늘날까지도 부단히 인도사상의 기초를 제공하는 ― 을 점진적으로 만들어 나갔다. 인도사상과 가장 관계가 깊은 사상을 꼽자면 단연 이란의 사상을 들 수 있다. 하지만 인도사상은 시간이 지나면서 점차 이란의 사상에서 벗어났으며, 처음에는 우주의 진화를 강조했지만 차차 형이상학적 명상으로 바뀌어갔다.

베다교가 그 이름을 빌어온, '지식'이라는 뜻의 베다는 강렬한 인상을 주도록 배열되었다. 베다의 경전은 네 가지 주요한 문학 유형으로 나뉜다. 희생제의에서 암송되는 송가, 희생제의 주문, 종교음악, 그리고 주문이 그것이다. 다시 말해 베다는 제신을 제장으로 불러들이는 권청(勸請)인 『리그베다』, 제장에서의 찬송인 『사마베다』, 주문과 게송(偈頌)으로 이루어진 『야주르베다』, 그리고 재앙 제거, 조복(調伏) 등과 관계가 있는 『아타르바베다』로 나뉘는 것이다.

베다는 하나같이 전설적인 현자들이 지은 것으로 성직자, 브라만, 그리고 전에 궁정의 마부였던 수타들의 입에서 입으로 전해졌다. 대부분 교리적 형식을 띠고 있는 이들 경전에는 비전(秘傳)이 들어 있기도 한데 주로 희생제의에 관한 것이다. 제사를 지낼 때 식물로 빚은 술인 소마를 헌주하는데, 여기서 소마(soma)라는 이름이 이란의 하오마(haoma)*와 상당히 유사한 것으로 보아 동일한 어원에서 나온 것으로 짐작된다. 또한 베다 만신전(萬神殿)에는 이란의 『아베스타』에 나오는 신들과 유사한 신들이 등장한다. 이를테면 바루나는 아후라 마즈다, 미트라는 이란의 미트라, 바유는 바유, 브리트라한은 베레트라그나와 관련이 있다.** 그런가 하면 베다 경전에는 대중적으로 상당한 인기를 누렸던 루드라-시바 신***의 민중제식도 들어 있다. 베다의 신들은 상상 속에서 능동적이고 열정적인 존재이지만 성스런 주술의 힘으로 인간들에게 굴복하게 되어 있었다. 이 신들은 자연의 힘과 자연현상을 인격화한 것으로서 불, 새벽, 별, 태양, 물, 하늘, 땅, 바람 등의 삼라

---

* 조로아스터교에서 신성하게 여기는 식물로 건강, 다산, 불멸성 등 생명에 필수적인 것들을 부여한다. 하오마를 찧어서 음료를 만들어 마시는 행위는 조로아스터교 의식에서 중요한 절차이다.
** 바루나와 아후라 마즈다는 최고의 신, 미트라는 태양신, 바유는 바람의 신, 브리트라한과 베레트라그나는 가장 공격적인 신이다.
*** 시바는 루드라에서 발전한 것으로 간주되며, 둘 다 모두 난폭하고 예측불가능하며 파괴적인 속성을 지니고 있다.

만상은 저마다 신성한 본질을 지니고 공포와 찬양의 대상이 되었다. 총칭 아수라(이란의 아후라와 비교됨)라는 이름의 악마 무리는 신과 인간들의 적으로 일상생활을 간섭했다. 따라서 인간들은 아수라를 다스리기 위해 기도와 주술을 행했다. 조상의 음덕을 제대로 기리지 못하면 조상들이 귀신으로 변하기도 했다.

우주가 지계(地界)와 천계(天界), 그리고 그 사이의 공계(空界)로 나뉘어졌다고 보는 베다의 사상은 오랫동안 지속적으로 받아들여졌다. 그런데 당시에도 창조자 — 원인(原人)이자 상위의 '자아'인 푸루샤 — 가 부단히 주술을 행한다고 여겨지기는 했으나 그 실체는 모호했고, 세계의 기원에 관한 가르침은 정확하지 못한 편이었다.* 삼라만상에 영혼이 깃들어 있다는 '개별 영혼' 관념은 그 때까지는 큰 의미를 지니지 못했다. 이 개념은 훗날 새로운 종교인 브라만교가 탄생하는 데 초석이 된 베다 주석에서 진정한 의미를 갖게 된다. 이를테면 지옥은 망자가 깃드는 곳으로서 별이나 원소들의 대응물로 존재한다고 여겨졌다. 이와 달리 천상은 '신들에게 가는 길'로서 신성한 행위(고행, 희생, 자비 등)를 수행한 사람들에게 예약된 장소였다. 하지만 원시 베다 종교에 다음과 같은 교리, 즉 신성한 신이 인간 사후에 이승에서의 행동을 판결하여 상벌을 내린다는 교리가 있었는지는 확실치 않다. 시기를 정확하게 알 수는 없지만 신비주의 경향이 강해짐에 따라 베다교는 일련의 정교한 주석이 필요함을 절감했고, 따라서 이러한 주석들과 일종의 지침서인 『브라마나』, 『우파니샤드』, 『아란야카』를 하나로 묶어 새로운 베다인 『베당가』를 만들었다. 그 이후로 베다 종교는 자취를 감추고, 인

---

* 우주적인 '푸루샤', 즉 원인(原人)의 각 부분으로부터 만유(萬有)가 전개되었다는 '거인해체' 창조신화가 베다에 전해져온다. 신이 푸루샤를 공물로 하여 제식을 올리자 그 입에서는 브라만이, 양팔에서는 크샤트리아가, 양쪽 넓적다리에서는 바이샤가, 양발에서는 수드라가, 심장에서는 달이, 눈에서는 태양이, 배꼽에서는 공계가, 머리에서는 천계가, 양다리에서는 지계가 생성되었다고 한다.

도의 근본 종교인 브라만교가 새롭게 등장했다. 브라만교는 희생제의를 예배로 대체했고, 개인의 영혼의 문제를 탐구했다. 인도의 모든 종교와 사상가들이 그 답을 찾으려고 매진했던, 개별 영혼과 우주적인 '자아'의 관련성이라는 엄청난 문제가 이 때 처음으로 제기되었다. 또한 가정제례가 정교한 모습을 갖추게 되었고, 개인의 삶을 비로소 중요하게 여기게 되었으며, 모든 인도 종교에 공통적으로 나타나는 사바(娑婆), 즉 영혼의 윤회(삼사라)를 극복하는 방법으로서의 업(業) — 도덕성 또는 고행 — 이 제안되었다. 훗날 융성해질 인도철학이 자신의 첫 씨앗을 뿌리는 동안 백성들은 평화롭게 삶을 영위했다. 날마다 제사를 올렸고, 가축을 기르며 밭을 갈고, 절기마다 제식을 드리고 잔치를 벌이며 일상적인 삶을 누렸다. 백성들은 원인을 알 수 없는 자연현상과 그것의 가공할 만한 힘에 두려움을 느꼈고, 그 두려움을 떨쳐버리기 위해 주문을 밥 먹듯이 외웠다. 이들은 열악한 환경에서 태어나 평생토록 일만 하다가 죽었다. 그저 신의 분노를 사지 않고 가난과 질병으로부터 고통받지 않기만을 바랐을 뿐이었다. 이 때 이미 가족과 부족, 카스트의 힘이 커져 있었고 나중에는 직업조합의 힘이 커졌다.

　기원전 800년경, 아리안족은 펀자브 지방을 버리고 갠지스 평야를 따라 동진하여 도아브 지방에 정착했다. 도아브는 비옥한 전략적 요충지인 줌나와 갠지스 강 사이에 있는 지역으로, 아리안족이 정착한 이래로 수세기에 걸쳐 여러 국가의 각축장이 되었다. 이 때를 기점으로 하여 아리안족이 세운 왕국들은 점진적으로 북인도 전체를 정복하면서 계속해서 영토를 확장해 나갔다. 이들 왕국 가운데 하나가 남부 비하르 지방에 자리잡은 마가다 왕국으로 기원전 600년경에 이 지역의 맹주가 되었다.

　일찌감치 정복되었던 다른 왕국들에 비해 아리안화가 적게 진행되었을 뿐만 아니라 아리안족이 야만족으로 여겼던 마가다 왕국은 인도 최초의 거대한 토착제국인 마우리아 왕조의 뿌리가 되었다. 이처럼 정복지에 새로운 정신이 뿌리를 내리기 시작했다. 기원전 6세기 초부터 종교개혁과 사회개혁이 전반적으로 이루어졌기 때문인 것으로 짐작된다. 아리안족은 정착하는 지역마다 브라만교를 강요했다. 초기부터 비타협적인 태도로 일관했던 브라만교는 결국 형식주의로 굳어지고 말았다. 게다가 카스트 제도가 엄격하게 시행됨에 따라 사회는 더욱더 계급화되어 갔다. 그러자 타협할 줄 모르는 브라만교의 정통파적인 태도는 새롭게 부상한 자유주의의 심각한 위협에 직면하게 되었다. 이리하여 격변의 바람은 견고하게 아리안화되지 못한 사회를 송두리째 뒤흔들면서 사회구조에 유연성을 불어넣는 한편 새로운 가치관을 제시하기 시작했다. 그것은 브라만의 건조한 형식주의에 대한 지극히 자연스럽고 인간적인 저항이었다.

이와 같은 자유운동의 선봉에 선 사람은 바르다마나와 붓다였다. 마가다 왕국 북쪽, 갠지스 강 너머에 있는 릿차비 부족 출신의 바르다마나는 자이나교를 창시했다. 자이나는 '승리자' 라는 뜻이다. 마가다 왕국 북쪽 국경에 있는 샤카 국의 왕자는 석가모니라는 이름으로 불교를 창시했다. 보통은 붓다(깨달은 자)로 알려져 있고 싯다르타(소원을 모두 이루어주는 사람)로도 알려져 있다. 두 사람 모두 전사 계급(크샤트리아)에 속했지만, 점점 커져만 가는 첨예한 사회문제를 오로지 평화적인 방법으로 해결하려 했다. 자이나교의 교리는 금욕과 고행, 해로운 행위를 일체 금지하는 아힘사 — 간디가 주장했던 비폭력 철학과 유사한 — 의 이론과 실천에 기초하고 있다. 이는 훗날 인도와 아시아 전역에서 최고의 이름을 떨치게 될 붓다의 교리이기도 하다.

붓다의 가르침은 살아있는 것은 모두 고통을 겪을 수밖에 없으며, 이러한 고통은 결국 삶의 원천이자 고통의 근원인 욕망을 완전히 없앨 때 비로소 사라진다는 믿음에 기초하고 있다. 붓다는 모든 생명이 똑같이 귀중하다고 설파하면서 자비를 베풀라고 가르쳤다. 나아가 금욕이건 향락이건 지나치면 해로울 뿐이라고 꼬집으면서 중도(中道)와 중용을 주요한 덕목으로 제시했다. 종교라기보다는 도덕체계에 가까운 고대 불교는 브라만교에서 완전히 벗어나지 못했다. 브라만교의 신들을 받아들였고, 브라만교의 핵심개념인 윤회사상을 채택했기 때문이다. 불교는 초기에는 열반(덕을 쌓은 존재가 탄생을 거듭하다가 윤회의 고리를 끊고 마침내 완전한 자유의 경지에 도달하는 것) 교리를 대단히 중요하게 여겼다. 80세 무렵에 운명한 붓다는 불교 사찰과 도량의 토대를 인도 대륙 전역에 남겼다. 이는 몇 가지 정치적 사건에서 촉발되어 엄청나게 중요해진 중생(衆生) 사상에 힘입은 것이었다.

그런데 이러한 급진적인 정신혁명이 비단 아리안족의 영향을 거의 받지 않은 사회에만 국한되어 일어난 것은 아니었다. 이러한 현상은 내부의 불만이 폭발하기 일보직전인 브라만교의 핵심부에서도 일어났다. 이는 브라만교가 살아남기 위해서는 불가피한 것이었다. 베다의 제식보다 훨씬 의인화된 제식을 인정해야만 브라만교가 살아남을 수 있었기 때문이다. 이렇게 해서 새롭게 태어난 제식들은 대부분 민중적이고 토착적이었다. 시바, 스칸다, 비슈누, 크리슈나, 아그니, 영웅 라마를 기리는 의식을 비롯한 수많은 제식이 이 때부터 더욱 강력한 유신론의 색채를 띠게 되었다.

이상으로 붓다가 살았던 시대의 상황을 간략하게 살펴보았다(기원전 558~478). 갠지스 강 유역에 자리를 잡은 인도는 정치적인 면에서 볼 때 여전히 많은 왕국들로 나뉘어 있었다. 붓다에게 감화를 받은 군주들이 불교로 개종하기는 했지만 마가다 왕국은 거대한 제국으로 발전하기에는 영토가 턱없이 부족했다. 남아 있는 사료들을 눈 씻고 찾아봐도 당시 인도 남부지방의 정황을 알 수 있는 단서는 전혀 없다. 이와 달리 인도 북서지방은 처음으로 외국의 침략을 받았다. 이란의 아케메네스 왕조는 막강한 군사력으로 박트리아, 간다라, 아라초시아 지방을 잇달아 정복하여 속국으로 만들었다. 다리우스 1세는 인더스 강 유역을 침공해 그 지역을 이란의 주로 만들었는데(기원전 518~515), 그 때부터 인도양을 마음대로 이용할 수 있게 되었다(기원전 517~516). 이후 인도는 이란 제국에 엄청난 양의 황금을 공물로 바쳤다.

인도 동북지방의 왕국들이 영토를 확장하기 위해 치열한 전쟁을 벌이고 불교가 개혁을 단행해 나갈 무렵, 인도 서부지방은 페르시아의 영향 아래 놓여 있었다. 페르시아가 이 지방에 끼친 영향을 정확하게 알 수는 없지만 행정, 도량형, 문자, 건축 등의 다양한 분야에 지속적인 영향력을 행사했다는 사실만큼은 분명하다. 2세기에 걸친 다리우스 왕조의 지배로 인한 이란 제국의 영향력이 인도 곳곳에서 확인되고 있다. 아케메네스 왕조의 미술 양식에 영향을 받은 북부 인도 지방과 중앙 인도 지방은 조형미술의 보고로 변해버렸다. 이를테면 불교 예술가들은 불교식 기둥에 페르시아풍의 기둥 머리를 올렸다. 페르세폴리스*의 명성은 마가다 왕국의 수도 파탈리푸트라에까지 미쳤다. 그곳의 궁전은 다리우스 1세의 궁전에 강하게 영향을 받아 지어졌다.

기원전 331년, 마케도니아 왕국의 알렉산드로스 대제는 다리우스 3세를 무찌르고 고대 페르시아 제국을 계속해서 정복해 나갔다. 젤룸 강(지금의 파키스탄 지방)에 이어 마침내 비타스타 유역에 이르렀을 때, 그는 포루스(산스크리트어로 푸루) 왕이 이끄는 엄청난 대군과 마주하게 되었다.(포루스 왕은 2세기 전에 다리우스 1세가 했던 것과 똑같은 방식으로 펀자브 지방을 지배했던 것으로 보인다.) 이 때 동부 인도의 야심만만하고 용맹스러운 젊은 장군 한 명이 마가다 왕국의 난다 왕조에 반란을 일으켰고, 마가다 왕을 없애기 위해 그리스 정복자(알렉산드로스 대제)에게 지원을 요청했다고 『플루타르코스 영웅전』은 전하고 있다.(Alex., LXII). 그러나 여러 가지

---

* Persepolis, 그리스어로 '페르시아의 도시' 라는 뜻으로 아케메네스 왕조의 수도였던 이란 남서부 파르스 지방을 뜻한다.

이유로 알렉산드로스 대제는 갠지스 강 지역을 손쉽게 정복할 수 있는 기회를 포기한다. 마가다 왕국의 젊은 장군은 알렉산드로스 대제의 지원 없이 혼자서 공격할 수밖에 없었다. 안드로코토스, 산드로코토스, 또는 산드로쿱토스라는 그리스 이름으로 알려진 이 장군은 향후 인도의 운명에 상당한 영향을 끼친다. 3년 후, 그러니까 기원전 313~312년에 산드로코토스는 난다 왕조를 전복하고 찬드라굽타라는 산스크리트 이름으로 마가다 왕국의 후신인 마우리아 제국의 왕위에 오른다. 그가 마가다 왕국과 격렬하게 싸울 수 있었던 까닭은 알렉산드로스 대제가 지원을 거절했기 때문이었을까? 이유야 어찌됐든 기원전 323년 알렉산드로스 대제가 사망하자마자 그는 '자유의 수호자'를 자처했다. 알렉산드로스 대제가 임명한 총독들은 죽임을 당했고, 휘하 장교들은 패퇴할 수밖에 없었다(317~316). 기원전 305년 바로 직전에 알렉산드로스 대제의 장군이자 셀레우코스 왕국의 창건자인 셀레우코스 1세가 과거에 알렉산드로스 대제와 함께 왔던 길을 되짚어 펀자브 지방에 왔을 때, 찬드라굽타는 이미 인더스 강에서 갠지스 강에 이르는 제국을 호령하며 인도-갠지스 강 삼각주를 차지하고 있었다. 마우리아 제국은 매우 치밀하게 행정제도를 조직했고, 제국의 관리들은 잘 닦이고 유지가 잘 된 도로에 힘입어 행정을 원활하게 감독해 나갔다. 셀레우코스는 마우리아 제국과 동맹관계를 맺을 수밖에 없었다. 그는 인더스 강 유역의 모든 영토를 포기했다. 그리스 공주와 마우리아 제국의 왕이 결혼했다는 말도 있다. 이렇게 해서 인도는 당대의 가장 강력한 제국 가운데 하나로 우뚝 섰다. 마가다 왕국의 수도 파탈리푸트라에는 수십 년 동안 그리스 대사관 — 사신 메가스테네스에 의해 유명해진 — 이 운영되었다. 사신 메가스테네스에 대한 설명은 2차 기록에만 전해 내려오고 있으나 고대사를 밝히는 데 대단히 중요한 사료이다. 찬드라굽타의 정복전쟁은 사료가 거의 없는 관계로 자세히 알 수는 없지만 그의 아들 빈두사라(기원전 293~273년경) 대까지 이어졌다.

마우리아 제국을 강력한 제국으로 이끈 통치자는 빈두사라 왕의 아들인 아소카(기원전 273~232년) 왕이었다. 그리스 문헌은 아소카 왕을 전혀 다루지 않았고, 불교 전승은 아소카 왕에 대해 막연하게 설명하고 있다. 다행히 아소카 왕은 자신이 다스린 영토의 교통요지에 왕명 형식으로 금석문을 남겼다. 이러한 금석문을 통해 아소카 왕의 사람됨과 제국의 정책, 그리고 제국의 모양새를 미루어 짐작해볼 수 있다.

아소카 왕은 기원전 264년경에 권력을 잡고, 260년경에 왕위에 오른 것으로 짐작된다. 그는 왕위에 오른 지 8년째 되는 해에 강력히 저항하는 칼링가 왕국 — 북으로 마하나디 강과 남으로 고다바리 강 사이에 위치한 — 을 무시무시할 정도의 야만적인 방법으로 무찌른 뒤 13차 포고문을 돌에 새겼다. 비석에 나타난 후회와 회한은 다음과 같다.

"……15만이 포로로 붙잡히고, 10만이 학살당했으며, 그 몇 배나 되는 사람들이 실종되었다. 칼링가를 정복하고 난 후, 신이 사랑하는 자는 슬픔에 잠겼다. 한 독립국이 정복당할 때 생겨나는 살육과 부상과 포로가 그를 극도로 슬프게 하고, 마음을 짓눌렀기 때문이다. 신이 사랑하는 자를 더욱 슬프게 만드는 것은 그곳에 거주하는 사람들이 — 그들이 브라만이든 슈라마나(수도승)이든 재가불자이든 또는 어떤 종파의 사람이든, 또는 그들이 스승에게 복종하고 친구, 친지, 동료, 친척, 노예를 막론하고 그 모두에게 올바르게 행동하고 헌신적으로 살아가던 보통 사람이든 간에 — 모두 죽고 다쳤으며 사랑하는 사람들과 헤어지는 쓰라린 아픔을 맛보고 있다는 사실이다……오늘에 이르러, 만일 칼링가가 합병되었을 때 벌어진 일의 백 분의 일, 혹은 천 분의 일이라 할지라도 또 다시 일어나게 된다면 신이 사랑하는 자의 가슴은 슬픔으로 짓이겨질 것이다……"[1]

피비린내 나는 정복전쟁을 겪은 아소카 왕은 도덕적 위기의식을 느낀 나머지 불교로 개종하기로 결심을 굳힌다. 이 사건은 이후 인도에 엄청난 영향을 끼치게 된다. 아소카 왕은 앞으로는 모든 사람들의 마음에 "욕망을 다스리는 자제력과 안정감과 평정심과 부드러움이 깃들도록 하겠다"는 소망을 포고문에 적었다. 그는 또한 "가장 위대하다고 생각하는 승리는 바로 법에 의한 승리이다"라고 말했다. 여기서 법은 왕의 법이나 불교의 법이나 브라만의 법이 다르지 않다. 그것이 바로 인도인들이 생각하는 다르마, 즉 법이자 종교이자 도덕 질서인 것이다. 마침내 그는 자신의 뒤를 이을 왕위 계승자들에게 다음과 같은 충고의 말을 아끼지 않게 된다. (이제 다른 왕국을 정복하려는 마음은 버리고) "인내하면서 권력을 부드럽게 사용하라."

아소카 왕은 이 같은 가르침을 '바위와 암벽과 석주에만' 새긴 것은 아니었다. 그는 이 같은 가르침을 모든 백성들에게 선포하라고 명령했다. 36년(또는 37년)에 걸친 재위기간 동안 그는 촘촘하게 짜인 사회적, 정치적 행정체계를 전국에 조직했다. 또한 관리들에게 백성의 행동을 바로잡아주고 도덕적인 가르침을 베푸는 데 최선을 다하며 후궁들도 잘 다스려야 한다는 명을 내렸다. 그는 몸소 불교 성지를 순례했고, 또 정기적으로 전국을 다니며 포교활동에 열과 성을 다했다. 이렇게 여행을 다니면서 한편으로 행정업무가 만족스럽게 운영되는가를 확인했다. 그는 불교의 가르침에 지나치게 심취한 나머지 다른 종파에게도 관용을 베풀라고 설파했고, 심지어 비불교도나 반불교도에게까지도 후한 하사품을 내리기도 했다. 또한 그는 짐승에게도 자비를 베푼 것으로 유명했다. 스스로 사냥을 끊었고 심지어 궁중의 음식으로 쓰이는 가축도 줄이라고 명했다. 예전에는 하루에도 '수백 마리에서 수천 마리의 짐승'을 도살했지만 왕의 명령 이후에는 공작 2마리와 영양 1마리만을 도살했다. 그나마 영양은 '매일같이' 도살하지도 않았고, 나중에는 아예 육식을 금하기까지 했다.

그의 제국은 아프가니스탄의 일부 — 최근에 칸다하르 지방에서 그의 비문이 발견되었다 — 지역을 비롯하여 북부 및 북서 인도 지방 전체를 호령했고, 남쪽으로는 안드라 지방(고다바리 강과 키스트나 강의 저지대 유역)까지 아울렀다. 그는 시리아, 키레나이카, 이집트, 마케도니아, 에피루스, 코린트와 외교 관계를 맺었다. 아소카 왕이 촉진했던 정치적 통일에 힘입어 경제 역시 급격하게 발전했다.

그는 불교를 비호하며 불교 포교에 전력을 기울였다. 카슈미르 지방을 비롯해 인더스 강 위쪽에 위치한 그리스 식민지에 불교를 알렸을 뿐만 아니라 전설만이 가득 찬 실론 국에는 아들을 보내 불교를 전파하기도 했다. 이와 때를 같이하여 조형예술이 활기를 띠게 되었고 내구성이 강한 재료를 사용하기 시작한 것으로 짐작된다.

아소카 왕이 사망하자 마우리아 제국은 사분오열되었다. 숭가 왕조(기원전 176~64)와 칸바 왕조(75~30)가 마가다 왕국, 말라바르 왕국, 아요디아 왕국을 차례로 정복하면서 힘의 균형은 서쪽으로 기울었는데 이는 인도 전역에 지대한 영향을 끼친 북서지방의 정치적 발전과 공교롭게도 일치했다. 기원전 250년부터 인도-그리스 왕국들이 박트리아, 간다라(지금의 페샤와르), 카피사(지금의 카불) 등지에서 발흥했다. 이 왕국들은 이란이나 파르티아와 전쟁을 하지 않을 때는 서로 물고 뜯기는 무시무시한 전쟁을 벌였다. 박트리아 왕 디미트리오스는 기원전 189년에 인도 정복에 나서 마가다 왕국의 수도인 파탈리푸트라를 침공했다. 그의 계승자 메난드로스(165~145) 왕은 비록 168년에 퇴각할 수밖에 없었지만 펀자브에 왕국을 세웠다. 이 때부터 그리스 상인들이 캄베이 지방과 브로치 지방에서 정기적으로 상업활동을 하기 시작했다. 숭가 왕조의 푸샤미트라(아소카 왕의 4대손)왕이 이 그리스인들을 이 지역에서 몰아낸 것으로 짐작된다. 그의 손자는 침략자들을 인더스 강 반대편으로 완전히 몰아냈다.

비록 힘을 합쳐 마우리아 제국을 지키지는 못했으나 슝가 왕조와 칸바 왕조의 중요성을 간과해서는 안 된다. 두 왕조는 아소카 왕보다 장엄하고 화려하게 통치하지는 못했다. 그러나 상당한 수준의 문화적, 예술적 전통을 지켜나갔다는 점은 이론의 여지가 없다. 두 왕조 시대에 가장 아름다운 석굴이 만들어졌고 바르후트와 산치를 비롯한 많은 지역에 수많은 스투파(유골을 매장한 인도의 화장묘)가 세워졌다. 이 스투파들은 당시의 생활상을 생생하게 보여주는 부조(浮彫) 장식이 되어있어 이루 말할 수 없는 역사적 가치를 지니고 있다.

불교 또한 더욱 융성하고 발전했다. 남부지방, 특히 라바티 지방을 비롯해 인도 전역은 물론 박트리아 지방의 인도-그리스 국가에까지 불교가 전해졌다. 이를테면 메난드로스 왕*이 불교 승려인 나가세나에게 제기한 '질문'은 불교 전통에서 매우 유명하다. 이 질문에 대한 답이 바로 『밀린다팡하』**이다.[2] 브라만교 역시 공공연한 유신론을 가다듬는 동시에 당대의 인도의 군사 구조와 정밀하게 조응하는 서사 전승을 향하여 발전하고 있었다. 또한 이 시기에 수많은 종파들이 생겨났다. 라쿨리샤는 시바 신 숭배 집단을 조직했고, 영적 평화의 신비스런 상징이 된 비슈누 신의 숭배자들이 생겨났으며, 비슈누 신의 화신인 크리슈나 — 바가바트라는 이름으로도 불린다 — 의 숭배자들도 생겨났다. 그런가 하면 서사시 『라마야나』의 영웅인 라마를 숭배하는 무리도 생겨났다. 인도 종교가 가지고 있는 이러한 감정적 형태가 서구인들의 마음을 사로잡을 수 있음은 기원전 100년경에 이미 증명된 바 있다. 탁실라 출신으로 슝가 왕국 안티알키다스 왕의 사신이었던 그리스인

---

* 불교에서는 서북 인도를 지배했던 밀린다 왕으로 받아들이고 있다.

** 『미란타왕문경(彌蘭陀王問經)』, 또는 『나선비구경(那先比丘經)』으로 한역되었는데, 불교 신자가 아닌 왕이 그리스적 사유방법에 따라 질문을 하고 나가세나가 비유를 들어 명쾌한 답변을 주는 형식이다.

헬리오도루스는 베스나가르의 비디샤에 비석을 세웠다. 그 비석에는 비슈누의 신비스런 새인 가루다*가 장식되어 있었는데 그것은 바로 힌두교 최고의 신들인 바수데바-크리슈나에게 바친 것이었다.

기원전 80년경, 강대해진 훈족 지파로 인해 내몽골에서 쫓겨난 중앙아시아의 반(半)유목부족들이 공격해옴으로써 인도-그리스 왕국은 완전히 멸망하고 만다. 이렇게 이 지역에 들어온 반유목부족 가운데 하나인 스키타이족은 인도 서부지역을 공격했다. 파르티아 군주들에게서 이란문화와 그리스문화를 받아들였던 스키타이족을 인도인들은 샤카족이라고 불렀다. 이 즈음에 데칸 고원 지역까지 세력을 확장한 안드라 왕국은 슝가 왕조의 왕들을 계속해서 압박했다. 안타깝게도 슝가 왕조는 새로 등장한 칸바 왕국에 의해 무너지고 말았다. 이어서 칸바 왕국도 무너졌고, 갠지스 지방은 마우리아 왕조가 정치적 통일을 이룩하기 전과 같은 분열상태에 빠진다. 이 때를 즈음하여 북부 인도 지방에서 중요한 역할을 하게 될 새로운 세력이 북서지방에서 결속되고 있었다. 이들은 동부 이란 지방의 언어와 유사한 언어 — 중앙아시아의 호탄에서 기원한 — 를 사용하는 유목부족이었다. 쿠샨 왕조로 알려진 이들은 박트리아 지방에 근거를 두고 중앙아시아의 옥수스 강에서부터 인도의 갠지스 대평원에 이르는 광대한 제국을 건설했다. 따라서 대부분의 인도-그리스 왕국과 슝가 왕국은 이들의 지배하에 놓이게 되었다. 쿠샨 왕조는 3대 왕인 카니슈카 왕[3] 재위기간에 최고로 발전하는데, 그의 권위는 북부 인도의 마투라 지방과 카불 북부의 카피사 지방까지도 미쳤다. 쿠샨 제국이 1세기가 넘도록 북부 인도 지방에 자리잡고 있었고, 그 뒤 다시 1세기 후에 카니슈카 왕이 보위에 올랐지만 그는 여전히 이란의 튜닉을 걸치고 있었다. 그는 화공들로 하여금 자신을 스키타이 모자를 쓰고 유목민

---

* 가루라(迦褸羅)라고 음역하며 금시조(金翅鳥)라고 의역한다.

마부의 무거운 장화를 신고 있는 사람으로 그리게 했다. 하지만 그는 다양한 문화를 아우르는 정책을 추구했다. 불교로 개종하여 주화에 붓다의 얼굴을 최초로 새기는 한편 이란의 신들도 동시에 새겨넣었다. 또한 어느 쪽으로도 치우치지 않은 채 자이나교와 브라만교를 보호했으며, 제국의 이름을 인도식으로 마하라자(위대한 왕)라고 부르는 동시에 파르티타식으로 라자티라자(왕중왕), 중국식으로 데바푸트라(天子)라고 불렀다. 카니슈카 왕이 다스리는 제국은 당시에 교역량이 가장 많은 교통 요충지를 중심으로 발전했다. 카니슈카 왕은 헬레니즘과 이란의 전통, 그리고 인도의 전통이 끊임없이 흘러들어오는 지역을 하나로 묶어 수 세기 동안이나 통치했다. 그는 코스모폴리탄적인 태도로 다양한 부족을 통치했는데 그의 강력한 이미지는 놀랍게도 인도, 티베트, 중국, 몽골의 전통에 고스란히 기록되어 있다.

이 시기에 국제교역이 눈부시게 발전했고 그에 따라 지적 교류도 활발해졌다. 로마 제국과 중국은 앞서거니 뒤서거니 하면서 국제교역을 이끌었다. 대상들은 유라시아 대륙을 횡단하여 로마에서 중국에 이르는 '실크로드'를 통해 엄청난 물량의 사치품과 원자재를 실어날랐다. 나아가 계절풍을 이용해 바닷길을 따라 해상운송을 했으며 로마의 무역사무소인 엠포리아가 인도 해안 곳곳에 설치되기도 했다. 가장 중요한 엠포리아는 현재의 퐁디셰리 인근 지역에 있었다. 인도는 육로와 해상을 통해 무역을 하면서 엄청난 부를 축적하는 등 다양한 환경이 제공하는 이익을 톡톡히 누렸다. 사정이 이러한지라 베스파시아누스 황제는 로마 제국의 국부가 심하게 유출되는 것을 막기 위해 인도에 대한 금 수출 금지령을 내렸다. 결국 인도는 남쪽 해안 지역의 국가들에 무역사무소를 세운지 얼마 지나지 않아 동남아시아(보르네오와 셀레베스)에 무역사무소를 설치해야 했다.

엄청난 교역을 바탕으로 종교와 학문도 지속적으로 발전했다. 북부 인도는 쿠샨 왕조에 의한 정치적 통일이 가져다준 이익을 누렸으나 남부지방은 그렇지 못했다. 남부 인도에서는 판디아 왕국(마두라이 지방), 사타바하나 왕국(데칸 지방), 케랄라 왕국(트라방코르 지방), 탄조레(탄자부르)를 수도로 삼은 촐라 왕국(코로만델 해안지역) 등의 강력한 왕국들이 발흥했다. 이들은 이후 인도 아대륙 전체가 화려한 시대의 지적인 영광을 함께 공유하는 데 제각각 기여했다.

문학과 예술도 사상 유례가 없을 정도로 화려하게 꽃피었다. 이 시기에 『라마야나』가 완성된 것으로 짐작되며, 『마하바라타』와 『바가바드기타』가 편찬되었다. 카니슈카 왕의 지원을 받아 불교 전승에 힘썼던 아시바고샤는 극적이면서도 교훈적인 작품을 썼는데, 그 중 일부가 중앙아시아의 모래더미에서 발견되었다. 마지막으로 고대 베다 시대의 신성한 언어였던 산스크리트어는 마침내 살아있는 언어가 되어 공적 용도는 물론 사적 용도로도 쓰이는 등 사회 전반에서 광범위하게 사용되었으며, 불교 신자와 브라만교 신자도 사용했다.

불교는 더욱더 융성해져 지역적 경계를 넓혀 나갔다. 서기 1~2세기경, 승려들은 앞다투어 중국과 투르키스탄으로 가서 경전과 주요 교리 및 주석서를 지속적으로 번역했다. 불교 교리는 상당히 변모되었고 신비적인 색채가 더욱 가미되었다. 독실한 신자에게는 메시아적인 성격을 띤 '보살'(보디사트바)을 숭배하도록 권했다. 새로운 교리와 기존 교리 간의 분열도 일어났다. 북서지방에서 관심을 끌었던 다양한 외래사조 — 그리스인, 셈족, 이란인, 심지어 기독교와 마니교 — 는 새로운 교리가 탄생하는 데 큰 영향을 끼쳤다.

결국 오래된 교리를 믿는 종파와 새로운 교리를 믿는 종파는 2세기에 걸쳐 매우 평화롭게 갈라서게 된다. 소승불교(테라바다)는 오래된 교리를 충실하게 따랐으나 대승불교(마하야나)는 소극적인 교조주의를 채택하는 한편 엄격한 논증을 중요시했다. 당시의 대표적인 승려로는 중앙 데칸 지방의 원주민으로 소승불교로 개종한 나가르주나를 들 수 있다. 이 시기에 불교와 브라만교의 혼화현상이 두드러지게 나타나 종파들이 많아졌고 신비주의 경향이 강해졌다. 브라만교의 박티(신에 대한 헌신적 사랑) 이론은 더욱 정교하게 가다듬어졌고, 철학적 감격의 순간에 생겨나는 혼돈에 대응하기 위해 브라만교의 정통적 '체계'인 다르샤나(知見)의 토대를 점진적으로 쌓게 되었다. 또한 이 시기에 예술이 인도 전역에서 화려하게 꽃피웠다. 북서지방의 예술은 헬레니즘의 후신인 그리스-불교 스타일과 이란-불교 스타일이 주종을 이루었다. 북쪽 지방에는 쿠샨족의 이란적인 경향에도 불구하고 바르후트와 산치의 전통에 따라 마투라 스타일이 인도 고유의 모습을 그대로 간직하게 되었다. 남동지방과 마하라슈트라 지방에서는 안드라 스타일이 더욱 정교해지고 화려해졌다. 인도 전역에서 만발한 불교미술은 서술적 성격을 그대로 간직하고 있어 이 시대를 연구하기에 더할 나위 없이 귀중한 정보를 제공하고 있다. 브라만교 예술은 이 시대에 들어와 처음으로 모습을 드러냈는데 특히 마투라에서 발전했다. 자이나교 예술도 이 무렵 싹트기 시작했다. 지금까지 잘 알려지지 않았지만, 이 시대의 세속 예술의 실상을 가장 잘 보여주는 대표적인 작품으로는 리아 해킨과 조지프가 1937년부터 1940년까지 카피사(지금의 아프가니스탄)에서 발굴한 뛰어난 상아 조각품을 꼽을 수 있다. 이곳은 쿠샨 왕국의 여름 수도가 있던 곳이다.

예술과 문화가 융성발전한 시대에 이어 정치적 혼란의 시대가 전개되었다. 한동안 예술과 문화는 그 추진력을 잃은 것처럼 보였다. 하지만 서력 320년경에 사분오열된 정치상황을 제압하고 굽타 제국이 위용을 드러냈다. 굽타 제국은 마우리아 왕조와 마찬가지로 마가다 지역을 중심으로 제국의 모습을 갖추었는데, 불교의 성지이자 마우리아 왕조의 수도였던 파탈리푸트라를 수도로 삼았다. 굽타 왕국의 초대 왕, 찬드라굽타 1세에 대해서는 알려진 바가 거의 없다. 정복을 많이 해서 '대제'(마하라자디라자)라는 이름으로 불린다는 사실만 전해질 뿐이다. 그러나 그는 인도문명에 진정한 황금 시대를 가져온 최초의 전사 계급 출신 왕이었다는 점에서 의의가 있다.

　찬드라굽타 1세의 아들이자 후계자인 사무드라굽타(335~375) 왕은 자신이 굴복시킨 많은 왕국의 지배자들을 제후로 만드는 등 인도식 봉건제도를 슬기롭게 발전시키면서 영토를 확장해 나갔다. 북부 인도 및 중앙 인도 지역의 35개 국가를 병합한 그는 예전 아소카 왕의 마우리아 제국에 필적할 만한 통일제국을 이룩했다. 굽타 왕조는 이전의 찬연했던 마우리아 왕조를 용의주도하게 모방했다. 초대 왕 찬드라굽타 1세의 이름이 마우리아 왕조를 세운 아소카 왕의 할아버지 이름과 똑같다는 사실은 결코 우연의 일치라고 볼 수 없다. 사무드라굽타 왕도 이러한 태도에서 크게 벗어나지 않았다. 아소카 왕이 건립한 기둥에다가 자신에 대한 찬양의 글과 자신이 정복한 지역을 일일이 새겨넣었기 때문이다. 몇 세기가 지났음에도 불구하고, 마우리아 왕조의 '위대한 세기'를 보여주는 증거물들이 여전히 남아 있었다. 특히 파탈리푸트라에 있는 아소카 왕궁에 많이 남아 있었다.(아소카 왕궁은 서력 411년까지 파괴되지 않았다.) 야심 많은 왕들은 이를 통해 인도의 가장 화려했던 시기와의 유사관계를 자연스럽게 주장했다. 나아가 이러한 태도는 인도문명의 전통을 지속시키려는 욕망을 강하게 드러낸 것이기도 하다. 현대의 인도 공화국이 아소카 왕의 석주에 새겨진 사면사자상과 붓다의 법륜을 국가의 상징으로 사용하고 있다는 사실 역시 마우리아 왕조를 계승하고 있음을 웅변하는 것이다.* 굽타 제국은 '용감한 태양'이라는 뜻의 '비그라마디티아'라고도 알려진 찬드라굽타 2세 때 서쪽 지방(말라바르, 구자라트, 카티아와르)과 남부 지방(나르마다 강 너머)을 정복하며 더욱 확장되었다.

---

* 아소카 왕의 석주는 붓다가 처음으로 설법을 펼친 장소인 사르나스에 세워졌다. 석주의 꼭대기에는 붓다가 법의 바퀴(다르마 차크라)를 굴리는 것을 상징하는 '법륜(法輪)'이 올려져 있고, 그 위에 네 마리의 사자가 포효하는 모양이 정교하게 조각되어 있다.

이 밖에도 그는 북서쪽의 박트리아 지역과 동쪽의 벵골 지역을 복속시켰다. 그의 재위기간에 칼리다사로 대표되는 고전 산스크리트 문학이 가장 융성했다. 조형예술은 놀라울 정도의 형식적 통일을 이룩하는 등 최고의 전성기를 구가했다. 이 시대를 대표하는 미술작품으로는 인도 서부의 마하라스트라에 있는 아잔타 불교사원의 벽화 연작을 들 수 있다(5~6세기). 바카타카 왕국의 왕들 — 찬드라굽타와 혼인으로 맺어진 제후들 — 이 이 벽화를 그리게 하여 사원을 장식했다. 종교 관용정책이 시행되어 모든 교파가 골고루 발전했으며 특히 불교는 철학적으로 상당한 발전을 보였다. 당시의 고승으로 아상가와 바수반두를 들 수 있다(4세기 또는 5세기). 해상무역이 유례없이 발전하면서 인도 문화가 동남아 지역에 전파되었고 이를 바탕으로 인도차이나 반도와 자바 문명이 발전하게 되었다.

굽타 왕조는 찬드라굽타 2세의 아들이자 후계자인 쿠마라굽타 1세(414~455)의 재위기에 번영을 구가했다. 제국의 북서 경계 지역에 흉노족이 새로운 위협 세력으로 등장했으나, 쿠마라굽타 1세의 아들이자 후계자인 스칸다굽타(455~467)가 이들을 물리쳤다. 이후에 왕실 내부에서 계속해서 분열이 일어나면서 약간의 혼란이 발생한 것으로 짐작된다. 485년에 막강한 군사력을 자랑하는 기마민족이 갠지스 강 유역으로 쳐들어왔고, 굽타 왕조는 용감하게 대항했지만 그들의 무시무시한 공격을 막지 못했다.

이후 50년에 걸쳐 끔찍한 공포가 인도 전역을 휩쓸었다. 북서지방에서는 인도문명의 위대함을 널리 알린 불교사찰과 도량이 흔적을 찾을 수 없을 정도로 파괴되었고 승려들은 심한 박해를 받았다. 수천 명의 승려가 추방되거나 죽임을 당했다. 부다굽타(475~494) 왕은 말라바르에서 추방되었다. 처음에는 흉노족의 족장 토라마나가, 그 다음에는 잔인하기 이를 데 없는 그의 아들 미히라쿨라(500~540)가 이끈 무시무시한 군대는 마가다 지역을 완전히 초토화시켰다. 그 결과, 굽타 왕조는 지방 호족으로 전락하여 간신히 명

맥만 유지하게 되었다.

굽타 왕조가 흉노족의 침략을 겪는 동안 데칸 지방의 왕국들은 계속해서 번영해 나갔다. 특히 타밀 주에서는 사무드라굽타 왕과 동시대에 살았던 비슈누고파 왕의 팔라바 왕조가, 서부지역에서는 찰루키아 왕조 — 바카타카 왕국의 문화유산인 마하라스트라의 아잔타를 꾸준히 지켜낸 — 가 번영했다. 굽타 왕조가 힘을 잃게 됨에 따라 북부지방과 중앙지방의 왕국들은 더욱 강력해졌는데, 특히 서부지방의 발라비 왕국과 타네사르 왕국이 강성했다. 타네사르 왕국은 카티아와르, 수라트 및 브로치 지방, 그리고 도아브 지방의 서단(西端)에 있는 카나우지에 수도를 세웠다. 카나우지는 인도 역사가 시작된 이래 주변 왕국들이 끊임없이 탐을 내던 곳이었다.

타네사르 왕국의 하르샤바르다나 왕자가 북부 인도와 중앙 인도를 통일시킴으로써 인도의 중세 시대가 시작된다. 하르샤바르다나는 중국 승려 현장이 그에 대한 자료를 남긴 덕분에 인도의 다른 왕들에 비해 비교적 많이 알려져 있다. 현장의 문헌으로 미루어 볼 때 그는 전형적인 인도인이라 할 수 있다. 종교에 대해 절충적이고 관용적인 태도를 가졌으며, 정신문화의 수호자로서 몇 편의 희곡을 썼을 뿐만 아니라 뛰어난 찬불가 두 편을 작곡하기도 했다. 그는 산스크리트 산문시의 마지막 대가인 바나바타를 궁중시인으로 임명하고 매우 총애했다. 행정분야에서는 아소카 왕의 전통을 그대로 따랐다. 따라서 역사시대 이후로 단 한 번도 단절되지 않았던 인도문명은 계속해서 지속될 수 있었다. 40년 남짓에 불과한 지극히 짧은 기간이었지만, 붕괴가 임박한 시기에 빛을 발한 이 최후의 정치적·문화적 부흥은 인도 전역뿐만 아니라 굽타 왕조 스타일이 지속적으로 영향을 미치고 있던 해외에까지 굽타 왕조의 영구적인 문화적 명성을 더욱 공고하게 했다. 하르샤는 선대왕들과 마찬가지로 중국이나 중앙아시아 국가들과 우호선린 관계를 맺었다. 외국 승려들은 불교성지를 순례하거나 흉노족이 사라진 뒤에 재건한 도량에서 경전을 연구했다.

하지만 이 시기는 짧은 르네상스에 불과했다. 하르샤가 사망한 뒤 제국은 분열되었는데, 그 후로 오랫동안 인도는 통일되지 못했다. 역사의 한 페이지가 넘어가고 만 것이다. 바로 이와 같은 사정으로 인해 우리는 650년 이후 고대 인도의 일상생활을 연구할 수 없었던 것이다. 인도문명이 갑자기 사라졌기 때문이 아니라 이 때를 기점으로 중앙권력이 부재하게 되어 더 이상 통일 인도를 언급할 수 없기 때문이다. 다시 말해 이후의 인도 역사는 국지적 차원으로 떨어졌고, 이 때부터는 '인도' 역사라기보다는 '인도들'의 역사인 것이다.

그럼에도 불구하고, 인도 사회는 1천 년 전에 확립한 근본적인 특질을 계속 유지해나갔다. 숭가 왕조나 굽타 왕조 또는 중세 시대를 자세히 살펴보면 동일한 봉건 토대, 카스트 구분, 길드, 그리고 가정 제의를 발견하게 된다. 한편 민중의 관습이나 의상, 종교 및 법률에서는 상당한 차이점이 드러난다. 하지만 그 이외의 것은 모두 전통에서 한 치도 벗어나지 않는다. 왕의 위풍당당한 모습, 왕을 둘러싼 화려함, 왕의 의무와 여가생활, 수도들의 모습, 개개인의 정신구조는 하나같이 이전 시대의 그것과 동일하다. 태곳적부터 영감을 주었던 원칙에 따라 현재의 정통 브라만 계급이 20세기를 살아간다면 어떤 일이 벌어질 수 있을까? 인도의 끊임없는 부침과는 상관없이, 이 같은 원칙들은 케케묵은 낡은 것이라고 여겨지기보다는 스스로 영속하는 인도문명의 본질을 가장 확실하게 보여줄 것이다.

제2장 | 사회구조와 종교적 원칙

인도의 정치사가 정복과 무정부 상태와 제국의 통일로 점철되었다 하더라도 그것을 종교 발전의 역사와 분리해서 생각할 수는 없다. 일단 인도의 전체적인 모습이 매우 종교적일 뿐만 아니라, 인도문명만큼 종교가 공무(公務)는 물론 인간의 모든 행위와 밀접한 관련을 맺고 있는 문명은 없기 때문이다. 고대 인도에서 종교는 사회구조의 근간인 동시에 인도 공동체의 초석이었다.

이 책에서 다루는 시대는 베다 시대로부터 발전해왔다. 당시는 종교의 원시적 형태인 희생제의를 통해 인간의 죄악을 대신하던 때였다. 그러나 수세기에 걸쳐 브라만교 원리가 철저하게 지배하고 있던 인도 사회에 인간의 존엄성에 기초하여 인간의 도덕적 개선이 가능함을 주장하는 불교가 새롭게 등장한다. 브라만교 원리는 세상이란 아트만(眞我)이 빠져 있다는 개념에 기초하고 있다. 영혼이란 변하게 마련이지만 근본적으로는 '보편적 자아'와 같은 본성을 가진 것이라는 본질적인 계시를 바탕으로 브라만 사상은 더욱더 심오해졌다. 단적으로 말해서 아트만은 카르마(業)에 의해 결정되는 윤회의 굴레에 철저하게 끌려 다닐 뿐이다. 카르마란 이전의 행위가 현재와 미래의 조건에 영향을 미치는 것을 뜻한다. 카르마는 아트만을 보상이나 벌로 이끌고 기쁨과 고통을 일으킨다. 덕을 쌓으면 윤회를 적게 하고, 악행을 저지르면 윤회를 많이 한다. 인도의 모든 철학과 종파는 이러한 원리를 받아들였고 답을 찾으려 애썼다. 경전 연구에 힘쓰라는 종파가 있는가 하면 고행이나 비전(秘傳)에 몰두하라거나 덕을 쌓으라고 가르치는 종파도 있었지만 대부분은 자비를 강조했다. 불교는 브라만교가 주장하는 바, 윤회할 때마다 영향을 미치는 카르마의 개념을 받아들이는 한편 아트만의 실재를 강력하게 부인하면서 특히 자비를 강조했다. 바로 여기서 불교의 연기론(緣起論) ― 카르마를 일으키고 유지시키는 '욕망'에서 벗어남으로써 괴로움이 사라질 수 있다는 ― 이 나오게 된 것이다.

카르마의 결과는 도덕적 질서 또는 종말론적 질서에만 제한되지 않고 우주적 질서, 즉 다르마에까지 적용되어 결과적으로는 이러한 우주적 질서를 반영하는 아리안의 사회구조(카스트 제도)에도 적용된다. 이러한 개념은 대부분의 고대 베다에는 나오지 않지만, 스스로를 순수하다고 여겼던 아리안족은 정복민족에 대한 인종적 우월성을 유지하기 위해 방대하게 법전화하여 원주민들에게 점진적으로 강요했다. 이것이 바르나(계급)라는 용어로 굳어졌다.

'고전적인' 브라만교가 지배하던 시대 내내 인도 사회는 베다의 권위를 업은 다르마의 규제를 받았다. 다르마는 법령이자 법률이며 종교였다. 이 시대 이후에 카스트에 따른 사회 구분은 더욱 엄격해졌다. 카르마에 절대적인 권위를 부여함에 따라 인간은 더욱 엄격하게 카스트에 종속되었고, 그 결과 카스트에 따른 고유한 기능과 의무를 수행할 수밖에 없었기 때문이다. 다르마가 개인에게 지나친 고통을 주는 경우도 있었다. 불교의 인도주의적 관점은 다르마와 정면으로 대치되었다. 나아가 불교는 인간의 마음에 깃들어 있는 순수함과 인간 감정의 고결함을 카스트로 구분하는 것에 정면으로 반대했다. 실제로 불교의 이러한 주장은 사회적 혁명을 설파하는 것으로서 정통파 힌두교(브라만)의 눈에는 치명적이고 파괴적인 변화를 촉구하는 것으로 보였다. 이 같은 불교의 태도는 특권을 누리는 계급과 그렇지 못한 계급간의 불평등을 보여줌으로써 사회질서를 위협했을 뿐만 아니라, 뿌리 깊은 인종적 순수성의 교리를 전복하고 나아가 브라만 계급만이 성직자가 된다는 교리마저도 뒤집어 엎는 것이었다.

전통적으로 카스트는 성직자 계급인 브라만, 전사 및 귀족 계급인 크샤트리아, 농공상인으로 일종의 부르주아 계급인 바이샤, 그리고 공노예(公奴隷) 성격을 띠고 있는 노예 계급인 수드라로 나뉜다. 바이샤까지는 베다를 읽을 권리가 있지만, 수드라는 (다른 계급과 마찬가지로 다르마의 세계에서 왔다고 해도) 베다를 읽을 권리가 없었다. 브라만과 크샤트리아는 지배계급으로서 각각 영적인 주권과 세속적인 주권을 소유했다. 네 개의 카스트 중 어디에도 속하지 못하는 사람은 사회적으로 아예 존재하지 않는 것이나 마찬가지였다. 카스트는 저마다 정확하게 구분된 일을 하도록 되어 있다. 브라만은 베다를 가르치고 제사를 올렸다. 크샤트리아는 일반 백성을 보호하고 베다를 공부했다. 바이샤는 노동을 했고, 수드라는 노예로서 일했다. 서로 다른 카스트끼리는 접촉도 하지 못했고 결혼도 금지되었다. 그러나 세상일이 늘 그렇듯 이론과 실제는 괴리가 있게 마련이었다. 브라만교가 철저하게 지켜졌던 시대조차도 이 같은 원칙이 엄격하게 유지된 적은 한 번도 없었고, 현실과 부단히 타협할 수밖에 없었다.

브라만

브라만은 '제사'라는 뜻으로 '브라만을 가진다'는 말은 모든 지식의 원천인 베다를 연구하는 성직자 계급이 제사에서 비롯된 신성한 힘을 소유한다는 뜻이다. 베다 시대부터 제사를 올리는 권한을 부여받은 브라만은 '고전' 시대 내내 자신과 다른 사람을 위한 종교 제의를 주관하는 특권을 누렸다. 이와 함께 브라만은 제사의 실수로 인한 일체의 해로운 것들에 효과적으로 대처하는 힘을 부여받은 존재로 여겨졌다. 이에 따라 브라만은 베다를 가르치고 선물을 주고받을 수 있는 자격이 있었다(마누법전 I, 88 이하 참조). 간단히 말해 브라만은 순수한 혈통으로 만인의 존경을 한 몸에 받으며 지적·종교적 생활을 지도하고, 권위 있는 생활을 하면서 이론적으로는 호구지책에 전혀 신경을 쓰지 않도록 운명지어졌다. 그들은 또한 독신으로 살아도 되고 결혼을 해도 되었다.

제사 등의 성스러운 기능만을 수행하도록 되어 있었으므로 브라만은 엄청난 면제와 특권을 동시에 누릴 수 있었다. 심지어 불교가 융성한 왕국에서도 그러했다. 특히 브라만은 이따금 대단히 가치 있는 물건이나 토지를 기부받을 수 있었다. 고대 인도에서 기부행위란 태곳적부터 있어온 제도로서, 기증자에게 이승은 물론 저승에서도 확실한 보답을 약속해주는 것이었다. 기부는 당연한 의무일 뿐만 아니라 인간으로 태어나게 해준 신에 대한 부채를 갚는 최고의 방법이기도 했다. 브라만은 기부의 효능을 부지런히 알렸다. 하지만 법은 세심하게도 기부자가 가족을 도외시하고 오로지 브라만에게만 기부하는 행위를 금지했다. 그럼에도 불구하고 사람들은 브라만에게 상당한 기부를 했는데, 그 가운데서도 '토지 기부'를 최고로 여겼다. 토지를 기부하면 모든 죄에서 해방된다고 믿었기 때문이다. 이리하여 브라만은 광대한 토지를 소유하고 천문학적인 재산을 축적하게 되었다. 브라만이 토지를 노예와 농노들에게 경작시켰다. 토지뿐만 아니라 공공건물이나 개인소유의 건물을 받기도 했는데, 심지어는 마을 전체를 받는 경우도 있었다. 무엇보다 브라만은 면세혜택을 받았다. '경건한 행동'으로 인해 세금을 면제받았던 것이다.

브라만은 성직자 계급이므로 사형을 언도받지 않았고, 일체의 고문이나 신체형벌도 받지 않았다. 브라만에게 적용할 수 있는 가장 무거운 형벌은 똘똘 말은 머리카락을 자르는 것이었다. 이는 잔혹한 놀림이 아니라 매우 상징적인 행위이다. 머리 위나 옆으로 땋은 머리카락은 브라만이 되었다는 것을 드러내는 징표로서, 세 살 때 삭발의식(추다카라나)을 받은 브라만은 죽을 때까지 머리카락을 자르지 않는다. 따라서 브라만의 머리카락을 제거하는 것은 곧 브라만 카스트로부터 파문한다는 선언에 다름 아니며, 무시무시한 결과를 불러왔다. 파문당한 브라만은 지금까지 살던 환경에서 영원히 쫓겨나 모든 카스트로부터 거부당했다. 따라서 파문을 당한 브라만은 국가를 떠날 수밖에 없다. 그것은 사회적 죽음인 동시에 도덕적 죽음인 것이다.[1] 반면 다른 계급이 브라만에게 화를 내거나 해를 끼치면 혹독한 형벌을 받았다.

다수의 브라만은 사람들에게 존경받는 행동을 했다. 이들은 물질적 안락을 경멸하고 카스트의 본분을 충실히 행하며 소박하고 경건한 삶을 살았다. 브라만은 훈장으로서 마을 사람들을 가르치거나 (지금으로 말하자면) 대학에서 학생들을 가르쳤다. 인적이 드문 울창한 숲 속에서 생활하는 브라만들도 있었다. 이들은 대나무로 엮어 만든 초라한 오두막에 기거하며 경전의 가르침에 따라 종교적 의무를 다했고, 명상을 하거나 들짐승을 돌보면서 궁핍하지만 시적인 삶이 가져다주는 기쁨을 누렸다. 하지만 카스트 의무를 충실하게 이행하는 브라만들과는 달리 존경받지 못할 행동을 하는 브라만도 있었다. 이들은 미신을 이용해 군중을 미혹시키는 데 주저함이 없었으며, 베다를 공부하여 얻은 지식으로 점을 치거나 요술을 부려 생활비를 벌었다.

이들은 대부분 시골에서 호황을 누렸는데 문자 그대로 사이비들이었다. 그들은 공개적으로 경멸을 당하기도 했다.

이 밖에도 장사를 하거나 성직자와는 거리가 먼 직업을 가진 브라만들도 있었다. 연극배우도 있었고, 도박장을 운영하는 자도 있었으며, 돌팔이 의사도 있었고, 세금징수원도 있었고, 운송책임자도 있었으며,[2] 첩자도 있었고, 심지어 삯을 받는 노비도 있었다. 생명 있는 것을 죽인다는 이유로 브라만에게 금지된 도살업에 종사하는 자도 있었다.[3] 브라만은 자기 카스트의 순수성과 맞지 않는 직업을 가질 수도 있었다. 불교가 융성했던 시대에는 기부를 받을 꿈조차 꾸지 못하고 스스로 먹을 것을 벌어야 했기 때문이다. 법에 따르면 몹시 '빈궁한' 사람은 정상정인 상황에서 자기 카스트가 가져서는 안 되는 직업을 택할 수도 있었다. 불교는 경직된 카스트 제도를 때때로 심하다 싶을 정도로 비난했다. 불교계에서 이렇게 질색하니 사람들이 카스트에 대한 편견을 버리는 것도 가능한 일이었다. 그럼에도 불구하고 자질이 떨어지는 브라만의 몰락은 의심할 바 없이 그들의 행동 때문이었다. 자신이 속한 카스트의 순수함에 대한 자부심에서 비롯된 오만한 태도, 위선적인 행위, 유죄를 선고받곤 하는 좋지 못한 행위, 심지어 법정에서도 톡톡히 누리는 면책특권 등으로 인해 이들은 다른 카스트들에게 시기를 받았을 뿐만 아니라 신실하고 선량한 사람들에게 비난의 대상이 되었다. 하지만 브라만을 비난했던 사람들도 위대한 브라만들에 대한 몇 가지 활기찬 일화를 전해주고 있다.[4] 그들은 상당한 학문과 고결한 도덕성으로 인도 사회를 드높였을 뿐만 아니라 고귀한 인도 전통을 영속시키는 데 노력을 아끼지 않았다. 국가의 행동규범에 중요한 기준이 되었고 궁정에서 높은 자리를 차지했으며 왕들이 불교를 믿는 경우에도 왕실 성직자(푸로히타)로 활동하기도 했다.

전사-귀족 계급

두번째 카스트인 크샤트리아는 정부의 기능을 수행했는데, 재산의 유무와 상관없이 집안 대대로 귀족의 자리를 차지한 진짜 귀족으로 이루어졌다. 이 카스트는 본래 왕 본인과 왕실, 그리고 왕의 시종과 가신으로 제한되었으나 이 책에서 다루고 있는 시대 동안에는 군대를 지휘하는 전사 계급에만 엄격하게 제한되지 않고 보다 폭넓게 적용되었다. 하지만 이러한 근본적인 특성은 그들의 교육체계 속에 고스란히 간직되었다. 이들은 무기 사용법을 배웠고 통술에 필요한 능력을 갈고 닦아야 했다. 이들은 통치자, 장군, 행정관 또는 고위공무원과 같은 높은 자리를 수행할 수 있는 교육을 받았다.

최고의 크샤트리아인 왕은 통치자이고 정복자이며 질서를 유지하는 존재였다. 크샤트리아 계급은 걸출하다고 여겨졌으며 불교 세계에서는 더욱 그랬다. 브라만 계급과 라이벌 관계였던 이들은 성직자의 특성을 높이 평가하여 브라만의 우월성을 인정했다.

왕의 가신들은 크샤트리아 계급에서 자연스럽게 발탁되었고 군대 역시 대부분 크샤트리아로 구성되었지만, 다수의 귀족들은 전사로서 살지 않고 장사를 하거나 물건을 제작하는 등 다양한 방법으로 먹고 살도록 인정받았다. 카스트에 걸맞지 않는 직업을 가진 사람들도 여전히 크샤트리아의 특권을 가지고 있었는데, 이러한 특권 가운데 가장 대표적인 것으로 두 가지 결혼 형태를 들 수 있다. 그 하나는 아주 오래 전부터 내려오는 것으로 군사작전을 하는 도중에 여성을 강제로 납치하여 결혼하는 것이고, 다른 하나는 궁술시합에서 1등 한 사람이 신부를 차지하는 것이다.

바이샤

브라만이나 크샤트리아와 마찬가지로 베다를 배울 수 있는 권리를 지녔고 다르마에 속하기는 했지만, 바이샤는 브라만과 크샤트리아에 비해 현저하게 뒤떨어지는 카스트로 간주되었다. 애초부터 바이샤는 농촌사회를 형성했으며, 이러한 비천한 특성으로 인해 토지를 경작하는 등의 고된 일을 하는 노동계급이었다. 고전 시대 초기부터 바이샤의 재산은 몰라보게 많아졌다. 무일푼의 농부들이 대거 대지주로 성장했고 사람들이 부러워하는 고수익 직업에 종사하는 농부도 생겨났으며 귀금속, 직물, 향료 또는 향수 등의 전문가로도 발전했다. 크샤트리아는 이들의 전문지식을 대단히 높이 평가했다.

불교에 의한 사회개혁으로 인해 바이샤는 더욱 발전하게 되었다. 바이샤 계급 가운데 독실한 불교 신자가 많아졌고, 불교적 가르침에 힘입은 그들은 지배계급인 브라만과 크샤트리아의 경멸을 극복하고 일종의 부르주아를 형성했다. 주로 해상무역과 대상무역을 통해 엄청난 부를 축적한 바이샤는 동업조합(스레니)을 세웠는데, 국가와 행정부가 통계 대상으로 삼을 정도로 대규모 조직이었다.

바이샤는 중요한 관직에 임명되기도 했고 왕의 신하로 간택되는 경우도 많았다. 하지만 혈통적인 한계는 뚜렷했다. 법령에 따라 노동을 부과 받았던 옛날과 마찬가지로 이 시대에도 바이샤는 다른 계급보다도 무거운 세금을 내야했고 계급적 의무를 수행해야 했다. 농사를 짓지 않는 성직자 계급과 전쟁에만 매달리는 전사 계급을 먹여 살려야 했기 때문이다. 자신의 가족 말고도 브라만과 크샤트리아를 부양해야 했던 바이샤는 적극적으로 소질을 개발하여 결과적으로 상당한 부를 축적할 수 있었고 다른 계급의 존경을 받게 되었다. 국가는 바이샤에게서 거둬들인 부를 브라만에게 하사하여 국고와 행정비용, 황실비용, 종교의식 비용 등에 충당하도록 했다.

노예 계급

위에서 언급한 세 카스트에게 봉사하기 위해 태어난, 아니 차라리 '다시 태어난' 계급이라고 해야 할 수드라는 격심한 사회적 차별과 종교적 차별을 받으며 힘들게 살았다. 베다 시대에는 아리안족이 정복한 검은 피부의 원주민이 수드라 계급이었으나 나중에는 영락한 아리안과 여러 가지 이유로 권리를 상실당한 사람들도 수드라가 되었다. 수드라는 다른 계급으로부터 경멸을 당했고 불결한 사람으로 여겨졌으나 그럼에도 불구하고 다르마에 속했다. 하지만 다르마에 따른 그들의 권리는 제의에 참석하거나 푸라나와 탄트라 등의 힌두교 경전을 제한적으로 연구할 수 있는 기회에 한정되었을 뿐이다.

수드라는 권리보다 의무가 훨씬 많았다. 수드라는 태어날 때부터 부과된 노예 상태에서 벗어날 가능성이 없었다. 바로 여기에서 카르마의 논리는 완벽하게 이해된다. 전생의 업으로 인해 현생에서 특별한 카스트로 태어난 수드라는 전생에 저지른 수많은 악행을 갚아야 했다. 그런데 현생에서의 삶은 이미 전생의 악행에 의해 정해졌고, 다음 생에서만 개선될 수 있기 때문에 살아가는 동안에는 노예의 상태를 개선할 수 없게 되는 것이다. 다음 생에서 다른 카스트로 다시 태어나기 위해서는 지금 자신에게 부과된 의무를 성실하게 수행해야 한다. 수드라뿐만 아니라 지배계급 역시 이런 믿음을 확고하게 가지고 있었다. 또한 누구나 이런 믿음을 행동으로 보여주었다.

수드라 계급의 구성을 알아볼 수 있는 사료나 문헌은 턱없이 부족하지만 온갖 종류의 노예, 임금생활자, 노동자 및 하위직급의 기능직 공무원 등이 포함된 것으로 짐작된다. 여기에 말단 사무원, 상인, 수공업자가 추가되는데 일부 상인과 수공업자는 비교적 돈벌이가 잘 되는 장사를 할 수도 있었고 제품을 제작할 수 있었으며 심지어 농업에 종사하기도 했다. 대체로 이들은 자신들의 하찮은 처지에 낙담한 나머지 그것에서 벗어나려고 시도하지 않았지만, 그렇다고 이들이 도저히 참을 수 없는 생활을 이어갔다고 속단해서는 안 된다. 많은 수드라들은 부유한 상인과 지주들의 집안에서 노예로 생활했기 때문에 정기적으로 월급을 받아가며 삶을 영위해 나갔다. 뿐만 아니라 여러 가지 현물을 받기도 했다. 이를테면 농사일을 거들어주는 노예는 주인집에 기거할 경우에는 임금의 5분의 1, 기거하지 않으면서 일할 경우에는 3분의 1을 곡식으로 받았다. 이들은 부자(父子)가 함께 주인집을 위해 일했는데 주인이 먹다 남긴 음식을 먹어야 했고, 주인이 입다 버린 옷가지를 입어야 했으며, 쓰다 버린 물건을 사용할 수밖에 없었다. 주인은 수드라를 관대하게 대해주어야 했는데, 이들은 실제로 어느 정도 법에 의해 보호받았다. 주인은 이들과 계약을 해야 했는데 문서에는 쌍방의 권리와 의무가 열거되었고, 노예의 가족들 이름을 모두 명기했다. 노예가 열의가 있고 상당한 능력이 있다고 판단되면 주인은 작업에 필요한 도구들을 공급하고, 마모되거나 고장이 난 도구들은 새것으로 교체해주어야 했다. 노동시간과 임금은 계약으로 정했으며 일반적으로 임금 이외에 소출의 일부를 떼어주었다. 임금을 지불하지 않거나 계약을 부당하게 종료하는 고용주는 처벌을 받았다.

수드라는 비교적 적은 세금을 냈지만 한 달에 하루나 이틀 정도 강제부역에 동원되었다. 쌀, 밀가루, 식용유, 설탕 등을 가공하는 노동자, 실과 직물을 짜는 직공, 그리고 무기를 만드는 노동자들이 특히 부역을 많이 했다. 많은 돈을 내고 강제부역을 면제받는 경우도 있었다.

하지만 노예 계급이라고 모두가 동일하지는 않았다. 심지어 여기에서도

'순수한' 노예와 '배척받지 않은' 노예, 그리고 '배척된' 노예로 구별되었다. 배척된 노예는 '하층 카스트' (불가촉천민)와 같은 대우를 받았다.

하층 카스트

이들은 매우 가치가 없는 존재이기 때문에 경전에 간단하게 언급될 뿐이다. 경전에서는 이들을 '밑바닥', '비천하게 태어난 사람' 또는 '신의 자비를 받을 수 없는 사람'으로 언급하고 있다. 요즘 용어를 빌면 최하층민 또는 불가촉천민으로 부를 수 있는 사람들이다. 이들은 일련의 하층 카스트를 구성했는데, 그 가운데서도 특히 찬달라가 가장 많이 언급되고 있다. 천민들은 사람이나 짐승의 죽음과 관련된 직업이나 부정(不淨)한 일 등 브라만 정통파들이 경멸하는 직종에 종사했다. 이 범주에 드는 사람들로는 사냥꾼, 어부, 백정, 갖바치, 망나니, 무덤 파는 인부, 장의사, 술장수, 청소부, 그리고 일부 시대에는 양동이 제작자와 수레 제작자들을 꼽을 수 있다.

그 가운데도 찬달라의 사정이 제일 좋지 않았다. 후대에 이들은 더럽다는 이유로 '불가촉천민'이라는 이름으로 불렸다. 이들은 일반인들이 사는 마을에서 멀리 떨어진 곳에 무리를 이루어 살거나 시내 바깥의 제한된 구역에서 살았고, 방언에 가까운 품위 없는 말을 사용했다.[5] 또한 시체에서 벗겨낸 옷을 입었던 것으로 짐작된다.(이들은 형장의 망나니나 장의사로 활동했다.) 이들은 깨진 그릇에 음식을 담아 먹어야 했으며, 장신구와 귀금속도 쇠로 된 것만 달 수 있었다. 브라만이 천민을 죽여도 개를 죽였을 때와 동일한 처벌만을 받았다.

모든 사람이 인간 쓰레기로 여겼던 이들은 카스트에 속한 사람들과는 접촉도 하지 않고, 심지어 그들의 눈에도 띄지 않도록 조심해야 했다. 그래서 이들은 거주지를 벗어날 때 딱딱이를 쳐서 카스트에 속한 사람들에게 자신들이 가까이 간다는 사실을 알려야 했다. 우연히라도 이들을 본 사람은 반드시 정화의식을 치러야 했다. 특히 찬달라를 보았을 경우에는 ─ 무심코 목격했더라도 ─ 즉시 고개를 돌려야 했다. 그리고 불운을 당하지 않기 위해 정화수로 눈을 닦았다. 뿐만 아니라 그 시간 이후에는 물을 비롯한 일체의 음식을 금해야 했다.[6] 부정 탄다는 두려움이 지나친 나머지 사람들은 찬달라의 몸을 스치고 간 바람이 자신에게도 불어왔을지도 모른다는 생각에 몸을 떨었다.[7] 나아가 찬달라의 그림자가 자신에게 비치지는 않았나 하는 생각에 부르르 떨었다. 찬달라는 (설령 의도적인 것은 아닐지라도) 카스트에 속해 있는 사람을 부정 타게 할 가능성이 언제나 있었다. 따라서 찬달라는 무슨 일이 있어도 이 같은 불상사는 막아야 한다고 교육받았다. 카스트에 속한 사람들이 화가 나서 찬달라를 마구 때릴 수도 있기 때문이다. 심지어 그들은 다음 생에 짐승으로 태어나 영혼의 윤회로부터 자유로워지는 때가 더욱더 지연될 것이라고 믿어지기도 했다.[8] 카스트에 속한 사람은 굶어 죽더라도 찬달라의 음식을 먹을 수 없었다는 것은 두말할 나위가 없다.[9]

외국인들도 천민과 동일한 범주에 속했지만 다르마에 속하지 않고 베다의 경전을 읽지 않는 사람들이었으므로 천민처럼 모욕적인 대우를 받지는 않았다. 이들은 음레츠차라고 불렸는데, '재잘거리는 사람' 이라는 뜻으로 모든 '야만인' 을 지칭하는 말이었다. 대부분의 외국인들은 평범한 여행객이었으나 무역을 하거나 큰돈을 벌려는 모험가들도 소수 있었다. 하지만 음레츠차라는 말은 외국의 사신, 사찰에서 불교를 가르치거나 불교를 배우기 위해 인도에 온 승려, 학자, 식자층에도 동일하게 적용되었다. 음레츠차는 특히 침략자들을 지칭하는 용어였다. 대부분의 침략자들이 북서지방을 통해 인도를 공격해왔기 때문이다. 도상학에서는 전통적으로 음레츠차를 '추운 지방 사람들' , 즉 이란이나 헬레니즘의 영향을 받은 파르티아인들로 묘사했다. 또한 음레츠차가 멀리 떨어진 나라의 사람이라는 사실을 명시하기도 했다.

상류층 외국인들에게는 적절한 예를 갖춰 대하기는 했지만 그들을 위해 율법을 깨뜨리지는 않았다. 이를테면 브라만 가정에 외국인들을 초대했을 경우 환대의식을 철저하게 수행하지는 않았으며, 고귀한 카스트에 속한 남자는 외국인들과 식사를 함께 할 수 없었다. 그러나 특별한 연례 축제일은 음레츠차를 위한 날이었다. 이 날에는 음레츠차들이 한데 모였다. 이 같은 사실로 미루어 볼 때 상당수의 외국인들이 인도에서 오랫동안 정착해왔음을 짐작할 수 있다. 음레츠차라는 말은 힌두교를 믿고 적절한 카스트에 들어온, 즉 인도 사회에 융화된 외국인들에게는 적용되지 않았다.

마지막으로 고행자들도 천민에 속했다. 그들은 사회와 완전히 단절되었으므로 카스트에 속하지 않았기 때문이다. 하지만 이들은 커다란 존경을 받았다.

그러나 이런 경우는 상당히 예외적이었다. 카스트에 속하지 않는 불가촉천민 대다수는 학대받고 경멸받고 가난할 뿐만 아니라 사회적으로 악하다고 여겨졌기 때문에 '혼혈' 태생의 사람들하고만 접촉할 수 있었다.

'혼혈' 카스트

카스트를 규정하고 있는 바르나다르마는 결코 엄격하게 적용되지 못했다. 실제로 서로 다른 카스트들간의 결혼을 금지하지도 못했다. 따라서 일찍부터 이 같은 사실과 직면할 수밖에 없었던 입법자는 법률체계를 약간 유연하게 만들었다. 서로 다른 카스트에 속한 사람들끼리의 결혼은 어느 정도 묵인했지만 그 아이들은 부모 계급의 권리를 상실하는 것으로 여겼다. 그

아이들은 특정 카스트에 속하지 않기 때문이다. 일부다처제로 인해 특정 카스트에 속하지 않은 아이들이 많이 태어나는 까닭에 상황은 더욱더 악화되었다. '혼혈' 태생이라는 오명은 자신은 물론 자식들에게까지 이어졌다. 하지만 이런 출신성분 때문에 영예로운 자리에 오르지 못하거나 음유시인, 사자(使者), 의사, 필경사 등의 존경받는 전문직종에서 배척당하는 경우는 없었다. 따라서 이들은 '사회에서 배척된' 노예나 '천민' 보다는 '순수한' 수드라에 좀더 가까웠다.

사노비

메가스테네스는 마우리아 왕조 시대에는 노예가 없었다고 단언했다. 그런데 사실은 후대와 마찬가지로 마우리아 왕조 시대에도 노예가 있었다. 물론 마우리아 왕조 시대의 노비는 그리스의 노비와 많은 차이가 있었기 때문에 그의 진술은 부분적으로 맞다고 할 수 있다.

노비는 다양한 종류의 사람들로 구성되어 있다. 첫번째 범주는 대대로 내려오는 노비 집안에서 태어난 사람을 들 수 있다. 이들은 물건처럼 사고 팔거나 선물할 수 있었고 자손에게 물려줄 수도 있었다. 노비 매매가는 비교적 적절한 편이었으므로 노비 소유가 일반화되어 있었다. 노비 매매의 전례는 황실이 세웠다. 그리스를 왕래하는 무역선이나 인도와 아프리카를 오가는 상인들에 의해 노비들이 생겨났다. 이들이 데리고 온 젊은 여자들은 행동거지가 단정하고 가무에 뛰어나 황실에 후궁으로 들어갔다. 또한 후궁을 호위하는 여성 전사들도 전부 노비들로 구성되었다. 이들은 성벽 높은 곳에서 망을 보거나 무장을 한 채 후궁 처소의 입구를 지켰다.[10] 여성 전사들을 가리켜 야바니(Yavani, 이오니아에서 왔다는 뜻)라고 불렀는데, 이를 통해 그들이 그리스에서 왔다는 사실을 미루어 짐작해볼 수 있다. 여성 전사들의 의상도 눈여겨볼 필요가 있다. 3세기경까지는 그레코-로만 스타일이었다가 4~5세기에는 이란 스타일로 변했기 때문이다. 즉 로마 멸망 이후에도 여성 전사들은 그레코-로만 스타일의 의상을 버리려 하지 않고, 헬레니즘 전통을 이어받은 지역에 있는 재단사들에게 도움을 요청했다는 사실을 알 수 있다. 황실에 있는 다른 노비들로는 익살꾼과 어릿광대 연기를 하는 곱사등이와 난장이, 그리고 황실의 유모들을 들 수 있다.

노비들의 생활조건 및 노동조건은 수드라와 크게 다르지 않았는데 메가스테네스는 이것 때문에 오해한 듯싶다. 어떤 의미에서는 노비들이 수드라보다도 좋은 조건에서 살았다고 말할 수 있다. 그들은 임금을 받지 않았기 때문에 몸이 아프면 굳이 일을 하지 않았다. 일용할 양식을 위해 임금에 얽매이지 않았던 까닭이다.

현재 남아 있는 문헌들은 노비의 생활조건과 노동조건을 상당히 다르게 전하고 있다. 평민의 언어인 팔리어로 기록된 문헌들은 노비들의 고된 삶에 대해 자세히 언급하고 있다. 그들은 일년 내내 하루 세 번씩, 심지어 겨울철에도 얼음을 깨고 물속에 들어가 밥 짓는 물을 떠와야 했다는 것이다. 의무를 게을리하는 노비들에게는 체벌이 가해졌고 심지어 신체를 절단하거나 죽이기도 했다고 전해진다. 노비들은 이런 형벌을 받을 것을 두려워하여 어떤 경우에도 순종했으며 끊임없는 불안 속에서 살아갔다. 이들은 눈물을 머금고 고된 노동을 감내했다. 주인은 노비가 게을러서 불편하기 짝이 없다고 자주 불평을 늘어놓았다. 소수의 노비들만이 성실하게 일했고, 대부분은 일에서 해방될 수 있는 밤이 오기만을 초조하게 기다렸다. 주인 앞에서는 열심히 일하는 척하다가도 주인이 자리를 비우면 빈둥거리면서 도구들을 못 쓰게 만드는 등 악의에 찬 분풀이를 하곤 했다.[11] 몇몇 문헌들로 미루어 볼 때 몇 차례의 노비 폭동이 일어났던 것으로 짐작된다.

그러나 실제로는 힌두교 법률과 붓다의 가르침으로 인해 노비들의 생활
이 크게 어렵지 않았다. 다른 기록들을 보면 노비들은 비교적 잘 먹었을 뿐
만 아니라 괜찮은 대우를 받았다. 주인은 노예를 때릴 권리가 있었지만 등
만 때릴 수 있을 뿐 결코 머리는 때리지 않았다. 만약 주인이 지나치게 혹독
하게 다루었다면 노비들은 일을 하지 않았으리라.

일이 없는 시간에는 자유롭게 돈을 벌 수 있는 권한이 부여된 적도 있었
다. 여자 노비는 노비로서의 의무를 성실히 이행한다는 조건으로 주인집에
살지 않는 남자 노비와 결혼할 수도 있었다. 임신한 동안에는 노비를 매매
하거나 기증할 수 없도록 법률로 보호했다. 주인이 여자 노비를 범하여 아
기를 낳은 경우에는 노비에게 보상금을 주고 아이와 함께 해방시켜주어야
했다. 대개 노비의 자식들은 부모와 마찬가지로 노비가 되었다. 늙은 노비
들은 더 이상 노동을 할 수 없어도 죽을 때까지 주인집에서 살았다. 자식이
없이 죽은 노비는 주인이 장례비용을 감당했다. 노비들만 즐기는 연례 축제
일이 있었는데, 그날만큼은 노비들도 흥겹게 놀았다.

다른 고대 문명의 일반적인 노비들과 비교해 보면 이들 중 상당수는 가혹
한 대우를 받지 않은 것으로 짐작된다. 팔리거나 교환되는 등 자유롭지 못
한 처지를 제외하면 이들은 보통 노동자들보다 덜 힘들게 살았고,[12] 주인이
공명정대하고 경건한 사람인 경우는 더욱 그랬다. 심지어 주인의 토지를 유
증 받은 노비에 대한 기록까지 있다.

노비는 자유를 회복할 기회를 가져야 한다고 법률은 구체적으로 규정했
다. 노비는 도망칠 권리가 있었는데, 단 한 번뿐이었다. 도망쳐서 잡히지 않
을 경우 노비는 자유인의 삶을 구가할 수 있었고, (만약에 카스트에 속해 있
었다면) 자신의 카스트로 복귀할 수 있었다. 자유시간에 번 돈을 모아 자유
를 살 수도 있었다. 자유를 찾으면 작은 의식을 치른다. 주문이 외워지는 가
운데 물병이 깨지면서 노비 신세를 벗어난 사람에게 물이 쏟아진다. 이로써

그의 이마는 깨끗이 닦였으며 이제 자신의 카스트로 복귀했음을 상징하는 것이다. 만일 그가 이름을 바꿔 종교단체에 입교하면 아무도 그의 과거를 비난할 수 없었다.

세습에 의해서만 노비가 되는 것은 아니었다. 많은 사람들이 여러 가지 이유로 노비로 전락했다. 관습법에 의해 노비가 된 사람도 있고, 악행을 정화하기 위해 일정 기간 동안 노비로 살도록 선고를 받은 사람도 있었다. 채무자가 부채를 갚기 위해 노비 생활을 하는 경우에는 채권자가 음식과 거주할 곳을 제공해야 했다. 계약, 소송 또는 도박으로 인해 저당품처럼 노비가 된 사람도 있고 전리품으로 노비가 된 사람들도 있었다. 따라서 그들의 자유는 결국 자신들의 처지와 일의 조건에 따라 달라지게 마련이었다. 부역 선고를 받은 자들은 기한이 만료되면 노비에서 해방되었고, 채무자는 채무를 모두 갚았을 때 해방되었으며, 계약을 충실하게 이행하거나 벌금을 충분히 지불했을 경우에도 해방되었다. 전쟁포로는 제한된 기간 동안 노비 생활을 했는데 보통 1년이었다.

인도인들은 다양한 방식으로 '다르마'에 순응하며 살았다. 카스트 제도는 매우 복잡했으며, 현실을 규정하는 엄격한 조건들이 각각의 카스트를 제한했다. 인도의 모순이 카스트 제도에 그대로 반영되어 있고, 나아가 각각의 카스트에 역할과 권리와 의무가 철저하게 부여된 까닭에 사람들은 집단적인 고통 속에서 신음하며 살 수밖에 없었다. 확고하게 자리잡은 규칙은 시대에 따라, 또는 브라만교나 불교의 영향력에 따라 엄격하게 강요되기도 했고 유연하게 적용되기도 했다. 불교는 고통스럽게 살도록 강요하는 카르마 아래서 허덕이는 중생들에게 진정한 도덕적, 정신적 평안을 가져다주었다. 뿐만 아니라 인간은 출신성분이나 행운보다는 도덕적인 행위를 통해 현세나 내세에서 복을 받는 것이므로 순수한 마음으로 정직하게 산다면 비록 천한 카스트라 하더라도 구원을 받게 된다고 주장하면서 계급타파를 강하게 부르짖었다. 어떤 규칙으로도 전체 인간을 카스트로 엄격하고 정확하게 구분할 수는 없었다. 심지어 다르마와 카르마 이데올로기를 통해 인도인들의 삶을 카스트로 구속한 브라만교조차도 규칙을 철저하게 강요하지는 못했다. 물론 규칙이 없던 적은 한 번도 없었다. 그러나 혼혈 카스트가 있다는 사실, 다른 카스트에 속해 있는 사람들끼리 결혼할 수 있었다는 사실, 브라만이나 크샤트리아가 때때로 천한 카스트가 하는 일에 종사했다는 사실은 모두 인간을 이론적인 틀에 묶어놓을 수 없다는 것을 웅변적으로 보여주고 있다.

남아 있는 문헌들만 가지고 당시 사람들이 개인적으로 어떤 감정을 가지고 살았는가를 짐작하기란 쉽지 않다. 문헌에는 카스트의 유형이 중요하게 다루어질 뿐 특수한 개인석 상황은 문제삼지 않기 때문이다. 그럼에도 불구하고 당대인들은 카스트로 인한 자신의 처지를 무리 없이 받아들였고 특별히 반감을 지니지도 않았을 뿐만 아니라 카스트에 대해 심각하게 생각하지 않았던 것으로 짐작된다. 이들이 카르마를 받아들이며 — 기독교가 원죄를 받아들이는 것처럼 — 주어진 상황을 묵묵히 이겨내는 것을 자연스럽게 생각했던 것만은 분명하다. 이들은 고래로부터 면면히 이어내려온 규칙을 지켜나갔다. 다시 말해 다음 생에서 행복하게 태어나려면 특별한 삶의 규칙을 지켜야 한다는 철학을 금과옥조처럼 여겼고, 이러한 삶의 철학은 대대로 이어졌다. 이 같은 이유로 수천 년에 걸쳐 인도인들은 각자 특수한 환경 속에서 주어진 의무를 최선을 다해 수행했다.

그러나 카스트에 따른 수직적 사회구분만이 고대 인도의 유일무이한 사회구조는 아니었다. 사회적으로 고립되지 않고 살아가려면 수평적 사회집단에도 소속되어야 하기 때문에 씨족, 길드(동업조합) 및 가족도 카스트 못지않게 사회를 분화시켰고 사회생활은 물론 개인생활에도 상당한 영향을 미쳤다. 일례로 불교가 최고로 융성한 시대에는, 또 인간의 사회적 지위가 직업으로 정해지는 시대에는 수공업자가 카스트보다는 수공업 길드에 소속되는 것을 더욱 중요하게 여겼다. 또한 특정한 씨족에 속하거나 면면히 이어져내려온 조상(고트라)을 자랑할 수 있다는 사실을 매우 중요하게 받아들였다. 길드(스레니)는 카스트보다 자세하게 구분될 뿐만 아니라 독립적인 법정과 세분화된 규정을 가지고 있는 강력한 조직으로 소속 장인들을 후원했다. 이에 대해서는 고대 인도의 경제와 관련해서 자세하게 다룰 것이다. 다음 장에서는 고대 인도의 정치구조와 행정구조, 법률, 그리고 형법을 자세하게 살펴보기로 하자.

제3장 | **정치구조와 행정구조**

짐은 모든 세계의 안녕을 위하여
최선을 다하는 것을 짐의 의무라고 생각한다.
— 아소카 왕의 비문 VI

징치구조 및 행정구조와 관련된 내용은 찬드라굽타가 마우리아 왕조를 창건하는 데(기원전 4세기) 지대한 공헌을 했던 신하 카우틸리아가 쓴 『아르타샤스트라』에 상당 부분 기대고 있다. 하지만 전술한 바와 같이 이 문헌은 철저하게 이론적인 것일 수도 있다. 이 문헌에는 메가스테네스의 연대기, 아소카 왕의 비문, 『마하바라타』와 『라마야나』, 그리고 굽타 왕조 시대의 정치를 다룬 몇 가지 문서 등에 나오는 내용과 중복되는 것도 있지만 전혀 다른 사실도 나오기 때문이다. 바로 이런 이유로 『아르타샤스트라』는 다른 문헌들과 대조하고 비판적으로 접근하는 데 없어서는 안 될 이상적인 문헌으로서 반드시 고려되어야 한다.

국가와 왕

고대 인도에서 국가의 본질은 두말할 나위 없이 왕이었다. 고대 인도를 역사적으로 고찰해보면 중앙집권 왕조 시대가 주를 이루었지만 그렇지 않았던 시대도 있었다. 사실 고대 인도에서는 왕 없는 국가는 생각조차 할 수 없었다. 인도인의 시각에서 볼 때 왕의 부재는 곧 무정부 상태이기 때문이었다. 그럼에도 불구하고 적어도 5세기까지 일부 씨족 및 종족에서는 의사 (擬似)국가만이 존재했고, 수천 년 동안에 몇 차례에 걸쳐 무정부 상태가 횡행했다. 무정부 상태에서 비롯된 상황은 『라마야나』(II, 57)에 서정적으로 그려지고 있다. "비가 오지 않고 땅이 비옥해지지 않자 자식은 더 이상 아비에게 효도하지 않고, 아내가 지아비를 섬기지 않으며, 남정네들은 마을의 문제를 공동의 문제로 생각하지 않고, 부자들은 더 이상 도둑을 막지 못하며, 농부들은 문을 꽁꽁 걸어 잠그고, 논밭은 거북이 등처럼 갈라지며, 나무가 없는 황폐한 숲을 닮아가고, 목자가 없는 양떼처럼 되어간다."

　하지만 중앙에 권력이 집중되면 왕은 국가권력의 살아있는 상징일 뿐만 아니라 날씨와 토지의 비옥함을 다스리는 통치자이기도 했다. 태양처럼 '날씨를 주관하는 사람'인 왕은 우주 질서를 지키기 위해 엄격한 일정에 몸을 맡겼다. 왕은 봄이 되면 토지를 기름지게 하기 위해 손수 쟁기질을 하면서 농부들의 첫 번째 쟁기질을 감독했다. 그는 왼손으로 쟁기를 들고 오른손으로는 황금 손잡이가 달린 막대기를 잡은 채로 일단의 농부들을 독려하며 쟁기질을 했다. 이렇게 왕은 풍성한 추수를 위해 첫 번째 고랑을 팠다. 왕이 쟁기질을 하는 의식을 하면 곧이어 신하와 농부들이 고랑을 파나갔다.[1] 백성들은 왕과 농사 사이에 직접적인 관계가 있다고 굳게 믿었다. 따라서 흉년이 들면 왕이 부정(不淨)했기 때문이라고 왕을 비난했다.[2] 조정과 왕의 통치에 국가의 흥망성쇠가 달려 있었던 것이다. 왕은 충분한 자질을 갖추어야 하고 법에 따라 통치를 하여 태평성대를 구가하겠다는 강한 의지가 있어야 했다. 왕은 혹독한 수련기를 거쳐 보위에 올라 국가를 태평성대로 이끌었고, 모두가 선망하는 정복자로 우뚝 설 수 있었다. 하지만 지금 말한 것은 이상일 뿐 현실과는 동떨어져 있다는 점을 간과해서는 안 된다. 이를테면 여색을 밝히고 약탈과 도둑질을 일삼으며, 걸핏하면 약속을 지키지 않거나 조신(朝臣)들과 황실의 꼭두각시가 되어 국정에는 전혀 신경을 쓰지 않는 등의 폭군들도 문헌 ― 안타깝게도 역사적인 가치가 떨어지는 ― 에 자주 등장한다. 하지만 대체적으로 왕들은 폭군처럼 행동하지 않았고, 감정을 삭여가며 백성의 보호자가 되기 위해 애를 쓰는 등 포악하기보다는 온화했던 것으로 짐작된다.

간택되는 경우도 있기는 했지만 왕권은 보통 세습되었다. 엄숙한 의식에 의해 권좌에 오르기로 되어 있는 왕세자에게 왕위가 주어졌다. 왕은 인간들 가운데서 신과 같은 위치에 올라 통치권과 정치적 안정, 다산성과 부를 누릴 수 있었다. 왕권이 세습적이라 하더라도 왕은 왕이 될 수밖에 없는 운명을 지닌 존재로 여겨졌다. 왕이 누리는 신성한 권리는 제국 시대에는 한 번도 문제된 적이 없었지만 두 가지 요인, 즉 성직자 계급인 브라만에게 공공연하게 인정된 우월성과 어떤 백성이든지 법 적용에 차별을 받지 않는다는 사실에 의해 영향을 받기도 했다. 나아가 왕권이 막강해진 시기에도 신성한 권리는 결코 실질적인 신권정치(神政)로 발전하지 못했다. 인도에는 절대왕권이 단 한 번도 존재하지 않았던 것으로 짐작된다는 점, 중앙권력을 쥐고 있는 최고의 통치자가 제후들의 주권이나 신성한 특권을 박탈하지 않았다는 점은 특히 주목해야 한다. 물론 중앙에 있는 왕은 분봉왕에 비해 특권과 신성한 권리를 좀더 많이 누렸고, 분봉왕에 대한 권위를 강조하기 위해 장엄하고 성대한 의식과 의례를 치르곤 했다.

국가의 본질인 왕은 질서와 번영을 상징했지만 절대권력을 소유하지도, 누리지도 못했다.(적어도 이론적으로는 그러했다.) 대신들과 관리들과 백성을 대표하는 대의기구인 파리샤드의 도움이 없이는 국가를 통치할 수 없었기 때문이다. 신하들은 비록 왕에게 전적으로 종속되어 자문을 해주었지만, 상황에 따라서는 포악하거나 국가를 제대로 통치하지 못한다는 이유로 왕을 폐위시킬 충분한 권력과 영향력을 가지고 있었다. 『자타카』에는 신하들이 왕을 폐위한 사건을 전하는 불교 일화가 많이 나온다. 이 같은 일화가 모두 사실은 아니라 하더라도 기원전에 북부 인도 지방에서 일어난 실제 사건을 반영하고 있다는 점만은 분명하다.

왕은 몇 가지 부문에서 책임과 의무를 다해야 했다. 왕은 적의 침략으로부터 왕국을 보호해야 하고, 백성들 한 사람 한 사람의 생활을 똑같이 보호해야 하며, 이들의 재산과 전통과 관습을 보호해야 했다. 나아가 카스트의 순수성을 계승해나가고, 백성들의 가정을 지켜주어 과부와 고아의 안녕을 보장해야 하며, 도둑 떼를 막고 탄압을 근절시키며, 토지를 관개하고 효율적인 경제생활을 보장해야 했다. 뿐만 아니라 기근과 싸워야 하고, 모든 종교에 대해 관용정책을 취해야 했다. 간단히 말해 이상적인 왕은 백성을 섬겨야 하며 백성의 행복이 곧 자신의 행복이 되도록 해야 했다. 사료를 살펴보면 대부분의 왕들은 이 같은 이상을 실현하기 위해 최선을 다했다. 아소카 왕은 "모든 백성이 내 자녀이다. 나는 이승에서나 저승에서나 내 자녀의 안녕과 행복을 위해 최선을 다하듯이 온 백성의 안녕과 행복을 위해 최선을 다하겠다."라고 통치이념을 밝혔다.[3)]

백성들은 왕이 이 같은 통치이념을 실현하기 위해 군주로서 갖춰야 할 덕목을 구비하고 있을 뿐만 아니라 유능한 신하들을 거느릴 통솔력까지도 갖추고 있고, 나아가 군 통수권자로서 외교와 국방에서도 뛰어난 능력을 발휘할 것이라고 지레짐작했다. 왕은 국가의 질서를 유지하기 위해 법을 시행하는 한편 모든 일에 대해 보고를 받았다. 나라 안에서 일어나는 사건들을 좀더 자세하게 알기 위해 왕은 전국 각처에 '첩자'를 두어 정기적으로 보고를 받았다. 아소카 왕은 '첩자'가 원하면 언제든지 만났다. 유명한 비문에서 그는 이렇게 말하고 있다.

　　"예전에는 국사(國事)의 처리 및 보고에 시간의 구애를 받았다. 이에
나는 언제 어디서나, 즉 식사를 하고 있거나 후궁에 있거나 내실에 있
거나 짐승을 돌보고 있거나 산책을 하거나 예불을 드릴 때에도 언제든
지 관리들이 백성과 관련된 일들을 보고하도록 명했다. 요즈음 나는 장
소에 구애받지 않고 백성들의 문제에 귀를 기울이고 있다. 내가 직접
내린 하사물이나 공표(公表)로 인해 또는 고위관리들에게 위임한 급박
한 문제로 인해 조정에서 심한 이견이 있을 경우에는 시간과 장소에 구
애받지 말고 나에게 보고해야 한다. 바로 이것이 짐의 명이니라."[4]

　　실제로 황궁을 드나드는 첩자는 언제 어디서나 손쉽게 왕을 알현할 수 있
었다. 첩자들은 좀더 쉽고 빠르게 왕을 찾아뵙기 위해 "전령이오! 전령이
오!"라고 소리쳤다. 그 소리에 많은 사람들이 뒤로 물러섰고 시종들은 급하
게 문을 열었다.[5] 그들은 황궁에 자주 모습을 드러냈으며 당대 문헌에도 심
심치 않게 등장한다. 이를테면 바나는 전령의 모습을 이렇게 그리고 있다.

　　"……그는 먼 길을 달려와 몹시 지쳐 보였다. 진흙 범벅이 된 옷은 몸
에 딱 달라붙어 있었고, 주름지고 해진 천 조각으로 허리를 동여매어
뒤쪽에 매듭을 묶었으며, 머리에는 두꺼운 실로 묶은 한 무더기의 편지
가 놓여 있었다……"[6]

　　담대한 첩자들이 가장 빠른 길을 이용함으로써 왕과 지사들은 정치 및 외
교 문제를 정기적으로 신속하게 연락할 수 있었다.

행정조직

왕은 홀로 국가를 통치하지 않았다. 간략하게 상술했듯이 왕은 대신들과 대의기구의 도움과 조언을 받아가며 국가를 통치했다. 베다 시대부터 존재했던 대의기구의 형태는 시대마다 상당히 달랐고, 군주의 사적 자문기관인 추밀원(樞密院)에 비해 문헌에 자주 등장하기는 하나 그것의 조직과 구성에 대해서는 잘 알려져 있지 않다. 그러나 중요한 사안은 전통에 따라 편성된 대규모 대의기구의 의결을 거쳐 결정된 것으로 추측된다. 이를테면 7세기에 하르샤 왕은 귀족의회의 의결로 왕위에 올랐다. 이처럼 대의기구가 국사를 논의하는 방식은 인도 전역에 적용되었고, 왕은 귀족 대표나 길드의 수장들과 함께 중요한 사법적·행정적 문제를 논의하지 않을 수 없었다. 수도는 (동서남북 방향에 따라) 저마다 인구의 1/4씩을 담당한 네 명의 행정관, 지방장관, 관리 집단, 그리고 도시 자치위원회가 관장했다. 자치위원회는 주요 상인, 은행가, 필경사, 사무원들의 대표가 의장으로 있었다. 행정부의 가장 말단관리는 10가정에서 40가정을 책임졌다.

관료들이 왕에게서 위임받아 행사하는 중앙권력은 지방에까지는 잘 미치지 않았다. 몇 가지 요인이 어우러져 지방은 어느 정도 자치권을 누릴 수 있었다. 대표적인 요인으로는 행정부가 위치한 수도와 멀리 떨어져 있는 지방이 많아 의사소통이 늦게 이루어진다는 점, 해마다 4개월간의 우기로 인해 지방으로의 여행이 거의 불가능하다는 점을 들 수 있다. 따라서 왕은 권력의 일부를 지방에 위임하는 한편 직접 암행을 하거나 특별히 임명한 첩자에게 암행을 돌게 하면서 지방을 통치했다.

안타깝게도 인도 왕국의 행정조직을 정확하게 묘사하기란 쉽지 않다. 행정조직을 설명하는 용어가 매우 모호한 경우가 많고, 행정조직의 특징이 시대마다 다르기 때문이다. 그러나 왕이 임명한 지사들이 지방을 다스리는 구조였던 것만은 분명하다. 수도에는 행정부를 비롯하여 재무성과 여러 부서들이 있었고, 세습 통치권을 지닌 지사들은 지방의 조정을 장악했다.

각 지방은 행정기능과 사법기능을 맡은 행정관이 관장하는 몇몇 구역으로 나뉘었다. 행정관들은 그 지방의 통치권자인 지사가 임명했다. 이들은 지방의회의 도움을 받아 지방의 행정이 만족스럽게 이루어지는지를 감독했는데, 긴급한 경우를 제외하고는 지사에게 어떤 도움도 청하지 않았다. 지방의회는 그 지역에 자리잡은 수공업자 길드의 대표들로 구성되었다.

마지막으로 구역은 상당수의 촌락이나 소도시로 이루어졌고, 각 촌락이나 소도시는 촌장이 통솔하는 촌락회의가 통제했다. 촌락회의가 행정을 담당하기는 했지만 촌장의 권한은 막강했다. 촌락회의에서 의견이 갈리는 경우에는 촌장이 최종결정을 내렸기 때문이다. 결국 촌락의 모든 일은 촌장의 성격과 행동에 달려 있었다. 일반적으로 촌장은 촌락이나 소도시에서 손꼽히는 부자인 동시에 수대에 걸쳐 촌장을 지내온 집안이었다. 촌장은 자주 수도로 출장을 가거나 왕이 보낸 첩자를 환대하거나 심지어 왕이 직접 암행을 나왔을 때 영접을 하기도 했다. 이와 달리 도시는 지방장관과 '도시의회'가 다스렸다.

주민들은 중앙정부 관리들과 접촉하는 촌장을 대단하게 여겼다. 촌장은 농산물을 비롯한 각종 상품에 대해 세금을 징수하는 한편, 자신의 토지에 대해서는 납세를 하지 않음으로써 촌장으로서의 특권을 톡톡히 누렸다. 하지만 그의 자리는 양도될 수 있는 것이었고 또한 왕은 가장 뛰어나다고 판단되는 사람을 임명함으로써 촌장을 교체할 수도 있었다. 촌장이 마을이나 소도시의 유지들을 휘하에 부리면서 영향력을 행사하는 경우도 있었다. 심지어 마을 사람들 위에서 폭군처럼 군림하는 촌장도 있었다. 이럴 경우 마을 사람들은 두 가지 방법에 호소할 수밖에 없었다. 즉 왕에게 직접 억울한 사정을 고하든지, 그것이 여의치 않을 경우에는 촌장 몰래 왕의 첩자에게 억울한 사정을 말해야 했다. 하지만 이런 일은 흔치 않았으며 대부분의 촌장은 마을의 이익을 위해 최선을 다했다. 그는 마을의 대표로서 많은 일을 맡았는데 그 가운데서도 가장 중요한 임무는 베다 시대의 그라마니(마을의 수령)처럼 산적이나 야만족의 침략을 막는 일이었다. 적의 공격으로부터 마을을 사수하기 위해 싸우다가 목숨을 잃은 촌장이 허다했다. 수도에서 멀리 떨어져 있어 왕의 군대로부터 보호를 받지 못하기 때문에 촌장들은 수단과 방법을 가리지 않고 있는 힘껏 마을을 사수했다.

촌장은 세금을 징수하고 그 중의 일정량을 가졌다. 세금의 종류는 대단히 많았는데 풀, 나뭇잎, 채소, 과일, 꽃, 우유, 버터, 응유(凝乳), 크림 등을 매매하거나 물통 및 밥솥을 제조하거나 주택과 창고를 건축할 때도 온갖 세금을 내야 했다.[7] 그는 또한 국가의 칙령과 종교적 규율에 따라 보호받는 짐승들을 도축하지 못하도록 감시했고, 전 지역에 금주령이 떨어지면 술 판매를 금지하기도 했다. 그 밖에 분쟁을 중재하고 죄를 지은 사람들에게 벌금을 부과하는 등의 사법적 권한까지도 가지고 있었다.

왕의 보호 아래 마을 전체가 특권을 누리는 경우도 있었다. 어떤 마을은 통상적인 세금을 전적으로 또는 부분적으로 면제받았을 뿐만 아니라 면책 특권까지 누렸다. 국가 관리들은 이러한 마을을 통치할 권리가 없었고, 심지어 마을에 들어갈 권리조차 없었다.[8] 이런 마을의 바위에는 마을의 특권이 영구히 지속될 것이며 그것을 침해하는 자는 왕의 분노를 살 것이라는 글이 새겨져 있었다.

촌락회의 또는 도시의회는 지역과 시대에 따라 그 구성과 기능이 달랐다. 문헌마다 의결기구의 구성을 다르게 적고 있다. 어찌됐든 의결기구는 남부 인도에서 좀더 확실하게 자리잡은 것으로 짐작된다. 여러 문헌을 종합한 결과 의결기구의 일반적인 구성을 어느 정도 파악할 수 있게 되었다. 즉 의결기구는 마을과 도시의 유지들로 구성되었다. 수도의 경우에는 영향력 있는 길드 — 상인, 은행가, 필경사 등 — 의 대표들과 행정관으로 구성되었다. 또한 성직자와 장로 등의 연로한 사람들과 젊은이들이 섞여 있었다.

의결기구의 의원이 된다는 것은 상당히 명예로운 일이었고 흠결 없는 도덕성이 요구되었다. 조금이라도 부끄러운 행동을 한 의원은 가족 전체가 치욕을 당하면서 따돌림을 당했다. 회의는 집 밖이나 마을 시장에 차양을 쳐 놓은 곳에서 열렸다. 의원들은 저마다 상대방을 설득하기 위해 논리정연하게 자신의 주장을 펼쳤고, 논의와 숙고를 거듭한 끝에야 결정을 내렸는데 결정된 사항에 대해서는 어느 누구도 이의를 제기할 수 없었다.

의결기구의 기능은 다수의 사람이 책임을 진다는 점을 제외하고는 촌장의 기능과 유사했다. 그럼에도 불구하고 많은 지방에서 의결기구의 결의사항은 법률적 힘을 지니지 못했다. 심지어 『자타카』에는 중앙정부에 대한 납세를 부결했다는 이유로 의결기구의 의원 전원이 투옥되었다는 내용이 나온다. 이 같은 사실은 설령 의결기구가 법률에 의해 보호받는다 하더라도 중앙권력은 그것의 결정을 받아들이지 않았음을 보여주고 있다. 중앙에서 상당히 멀리 떨어져 있는 몇몇 지방은 아리안이 인도에 정착하기 오래 전부터 존재했던, 자유로운 형태의 행정을 기반으로 한 오래된 부족공화국의 사회적 구조를 서기 5세기까지 어느 정도 유지했다.

통계자료가 없으므로 당시의 인구가 어느 정도인지, 또한 마을과 도시가 얼마나 되는지 정확하게 알 수 없다.[9] 하지만 여러 가지 문헌을 종합하면 오늘날과 마찬가지로 그 당시에도 대도시는 마을이나 소도시보다 매우 적었으리라는 점을 미루어 짐작할 수 있다. 마을은 다른 마을과 물물교환을 하지 않고도 자급자족할 수 있는 단위로 구성되었다.

이처럼 자급자족하는 마을은 오늘날까지도 인도 전역에 분포되어 있으며 인도문명의 근본적인 성격을 규정하고 있다. 따라서 오늘날 인도 공화국이 현재의 난관을 극복하려면 무엇보다도 마을의 자치권을 보호하는 한편 중앙정부가 마을들을 효율적으로 관리하는 데 최선을 다해야 할 것이다.

이처럼 지방분권이 철저하게 이루어진 근본적인 원인으로는 영토가 넓고 기후가 다양해 중앙정부와 지방정부의 소통이 제대로 이루어지지 않은 점을 들 수 있다. 현대에 이르러서는 지방분권이 단점으로 나타나고 있으나 고대 시대에는 그렇지 않았다. 이를테면 오늘날에는 마을 행정이 중앙정부의 활동을 마비시키는 등 퇴행적인 영향을 끼치기도 하지만, 고대 시대에는 유익한 영향을 끼쳤다. 사실 고대 시대에 마을은 수도나 대도시보다도 무정부 상태의 영향을 적게 받았고 따라서 왕조의 부침과 관계없이 안정된 상태를 유지했다. 마을은 중앙정부의 부당한 강요나 위험천만한 실험을 자제시키는 등 지속적인 국가발전에 일익을 담당했다. 그 원인으로는 관습과 관례가 오랫동안 지속되어 왔다는 점, 국가가 내부적으로 안정되었다는 점, 인도 국민의 도덕성이 한결같다는 점, 인도인들의 반응이 대체로 더디고 인도문명이 일반적으로 느리게 발전한다는 점을 들 수 있다.

대신과 관리

대신들에게는 상당한 권한이 주어졌는데, 이를 통해 왕권을 견제했다는 점을 미루어 짐작할 수 있다. 대신들은 적을 때는 3명, 때때로 8명이나 10명, 그리고 많을 때는 37명으로 각료회의를 구성했다. 각료회의는 정책을 의결했는데 모든 사항은 비공개로 붙여 철저하게 논의되었으며 다수결의 원칙에 따라 결정되었다. 각료회의의 역할은 매우 중요했다. 특별한 상황에서는 왕에게 각료회의의 의견을 강요할 수 있었고, 왕이 부재중일 때는 왕을 대신하기도 했다. 그리고 왕이 문약(文弱)에 빠지면 최고 재상이 주재하는 각료회의가 국사를 책임졌다. 숭덕비 등의 역사적 사료를 살펴보면 이 같은 사정을 능히 짐작할 수 있다.

각료회의는 국가가 무정부 상태에 빠지지 않도록 왕권이 확실히 세습되게 하고 행정조직을 효율적으로 관장하는 등 국가 질서유지에 만전을 기했다. 사소한 사안은 왕과 협의를 하지 않고 결정했으나 중요한 사안은 왕이 최종결정을 내렸다. 이러한 경우 왕은 각료회의가 준비한 '왕의 칙령'을 통해 자신의 의지를 만천하에 알렸다. 왕의 칙령은 철회하기 전까지는 온 왕국에 유효했다. 이 같은 칙령이 어떤 형식을 취했는지는 정확하게 알 수 없다. 아소카 왕 이래로 중요한 칙령은 돌이나 바위 혹은 구리판에 새겼는데, 칙령에 수반되는 권고사항들은 일반적인 것이기 때문에 야자수 이파리에 적은 행정자료들이 있을 가능성도 대단히 높다.

대신들의 신분이나 정확한 임무 등을 알아볼 수 있는 문헌은 없다. 각료회의는 시대와 지역에 따라 다르기는 하지만 보통 왕자들, 군대 지휘관들, 저명한 성직자들, 길드의 부유한 대표자들로 구성되었다. 때로는 열등한 사회계급 대표들이 포함되기도 했다. 『자타카』에는 비천한 계급에서 태어나 명문거족이 된 사람들에 대한 일화가 많이 등장한다. 여성은 각료회의에서 철저하게 배제되었다. 여자들은 앵무새나 마이나 — 인도에 흔한 새인데, 고대 시대에는 이 새의 말솜씨를 지나치게 과대평가한 듯싶다 — 처럼 말이 많고 변덕스럽다고 여겼기 때문이다.

대신은 대개 세습되었지만 왕은 신임 대신을 임명하는 데 어려움을 겪었다. 굽타 왕조는 왕조가 시작하는 날부터 끝나는 날까지 대신을 임명했는데, 한 집안에서 대대로 대신이 나오는 것을 경계하여 짐짓 간택하는 것처럼 형식적 절차를 치른 것으로 짐작된다. 이러한 체제는 중세, 즉 중앙 인도의 봉건 왕국 시대에도 변하지 않고 그대로 유지되었으나 상당수의 집안이 대대로 국가의 대신으로 임명되었다.

그런데 카우틸리아는 대신들이 집안 대대로 계승되지 않았고 일련의 시험을 치러 임명되었다고 기록하고 있다. 또한 많은 문헌들은 대신들이 갖추어야 할 덕목을 자세하게 열거하고 있다. 이렇게 볼 때 덕목을 갖춘 자만이 대신의 자리를 계승했다고 여길 수도 있을 것이다. 그러나 현명하고도 칭송할 만한 이 같은 원칙은 실제로는 결코 적용되지 않은 것으로 추측된다.

대신들의 정확한 업무는 잘 알려져 있지 않다. 문헌에는 왕의 주요 고문이자 각료회의의 수장으로 그 영향력이 대단했던 것으로 짐작되는 최고 재상에 대한 설명이 자주 등장한다. 종교적인 사안의 경우에는 왕실 성직자가 대신들 못지않게 왕에게 영향력을 행사했으나 그렇다고 성직자가 신하는 아니었던 것으로 짐작된다. '전쟁과 평화' 대신 — 이 이름은 굽타 시대에 처음으로 등장한다 — 은 정치와 문화는 물론 외국이 왕에게 바친 조공에 대해 보고하는 등 외교정책도 수행했다. 그는 또한 왕과 함께 전쟁에 참전했다. 사법부 대신은 국가의 세무를 관장하고 재판 때는 왕 옆에서 중요한 재판 서류를 정리했으며, 백성의 간청을 왕에게 전했다. 국고(國庫)와 황실 보물창고를 책임진 대신도 있었다. 군사령관은 군대를 지휘했다. 대신들의 이러한 다양한 업무를 특별히 감독하지는 않은 듯하다. 어느 부서의 대신이든지 적어도 원칙적으로는 자신이 책임을 지고 정책을 수행했다. 그러나 문헌을 살펴보면 '자문'을 맡은 대신이 있는가 하면 직접 행정에 책임을 지는 대신도 있었던 것으로 보인다.

대신들에게 딸린 비서와 서기들은 대부분 귀족 계급 출신이었다. 이들은 대신들의 보고서, 칙령, 법률을 작성했는데 몇 명의 관리가 이들이 작성한 내용을 자세하게 다시 살폈다. 자료만을 담당하는 관리도 있었다.

관리들은 대신, 행정관, 세금징수원, 다양한 경제활동을 감독하는 감독관들과 황실관리 순으로 구성되었다. 이들의 권한과 기능에 대해서는 너무나 상세하게 정리되어 오히려 그 진위를 의심받고 있는 카우틸리아의 기록 외에는 제대로 알 길이 없다. 카우틸리아에 따르면 두 명의 행정관이 전체 국가기구를 반분해서 책임을 졌다. 이를테면 행정관 한 명이 예산작성과 새로운 세원확보에 관여하며 국가 재정의 균형 유지에 힘쓰는 한편 동시에 범죄와 관련된 경찰 및 사법기능까지 맡았다. 지방관리들은 그의 지도 아래 토지조사와 세수를 위한 조사를 책임졌다. 다른 행정관은 세금과 공물을 징수했고 국고에 반입될 물건들을 구분했다.

마우리아 왕조 이래로 이따금 종교활동을 감독하기 위해 특수한 임무를 띤 감독관을 임명하는 경우가 있었다. 이들은 주로 종교단체에 대한 황실의 하사품을 감독하는 한편 특정한 종교정책이 적절하게 시행되도록 만전을 기했다. 카우틸리아에 따르면 이들은 대신이나 다른 관리들보다 격이 떨어졌고, 업무를 수행해서 누리는 이익이 많은 반면 잘못했을 경우에는 엄한 처벌을 받았다. 그럼에도 불구하고 권력을 누릴 수 있는 자리였으므로 행정의 실권을 쥐고 있는 국가의 수석 사무관과 행정 조수들이 이 업무를 수행하기도 했다.

이러한 고위관리들 바로 아래에는 원활한 국정 운영에 여러모로 조력하는 일단의 하위직 관리들이 있었다. 고대 인도의 국가 행정은 복잡한 구조로 이루어진 듯하다. 다시 말해 국가의 수많은 활동은 자유로운 상업이나 산업이 발달할 여지를 남기지 않았으며, 모든 경제활동은 중앙정부 또는 지방 행정관리들의 손에 놓여 있었다. 국가는 모든 것을 조사하고 평가하고 관리했다. 토지대장, 토지 측량, 황실 소유 농장의 생산물, 밭, 가축, 곡물창고, 가내수공업 공장, 방앗간, 전매품, 포대, 군사장비, 적절한 군대 유지, 국가 재정, 화폐, 시장 가격, 황금의 표준화 및 유통, 도량형, 생산 장비, 도로보수, 도로 교통, 해상(바다와 강) 운송 관련 세금, 통행료, 판매 면허 및 세금, 공영 도살장, 도박장, 술과 창녀에 이르기까지 모든 것을 엄격하게 관리했다. 상업 부문에서는 할당제를 시행했고 시장 가격은 엄격하게 관리되었다. 관리가 항상 도량형을 검사했다. 직물을 짜는 가내수공업도 감독했다.

농촌은 물론 도시에서도 생산량과 노동조건을 감독했다. 심지어 폐목이나 이삭을 줍는 등의 하찮은 활동까지도 규제했다.

이 같은 업무를 감당하기 위해 상당수의 관리들이 필요했으리라는 점은 쉽게 짐작해볼 수 있다. 실은 짐작하는 것보다 훨씬 더 많은 숫자가 필요했을지도 모른다. 몇몇 자리는 기능직이라기보다는 명예직이었기 때문에 지원자가 많았을 것이기 때문이다. 또한 공직과 민간직을 겸업하는 것에 대해서도 별다른 규제가 없었다. 특히 굽타 왕조시대부터 관리들은 하나같이 다양한 이름이나 직위로 자신을 멋지게 꾸미는 데 열을 올렸다. 상기한 요직 이외에도 직급이 낮은 자리가 많이 있었다. 황실 음유시인, 전령, 황궁의 기장(旗章)을 드는 사람, 금고와 국고 감시인, 후궁 경비대, 코끼리를 모는 사람과 마부, 파수꾼, 황궁 관리, 여성 무장경비대 등이 그것이다. 그런가 하면 지금 말한 관리들과는 전혀 다른 업무를 수행하는 관리들도 있었다. 바로 '첩자' (차라)였다. 그들은 백성들의 여론을 귀담아 듣고 관리, 심지어 대신들의 일거수일투족을 관리하며 외국에 관한 정보를 수집하는 등 비밀업무를 수행했다.

이 관리들 대부분은 재임기간 중에는 부채로 인해 고소를 당하지 않는 등 최고의 특권을 누렸다. 또한 본인이나 자녀가 아플 경우에도 급여를 받을 권리가 있었다.

이렇듯 경제를 철저하게 계획하고 왕국에서 일어나는 모든 일을 감독하는 — 가부장적인 특성이 짙게 배어 있는 — 유토피아적인 생각은 현실과 어느 정도 부합할 수 있었다. 이러한 생각이 설사 이론적이라 할지라도 그것은 인도인들이 그토록 원했던 정교하고 일사불란한 '질서' — 그 질서가 전통과 부합하는 한 — 에 상응하는 것이었다. 이는 오늘날에도 여전히 마찬가지이다.

법률과 정의, 범죄와 처벌

고대 인도에서 법을 지칭하는 '다르마' 라는 말은 사법적 의미 이상의 폭넓은 뜻을 가지고 있었다. 베다 시대에 다르마는 종교생활과 제례의 기본 규범을 의미했다. 다르마는 우주의 질서와 희생제의에 대해 다루고 있고, 사물의 질서에 불가피하게 선행하는 행동들을 규제했다. 다시 말해 공적 활동 및 사적 활동, 인간관계, 관습, 도덕, 카스트에 종속된 의무, 종교적 관례에 배어있는 (위생과 관련된) 규정들을 규제했다. 하지만 기원전 6~2세기에 걸쳐 이러한 문제들에 대한 지침은 지나치게 모호해졌고, 비록 베다에서 규정한 개념을 전면적으로 부인하지는 않았지만 좀더 이해하기 쉽게 바꾼 새로운 베다 경전이 만들어졌다. 하지만 베다의 기본이 되는 종교적인 색채는 전혀 변하지 않았다. 개정된 베다 경전은 전통을 법전화하고 때로는 기술 문서처럼 읽히곤 하는 사법적인 요소를 덧붙였다. 다시 말해 법률을 이론적으로 뒷받침해 주는 주석을 추가한 것이다. 한 마디로 새로운 베다 경전은 선사시대에 기원한 인도 고유의 이념을 시대에 따라 새롭게 해석했다고 할 수 있다.

새로운 베다 경전은 대부분 소실되기는 했지만 본래는 시구 형태의 격언들이 산재해 있는 산문인 수트라(經)와 '지침서' 인 샤스트라(論)가 도합 7천 편에 이르는 방대한 분량이었다. 이 가운데 가장 유명한 것이 보통 '마누법전' 으로 부르는 『마나바 다르마 샤스트라』인데, 전체 내용의 1/4이 사법에 대한 질문으로 이루어져 있다. 마누법전은 기원전 2세기 또는 그보다 앞서 편집된 것으로 알려져 있다.

왕국의 통치자이자 법의 유지자인 왕은 옳고 그름을 법으로 가려 잘못에 대해서는 벌을 주고, '사냥꾼이 핏자국을 보고 화살 맞은 사슴을 쫓듯이' 악을 추적하며(마누법전 VIII, 44), 정의를 추구하여 백성들이 살기 편한 사회를 만들어야 했다. 나아가 처벌 받지 않은 범죄를 발본색원하고 부당한 심판을 교정하는 책임까지 맡았다. 순수하게 이론적 차원에서 말한다면 모든 사건을 철저하게 파헤치는 사람은 바로 왕이었다. 메가스테네스에 의하면 왕은 하루도 빠짐없이 일정한 시간을 내서 백성들의 불만을 귀담아 듣고 판결을 내렸다. 원고가 없는 민사소송인 경우 왕이 직접 소송을 진행했다. 왕은 중요한 소송 외에는 직접 관여하지 않은 것으로 짐작된다. 보통 왕은 법률 조항 — 약 8천 개의 조항이 있었다 — 을 완벽하게 알고 있을 뿐만 아니라 도덕의식이 매우 뛰어나며 좀처럼 흥분하지 않는 재판관(다르마스타)에게 권한을 위임했다. 형사소송은 집안 대대로 재판관을 지내는 브라만이 다루었다. 민사소송의 판결은 귀족들이 내렸다. 지정된 법정이 있었으나 전쟁이 일어나면 군대가 주둔한 곳에서 재판을 하는 등 다른 장소에서 법정을 여는 경우도 있었다. 법정에는 왕과 다르마스타 말고도 판사, 재산평가인, 필경사, 법원 사무원, 법정 경비원, 법원 집행관이 있었다. 카우틸리아에 따르면 세 명의 판사가 10개의 마을을 관할했고 커다란 구역이나 지방의 주요 도시에는 고등법원이 있었다. 북부지방에서 나온 문헌을 그대로 믿는다면 배심원제도는 없었던 것으로 짐작된다. 유죄 판결을 받은 사람은 두 번 이상 항소할 권리가 있었는데 최종 판결은 오직 왕만 내릴 수 있었다.

길드와 관련된 재판은 브라만, 전문가, 기술자 등으로 구성된 화해위원회가 적용하는 특별한 법률을 따랐다. 마을 사람들도 사소한 사건과 분쟁에 대해서는 화해위원회에게 조언을 구했다. 화해위원회가 내린 판결은 법적 구속력을 가지고 있었으며 벌금, 추방, 파문 등의 형벌이 뒤따랐다. 판관은 엄격하고 정확한 판결을 내리고 싶은 마음이 간절했지만 불교 전승과 세속 문헌은 보다 현실적인 판결을 주장하면서 판관을 날카롭게 꼬집곤 했다. 문헌에는 부패한 판관에 대한 이야기가 많이 나온다. 판관은 경찰 앞잡이들에게 첩자 노릇을 해야 한다는 말까지 듣기도 했지만 확고하게 자리잡은 규정으로 인해 부정을 저지르는 것은 불가능했다. 4세기 작품인 『므리츠차카티카』*에 나오는 이야기를 전적으로 믿는다면 판관은 대단히 고된 직업이었다. 판관은 조사가 불가능하여 판결을 내릴 수 없는 고소까지도 자주 떠맡아야 했다. 고소인은 터무니없는 불평을 늘어놓으며 자신의 잘못은 전혀 인정하지 않은 채 무시무시한 비난을 일삼았고, 이에 흥분한 피고 역시 원고에게 똑같이 비난을 퍼부었다.

판관은 가난하고 약한 자의 권리를 요령껏 변호하고 원고와 피고 양측의 비난을 동시에 피하면서 잘못을 저지른 자에게 벌을 주어야 했다. 또한 잘못된 판결을 내림으로써 지금까지 쌓아놓은 경력과 명예가 한꺼번에 무너지는 위험을 피해야 했다.

여러 가지 문헌을 종합해 볼 때 재판은 다음과 같이 진행되었다. 먼저 검사는 사건의 요지를 판관에게 제출하면서 3일에서 7일 이내에 판결해달라고 한다. 검사는 사전에 법원 서기에게 부탁하여 전례와 규정에 따라 '주장과 사실'에 기초해 사건의 요지를 작성해달라고 부탁해 둔다. 그리고 피고측이 문제를 삼을 수 없도록 최대 3명의 증인을 확보한다. 여성, 학식이 있는 브라만, 관리, 배우, 외국인, 채무자, 범죄자 또는 불구자는 증인이 될 수 없다.

재판 당일, 법원 집행관은 의자를 정렬하고 법정을 말끔하게 청소하는 등

---

* '조그만 진흙 짐마차'라는 뜻으로 산스크리트어 희곡 가운데 최고의 작품으로 알려져 있다.

재판 준비를 한다.[10] 집행관이 재판 시작을 알리면 판관의 허락 하에 검사가 들어온다. 재판이 시작되면 법원 서기는 고소 요지를 땅바닥이나 석판에 적었다. 검사는 자신의 진술과 맞지 않는 내용은 어떤 것이든지 발로 비벼 지우면서 마지막 순간까지 요지를 변경할 수 있었다. 피고의 운명은 증인이 좌지우지했다. 당시만 해도 전문 변호인이 존재하지 않았기 때문이다. 목격자들은 법원의 출두명령을 받았고, 심문도 받았지만 선서는 하지 않았다. 거짓 진술을 하면 신체 형벌을 받을 것이며 내세에도 좋지 않은 일이 벌어질 것이라는 엄숙한 경고가 낭독되었다. 이러한 경고에도 불구하고 사건 당사자를 위해 온갖 종류의 거짓말을 할 우려가 있었으므로 증인들의 진술은 철저하게 감시받았다. 갑자기 땀을 뻘뻘 흘리면서 말을 제대로 하지 못하는 등 불안해하거나 두려워하는 기색을 보이는 증인은 증언의 진실성을 의심받았다. 신들의 뜻을 대변하고 불가사의한 현상까지도 참작하는 법정은 흉조나 전조를 놓치지 않았다.

유죄 가능성이 높아지는데도 자신의 무고함을 계속해서 강변하는 피고는 고문을 당하게 된다. 고문의 정도는 사람에 따라 달랐으며 특히 여성에 대해서는 좀더 관대했다. 브라만, 어린아이, 임산부, 노인, 환자 또는 미치광이에게는 일체 고문을 하지 않았다. 진실을 은폐할 소지가 많은 중대한 소송인 경우에는 고문을 통해 진실을 판가름하기도 했다. 가장 흔한 방법은 죄인을 불로 지지거나 뜨거운 물 속에 담그는 것이었다.[11] 독약을 먹이거나 불에 달군 쟁기로 혀를 지지기도 했다. 저울에 올라가게 하여 몸무게를 재는 동안 조금이라도 변화가 있으면 유죄로 해석하기도 했다.

판결을 내리면 '승소 양피지' 라는 판결문을 승소인에게 주었다. 그러나 이것으로 판결이 완전히 종결되는 것은 아니었다. 이후에 새로운 증거가 나오거나 증인 가운데 누구라도 위증한 사실이 밝혀지면 판결이 뒤바뀌거나 변경되었다. 소송비용은 대단히 비쌌다. 패소한 측이 소송 관련 비용은 물

론 반대편의 증인 비용까지 모두 감당해야 했기 때문이다. 피고가 유죄임이
드러나면 총비용의 두 배를 감당해야 했다. 그런데 우연히 피고가 승소하면
고소인 측이 총비용을 지불했고 판관들은 벌금을 내야 했다.

법률 위반행위는 이루 헤아릴 수 없을 만큼 많았다. 그 중에서도 상업과
관련된 사기 또는 배임 행위가 제일 흔했다. 따라서 거래조건은 반드시 사
기 또는 배임 행위를 고려하여 정해졌다. 거래는 3일이 경과하면 — 마누법
전에 따르면 10일 — 최종적으로 구속력을 갖게 된다. 구매자가 상품을 구
매한 당일 판매자에게 반품하면 거래는 없었던 것이 된다. 구매자가 제품의
질이 떨어진다는 사실을 입증할 시간을 가져야 했기 때문이다. 구매자가 구
매 다음날 반품하면 판매자에게 일정 액수를 보상해야 했다. 그 날 이후에
는 시간에 비례하여 액수가 커졌다. 이른 바 '반품 기간'이 끝나면 거래가
명백하게 이루어진 것으로 간주되어 구매자는 반품을 할 수 없었다.

매매 당사자가 사실을 알지 못했다고 해도 장물이나 습득물을 거래한 경
우에는 사기죄에 해당되었다. 이런 경우 판매자는 장물을 팔았다는 이유로
고소당했고 구매자 역시 장물을 구매했다는 이유로 기소되었다. 주인 없는
물건은 왕에게 법적 소유권이 있었다. 왕은 주인 없는 물건 전체 또는 1/6을
가질 수 있었으며, 1/6을 받았을 경우에는 그것을 최초의 발견자에게 건네
줄 수도 있었다.

민법에서 주인 없는 물건을 중요하게 다루는 까닭은 집이나 땅 어딘가에
가보를 숨기는 관습에서 비롯된 것이다. 아버지는 보물을 숨겨놓은 곳을 아
들에게만 알리기 때문에 은닉처가 완전히 파괴되지 않는 한 가보는 없어지
지 않았다. 상속자가 가보를 발견하지 못하거나 대가 끊어지거나 숨겨놓은
곳이 유실될 경우, 왕은 그것이 어떤 것이든지 발굴할 권한이 있었다. 훔친
물건도 동일한 법규를 따랐다. 사기는 절도와 유사한 행위로 해석되었는데
화폐 중량이나 단위를 속인 행위, 공문서 및 사문서 위조, 그리고 야바위 행

위도 사기죄에 해당되었다.

정부는 온갖 형태의 사기행위를 근절하기 위해 애를 썼다. 특별 검사기관은 사기행위를 발본색원하는 데 전력을 다했으며 업무를 보다 원활하게 처리하기 위해 첩자와 경찰 끄나풀까지 동원했다. 또한 가격폭등을 억제하기 위해 시장을 감독했다. 엄격한 법률이 상인과 수공업자들을 규율하고 있어 바가지를 씌우기는 쉽지 않았다.

인도를 방문했던 대부분의 외국인들은 인도에 범죄가 매우 적었다고 이구동성으로 말하지만 인도 측 문헌은 전혀 다른 이야기를 전하고 있다. 이는 적어도 부분적으로는 진실을 담고 있는데 당대의 민화(民話), 특히 『자타카』에는 앞서 말한 중범죄와는 거리가 먼 이야기들이 많이 등장한다. 우선 7세기의 중국 승려 현장이 최초로 증언했듯이 특별한 카스트에 속해 '절도 기술'을 종교적 의무처럼 수행하는 전문 절도꾼들이 있었다. 둘째로 대상(隊商)들을 습격하여 인질로 잡아 몸값을 요구하는 무시무시한 산적들이 있었다. 도시에서는 파수병, 경비, 방범대 및 '경찰관'까지 동원해도 강도 사건과 절도 사건, 가택침입 사건이 끊이지 않았다.

『자타카』에는 산적에 관한 이야기가 많이 나오는데, 특히 대상들의 여행기는 하나같이 산적들의 공격방법을 흥미진진하게 설명하는 한편 수단 방법을 가리지 않고 짐을 강탈하는 그들의 잔혹함을 강조하고 있다. 그러나 대상들은 홀로 길을 다니는 사람보다는 상대적으로 공격당할 위험이 적었다. 대상의 인솔자가 산적이 출몰할지도 모르는 길을 잘 알고 있는 무장 길라잡이를 동반한 경우에는 그 위험이 더욱 적었다.[12] 한두 명의 행인이 지나갈 경우 산적들은 한 명을 포로로 잡은 뒤 다른 사람에게 상당한 몸값을 가져오도록 했다. 때로는 포로를 죽인 뒤 몸값을 가지고 온 사람까지도 죽였다. 그로 인해 그들의 은신처는 영원히 비밀로 남을 수 있었다.[13]

산적들은 상대가 누구든 가리지 않고 공격했다. 이들은 7세기 인도에서

융숭한 대접을 받았던 중국 승려 현장과 의정을 붙잡아 모욕을 주기도 했다.[14] 이들은 승려들마저도 거지발싸개처럼 하찮게 여겼다. 현장과 의정은 다행히 목숨을 부지했지만 많은 사람들이 옷이 벌거벗긴 채로 폭행을 당한 뒤 목숨을 잃었다. 시체는 아무 데나 버려져 짐승들의 먹이가 되었다. 정통 힌두교와 불교의 관점에서 볼 때 이러한 죽음은 가장 치욕적인 것이었다. 경찰은 전혀 손을 쓰지 못했다. 산적들은 인적이 드문 곳에서 아무런 제재도 받지 않은 채 극악무도한 범죄를 계속해서 저질렀다. 가끔 산적들끼리 커다란 싸움을 벌이기도 했는데, 한쪽이 완전히 망하거나 새로운 산적이 세력을 잡을 때까지는 사람들이 마음 편히 지낼 수 있었다.[15]

도시와 마을을 주무대로 하는 강도나 도둑들도 산적들 못지않게 영리하고 대담무쌍했다. 『자타카』는 내용이 매우 비슷한 이야기 두 편을 흥미진진하게 전하고 있다.[16] 마을에서 제일 부자인 장사꾼의 가게에 도둑이 숨어들었다. 소음 때문에 잠에서 깬 주인은 선반에 물건이 하나도 없는 것을 알고는 밖으로 나가 "도둑이야!"라고 목청껏 소리쳤다. 곧바로 마을 사람들이 횃불을 손에 든 채 뛰어나와 도둑을 쫓기 시작했다. 그들은 이윽고 도둑의 뒤를 따라잡게 되었다. 도둑은 전혀 주저하지 않고 보잘것없는 짐승처럼 비굴하고 천박하게 하수구를 통해 포도밭으로 도망쳐 버렸다.(힌두교에서는 감히 생각할 수도 없는 일이다.) 마을 사람들은 몸을 더럽히느니 차라리 도둑놈을 그냥 가게 하는 편이 낫다고 여겨 추적을 그만두었다.

그러나 상당수의 문헌에서 밝히고 있듯이 적어도 황실 소속 경찰이 지키고 있는 수도는 무기력하지 않았다. 그러나 도둑들은 순찰 위병들의 감시를 뚫고 담장 밑을 판 뒤[17] 어떤 장애물이 있는지를 확인하는 등 뱃심이 대단했다. 도둑들은 방어능력이 전혀 없는 무고한 사람들을 공격하거나 저항하는 자에게 흉기를 휘둘렀다. 정말이지 어지간히 용감한 사람이 아니면 그들과 싸울 엄두도 내지 못했다. 도둑과 맞서는 것이 얼마나 힘든가를 보여주는 이야기가 많이 전해진다. 그 중에서 지혜롭게 도둑을 물리친 이야기 한 편을 살펴보자.[18] 한밤중에 중무장한 도적들이 어떤 집을 에워쌌다. 주인은 혼자 있었지만 기지를 발휘해 도적 떼를 물리쳤다. 그는 몇 시간 동안이나 나팔을 불고, 북을 치고, 큰소리로 명령을 내리고, 두런두런 말을 하고, 노래를 부르고, 큰 소리로 웃었다. 하인들과 친구들이 많이 있는 것처럼 보이게 하기 위해서였다. 도둑들은 수많은 사람들과 싸워야 한다고 생각하고는 공포에 질린 나머지 무기를 버리고 줄행랑을 쳤다.

경찰이 도둑을 집요하게 추적하여 잡는 경우도 있었다.[19] 잡힌 도둑은 사형 언도가 내려질 때까지 등 뒤로 팔이 꽁꽁 묶이고 목에는 붉은 꽃다발을 걸었으며 얼굴에는 붉은 벽돌 가루 — 의심할 바 없이 피를 상징하는 — 를 칠한 채로 있어야 했다. 도둑을 사형장으로 끌고 가는 길에는 흥분한 군중들이 몰려들었고, 도둑은 교차로가 나타날 때마다 채찍질을 당했다. 관리는 도둑질을 하다 잡힌 자는 결국 형장의 이슬로 사라진다는 사실을 알리기 위해 북을 세게 쳤다. 군중들은 포도밭 인근에 있는 사형장까지 따라갔다. 거기에서 도둑은 가시 박힌 몽둥이로 수도 없이 매질을 당한 다음,[20] 고개를 뒤로 젖혀 얼굴이 하늘을 향하게 하여 꿇어앉는다. 그 때까지 숨이 붙어있으면 그는 더욱 비참한 최후를 맞게 된다. 독수리와 까마귀들이 머리를 쪼아대기 시작하면 그제서야 그는 무슨 일이 벌어지고 있는지를 알게 된다. 새들은 도둑의 머리에 앉아 날카로운 부리로 눈알부터 쪼아 먹는다.[21]

스므리티* 저자들에 따르면 베다 시대에는 체벌이 없었고 벌금형만 있었다. 범죄자들은 파산에 이를 정도로 엄청난 금액에 해당하는 소를 벌금으로 냈다. 그러나 후대에 이르면 (브라만을 제외한) 모든 살인자들은 설사 결투로 인해 사람을 죽였다 하더라도 사형을 면치 못했다. 모반을 하거나 국가

---

* '전해지는 것' 이라는 뜻으로 『라마야나』와 『마하바라타』 서사시, 『마하바라타』의 일부로 힌두교도들에게 가장 친근한 『바가바드기타』, 그리고 신화집인 『푸라나』 등이 스므리티에 속한다.

안보를 위협하거나 후궁에 침입하거나 도둑질을 하거나 약탈을 하거나 왕
의 코끼리나 말을 훔친 중죄인들도 사형을 당했다. 가장 일반적인 사형 방
법은 죄인을 말뚝으로 찌르는 것이었다. 날짐승이나 맹수의 먹이가 되도록
등 뒤로 손을 묶은 뒤 목까지 흙을 덮어 버리기도 했다. 사형수는 숨을 거둘
때까지 소리치다 죽었다.[22] 코끼리에 밟혀 죽도록 하거나[23] 절벽에서 떨어
뜨리거나[24] 손발과 코와 귀를 자른 뒤 배에 실어 흘려보내는 경우도 있었
다.[25] 산 채로 불태우거나 소들이 짓밟게 하거나 화살로 쏘아 죽이기도 했
다. 간통죄는 몇 가지 처형 방법이 정해져 있었는데, 그 일부가 마누법전에
자세히 나와 있다. 남성이 간통한 경우에는 옥살이를 하거나 추방을 당했으
나 후궁들과 정을 통하는 등 죄질이 나쁜 경우에는 말뚝으로 찌르는 형벌에
처했다. 혐의는 있으나 현장에서 붙잡히지 않은 경우에는 고문으로 다스렸
다. 브라만의 아내가 간통 현장에서 잡히면 온몸에 버터를 바르고 머리를
빡빡 깎인 채로 검은 당나귀에 끌려 시내를 돌아다녔다. 사람들은 간통한
여자에게 온갖 욕설을 해댔다. 이는 무시무시하고도 치욕스런 형벌이었다.
당나귀는 특히 악과 음탕의 상징으로 여겨져 인도인들에게 모욕을 받는 짐
승이었기 때문이다.

불교의 인도주의적 이상이 널리 퍼짐에 따라 사형과 신체 형벌 제도는 점
차 사라졌으며, 굽타 왕조 시대에는 거의 없어졌다. 그럼에도 불구하고 중
국 승려 현장의 기록에 따르면 7세기 하르샤 왕 치하에서는 범죄자에 대한
고문과 투옥이 빈번하게 행해졌다.

『자타카』에 나와 있는 설명을 전적으로 믿는다면 죄수의 운명은 비참했
다. 간수장이 다스리는 당시의 감옥은 죄수가 도저히 견뎌낼 수 없는 곳이
었다. 다수의 죄수들이 고문과 영양실조로 목숨을 잃었다. 그들은 음식이나
마실 물조차 없이 겨울에는 춥게, 여름에는 덥게 지냈다. 보통은 병에 걸린
채로 질펀한 배설물 위에 힘없이 쓰러져 있었다. 손톱이나 머리카락, 수염

은 아예 깎을 생각도 못했다. 발목에는 나무틀이 채워져 있었고 손에는 수갑이 채워져 있었다. 하루에 세 번씩 채찍질이나 몽둥이질을 당했다. 벽에 온몸을 묶어 놓거나 도랑에 빠트려 늑대, 개, 맹수, 쥐, 고양이의 밥이 되도록 버려두기도 했다. 죄수의 입을 강제로 벌려 붉게 달군 철이나 구리 격자 또는 소변을 집어넣기도 했다. 이 외에도 뜨거운 부식성 용액이 가득 찬 솥, 날카로운 창, 톱, 면도날, 쇠못, 바늘, 뾰족한 기구, 핀셋 등으로 고문을 가했다. 이런 장면은 무시무시한 고문 장면을 생생하게 그린 불교경전의 삽화와 일부 기념물, 특히 인도네시아 자바의 바라부두르 기념비에 나와 있으며 후대에는 캄보디아의 앙코르(12세기)에 자세히 나와 있다.

아소카 왕은 죄수들의 비참한 운명을 안타깝게 바라보았다. 그가 감옥에 집어넣었던 사람들 가운데 생존자가 단 한 명도 없었다는 소문에도 불구하고 그의 대암석에는 이렇게 적혀 있다.

　"……죄인의 죄를 묻다 보면 투옥하거나 고문을 할 경우가 있는데, 이로 인해 많은 사람들이 죽거나 고통을 겪게 된다. 이런 경우에는 중도(中道)를 따라야 한다……이 도시의 법을 집행하는 관리들이 부당한 투옥이나 고문을 하지 못하도록 하기 위해 나는 여기에 나의 포고령을 새기노라……나는 사형선고를 받은 죄수들에 대해서는 사형을 3일간 연기할 것을 명한다. 3일 동안 죄수의 일가친척은 관리들에게 그를 살려달라고 간청할 수 있다. 간청이 없을 경우, 죄수는 선물을 나눠주거나 단식을 함으로써 다음 생을 준비할 수 있다." [26]

죄수들은 왕이 바뀌기만을 손꼽아 기다렸다. 새로운 왕이 등극하면 죄수들은 죄의 경중을 떠나 사면을 받았기 때문이다. 하지만 이 같은 사면이 대단한 것은 아니었다. 많은 죄수가 무고한 사람이었기 때문이다. 선고를 받은 사람들은 유죄 여부를 떠나 아내와 가족들까지 투옥 당했다는 사실도 기억할 필요가 있다.

이 책에서 다루는 시대의 인도는 광대한 국가였고 정치적 통일을 이룬 시기는 짧았다. 따라서 많은 민족이 여러 가지 언어를 사용하며 살았다고 말할 수 있다.(백인인 아리안부터 정복당한 흑인 부족에 이르기까지.) 이렇게 극단적으로 다양한 환경 속에서 정부는 왕이라는 인물을 통해 질서를 유지하기 위해 형법에 의존했고, 왕은 백성을 지도하는 힘으로서 견고해졌다. 하지만 이는 사회적, 도덕적 의무보다는 종교적 개념에서 비롯된 질서일 뿐이다. 국가의 운명은 경제, 즉 국내 교역 및 해외 교역에 달려 있었다. 일상생활의 조건과 현실을 자세하게 검토하기에 앞서 이 점을 더욱 면밀히 살펴보아야 한다.

제4장 | 경제와 일상생활

고대 시대 이래로 인도인의 일상생활에서 경제가 차지하는 중요성은 경제 수준의 유지 및 향상 방법과 더불어 어느 시대를 막론하고 당대의 문헌에서 늘 중요하게 다뤄왔다. 경제는 개인적인 동시에 집단적인 문제였으며, 행정분야만큼이나 강력한 정치적 통제를 받았다.

고대 인도는 요즘에 말하는 복지국가와는 거리가 멀었고, 민간기업의 자율성을 가장 중요하게 생각했다. 하지만 방대한 행정기구를 운영하고 전쟁 — 모든 왕들이 혁혁한 전과를 올리기를 바라는 — 을 수행하려면 상당한 예산이 있어야 했다. 또한 축제를 치르거나 화려한 왕궁 생활을 유지하려고 해도 천문학적인 예산이 필요했다. 이 같은 사정 때문에 고대 인도의 경제는 상당한 수준으로 발전해야 했다. 국가 경제가 대부분 농업에 기초하고 있었으므로 국가는 주요 관개시설을 건설하여 농수를 공급하고, 필요한 경우에는 종자를 제공하며, 농산품을 국가의 곡물창고에 보관하고 세심하게 감독하는 등 농업 전반을 효율적으로 관리했다.

또한 지방 각처의 수공업품 교역, 대상들의 교역, 그리고 바다와 교역과 육로를 이용한 교역을 통해 상업 역시 활발하게 이루어졌다. 왕들은 교역을 확대하고 물자를 효율적으로 유통하기 위해 교역로 건설 및 유지 보수에 매진했다. 무역에도 힘써 해상을 이용해 외국과 교역을 했다.

마지막으로 국가는 예산을 채우기 위해, 또한 사회적 계급 때문에 민간 부문에서 일자리를 구할 수 없는 노동력을 활용하기 위해 여러 사업을 독점했다. 불가촉천민들은 바로 이 국가 독점사업에 종사해 생계를 유지했다.

이제 이렇게 다양한 분야를 자세히 살펴보기로 하자.

농업과 축산

고대 시대에 인도 경제의 근간은 농업이었다. 정확하고 상세한 자료나 통계가 없기는 하지만, 한 가족이 먹고 살기에는 턱없이 부족한 손바닥만한 땅뙈기부터 일꾼을 고용하여 농사를 짓는 대규모 농장에 이르기까지 농사 규모는 천차만별이었다.

당시의 주요 곡식은 쌀이었으며 밀, 조, 사탕수수, 참깨, 그리고 여러 가지 채소를 경작했다.

인도의 관개 문제는 곡식의 생산량과 직결되어 있으므로 세심하게 살펴봐야 한다. 주기적으로 심한 가뭄을 겪어 논바닥이 거북이 등처럼 갈라지는 국가에서는 지금까지도 여전히 관개가 시급한 문제이다. 사정이 이러했으므로 치수(治水)는 제왕의 교육과정 중에서도 가장 중요한 과목이었다.[1] 베다 시대 이전부터 인도인들은 우물을 파서 지하수를 사용했고, 강물의 흐름을 바꾸어 수로에 물을 댔으며, 수로에 많은 물을 흘려보내 논에 물을 채웠다.[2] 마우리아 왕조의 왕들과 그 이후 다른 왕조의 왕들은 있는 힘을 다해 저수지를 만들고 샘을 팠을 뿐만 아니라 관개공사를 한 자신의 치적을 대암석에 자주 새겼다. 인도의 평야에는 지금도 엄청나게 많은 관개시설이 있는데, 그 중에는 고대 시대에 만든 것도 있다.

수로는 길고 협소했으며 양 옆으로 조그만 둑이 늘어서 있었다. 고대 시대 사람들은 가죽부대에 물을 가득 담아 손으로 나르거나 소가 나르게 하여 수로에 물을 채웠다. 소가 경사진 인공 시설물에 올라갔다 내려갔다 하면서 작동하는 장치도 있었는데, 그렇게 함으로써 가죽부대에 자동으로 물을 담을 수 있었다.[3] 이 방법은 지금까지도 사용되고 있다. 수로를 팔 때는 마을 사람 전체가 동원되었으며 수로가 논의 경계로 사용되기도 했다. 수로는 주인이 따로 없기 때문에 농수를 둘러싸고 격렬한 싸움이 일어나곤 했다.[4] 주로 다른 마을로 가는 수로를 끊어 자기 마을로 물을 끌어들이느라 생기는 일이었다. 마을 간의 싸움으로 번져 해결이 나지 않을 때는 그 지방의 의결기구에 중재를 요청했다.

햇살이 뜨거운 아열대지방이라 수분 증발량이 많았으므로 농부들은 끊임없이 관개시설을 확충해야 했다. 또한 농부들은 퇴비와 비료를 사용해 농사를 지었다. 짐승 배설물을 10개월간 말려 비료를 만들었고, 액화비료와 짐승 배설물과 식물을 함께 썩혀 퇴비를 만들었다. 그런가 하면 번갈아 토지를 놀리고 돌려짓기를 함으로써 토지의 황폐화를 방지했다.

봄이 되면 농부들은 두 마리의 소가 끄는 쟁기로 땅을 갈았다. 쟁기는 요즘 것과 생김새가 크게 다르지 않았다. 아래쪽에는 딱딱한 나무 조각 두 개를 가운데로 합쳐지게 붙이고 뾰족한 끝에는 철을 대었으며 위쪽으로 손잡이를 달았다. 이 쟁기를 줄로 연결하여 소의 멍에에 걸었다. 농부는 한 손으로 손잡이를 잡고 쟁기에 체중을 실은 채 다른 손으로는 채찍질을 해가면서 소를 앞으로 몰았다. 몇몇 자이나교 관련 문헌은 쟁기의 종류가 세 가지였으며[5] 24마리의 소가 끄는 쟁기도 있었다고 기술하고 있는데, 당시의 경작

모습을 묘사한 그림에는 그런 내용이 나오지 않는다.

대표적인 작물은 세 가지였다. 우선 벼는 우기에 파종하여 겨울이 시작될 무렵 추수했다. 둘째로 콩, 완두콩, 렌즈콩 등과 참깨는 추운 계절에 재배했다가 봄에 거두었다. 마지막으로 보리, 밀, 삼은 대부분 겨울이나 봄에 추수했다. 조, 사탕수수는 여름 우기가 오기 전에 추수했다.(이모작 작물은 11월까지 재배했다.) 새들을 쫓기 위해 물소 모양의 허수아비를 들판 여기저기에 세워놓기도 했다.[6]

이 모든 곡식 중에서도 물이 풍부한 지역에서는 단연 벼농사가 최고였다. 벼는 베다 시대에는 갠지스 강 양안을 비롯한 특정 지역에서만 야생으로 자랐을 뿐 경작되지는 않았다. 강이 주기적으로 범람하여 생긴 습지에서 자란 야생 벼의 이삭을 줍는 정도였다. 벼는 마우리아 왕조 이전까지도 본격적으로 재배되지 않았고 선별적으로 추수하면서 개량을 거듭했다.

당시에는 세 가지 종류의 쌀이 있었다. 백미와 흑미, 그리고 두 달 만에 추수하는 이른바 '조생종' 이었다. 벼농사는 손이 많이 가고 엄청난 노동력이 들어가는 복잡한 농업이었다. 조그만 수로를 연결하여 논에 인공적으로 물을 공급해야 했기 때문이다. 추수는 늦가을이나 초겨울 즈음에 했다. 농부들은 뜨거운 태양 아래서 몇 시간이고 몸을 구부린 채 낫질을 해야 했다. 주로 날이 넓은 낫을 썼는데 U자형 낫을 사용하는 경우도 있었다.[7] 벼를 베면 낟알을 한데 모으고 도리깨질을 한 다음에 키질을 했다. 그리고 햇볕에 말려 마을로 가지고 가서 커다란 항아리에 넣은 다음 곧바로 봉하여 창고에 넣었다.[8]

사탕수수를 추수할 때는 감시인들이 파견되었다. 그들은 사탕수수 그늘에서 몸을 구부린 채 미동도 하지 않고 뚫어져라 감시했다.[9] 추수가 끝나면 창고에 쌓아놓고 가공했다. 특수한 기계에 사탕수수를 넣고 압착하면 설탕이 나왔다. 참기름을 짜는 방법도 이와 똑같았다.

고대 시대에는 지적을 측량하기가 쉽지 않았다. 어느 날 논을 바라보며 곰곰이 생각에 잠겨있던 붓다는 논이 마치 헝겊 조각을 주섬주섬 덧붙인 승복과 비슷하다고 생각했다. 구불구불한 논은 여기저기 기운 승복과 영락없이 똑같았다. 들판을 경계 짓는 정사각형 또는 유선형의 울타리들과, 흙탕물이 튀기는 협소한 수로를 면하고 있는 조그만 둑은 토지를 분할하는 것처럼 보였다. 당시 인도의 풍경은 오늘날과 크게 다르지 않았다. 조그만 땅뙈기를 경작하는 가족들은 거기서 나오는 쌀만으로는 충분히 먹고 살 수 없었다. 논의 생김새와 지형지물에 따라 경계가 세워졌고, 논의 경계를 나타내는 표지 ― 제3자는 제대로 알아볼 수 없는 ― 가 집안 대대로 전해졌다. 이같은 방법은 철저하게 지켜졌는데, 표지를 훼손하거나 다른 데로 옮기려는 사람은 그 지역의 사법위원회에서 중형을 받을 가능성이 높았다.

마을 가까운 곳에는 과수원과 채소밭과 화원이 있었고 황마 농장이나 면 농장이 있는 경우도 있었다. 수세미, 오이, 마늘, 그리고 후추와 사프란 등의 향신료가 지천으로 자라났다. 과일은 야생과일 몇 종을 선별하여 특별히 신경 써서 재배했다. 과일은 별도의 고미다락에서 말렸는데 밀짚으로 덮거나 말린 똥을 태워 불에 쪼이거나 익은 과일과 익지 않은 과일을 뒤섞는 등 숙성과정을 단축했다. 생산량이 엄청났으므로 여러 가지 과일을 잔뜩 실은 마차가 정기적으로 가까운 시내로 나갔다.

마을 경제에서 소는 곡식만큼이나 중요했다. 한 사람의 소유이건 마을 전체의 소유이건 기르는 소의 마릿수가 곧 부의 척도였다. 수소와 암소, 물소, 염소와 양은 무리로 길렀고 돼지나 개를 기르는 경우도 있었다. 말은 본래 인도가 원산지가 아닌 까닭에 많이 기르지는 않았다. 각종 연대기에는 가축을 길러서 얻는 물질적 이익이 꼼꼼하게 기록되어 있다. 짐승의 젖으로는 유제품을 만들어 평소에 먹거나 종교의식에 사용했으며 가죽과 뿔, 갈기털과 꼬리털까지 모두 이용했는데 이를 재료로 한 제품의 수요가 상당했다.

짐승은 태어난 지 1~2개월이 지나면 낙인을 찍어 소유자를 표시했다.[10] 마을의 소몰이꾼이나 목동들은 매일같이 들판으로 짐승 떼를 몰고 나갔다. 그들은 들판에 나가면 어김없이 대나무 피리를 꺼내어 구슬픈 곡조를 잔잔하게 연주했다. 그런가 하면 들짐승이나 도둑들이 가축을 빼앗아가지 못하도록 항상 활과 화살을 지니고 다녔다. 당대의 문헌에는 목동들 간에 좋은 목초지를 차지하기 위한 싸움이 그칠 날 없었다는 이야기가 자주 나온다. 어슴푸레 땅거미가 질 무렵이면 목동들은 짐승들을 데리고 마을로 돌아와 우리에 집어넣었고, 특히 젖소는 방비가 잘된 외양간에 집어넣었다. 목동들은 가축에 대한 모든 책임을 졌다. 단, 천재지변 등 자신의 통제력을 벗어난 일에는 책임이 없었다. 목동은 임금으로 돈을 받거나 젖소 열 마리당 한 마리 분량의 우유를 받았다.[11]

소들을 교배시키고 우유 생산을 촉진하기 위해 사용한 수단들은 가히 놀랄 만하다. 이를테면 우마차를 끄는 소들에게는 고기, 풀, 건초, 깻묵, 밀기울, 소금, 신우유, 보리, 땅콩, 지방, 설탕, 알코올, 생강 등을 골고루 섞은 음식을 먹이도록 권장했다. 생강을 먹이는 이유는 의심할 바 없이 '소들의 활기를 돋우기 위한' 것이었다. 말 상인들은 손님에게 말을 보이기 전에 말에게 자극적인 약제를 먹였다. 물론 이런 행위는 사기죄에 해당하는 것으로서 들통나면 처벌을 받았다.

젖소는 특별히 신경을 써서 길렀지만 들인 공에 비해 우유 생산량은 시원치 않았다. (우유를 어린 송아지에게 먹여야 하는 봄철을 제외하고는) 하루에 두 번밖에 우유를 짜지 않았음에도 불구하고 그 양이 이상하다 싶을 정도로 적었다. 소를 죽이는 것은 중죄로 여겼으며 높은 카스트에 속한 사람을 살해한 죄와 동등하게 다스렸다. 소를 죽인 사람은 머리를 깎고 죽은 짐승의 가죽을 뒤집어쓴 채 3개월 동안 소 떼와 함께 살아야 했다. 처음 한 달 동안은 보리죽을 제외하고는 국 종류의 음식을 먹을 수 없었다. 소를 죽인

자에 대한 최고의 형벌은 암소 열 마리에 해당하는 벌금을 물리는 것이었다. 벌금을 낼 형편이 안 되면 자신이 가진 모든 것을 내놓아야 했다.

소 이외에 가금류도 길렀지만 규모가 대단히 작았고, 더구나 계란은 그다지 즐기는 음식이 아니었다. 부족한 영양분은 대부분 사냥과 어업으로 보충했다.

고대 시대의 농부는 여러 종류로 나뉘었다. 자영농이 있었고 임금을 받는 일꾼이나 농노가 있었으며, 추수한 곡물의 절반을 내는 소작농(메타예르)과 그에게 경작지를 빌려주는 농부도 있었다. 엄청나게 많은 땅을 가진 부자는 극소수에 불과했고 대규모 토지는 거의 왕의 소유였다. 즉 실제로는 국가가 땅을 소유했다. 사원 역시 엄청난 토지를 하사받아 일꾼을 고용하여 농사를 지었다. 하지만 이런 경우는 예외였고 대부분의 토지는 잘게 분할되었다. 한 가족이 먹고 살 만큼 넓은 경우도 있었지만 대다수의 농부들은 손바닥만 한 땅뙈기를 서로 합쳐 함께 경작했다. '가장'이 지도하는 그들의 공동체는 '하나의 가족'으로서 함께 토지를 경작했고 소를 길렀으며, 농기계를 공유하고 공동으로 추수했다. 농민들은 소유물을 분할하지 않았고 위험과 책임을 어느 정도 함께 이겨냈다.

농민들은 어렵게 살았다. 기후가 자주 바뀌는 바람에 계절적인 재해가 잇달았다. 태풍이 들판을 휩쓸고 지나갔고, 가뭄이 들면 논밭은 거북이 등처럼 갈라졌으며, 홍수가 모든 것을 삼켜버렸다. 이러한 자연재해 말고도 엄격한 '환대(歡待) 법칙'이 농민들의 허리를 휘게 만들었다. 특히나 전국 방방곡곡을 돌며 암행을 하는 왕과 시종들에게 음식과 마초(馬草)를 제공하려면 엄청난 부담이었다. 흉년이라도 들었을 때 왕과 신하들이 농부들의 식량을 좌지우지하면 다음 해 추수 전까지는 빈궁하게 살아야 했다.

농부들은 또한 부역에 시달리고 세금까지 내야 했다. 세금의 종류는 헤아릴 수 없이 많았는데, 마을 전체는 물론 개인들에게도 부과되었다. 농부는 기본적으로 생산량의 25~35퍼센트를 세금으로 냈을 뿐만 아니라 소득에 비례하여 정기적으로 부역을 해야 했다. 또한 이들은 국가가 마을에 부과한 세금을 공동부담해야 했고 국가가 제공한 용역 — 도둑으로부터 목초지의 소 떼를 보호해준 비용, 토지조사비용, 관개공사비용, 수로 유지 및 보수비용 — 에 대해도 특별세를 냈다. 과일, 풀, 꿀, 나무에도 세금이 부과되었다. 다른 사람의 땅을 빌려 경작할 경우에는 임대료 및 기타 양도비용을 내야 했다. 세금과 부역의 부담이 지나치게 높아 마을 사람 전체가 마을을 떠나 다른 지역에서 농사를 짓는 일이 벌어지기도 했다.

하지만 국가는 기본적으로 국가의 번영에 농부가 없어서는 안 된다는 사실을 인식하고 있었으며 농업에 특혜를 줌으로써 농부에게 가급적 부담을 주지 않으려 했다. 이런 취지에서 국가는 농지를 개간하고 5년이 지나거나 3대째 농사를 지은 지 백 년이 되는 해에 토지의 소유권을 인정해줬다. 이와 유사하게 가축을 비롯한 농업 관련 동산은 10년 후에 농부의 소유물이 되었다. 국가는 농기구를 사도록 대출을 해주었고 새로운 토지의 개간을 적극 장려했다. 이렇게 우대정책을 폈음에도 불구하고 농부들은 항상 빚에 허덕이며 살았다. 하지만 이러한 문제는 농촌에만 국한된 것은 아니었다. 당시 대부분의 가정은 항상 빚에 허덕였다.

상업

고대 인도에서는 상업활동 역시 농업 못지않게 중요했다. 상업은 대도시나 조그만 마을을 막론하고 대규모로 이루어짐으로써 국가경제의 초석이 되었다. 상업활동은 각 지방 농산물이나 수공업 제품이 유통되는 국내교역과, 대규모 대상들이 주도하는 해외무역으로 나뉘었다. 해안선에는 항구들이 즐비했는데 특히 서해안에 있는 마하라스트라, 말라바르 해안에 있는 타밀과 벵골에 집중되어 있었다. 인도는 이 같은 지리적 위치를 활용한 두 개의 항로를 통해 상당한 이익을 누렸다. 그리스, 로마, 아랍의 선적이 드나드는 페르시아 만과 동부 아프리카를 잇는 항로가 그 하나였고, 기원후에 설립한 무역소들이 번창했던 남동아시아 국가들과 인도를 연결하는 항로가 다른 하나였다. 50~60톤의 화물을 선적한 중국 선박들은 말라카 해협을 지나 벵골 만에 짐을 부렸다. 8세기 이래 먼 곳을 항해하기 위해 인도 남단의 코모린 곶 — 이곳에서 벵골 만, 인도양, 아라비아 해가 합쳐진다 — 을 경유하는 아랍 선단은 더욱 많아졌다. 대상들은 인도 곳곳의 항구에 하역된 짐을 페샤와르, 카불, 그리고 더욱 동쪽으로는 중국과 투르키스탄 지방의 오아시스에 자리잡은 거대한 국제 시장으로 실어 날랐다. 이렇게 인도 제품과 외국 제품들은 내륙아시아 지역까지 수출되었고, 대상들은 실크 로드를 따라 중국 서부지역과 시리아 해안을 연결했다.

이러한 엄청난 교역량을 신속하고 효율적으로 소화하기 위해 인도는 무엇보다도 완벽하고 편안한 육로와 항구를 필요로 했다.

육로와 대상

인도의 왕들은 국제교역을 장려했다. 교역 제품에 상당한 세금을 부과하면 국가 재산이 늘어나 생활수준이 높아지기 때문이었다. 마우리아 왕조 이래로 왕들은 대규모 도로건설에 심혈을 기울였고 공사를 몸소 감독하기도 했다.[12] 4세기에 메가스테네스는[13] 도로건설의 중요성에 대한 기록을 남겼다.[14] 공사에는 일단의 기술자, 건축가, 기사, 목수, 벌목공, 밧줄 제작자, 노동자들이 필요했다.[15] 제일 먼저 지형전문가들이 토지를 자세히 살폈다. 그 다음에 노동자들은 곡괭이, 도끼, 낫으로 풀과 나무를 베어버리고, 바위를 없애거나 땅을 평탄하게 하고, 나무 그루터기로 벽을 세우고, 경사진 곳과 튀어나온 곳을 편평하게 하고, 구멍이나 움푹 파인 곳을 메우면서 도로를 건설했다. 이렇게 하면 평탄하고 표면이 견고한 도로가 생겨났다.

이 도로들은 인근 지역의 지표면보다 높았던 듯하다. 따라서 우기에도 도로를 사용할 수 있었을 것이다. 어찌됐든 문헌들은 도로 옆에 모래가 있는 도랑을 함께 만들었다고 기술하고 있다. 물은 도랑을 따라 흘렀고, 도로 양편에는 나무를 심어 햇빛을 가렸다.[16] 메가스테네스에 따르면[17] 10스타디아(1스타디아는 약 1마일 남짓)마다 거리를 나타내는 이정표가 설치되어 있었다고 한다. 그리고 교차로마다 방향을 말해주는 이정표가 있었다.

일정한 간격으로 휴게소가 세워져 있어 여행객들과 순례자들이 이용했다. 휴게소는 샘이나 저수지에서 물을 끌어왔다. 인도를 오랫동안 여행하는 사람들은 항상 더위와 먼지로 고생했다. 따라서 당시 여행객들에게 물통 가득 물을 채우고 몸을 씻는 것, 즉 무시무시한 짐승들로부터 멀리 떨어진 곳에서 깨끗하고 시원한 물 속에 들어가 편안하게 누워있는 것은 말로 표현할 수 없는 행운이었다.

정부는 도로 유지에도 상당한 관심을 기울였다. 도로 보수비용이 만만치 않기 때문이었다. 해마다 3~4개월 동안 몬순을 동반한 많은 비로 인해 도로가 유실되는가 하면 소 떼를 비롯해 마차들과 대상 행렬이 끊임없이 이용하기 때문에 도로는 성할 날이 없었다. 도로담당관리(안타팔라)는 도로를 유지 보수하는 한편 행인들과 대상을 습격하는 도적 떼를 물리치는 일까지 책임졌다. 이에 따르는 상당한 비용은 도로를 사용하는 상인들에게 통행세를 부과하여 감당했다. 세금에는 도로이용료 이외에도 도적들로부터 보호해주는 부가적인 서비스가 포함된 것이었음에도 불구하고, 약삭빠르고 양심 없는 상인들은 요금을 내는 곳에 가까이 오면 요금징수관의 눈을 피해 샛길로 빠져나갔다. 하지만 이런 행위를 하다가 걸리면 곧바로 감옥행이었다. 요금 징수관은 도로가 지나가는 마을과 도시에서 통행료를 받았는데 곡식, 기름, 설탕, 오지그릇, 싸구려 옷에 대해서는 1/20을, 기타 물품에 대해서는 1/15~1/50을 받았다. 징수한 물건은 국가 재정부와 지방의 재정부가 경매로 매각했다. 왕은 매각품목에 대해 명목상의 지분을 가질 권리가 있었다.

대상들은 커다란 항구에서 화물을 싣고 북서부지방으로 향했고, 실크로드를 따라가며 짐을 부렸다. 실크로드는 지금의 아프가니스탄 산악지대를 지나 사막과 오아시스가 이어진 길을 따라 고비 사막을 가로질러 중국의 신장 지역에 있는 타림 분지에서 끝나는, 시리아와 중국을 연결하는 길이었다. 기원전 3~2세기부터(또는 그 이전부터) 인도 국경지대를 따라 거대한 시장이 세워졌다. 이 같은 국제교역은 10세기 무렵까지 계속해서 발전했다. 당시의 불교경전을 믿는다면, 인도 상인들은 엄청난 돈을 벌 욕심으로 전 재산을 투자하여(자금이 충분하지 않을 경우에는 다른 상인들과 함께) 일 년에 1회 이상 대상을 조직하려는 야심을 가지고 있었다. 상인들은 돈을 주고 고용한 대상 인술자에게 모든 것을 위임하지 않았다. 그들은 스스로 대상의 일원으로 참가했으며 위험이나 불편, 여행의 피로 따위에 전혀 위축되지 않았다. 그들은 숲과 사막을 지나야 하는, 끝이 날 것 같지 않은 여행에서 특별한 기쁨을 누렸던 듯하다. 대상들의 여행에 대한 기록은 많이 남아있으며 어느 것이나 내용이 대동소이하다.

관록과 리더십이 있으며 여행 지식이 풍부한 인술자(사르타바하)가 대상을 이끌었다. 일행의 안전과 이익이 모두 그의 손에 달려 있었다. 그를 따라가는 모든 사람들, 즉 대상은 물론 안전과 편의를 위해 합리적인 요금을 지불하고 대상과 함께 길을 가는 여행객은 모두 그의 말을 무조건 따라야 했다.

길을 떠나기 위해서는 오랜 준비기간이 필요했다. 그들은 상당수의 수레와 짐마차, 그것들을 끌 소, 야영에 쓸 장작과 짐승에게 먹일 마초, 사람들이 먹을 쌀과 기름, 그리고 물통을 준비했다.[18] 이들은 눈과 목이 따가운데도 불구하고 휘몰아치는 모래 먼지 속으로 긴 대열을 만들며 해가 지기 전에 부지런히 움직였다. 사르타바하는 가급적 먼지를 피하기 위해 애를 썼다. 바람이 정면에서 불면 그는 대열의 앞으로 가서 마차에 탄 사람들 틈에 끼었다. 바람이 뒤에서 불어오면 그는 대열의 뒤에 자리를 잡았다. 해가 지면 더 이상 길을 갈 수 없었다. 수레와 짐마차로 몇 겹의 원을 만들어 주위를 둘러싼 다음 그 안에 소를 집어넣었다. 마차 주변에 모닥불을 피우고 저녁식사를 준비하며 들짐승들이 가까이 오지 못하게 했다. 교대로 불침번을 섰는데 4시간씩 3번 교대했다. 동이 트면 느려터진 소의 발걸음에 맞춰 기다란 행렬이 다시 시작되었다.

강이 나타나면 일단 멈춰섰다. 목조 기술이 최고수준에 있었고, 마을 입구의 해자마다 다리가 놓여 있었음에도 불구하고 정작 강에는 다리가 하나도 없었다. 특별한 준비 없이 강을 건너는 경우도 있었다. 이를테면 수레를 모는 사람들은 강을 건널 수 있는지 없는지를 직감적으로 판단하여 돌이 많은 강바닥을 골라 대열을 안전하게 인도할 수 있었다. 강이 그리 넓지 않은 경우에는 나무를 몇 개 잘라 강둑에 걸쳐서 건넜다. 하지만 강이 지나치게 깊으면 뗏목(나바티레타)을 만들었다.[19]

정글지대를 지나치는 것은 위험천만한 일이었다. 나뭇잎으로 아랫도리만 살짝 가린 '야만족'들이 살고 있기 때문이었다. 이들은 남녀 가릴 것 없이 가늘고 가벼운 독화살을 쏘는 데 명수였다. 야만족들은 자신들이 기리는 신에게 바칠 인간 제물을 잡기 위해 낯선 사람들을 공격했지만[20] 대상처럼 강력한 집단에게는 감히 그렇게 하지 못했다. 대상에게 보다 위험한 존재는 바로 숲 속에 잠복해 있는 산적들이었다. 대규모 대상들과 싸워 물건을 약탈할 수 있을 정도로 충분히 조직적이었던 산적들은 울창한 숲 속에서 조심스럽게 대상을 기다렸다.

대상에게 가장 어려운 일은 사막을 횡단하는 일이었다. 사막에서 만나게 될 위험에 대한 흉흉한 소문이 끊이지 않았다. 이를테면 시체를 게걸스럽게 먹어치우는 악마가 출몰한다는 것이었다. 사막에는 항상 굶주림과 갈증으로 인한 죽음의 위험이 도사리고 있었다. 사르타바하는 자기가 인솔하는 대상들이 겁에 질리거나 실수를 하지 않도록 경계를 늦추지 않았다. 뿐만 아니라 처음 본 식물의 뿌리나 이파리, 꽃이나 과실은 일체 먹지 말라고 신신당부하면서 항상 자신에게 먼저 보여주어야 한다고 습관처럼 일장훈계를 했다.[21] 만약 이 같은 식물을 먹은 사람이 있다면 반드시 그에게 알려야 했다. 그래야 곧바로 구토제를 먹여 목숨을 구할 수 있기 때문이었다.[22] 또한 사르타바하는 사나운 들짐승과 자신도 모르게 몸이 빠져들어가는 모래 늪 이야기를 하면서 어느 누구도 대열에서 이탈해서는 안 된다고 누누이 강조했다.

『자타카』에는 사막 횡단에 대한 이야기가 많이 나온다. 설명이 정확하고 생생하며 상세한 것으로 미루어 볼 때 이 이야기들은 체험에서 우러나온 것으로 짐작된다. 또한 이러한 설명들은 특별한 역사적 사건들과도 정확하게 들어맞는다. 대상들은 사막으로 길을 떠나기에 앞서 멀리서도 잘 볼 수 있도록 깃발을 꽂은 마지막 샘물에서 잠시 멈춘다.[23] 그들은 물통에 물을 가득 채워 마차에 바늘 하나 들어갈 틈이 없을 정도로 잔뜩 싣는다. 이 물은 사막을 횡단하는 내내 엄격하게 배급된다.[24] 여행은 밤이 되면 시작되고 날이 밝으면 끝났다. 태양에 사정없이 달구어진 끝없는 모래밭은 사람의 발과 짐승의 발굽을 뜨겁게 했으므로 모래가 식을 때까지는 여행할 엄두도 내지 못했다. 낮에는 마차들을 둥글게 세워놓고 그 그림자 속에 앉거나 누운 채로 잠을 자거나 잡담을 한다. 해가 지고 사막이 조금씩 차가워지면 캠프는 출발 준비를 하느라 다시 한 번 부산해지고, 일렬종대의 행렬은 사람이건 짐승이건 저마다 앞 사람의 발자국을 따라 걸어간다.

사르타바하는 길잡이(팔리어로 탈라니야마카)를 채용했다. 그는 대열 맨 앞의 지붕이 없는 마차 바닥에 누운 채로 별을 자세히 살펴 가는 길을 알아낸다.[25] 그의 뒤편으로 대상의 행렬은 끝이 보이지 않을 정도로 길게 펼쳐져 있고, 마차가 지나가면서 모래 먼지가 일어나고 발이 푹푹 빠진다. 이렇게 위험한 행렬은 밤새 계속된다. 밤 동안의 12시간 내내 그들의 목숨은 길잡이의 손에 달려 있는 것이다. 만일 그가 잠이라도 든다면 무시무시한 재앙이 닥칠 것이다. 대상은 경로를 완전히 이탈하게 되고, 밤새 헤매다가 새벽이 되어서야 원래 출발했던 장소를 찾게 된다. 물과 식량은 부족하며 오아시스를 발견하지 못하면 모두 죽게 될 것이다.[26] 바로 이런 경우에 악마가 나타났던 것이다. 악마는 불행한 이탈자들을 안전하지 못한 방향으로 이끌어 죽음에 이르게 한 뒤 수레에 실린 짐을 모두 빼앗는 사악한 기술을 가지고 있었다. 사막 여기저기에 흩뿌려져 있는 해골들이 바로 그 증거였다. 대상 조직에 자신의 모든 것을 걸었던 상인들은 파산하고 말았다.

상선 및 항구시설

바다를 이용해 상업활동을 하는 사람들은 엄청난 위험을 감수해야만 했다. 그럼에도 불구하고 인도의 대규모 무역선단(나바)은 로마 시대 이래로 해상무역을 통해 중국과 지중해 세계를 연결했다. 대부호들이 대다수의 선박을 소유했지만 왕들도 배를 가지고 있었다. 이러한 선단은 그리스와 로마, 이란, 아랍, 그리고 중국의 선단과 경쟁했다. 기독교 시대 이전부터 로마와 말라바르, 그리고 인도와 중국을 잇는 선박이 바람과 계절풍 해류를 이용하여 정기적으로 뱃길을 따라다녔다. 유럽까지 항해하는 데는 6개월이 걸렸다. 목적지에 도착하면 선원들은 반대 방향으로 부는 계절풍을 1년 동안이나 기다려야 했다. 그리고 나서 6개월간의 항해를 다시 시작했다.

안타깝게도 해상무역은 인도미술에서 자세하게 묘사되어 있지 않다. 하지만 아잔타 석굴의 벽화에 그려진 배를 통해 당시 선박의 형태를 어느 정도 짐작할 수 있다.[27] 이 배에는 직사각형의 돛과 삭구를 갖춘 같은 높이의 돛대가 세 개 있다. 그 중에는 위쪽 끝이 돛의 활대에 붙어 있고 아래쪽 끝은 갑판에 세워져 있는 가로보에 고정된, 기묘하게 생긴 삭구를 갖춘 이물 삼각돛도 있다. 이 밖에도 배의 안전을 위해 부양재가 설치되어 있으며, 선체 양편에는 튼튼한 노달이가 단단히 걸려 있다. 선체의 양끝은 곡선 형태로 올라가면서 높고 거대해졌다. 배가 마치 두 개의 머리를 가진 괴상한 물고기라도 되는 듯 이물과 고물에는 눈이 두 개씩 장식되어 있었다.(이 거대한 눈은 요즘에도 아시아 국가들의 선박 이물에서 여전히 노려보고 있다.) 이물과 고물의 승강장은 수면 위로 돌출되어 있어 물이 얕은 곳에서도 배를 견인할 수 있었다. 커다란 범포(帆布) 천개(天蓋) 아래편의 고물 갑판에는 항아리들이 빼곡히 들어차 있었다. 원시적 형태의 키잡이 브리지는 선미 쪽의 돛대에 있었다. 이상으로 아잔타 석굴의 벽화에 묘사된 배의 형태를 간략하게 살펴보았다. 하지만 배의 구조가 이렇게 단순하지는 않았을 것이고 실제로는 방향타와 닻도 갖춰져 있었을 것이다. 닻을 내리면 폭풍우치는 바다에서도 배가 흔들리지 않았고, 성난 파도와 역류에서도 용골이 안정되었다.[28] 도선사가 방향타를 엄격하게 관리했고, 갑판에 내려갈 때마다 방향타를 봉인하여 다른 사람들이 만질 수 없도록 했다.[29] 구명보트로 사용하기 위해 갑판에 작은 배를 매달아 놓은 선박도 있었다.[30] 선박 건조의 오랜 전통을 일부나마 보여주고 있는 『리그베다』에서 언급하고 있듯이[31] 선박 건조는 목수들의 전유물이었다. 로마의 저술가이자 박물학자인 플리니우스(서기 23~79)에 따르면 목수들은 3천 암포라에(75톤, 1암포라에는 약 26.2리터)에 이르는 선박을 건조할 수 있었다. 하지만 인도 문헌들은 2백 명에서 7백 명에 이르는 승객과 선원, 상당량의 화물, 소, 식량, 그리고 엄청나게 많은 식수를 실을 수 있는 대형선박들을 언급하며 플리니우스가 주장하는 것보다 훨씬 커다란 선박을 건조했다고 적고 있다.[32]

　항해에서는 선장의 역할이 가장 중요했다. 선장은 '식을 줄 모르는 열의와 불굴의 의지로 밤낮을 가리지 않고'[33] 능수능란하게 배를 지휘했다. 그는 바다에 관한 모든 것에 능통하고, 밤하늘의 별이나 공중에 나는 새를 보고 항해하는 법을 알아야 했다. 새를 보고 항해하는 법은 가장 어려운 항해술로서 특별한 노력을 기울여야 했다. 선장은 새의 습관을 면밀하게 살핀 뒤 뭍으로 날려 보내 육지까지의 거리가 어느 정도 되는지 알아보곤 했다. 갑판의 새장 속에 갇혀 있는 새들은 여차하면 뭍으로 날아갈 준비가 되어 있었다.[34] 불교문헌이나 설화에는 선장들의 뛰어난 항해실력이 자주 언급된다. 일례로 오랫동안 선원생활을 하면서 소금기가 많은 바닷바람을 맞아 시력을 잃었으나 계속 배를 몰겠다고 고집을 부려 결국 진귀한 보석을 찾아낸 선장이 있었다.[35] 선장은 '고대 시대'(팔리어로 제타카 시대)부터 존재해 온 길드에 소속되어 있었고, 선원들과 마찬가지로 고용인이었다. 선원들은 자신들이 낮은 카스트에 속해 있다는 사실을 누구보다도 잘 알고 있었고, 자신들에게 제공된 의복과 음식에 대한 대가 이상으로 최선을 다하는 등 결코 태만하지 않았다.[36]

　항해를 떠나기에 앞서 승선객은 선주나 선장을 상대로 장시간 동안 뱃삯을 흥정했다. 정확한 자료는 없지만 상당히 비쌌던 것으로 알려져 있다. 승선객은 국가에 특별세를 납부한 뒤 여권을 발급받아야 했고, 서류에 문제가 전혀 없다는 확인도장(아그리타무드라)을 찍어야 했다. 항해를 앞둔 선원과 승선객들은 꽃을 제물로 바치며 바람의 신에게 기도를 드렸다. 그러고 나서 불길한 징조는 없는지 자세히 살핀 후, 하얀 깃발을 올리고 노를 내놓는 등 항해준비를 끝낸다. 이윽고 북소리에 맞춰 승객들이 배에 오른다.[37] 등나무를 엮어 만든 현문(舷門)이 올라가고 배를 묶어놓은 줄을 풀어버린다. 부모와 친구들은 한자리에 모여 눈물을 글썽이며 친한 이들과의 작별을 아쉬워한다. 그들은 예전부터 내려오는 주문을 크게 외치면서 성공적인 여행을 기원한다. 이제부터 승선객들은 힘든 여행을 시작하게 된다. 당대의 문헌과 연대기들은 이 같은 바다여행의 고생스러움을 전하고 있다. 항해에서 오는 어려움에도 불구하고 많은 사람들이 "어두운 해상에서 오랫동안 거친 바다에 자신들을 맡겼다."(의정)

승선객이 워낙 많아 몸을 뻗고 누울 자리조차 없는 등 불편한 점이 한두 가지가 아니었지만 당대의 문헌들은 하나같이 '도저히 이겨낼 수 없는 두려움으로 다가오는 끊임없는 재앙에는 비할 바가 못 되었다.'고 전하고 있다. 승선객들은 '천둥처럼 무섭게 부서지는' 파도와 '무수히 많은 물고기와 괴물과 용들로 가득 차 있으며 엄청난 소리와 함께 무시무시하게 출렁거리는, 심연을 알 수 없는 망망대해'에 잔뜩 겁을 집어먹었다.[38] 의정은 망망대해에서 파도가 몰아닥쳤을 때의 두려움을 "구름에 닿을 정도로 엄청나게 높은 파도가 바다를 때려부수며, 거대한 만(灣)까지 끊임없이 이어져 갔다."라고 적고 있다.[39] 고대 인도인들은 인도 해안선을 따라 특정 계절에만 자주 발생하는 태풍을 두려워했다.

선박들은 태산만한 파도에 끊임없이 시달렸다. 파도가 선체를 부수었고, 파손된 부위로 바닷물이 들어와 바닥은 물바다로 변하곤 했다. 승객들은 자포자기한 채 눈물을 흘리고 기도하며 탄식만을 되뇌일 뿐이었다. 그들은 특히 바다의 여신인 마니메칼라에게 탄원했다.[40] 마니메칼라는 33신*으로부

---

* 인도의 신들로는 자연계의 구성요소를 신격화한 하늘의 신 디야우스, 태양신 수리야, 달의 신 찬드라, 새벽노을의 신 우샤스, 우레의 신 인드라, 바람의 신 바유, 물의 신 아바스 등이 있다. 한편 제사의 요소를 신격화한 불의 신 아그니, 술의 신 소마 등도 있다. 일반적으로 천(天)ㆍ공(空)ㆍ지(地)의 3계(界)로 나누어 33신(神)이라고 하나 명확하지는 않다.

터 착한 사람은 구원해주고 죄인은 무자비하게 물 속으로 빠뜨리라는 명을 받았다고 믿어졌다. 배가 난파되면 바다는 죽은 사람들의 피로 붉게 물들었고, 시신들은 인육을 먹는 물고기나 거대한 거북의 밥이 되었다. 생존자는 거의 없었다.[41] 또한 해적들이 끊임없이 출몰하여 상선을 공격했다. 겁이라고는 전혀 없는 해적들이 인도 해안에 자주 나타났다. 해적의 공격을 두려워한 나머지 관리에게 호송을 요청하는 경우도 많았다.

휘몰아치는 폭풍과 무시무시한 해적만이 두려움의 대상인 것은 아니었다. 파도 한 점 없는 고요한 바다가 끝없이 이어지면 선원과 승선객들의 두려움은 자꾸만 커졌다. 그들은 고요한 상태로 계속해서 항해하다 보면 식량은 떨어지고, 꼼짝도 하지 않는 무기력한 상태에서 무섭게 내리쬐는 직사광선을 오랫동안 받다가 결국 갈증과 배고픔으로 죽을 수도 있다는 사실을 잘 알고 있었다. 이처럼 무시무시한 사태에 직면하게 되면 그들은 신들이 좋아하는 제물, 즉 살아있는 인간 희생물을 대나무 뗏목에 태워 바다 한가운데 버려둘 수밖에 없었다.[42] 그들은 인간 제물을 바치면서까지 항해를 순탄하게 해줄 무역풍이 불어오기를 기원했던 것이다.

민담에는 신비스러운 일화나 전설이 헤아릴 수 없을 만큼 많이 등장한다. 대표적인 일화로 티민갈라, 즉 바다 한가운데서 아무리 먹어도 만족할 줄 모르는 거대한 괴물을 만난 호송 선박 이야기를 들 수 있다. 거대한 괴물은 선원들이 공포에 질려 옴짝달싹하지 못하도록 눈을 번뜩이면서 만(灣)처럼 커다란 입을 벌렸다. 그 바람에 엄청난 바닷물이 소용돌이치며 입 안으로 들어갔고, 배 역시 끌려들어가 빠져나오지 못하고 괴물의 뱃속에서 산산조각이 나버렸다.[43]

이 같은 두려움에도 불구하고 상선들은 시간이 지날수록 더욱 늘어났다. 부유한 사업가의 아들이 탄 배가 거대한 괴물들이 창궐한 실론 해안에서 난파된 이야기가 선원들 사이에 회자되었으며,[44] 무시무시하게 생긴 괴물이 아름다운 처녀로 변신하는 재주를 가지고 있다는 전설도 전해졌다. 괴물은 아름다운 처녀로 변신하여 선원들을 유혹한 다음 날카로운 이빨로 게걸스럽게 먹어치웠다. 선원들이 하나둘씩 괴물에게 홀려 목숨을 잃었지만, 기지가 있고 의지가 강한 사업가의 아들은 신들이 보낸 말(馬)의 도움을 받아 기적적으로 도망칠 수 있었다. 그는 인도로 돌아가 군인들을 이끌고 와서 괴물들을 죽인 뒤 섬을 점령했다. 이후 섬에는 평화가 찾아왔다. 비록 전설이라고는 하지만 이 이야기는 당시의 시대상을 그대로 담고 있다. 외국을 드나드는 상인들은 전설 속의 영웅들처럼 무력을 사용하지 않고도 무역소를 설립하면서 해외에 인도문화를 심었던 것이다.

상인들은 하나같이 엄청난 위험을 감수했지만 사실 대부분의 여행객들은 큰 위험을 겪지 않고 원하는 여행을 할 수 있었다.[45] 많은 사람들이 다소 오래 걸리기는 했지만 무사히 귀환했고, 힘들게 벌어온 돈으로 즐기며 살았다. 정통 브라만교가 항해를 멸시한 까닭에 대부분의 해상기업은 불교의 영향을 받은 지역에서 발달했다. '항해를 한' 브라만은 카스트에서 추방당했고 이러한 추방의 비극적 결과는 앞에서 살펴본 바 있다. 브라만 이외의 카스트에서도 '항해를 한' 사람은 장례식에 참석하지 못했는데 이는 파문에 버금가는 형벌이었다. 대부분의 상인들이 이 같은 편견을 근절시킨 불교의 영향을 받아 발전한 부르주아 출신이었다는 점은 의심할 나위가 없다.

상선과 관련된 상업활동은 일련의 해상법에 따라 이루어졌다. 대부분 배는 선장이 아니라 (배를 직접 건조한) 선주의 소유였다. 승객들은 화물 수송비를 선장에게 지불했지만 실제로 수송비를 받는 사람은 선주였던 셈이다. 때로는 몇 명의 상인들이 선주로부터 배의 일부분 또는 상당 부분을 공동으로 구매하여 상선을 공동소유하는 경우도 있었다. 상인들은 항해가 성공하여 화물이 모두 팔릴 것을 감안해 투자 지분에 따라 수익을 나누었다.[46] 화물 운임과 승선비가 대단히 비싸서 편도요금이 화물 금액의 20퍼센트에 이르는 경우도 있었다.[47] 지나치게 비싼 이율로 대출이 이루어지기도 했는데, 항해에 따르는 위험이 엄청나기 때문에 이자가 240퍼센트를 넘을 때도 있었다.

항해를 규율하는 복잡한 법률에 따라 '나바디아크샤'라는 관리가 바다를 항해하는 선박은 물론 넓은 강의 양안을 오가는 소형선박의 항해를 책임졌다. 그는 해적을 소탕하는 한편 어업세를 비롯해 해상과 관련된 세금을 징수했다(어획고의 1/6). 또한 폭풍에 부서진 선박들을 수리해주고 난파당한 선원들에게 도움을 제공했다. 해안에 연해 있는 마을과 항구는 모두 구조장비, 즉 부표, 뗏목, 통나무 및 크고 작은 배들을 항상 준비하고 있어야 했다. 구조요청을 거부하면 법에 따라 처벌을 받았다. 해상에서 문제가 생겨 화물이 손상을 입을 경우, 나바디아크샤는 해당 화물에 대해 세금을 낮게 부과할 수 있는 권한도 가지고 있었다.

주요 항구는 시설을 제법 잘 갖추고 있었던 것으로 짐작된다. 선박 접근 구역에는 입항 선박의 항로를 밝히는 등대가 설치되어 밤새 불빛을 비추었다. 하지만 선박들은 보통 낮에 입항했고, 정박해 있던 선박들도 밤이 되면 아침이 될 때까지 닻을 내리고 기다렸다. 부두는 모든 선박이 입항할 수 있을 정도로 충분히 넓었다. 게다가 계속해서 항구를 증축했기 때문에 선박들은 언제라도 아무런 문제없이 입항했다. 또한 석조 방벽과 방파제를 쌓아 파도의 영향을 전혀 받지 않았다. 상선이 부두에 들어와 닻을 내리면 항구는 활기를 띠었다.[48] 사람들은 사방에 후추 더미, 생선 혹은 건어물 짐짝, 쌀, 가죽으로 덮어 놓은 짐짝, 밀랍으로 봉인한 항아리, 금을 비롯한 귀금속 화물 등을 내려놓았다. 포장을 친 작은 배들이 정박할 공간이 없는 상선과 부두 사이를 오가며 부지런히 화물을 날랐다. 멀리서 들려오는 파도 소리는 여기저기서 무거운 화물을 분주하게 옮기는 부두노동자들의 떠들썩한 소리

와 하나가 되었다. 창고가 길게 늘어서 있는 부둣가는 짐짝과 화물로 가득
했다. 세관 관리는 하루 종일 화물 입하 상황을 자세히 살폈다.

강을 이용한 운송도 바다 못지않게 활기찼다. 배들은 보통 열장이음 공법
으로 건조해 매우 견고했으며 국가 소유, 혹은 대규모 상단의 소유였다. 강
을 따라 오가는 이 선단들은 국내유통에 지대하게 이바지했다.

상품의 수출과 수입

값싼 일용품부터 희귀한 사치품에 이르기까지 온갖 상품이 인도 전역에
서 끊임없이 유통되었다. 국내에서 생산되지 않는 제품은 수입으로 대체했
는데, 수입업자들은 원산지를 밝히지 않음으로써 제품을 독점판매할 수 있
었다. 수출은 수입을 상당히 상회했다. 국내에서 필요한 제품뿐만 아니라
해외에서 수요가 많은 사치품(상아, 고급 목재, 귀금속, 향수 및 향료)도 대
량으로 생산했기 때문이다.

그 중에서도 상아 제품이 특히 중요했다. 아름답고 가공하기 쉬울 뿐만
아니라 용도가 다양하기 때문에 인도 상류사회는 물론 해외에서도 수요가
끊이지 않았다. 상아로는 침대 다리, 테이블 다리, 거울, 파리채나 왕홀(王
笏) 등의 손잡이, 의자, 의식용 마차, 고급주택의 벽, 칼자루, 칼집, 빗, 브로
치, 머리핀, 귀중품 상자, 희귀한 새가 있는 새장, 책, 악기 등을 장식했다.
뒤에서 다시 서술하겠지만 국가는 코끼리 사냥꾼들을 고용해 엄청난 양의
상아를 확보하여 유통시켰다. 국내 수요가 이렇게 많았음에도 불구하고 인
도산 상아 제품은 국제 시장에서 아프리카산 상아 제품 못지않게 널리 유통
되었다.

인도는 또한 봄베이 인근의 바리가자 항구(지금의 브로치 항)에서 수출되

는 보석과 진주로도 유명했다. 진주는 대부분 실론 지방에서 생산되었는데 갠지스 강 어귀와 남부지방을 비롯한 인도 해안 전역에 대규모의 진주 양식 장이 있었다. 특히 인도의 왕과 왕자들이 진주를 많이 찾았다. 이런 까닭에 귀족들은 보석의 가치를 식별할 줄 아는 보석감정사(라트나파리크샤)처럼 보석에 대한 감식안을 가지는 것을 명예로 삼았다.[49] 이들과 같은 국내 소비 자들 말고도 일단의 이란 및 유럽 상인들이 보석과 진주를 수입하기 위해 인도를 부단히 왕래했다. 돈 쓰기에 광분한 로마의 귀족들 — 철학자들이 대단히 혐오했던 — 이 천문학적인 금액의 보석을 수입하는 경우도 있었다. 결제는 금화로만 하기로 되어 있어 당시 로마의 국고가 상당히 유출되었다.

인도는 세계 최고의 품질을 자랑하는 다이아몬드, 마노, 오닉스, 홍옥수, 녹옥수, 녹색 벽옥과 적색 벽옥, 묘안석, 자수정, 수정, 오팔, 루비, 사파이어, 에메랄드, 녹주석, 청색 남옥과 녹색 남옥(가장 수요가 많았다), 지르콘, 전 기석, 터키석 등 엄청난 물량의 보석류를 지속적으로 생산했다. 인도의 보 석세공인들은 보석을 정교하게 디자인했는데, 수출품의 경우에는 더욱 세 밀하게 디자인했다. 정부가 특별히 감독했음에도 불구하고 보석세공인들은 밀무역을 통해 엄청난 수익을 올렸다.

인도는 해외 수요가 상당한 천연자원, 이를테면 물소와 코뿔소의 뿔과 이 빨, 거북이 등껍질, 자개용으로 사용되는 굴 껍데기와 조개껍데기, 소금에 절인 자이언트 리저드 — 육식성의 커다란 도마뱀으로 약재나 진귀한 요리 재료로 쓰였으며 유럽에서 수요가 상당했다 — 등을 대량으로 생산하였으 며 적색 염료 추출산업과 라크 산업도 대단히 번창했다. 도료의 원료가 되 는 라크는 라크깍지벌레(개각충)의 분비물에서 추출하는 천연수지로 셸락 (shellac)이라고도 부른다. 이들 제품에 대한 국내 소비량은 엄청났다. 염료 는 직물 염색에 사용되었을 뿐만 아니라 심지어는 신체, 특히 발바닥에도 색칠했기 때문이다. 염료와 라크는 수출도 많이 했는데 특히 로마 제국이 자줏빛 염료를 대량으로 필요로 할 때 수출량이 급증했다.

인도는 국내 제품 말고도 대상들이 항구로 운반해온 외국 제품을 수출하기도 했다. 이는 일종의 중계무역으로 히말라야와 티베트 지역에서 생산된 짐승 가죽 등이 그 품목이었다. 인도 선박들은 엄청난 양의 호피, 사자가죽, 표범가죽, 그리고 티베트의 담비가죽과 족제비가죽을 유럽에 수출했다. 부탄이나 티베트 지역에서 생산한 염소털이나 양털로 직조한 모직물을 캐시미르 지역에서 가공한 뒤 대상이나 선단을 통해 이란 및 지중해 연안 국가에 수출하기도 했다. 또한 중국 — 오랫동안 비단 제조과정을 비밀로 지켜온 — 에서 비단을 수입해 연구한 뒤 매우 얇고 고운 천을 직조해냈다. 인도인들은 비단을 애용하는 한편 비단 이외의 다른 호사스런 직물을 대량으로 제조하여 수출했다. 예를 들어 국내에서 재배한 면을 부드러운 모슬린으로 가공한 다음 아름다운 색상으로 염색했다. 염색기술이 대단히 뛰어나 많은 지역에서 염색산업이 번창했는데, 동부 벵골 지역의 구자라트와 남부 전역 (티루치치라팔리, 탄조레, 마술리파탄 등)에서 특히 발달했다. 인도는 이러한 직물 이외에도 방석, 베게 및 매트리스 등의 속을 채워 넣는 거친 면을 이집트에 수출했다. 인도는 직물 수요가 엄청난 이집트에 수출을 하기 위해 아랍 국가들과 각축을 벌였다.

또한 인도는 엄청난 생산량을 자랑하는 고급목재를 수출했다. 카나라, 트라방코르, 그리고 구라자트 지역의 말라바르 해안을 따라 최상급의 건축용 목재가 생산되었는데 그 중에서도 특히 티크의 생산량이 제일 많았다. 흑단은 대부분 페르시아 만으로 수출되었고, 에티오피아산 흑단과 경쟁을 벌였다. 흑단은 매우 비싸게 팔렸으며 약간 멍청한 듯한 고객에게는 다양한 종류의 가짜 흑단을 진품으로 속여 팔아 짭짤한 수입을 올리기도 했다. 가구용으로 수요가 엄청났던 자단은 코로만델 해안에서 생산되어 브로치 항으로 실어날랐다. 남부 인도 지방(마이소르, 침바토르, 살렘)에서 생산되는 백단향(산스크리트어로 찬다나)은 향수의 원료로 사용되었다.

향수와 방향제는 종교의식은 물론 개인생활에서도 대단히 유용하게 쓰였다. 인도는 백단향 말고도 천연고무와 물감, 조미료, 약재로 사용되는 수지(몰약, 발삼, 알로에, 진사 등)를 수출했다. 또한 여러 가지 꽃(월계수, 장미 등)으로 만든 화관, 경금속, 뿔, 색상을 입힌 비단, 향수를 첨가한 연고, 황금실로 직조한 장식용 편물을 수출했다. 대표적인 향수로는 인도에서도 가장 화려한 미인들과 '멋쟁이'들이 최고로 쳤던 사향을 들 수 있다. 중국이나 티베트에서 그물이나 활로 잡은 사향노루에서 추출한 사향은 물고기 부레에 넣은 다음 단단하게 봉인된 항아리에 넣어 수출했다. 멀리 티베트를 다녀온 대상들이 사향을 공급했는데 철저하게 봉인한다고 해도 습기를 견디지 못하고 부패될 가능성이 높았다.

향신료도 사향 못지않게 시장이 컸다. 대표적인 향신료로는 말라바르 해안과 트라방코르 지방에서 재배되어 주로 알렉산드리아 항으로 수출한 다음 다시 지중해 연안 국가로 수출되는 다양한 종류의 후추를 들 수 있다. 아랍 국가들은 건위제와 약재로 쓰이는 인도산 생강을 항아리에 봉해 수입하여 지중해 연안 국가로 다시 수출했다. 또한 계피(장뇌와 육계피 포함) 역시 독점수입한 뒤 지중해 연안 국가들로 수출했다. 계피는 사치품으로 여겨졌는데 조미료, 좀약, 방향제, 약재 등 여러 가지 용도로 쓰였다. 계피는 천연 그대로, 육계피와 장뇌 이파리는 따로 포장해서 수출했다. 기름 추출은 시리아에서 이루어졌다. 이렇게 생산된 최종 제품은 포도주의 향기를 더하는 데 쓰였고, 로마에서는 굴 소스의 양념으로 쓰였다. 인도 남부지방에서 생산된 카다몬 역시 비싸게 거래되었다. 수리취 역시 계피나 카다몬과 마찬가지로 시리아에서 가공되어 양념으로 쓰였다.

갖가지 나드 향(좀)이 수출되었는데 감송(甘松)이 제일 고가로 거래되었다. 감송 이외에도 레몬그래스, 베티버 등 변종이 많았다. 뿌리와 이파리는 요리에 사용되거나 향료와 약재로 쓰였다. 추출 기름은 대단히 진귀해서 작은 설화석고(雪花石膏)* 병이나 얼룩마노 병에 담았다. 남부 인도는 향료 추출물 수출 시장에서 에티오피아나 남부 아랍 국가들과 어깨를 겨뤘다. 또한 정향나무, 참깨, 염색재료뿐만 아니라 약재로도 사용되는 인디고, 여러 종류의 매발톱나무, 아편, 대황도 수출했다. 해외에 나가 있는 인도인들을 위해 약간의 사탕수수(산스크리트어로 이크슈), 쌀(산스크리트어로 브리히, 타밀어로 아리쉬), 조, 귀리 등을 수출하기도 했다. 동부 아프리카로 버터기름(산스크리트어로 그리타)을 수출하기도 했는데 인도인들은 요리와 종교의식에 버터를 사용했다. 마지막으로 코코넛, 바나나, 멜론, 복숭아, 살구 등의 과일과 오이, 양파 등의 채소를 지중해로 수출하기는 했지만 본격적인 수출목록에는 포함되지 않은 듯하다.

인도는 이 외에도 무수한 상품들을 해외로 수출했다. 이를테면 인도는 무기제조에 있어 최고의 기술을 자랑했다. 대장장이들이 철 주조법을 알고 있었을 뿐만 아니라 심지어 강철 주조법도 알고 있다고 큰소리를 쳤기 때문이다.[50] 그러나 인도인들이 애써 무기를 수출하려고 노력하지 않은 관계로 아랍인, 파르티아인, 시리아인들이 무기 교역에 앞장섰다. 한편 인도인들은 금속 수출에는 적극적이었다. 은과 유사한 백색 놋쇠를 비롯해 다양한 금속을 수출했는데 특히 갠지스 충적지대와 남부지방(마이소르)의 사금광에서는 품질이 뛰어난 황금이 다량으로 생산되었다.

짐승을 수출하기도 했다. 이를테면 말하는 앵무새, 길들인 원숭이, 꿩, 뱀, 코끼리가 유럽으로 수출되었다. 유럽의 왕과 군주들은 인도에서 수입한 짐승들을 개인 소유의 동물원에서 길렀다. 짐승들은 오랜 항해에 견디지 못했으므로 대개 대상들에 의해 운송되었다.

120

　노예 교역도 대단히 수익성이 높은 분야였다. 노예 교역은 '그리스' 여인들을 인도로 보내고, '인도' 여성을 그리스로 보내는 아랍 상인들이 좌지우지했다. 수입처에서 가장 먼 지방에서 온 노예가 값이 제일 비쌌다. 인도에 수입되어 온 여자노예 대부분은 무희나 악사였고 특별히 후궁 경호를 위해 수입해온 여자노예들도 있었다.

　인도는 제3국에서 수입한 제품을 다시 수출하여 상당한 수익을 올리기도 했다. 중국은 인도에 사향, 동유(桐油), 호박, 진사, 천연 비단 및 가공 비단, 대마 돗자리, 대마로 짠 의류, 청동 장식물이 달린 갖가지 법랑 그릇, 나무 빗, 종이, 양산, 철제 주방기구, 체, 바늘, 안장 등의 제품을 수출했다. 크메르는 인도에서 생산되는 산물을 주로 수출했는데 특히 백단향, 티크, 알로에, 카다몬, 밀랍, 케이폭 솜, 물총새 깃털 등의 제품을 수출했다. 수마트라와 자바는 인도에 금과 사향을 수출했다. 말레이 반도는 은과 주석 — 당시에는 연백(鉛白)이라고 불렀다 — 육두구, 로그우드, 상아를 인도에 수출했다.

　인도는 전사 계급, 특히 왕이 사용할 목적으로 말을 수입했다. 4개의 군단 가운데 1개 군단이 기병대였으며 전통적으로 왕은 천문학적인 비용을 들여서라도 최고의 말을 사들였다.[51] 말은 주로 북부 아시아, 좀더 정확하게 말하면 중앙아시아의 코탄에서 수입했다. 코탄의 말 상인들은 건기를 이용하여 500마리 이상의 말 떼를 끌고, 엄청난 수익을 올릴 것이라는 확신에 차서 인도의 왕궁을 향해 길고도 위험한 길을 떠났다. 상인들은 마부를 고용해서 말을 돌보게 했다. 이 상인들은 본국으로 돌아가는 길에 최고의 명마를 다시 훔쳐간다고 항상 의심을 받았다.[52]

　로마가 계속해서 영토를 확장하던 시대 내내 지중해의 산물들이 인도로 수출되었다. 대표적인 산물로는 붉은 산호(시실리산, 사르디니아산, 코르시카산, 발레아릭 제도산, 스페인산, 북부 아프리카산), 구리, 주석, 안티몬, 계관석, 은제 그릇 및 램프, 청동 그릇, 발틱 연안에서 생산된 황색 호박(주로 귀금속과 교환되었다), 이집트산 에메랄드, 알렉산드리아와 페니키아의 유리제품 등이 있었다. 특히 포도주는 여러 국가에서 수입했다.[53] 퐁디셰리 지방의 어촌 마을인 비람파트남에서 유명한 도공의 사인이 남아 있는 도자기들(손잡이 달린 단지, 컵과 컵받침 등)이 발견되었는데 이를 통해 남동부 해안선을 따라 이탈리아산(특히 아레초 지방) 포도주가 수입되었다는 사실을 알 수 있다.[54] 이와 유사한 손잡이 달린 단지는 탁실라 지방에서도 발견되었다. 인도 서해안을 따라 수입된 포도주는 주로 바리가자(브로치) 항과 무지리스 항을 통해 들어왔다.[55] 포도주는 황금, 후추, 향료, 진주 등의 제품과 교환되었다. 소아시아와 아라비아[56]는 물론 이란과 카슈미르, 그리고 페르시아의 영향을 받은 박트리아[57] 지방과 카피사[58] 지방으로부터 엄청난 양의 포도주가 수입되었다. 일부 지방에서 야생포도가 자라고 있었지만[59] 카슈미르 지방을 제외한 인도인들은 포도 재배법을 몰랐던 듯하다. 7세기에 인도를 순례했던 중국 승려 현장은 카슈미르 지방의 포도농장에 대해 기록하고 있고, 그보다 훨씬 앞서 그리스의 지리학자 스트라본(기원전 64년?~기원후 25년?)은 포도주를 담아 밀랍으로 봉한 커다란 단지에 대해 언급했다.[60]

로마제국의 멸망과 함께 이란이 동부 아시아의 교역을 주도하게 되자 인도는 남부 해상국가들로 눈을 돌리기 시작했다. 유럽 제품들은 인도에서 점점 사라져갔으나 무역활동은 전혀 위축되지 않았다. 유럽산 수입품은 엄청난 양의 향료와 해상국가들의 제품으로 대치되었다.

시내는 물론 마을에서도 상인들은 노점이 즐비한 거리를 차지했다. 저잣거리는 도로보다 약간 높은 곳에 테라스가 설치된 상점들이 늘어서 있어 오늘날의 시장과 매우 흡사했다. 상점들은 시장 초입부터 차양을 치고 다닥다닥 붙어 있었다. 시장의 정문은 밤이 되면 이동식 바리케이드로 폐쇄했다.

상인들은 상점 2층에 있는 비좁은 방이나 가게 뒤편의 커다란 마당 건너편에 있는 거주구역에서 살았다.[61] 날씨가 후텁지근했기 때문에 상인은 머리를 빡빡 밀고 옷을 거의 입지 않은 채로 하루 종일 점포 마룻바닥에 책상다리를 하고 앉아 있었다. 수입이 제일 좋은 상인은 우유 상인, 향신료 상인, 기름 상인, 향수 상인, 그리고 술집 주인이었다.

우유 상인은 갖가지 모양과 크기의 우유통에 둘러싸인 채 긴 국자로 응유를 퍼서 작은 청동계량컵에 부은 다음 고객에게 팔았다. 향신료 가게에는 각종 병과 접시, 항아리 등이 발 디딜 틈도 없이 잔뜩 포개져 있었고, 벽에 설치된 선반에도 잔뜩 쌓여 있었다. 벽면에는 주인의 손이 닿을 정도의 위치에 상자들과 주머니들이 걸려 있었다.[62] 기름집 뒤편에는 기름 짜는 기계가 놓여 있었다. 이 기계에도 세금이 부과되었다.

향수 상인(간디카)들은 냄새만 살짝 맡고도 향수의 원료를 알 수 있을 정도로 기막힌 코를 가지고 있었다.[63] 이들은 백단향 막대, 몰약, 사향, 장뇌 기름 등의 향수와 생강, 사프란, 계피 등의 뿌리나 씨앗 또는 줄기에서 추출한 향신료를 팔았다. 뿐만 아니라 백단향, 소나무, 알로에, 사프란을 돌로 빻아 추출해낸 가루 및 반죽을 목욕용품으로 팔았다. 제품들은 값싼 것부터 최고급의 희귀한 것에 이르기까지 다양한 중량으로 포장되어 있었다. 이 밖에도 향수 상인은 여러 가지 향이 짙은 나무를 농축해서 만든 방향제와 각종 수지, 그리고 고무도 팔았다. 인도인들은 발바닥과 손에 라크(염료) ― 천연수지인 래커(lacquer)와 혼동해서는 안 된다 ― 를 발랐다. 라크 염색이 유행처럼 퍼져 향수업계 전체가 라크깍지벌레에서 색소를 추출하기에 이르렀다. 향수 상인들은 또한 남녀 누구나 사용할 수 있는, 안티몬이 함유된 각종 안연고를 팔았다. 뿐만 아니라 장뇌, 사프란, 사향, 소두구, 정향나무 가루를 망고주스로 반죽하여 조그만 환약으로 만들어 호흡기질환 치료제로 팔았다. 사람들은 향수 상인이 나드, 벤저민, 고무, 사프란, 백단향, 소나무수지, 장뇌, 몰약을 꿀로 반죽하여 조그만 접시나 방망이 모양으로 만든 제품들을 훈증시켜 냄새를 없애고 실내를 상쾌하게 했다. 상인들은 충분한 물량을 확보하기 위해 대상들과 밀접한 관계를 유지했다. 대상들에 힘입어 향수, 화장품, 방향제 및 염색 원료가 인도 전역에 유통되었다. 라크 추출물과 수지성 래커의 수요가 급격히 상승하여 인구의 절대다수를 차지하는 농민들의 주요 생계수단이 되었다.

술집 영업은 일반적인 상거래와는 판이하게 달랐다. 법적으로는 하등 문제될 게 없었지만 술장사에 대해서는 평판이 좋지 않았다. 깃발이 꽂혀 있어 누구나 쉽게 알아볼 수 있는 술집이 마을마다 적어도 하나씩은 있었다. 술집들은 번화가 한 구역에 몰려 있었으나 각자 영업을 할 수 있을 정도로 상당한 거리를 두고 떨어져 있었다. 멋지게 장식된 술집에는 의자 몇 개가 놓여 있었고 안뜰을 갖춘 술집도 있었다. 카운터에서는 향수나 꽃, 화관을 팔기도 했다. 술집은 수입이 짭짤했다. 발효주와 증류주는 밤새도록 팔 수 있었기 때문이다. 손님들은 갈증을 해소하기 위해 소금을 안주삼아 술을 마셨다. 소금은 값비싼 생필품으로 국가가 관리했다.[64] 술집에 찾아오는 손님 대부분은 도둑, 강도, 사기꾼 등의 범죄자들이었다. 왕이 보낸 첩자도 있었고 돈을 받고 팔기 위해 정보를 수집하는 브로커들도 있었다. 걸핏하면 싸움이 벌어지는 탓에 술집 주인은 망나니 같은 손님들을 한방에 쫓아버릴 수 있을 정도로 우악스러워야 했다. 한편 술에 곯아떨어진 손님이 도둑질을 당하면 주인이 변상해야 했다. 술집은 야자수, 코코넛, 사탕수수로 술을 만드는 주정업자에게서 술을 공급받았다. 술과 주정(酒精)에 무거운 세금이 붙었고 종교적으로 음주를 금지했음에도 불구하고 낮은 카스트에서는 음주가 상당히 일반화되어 있었다.

상인들은 눈금을 매긴 저울대의 한쪽 끝에 쇠줄로 접시를 매단 대저울(툴라)로 중량을 쟀다. 툴라는 지금도 인도 전역에서 사용되고 있다. 물체의 무게에 따라 추를 이리 저리 움직여 평형을 이루었을 때의 무게를 계량하는 방식으로, 눈금이 표준화되어 있기 때문에 무게를 속이는 일은 불가능했다.[65] 상인은 눈금을 잴 때 서양식으로 약지부터 손가락을 꼽으며 큰 단위 먼저 세어나갔다. 고대 시대에 저울추는 돌을 사용한 것으로 짐작된다. 저울 크기와 눈금 길이는 제품 유형에 따라 달랐다. 금세공인이 사용하는 저울은 향신료 상인이 사용하는 저울보다 작았다. 무거운 물건은 공인된 저울로 측정했는데 저울대 양쪽에 납작한 접시가 달려 있는 양팔저울이었다.[66] 이보다 발달된 형태의 저울은 6세기경에 처음 나온 것으로 짐작된다.

도량형 검사원은 4개월마다 저울의 정확성을 시험하고 이상이 없으면 세금을 수령한 뒤 저울에 증명서를 붙였다. 만약 상인이 저울을 조작했을 때에는 고발을 당했다.

상거래에서는 주화나 개오지 껍질로 값을 치르기도 했지만 물물교환을 하는 경우도 많았다. 일용품과 국가 독점 제품에 대해서는 평가관(팔리어로 아그가카라카)이 상품가격을 정했다. 고래로부터 가격을 정하는 평가관은 왕과 상인들에게서 뇌물을 받았다. 지금과 마찬가지로 당시에도 자기편에 좀더 유리하게 매매하고자 상대방을 적당히 속이는 흥정 기술이 상당한 수준에 있었다. 거래는 이상한 방법으로 진행되었다. 판매자와 구매자가 바로 옆에 앉아 아무 말도 하지 않은 채 서로의 손을 잡는다. 미리 정해진 규약에 따라 손가락에 힘을 주면 다른 누구에게도 말하지 않고 거래가 이루어진다.[67] 거래가 이루어지면 상인이나 짐꾼이 구매자의 집으로 물건을 배달했다. 짐꾼이 배달하다가 사고를 당하면 — 물론 본인이 부주의하지 않은 경우라면 — 구매자가 짐꾼에게 변상을 해야 했다.

이와 달리 오늘날처럼 콧노래를 부르면서 마을과 시내를 누비는 행상인 무리가 있었다. 이들은 머리 위에 짐을 얹거나 오늘날처럼 양쪽 끝에 짐이 매달려 있는 장대를 어깨에 걸치고 다녔는데, 고대 미술작품에서 흔히 볼 수 있는 광경이다. 이들은 등나무로 만든 휴대용 의자를 가지고 다니다가 장사를 할 만한 장소가 있으면 의자를 펴놓고 자리를 잡았다. 목욕용 방향제 가루, 신체 염색용 색소 반죽, 향수, 화장품, 꽃을 파는 행상도 있었다. 대다수의 상인들은 사람들이 목욕을 하러 오는 샘이나 강둑에 자리를 잡았다.[68] 화환과 부케, 과일, 케이크, 후추 이파리를 파는 행상들도 있었다. 점포를 가진 상인들이 행상을 고용하여 자신의 상품을 파는 경우도 많이 있었다.

수공업

전국적으로 수공업제품이 유통되자 상업은 상당한 활기를 띠었다. 대부분의 마을들은 수공업제품을 생산함으로써 비상시 이외에는 외부의 도움을 받지 않고도 재정적으로 자립할 수 있었다. 거의 모든 장인들이 공장에 가게를 차림으로써 상인이 되었다.

수공업자들의 사회적 위치는 천차만별이었다. 이를테면 갖바치는 인간 이하의 대접을 받았다. 죽은 짐승의 가죽으로 물건을 만들기 때문이었다.(이런 구차한 일은 카스트에서 쫓겨난 사람들에게만 허용되었다.) 하지만 피혁 수공업은 사회에 대단히 유익할 뿐만 아니라 중요한 산업이었다. 갖바치는 평범한 구두와 왕이 신는 특별한 가죽신, 그리고 북부 인도 국가들에서는 전사 계급, 사냥꾼, 마부의 신발을 만들었다. 뿐만 아니라 다양한 용도로 사용되는 가죽끈, 물을 긷는 가죽 물통, 사냥꾼이 짐승을 담는 주머니,[69] 악기통, 과수원에서 과일에 먼지가 끼지 않도록 사용하는 주머니,[70] 가죽옷, 안장, 방패 등을 만들었다.[71] 이들은 제작할 물건에 따라 소가죽, 물소가죽, 염소가죽, 양가죽, 호랑이가죽, 하이에나가죽, 심지어 개가죽까지 취급했다. 이들은 천시하는 제품을 제조한다는 이유로 정부로부터 장려금을 받았다.

　이와 달리 목수의 사회적 위상은 대단히 높았다. 주택을 짓고 마차를 제작하며 의식에 쓰이는 제구(祭具)를 만들기 때문이었다. 이들은 대개 국가를 대신하여 산림을 관리하는 산림관리원에게 필요한 목재를 부탁했다. 하지만 산림관리원이 목재를 충분히 공급하지 않으면 직접 벌목했다. 훈련받은 코끼리로 하여금 목재를 마차까지 운반하게 하기도 했다.[72] 이들은 숲의 신에게 벌목을 하겠다고 조심스럽게 말하거나 제사를 드리면서 "숲을 주관하시는 신이시여! 바라옵건대 벌목하는 저희들이 화를 피하게 하여 주시옵소서"라고 기도를 올린 후에 벌목을 해야 했다. 이들은 제사를 드리고 마음이 깨끗해진 연후에야 쓰러뜨릴 나무줄기를 두꺼운 밧줄로 휘감았다.[73] 되도록 신속하고 정확하게 나무를 베기 위해 이들은 세심하게 숫자를 세면서 통나무를 톱질했다.[74] 그리고는 마차를 이용해 목재를 공사장으로 운반했다. 목수들은 집과 관련된 작업이라면 종류를 가리지 않았다. 이를테면 집을 짓는 것 말고도 침대, 의자, 금속이나 귀금속이 장식된 나막신, 서랍, 돈궤, 그리고 팽이를 비롯한 온갖 종류의 장난감까지 만들었다. 뿐만 아니라 크고 작은 선박을 건조했고, 약간 후대에 나온 문헌(5세기에 씌어진 『사마랑가나 수트라다라』)을 곧이곧대로 믿는다면 각종 교통수단은 물론 비행기까지 제작했다![75] 하지만 이들은 건물을 짓는 것을 최우선으로 여겼고 그것에 충실했다.

　목수보다는 사회적 위상이 낮은 편이었지만 벽돌공과 석공, 그리고 도로포장공도 목수와 유사한 작업을 했다. 산림관리원이 벽돌을 굽는 경우도 많았다. 석공은 채석장에서 석재를 구하거나 사람이 살지 않는 마을의 집들에서 석재를 모아다가 다듬어 사용했다.[76] 구운 벽돌과 석재 벽돌, 도로포장용 석재는 등이 굽은 소 두 마리가 끄는 수레로 운반했다. 건설현장에 이르면 소의 멍에를 벗겨 짐꾼들이 머리나 어깨에 벽돌을 올려 날랐고, 도로포장공

은 줄을 맞춰 도로를 포장했다.[77]

　농촌에서는 농기구와 항아리가 없으면 하루도 살 수 없을 정도였다. 그래서 대장간에서는 아침부터 저녁까지 모루 소리가 쉼 없이 울려 퍼졌다. 대장장이는 백색의 뜨거운 원광(原鑛)으로 가득 찬 용광로 옆에서 기다란 집게로 철 막대를 잡고는 두들기고, 절단하고, 구부리고, 길게 늘어뜨리는 작업을 했다. 무쇠를 강철로 바꾸는 비법을 알고 있는 대장장이도 있었다는 말도 전해진다. 야금기술 수준은 대단히 높았던 것으로 짐작된다. 다라에서 발견된 40피트가 넘는 철봉(서기 321년으로 추정)과 델리에서 발견된 찬드라굽타 2세 시대의 철봉(5세기)으로 미루어 볼 때, 당시 인도는 19세기 후반 유럽의 주조기술 보다도 앞서 있었다고 짐작된다. 인도산 강철의 우수함은 그리스와 페르시아에 알려졌으며 이집트에까지도 알려졌던 듯하다.[78] 안타깝게도 강철 주조기술을 기록한 문헌은 전해지지 않고 있다. 칼리다사(5세기)의 기록을 믿는다면 주조법이라고 해봐야 고작 커다란 강철 망치로 쇠를 두들기는 것밖에 없었다![79] 대장장이는 세인들에게 상당한 인정을 받았다. 여러 직업에서 필요한 기구 및 공구를 만들었기 때문이다. 대장장이는 보습, 쇠사슬, 가래, 낫, 소몰이 기구 등의 농기구와 도끼,[80] 망치,[81] 톱,[82] 송곳, 볼트 등의 목공 기구를 제작했다. 사냥꾼들은 날이 잘 드는 칼을 비롯하여 사냥용 창, 풀숲을 헤치는 데 필요한 날이 넓은 칼을 즐겨 사용했다. 심지어 대장장이는 이발용 면도기와[83] 재단용 바늘까지도 만들었다. 철을 다루는 솜씨가 최고의 경지에 오른 대장장이들은 무기, 갑옷, 손톱가위, 수술용 기구는 물론 철, 동, 납, 주석, 아연 등으로 각종 주방기구까지 만들었다.

　시골은 물론 도시에서도 항아리의 수요가 끊이지 않았으므로 옹기장이 역시 대장장이 못지않게 눈코 뜰 새 없이 바빴다. 옹기장이의 작업도구는 도구라고 말하기도 어려울 정도로 조악했지만 국가는 그것에 대해서도 세금을 부과했다. 옹기장이의 기술은 기술이라고 부르기도 힘들 만큼 간단했다.[84] 우선 가까운 물가에서 점토를 채취하여 재와 소똥을 섞어 반죽한다. 다음에 축을 따라 빙빙 돌아가는 물레에 반죽을 넣는다.[85] 옹기장이는 특별한 작업대(팔리어로 카마살라)에 앉아 축을 가볍게 누르면서 능숙하게 물레를 돌렸다. 옹기장이가 물레를 회전시킴에 따라 반죽의 양쪽 모습이 같아지면서 일정한 형상을 띠었다.[86] 그렇게 만든 옹기들은 일정한 시간 동안 건조시켰는데 건조과정은 대단히 원시적이었다. 먼저 옹기를 햇볕에 말린 다음 얕은 도랑(팔리어로 파차나살라)을 파서 장작불을 피우고 일렬로 늘어놓았다. 가마에서 굽지도 않았고 유약을 칠한다거나 멋지게 꾸민다거나 하는 과정은 일체 없었다. 건조하는 것으로 끝이었다. 옹기는 매우 단순한 디자인이었지만 별다른 장식 없이도 고졸한 아름다움과 균형미를 자랑했다.

건조시킨 옹기들은 저장실(팔리어로 반다살라)에 일렬로 쌓아두었고, 일부 도기만을 가게(팔리어로 파나살라)에 진열해 놓고 팔았다. 물레를 돌리고 있거나 점토를 주무르고 있거나 쌀이 둥둥 떠 있는 멀건 죽을 먹으면서 짚더미 위에 쭈그리고 앉은 옹기장이의 모습이 자주 눈에 띄었다.[87] 갓 구운 항아리를 머리에 이고 여기저기 돌아다니며 "물동이를 팝니다!"라고 소리치는 모습도 자주 볼 수 있었다.[88] 부담 없는 가격의 옹기들 중에 먹고 마시는 데 사용되는 옹기는 드물었다. 단 한 번만 사용하고 깨져버릴 수도 있었기 때문이다. 옹기장이는 주로 물동이, 쌀독, 아마포 저장 용기 등 커다란 옹기들을 만들었다. 퐁디셰리 유적 발굴작업으로 드러났듯이[89] 일부 지역의 도공들은 매우 거대한 장례식용 용기와 질그릇 관까지 만들었다. 뿐만 아니라 인도 전역에서 사용된 질그릇 인형, 질그릇 장난감, 신전에서 쓰는 제기, 그리고 수도승의 발우도 만들었다.[90]

바구니 제조업자는 생활용품을 공급했다.[91] 이들은 수공업자 명단에도 올라있었지만[92] 실제로는 여성이 작업하는 경우가 많았다. 바구니 제조업자들은 연못가, 호숫가, 강가에서 재료를 모아다가 셀 수 없이 다양한 제품들을 만들었다. 빈부를 막론하고 모든 가정에서 사용하는 체와 빗자루,[93] 주부들이 화사한 옷을 보관해 놓는 온갖 종류의 바구니, 용도에 따라 모양과 크기가 다른 손바구니와 쟁반을 짰다. 뿐만 아니라 짚(다르바 또는 문자)을 엮어 마대자루나 새끼줄[94] 또는 짚신(문자파두카)을 삼았고 갈대나 등심초로는 초가지붕, 실내 칸막이, 밭 경계표, 거실 마루에 까는 돗자리를 만들었다. 또한 우산과 양산,[95] 부채를 만들기도 했다.(이것들은 지금까지도 인도 남동지방에서 사용하고 있다.)[96] 심지어는 대나무로 1인승 가마를 제작하기도 했다. 양쪽 끝에 손잡이가 달린 이 가마는 고승(아차랴)이나 어린이, 또는 깊은 병이 든 수행자(사두)를 태우는 데 쓰였다.

직조산업과 의류산업은 상당한 수준을 자랑했다.[97] 양모, 염소털, 영양의 털, 나무껍질로 만든 섬유, 판야나무에서 채취한 섬유, 면, 삼, 아마, 실크(베다 시대 이래 자주 사용됨)[98] 등등의 다양한 섬유를 방적하거나 직조했다. 면은 여자들이 목화 씨앗을 제거한 다음 소모(梳毛) 공정을 거쳤다. 인도의 직조공들은 고래로부터 베틀(베만)을 다루는 솜씨가 대단히 뛰어났다. 이들은 나무 쐐기(마유카)를 이용하여 직조하고 있는 피륙의 뒤틀림을 바로잡았고, 북을 앞뒤로 빠르게 왕복시키는 솜씨로도 유명했다. 이들은 같은 기구를 가지고 텐트를 만들 수 있을 만큼 강한 직물은 물론 모슬린이나 양모 등 바람에도 흔들릴 정도로 섬세한 직물도 짤 수 있었다.[99] 실크와 금사(金絲)를 교직하는 경우도 있었다. 염색공은 식물 또는 광물에서 염료를 추출하여 아름다운 색상으로 염색했다.[100] 마지막으로 자수업자가 화려하게 자수를 놓았다. 지금까지 살펴본 섬유산업은 방적업소, 직물업소, 가내수공업장에 대해 절대적인 권한을 가지고 있는 '섬유 감독관'이 엄격하게 관리했다. 그는 모든 기구 및 장비, 특히 방직기에 대해 세금을 부과했다.

염색을 겸하기도 하는 세탁업자는 자신의 세탁소(라야가살라)를 운영했다. 이들은 세탁물에 소다수를 먹이고 불가에 걸어놓은 다음 물로 깨끗하게 빨았다. 강물이나 웅덩이 물로 세탁물을 빨았으며 아마포 의류는 편평한 돌 바닥에 놓고 때린 다음에 요즘처럼 솔로 문질렀다. 옷을 빤 뒤에는 항상 향수를 뿌렸다. 손님의 세탁물을 망칠 경우에는 손상 정도에 따라 배상을 해야 했다.

승복과 사냥꾼 옷, 그리고 마부복 이외의 보통 옷은 재단할 일이 없었음에도 불구하고 재단사 역시 수입이 짭짤했다. 이들은 천을 잘라 눈금자로 천의 길이를 재고, 대장장이에게서 구입한 바늘로 꼼꼼하게 바느질을 했다.(바늘은 쓰지 않을 때는 대나무 통에 보관했다.) 바느질 솜씨가 귀신이 울고 갈 정도로 뛰어나 사람들은 오히려 재단사들을 믿지 못했다. 파렴치한 재단사들은 적절히 꿰매고 덧대며, 솔기를 둥근 조개로 문지르고, 화사하면서도 눈가림이 가능한 색상으로 염색하여 낡은 옷을 새 옷처럼 보이게 하는 기술이 대단히 뛰어났기 때문이다. 이렇게 만든 옷은 빨기가 무섭게 색깔이 완전히 바래 도저히 입을 수 없는 걸레조각으로 변하고 만다.[101]

예술과 관련된 직업도 있었다. 이런 직업으로는 목공예가, 상아 공예가, 금세공인, 보석세공업자, 현악기 및 기타 악기 제조자, 심지어 화환을 만드는 화환업자도 포함되었다. 목공예가는 대개 목수와 합동으로 작업했다. 상아 공예가는 상당한 인정을 받았다. 이들은 상아를 능수능란하게 깎고 잘라내면서 고부조(高浮彫) 및 저부조(低浮彫) 작품을 만들었는데 죽은 코끼리의 상아보다는 살아있는 코끼리의 상아를 선호했을 뿐만 아니라[102] 상아 가격의 50퍼센트에 달하는 막대한 세금에도 눈 하나 깜빡하지 않았다. 작품을 완성하기가 무섭게 날개 돋친 듯 팔려나갔기 때문이었다. 상아 공예가들은 조각상은 물론 침대 다리와 의자 다리, 거울 손잡이, 파리채 손잡이, 주사위, 액자틀을 제작했을 뿐만 아니라 저택이나 궁전의 모든 가구와 벽면을 장식하기도 했다. 조지프와 리아 해킨이 1936~1937년과 1939~1940년 두 차례에 걸쳐 아프가니스탄에서 수행한 발굴작업에서 제작 연대가 서기 2세기경으로 추정되는 뛰어난 상아 조각품들이 발견되었다.[103] 이러한 유물들로 미루어볼 때 인도 상아 공예가들의 솜씨는 기술적인 측면뿐만 아니라 미적 정교함에서도 상당히 뛰어났던 것으로 짐작된다. 상아 공예가들은 그 외에도 짐승의 뿔이나 뼈,[104] 조개로 작품을 만들었다. 그 중에서도 특히 어린이용 목걸이로 자주 사용되는 원숭이 뼈 조각 솜씨가 대단히 뛰어났다.[105]

금세공인도 짭짤한 수익을 올렸다. 이들은 하루 종일 망치질하여 채광한 커다란 금덩어리를 이파리처럼 얇게 만들 수 있었다. 또한 소형 도가니 ― 앞서 언급한 아프가니스탄 발굴현장에서 발견되었다 ― 를 이용하여 금의 순도를 시험할 줄 알았고, 보석이나 귀금속에 도금을 하는 합금 비결을 터득하고 있었으며, 시금석에 금이나 은을 문질러 품질이 떨어지는 것들을 가려낼 수 있었다.[106] 하지만 이들은 바로 이 기술로 시금석을 위조하고 수은 합금기술을 발휘해 인공 진주를 위조한 탓에 항상 세인들의 의심을 받았다. 따라서 국가는 금세공인을 엄격하게 감독했다. 금세공인이 후원자의 집에서 일할 경우에는 후원자가 철저하게 관리했다.

특이한 수공업자를 꼽자면 화환 제조업자(말라카라)를 들 수 있다. 이들은 숫자도 많았을 뿐만 아니라 항상 평판이 좋았다. 그들은 행상을 고용해 화환을 판매했으며 저마다 화원을 가지고 있었다. 이들은 파종을 하고 3~4년에 걸쳐 하루도 빠짐없이 정성을 쏟아 최고의 품질을 자랑하는 화초를 길러냈다.[107] 좀더 길게 부연하자면 이들은 저녁마다 물병을 가득 채워 화초에 물을 주면서[108] 일 년 내내 정성스럽게 길렀으며, 아침마다 딸들과 함께 그날 필요한 양만큼 화초를 잘랐다.[109] 이들은 짚이나 갈대 줄기를 지지대 삼아 엄청나게 화려한 화환(말라)을 만들었다.[110] 이는 '64가지의 예술' 목록에 포함되는 진정한 예술작품이라 할 만하다(3부 제1장 각주 9번 참조). 뿐만 아니라 꽃 말고도 공작 깃털, 뿔 장식품과 뼈 장식품, 조개, 나뭇잎, 과일을 가지고도 화환을 만들었다. 화환이 일상생활에 많이 사용되었기 때문에 화환 제조업자의 수입은 꽤 짭짤했다. 축제 기간에는 공공건물과 시내로 들어오는 출입구를 화환으로 장식했고, 선남선녀들은 하루도 빠짐없이 화환으로 자신들을 꾸몄으며, 사원에 제물로 바치기도 했고, 결혼식을 비롯한 각종 의식에서는 행운의 상징으로 사용되었다. 따라서 화환 제조업자들은 언제나 일거리가 있었고 수입이 굉장하지는 않았으나 사회적으로 존경을 받았다.

상인들과 마찬가지로 수공업자들 역시 엄청난 부역과 세금에 시달렸다. 국가는 수공업자들의 작업장에도 세금을 매겼을 뿐만 아니라 4개월마다 영업이익은 물론 저울과 각종 장비에 대해서도 특별세를 부과했다. 또한 특별 감독관이 정기적으로 작성하는 시장 가격 목록에 기초하여 수공업자들의 생산물에 세금을 부과했다. 세리는 상품가격의 40~50퍼센트에 이르는 금액을 돈이나 물품으로 징수했다. 수공예품의 수출이나 수입, 또는 단순히 인도를 경유하는 경우에도 관세를 부과했다. 황실이 독점하는 상품도 예외가 아니었다.

수렵과 어업

이 외에도 다른 직업이 있기는 했지만 상업이나 수공업으로 구분하기가 애매하다. 이를테면 숲에서 나뭇가지를 주워다가 여기저기 돌아다니며 파는 땔감장수, 낙엽을 주워다가 파는 사람, 낫으로 풀을 베는 사람, 나무를 일일이 찾아다니며 꿀을 채취하는 사람들도 있었다.[111] 이렇게 꼬집어 정의하기 어려운 직업 가운데 두 가지 직업이 그 중요성으로 인해 두드러진다. 그것은 바로 사냥꾼과 어부였다.

종교적인 전통에 따라 들짐승이나 날짐승, 또는 생선을 먹는 행위를 탐탁지 않게 여겼다는 점을 감안할 때 사냥과 어업이 인정받는 직업에 속한다는 사실은 언뜻 모순처럼 느껴질 수도 있다. 정통 브라만들은 영혼의 윤회와 '비폭력' 교의에 기대어 산 생명을 살상하는 행위를 악으로 규정했다. 하지만 인도는 근본적으로 모순적인 사회였고, 살생을 금하는 규정은 규정대로 지키면서 금지된 행위를 노골적으로 할 수 있는 여지를 어느 정도 남겨 놓았다. '카스트가 다른 사람과의 결혼'에서 살펴봤던 것처럼 이론과 실제는 어느 정도 괴리가 있었다. 짐승의 고기를 먹지 못하게 하는 교리 역시 실제와는 달랐다. 예를 들어 불교도도 직접 죽이지만 않는다면 닭고기를 먹을 수 있었다. 또한 미끼를 삼킨 물고기에게 일차적인 책임이 있으므로 어부는 물고기의 죽음에 대해 그다지 죄책감을 느낄 필요가 없었다. 어쨌거나 육식을 금하는 규정은 오늘날보다는 덜 엄격했으며 심지어 브라만조차도 특정한 축제 기간에는 고기를 먹는 것이 허용되었다.

사냥꾼은 정글이나 숲에서 사냥을 해서 생활했다.[112] 많은 농부들도 사냥꾼처럼 숲에서 사냥을 했다. 사냥꾼들은 꼬리를 자르고 털을 짧게 깎은 사냥견을 오랫동안 굶겼다가 사냥에 데리고 나갔다.[113]

사냥꾼들은 활이나 창 또는 바람총*을 사용하거나 덫을 놓아 짐승을 잡았다. 그들은 맛있는 과일이 잔뜩 들어 있는 나무상자를 놓아둔 뒤 몇 시간이고 미동도 하지 않은 채 기다렸다. 마침내 과일 냄새를 맡고 영양이 다가오면 화살이나 독화살을 쏘았다.[114] 또한 그들은 아무 데나 덫을 놓았다. 대표적인 것으로 대나무 덫을 들 수 있다. 대나무의 한쪽 끝은 땅에 박혀 있고 구부러진 쪽에는 미끼를 단 올가미를 걸어놓아 짐승이 미끼를 건드리면 대나무가 일자로 올라가며 당겨졌다.[115] 이보다 복잡하지만 동일한 원리를 이용한 것으로 한쪽 끝에 가죽 올무를 걸어놓고 다른 쪽 끝은 바닥에 숨겨놓은,

---

* blowpipe: 입으로 바람을 불어 화살이나 독침을 쏘는 대나무 대롱.

활처럼 생긴 덫도 있었다.[116]

사냥꾼들은 수레에 짐승의 가죽과 고기를 가득 싣고 시내로 내려와 팔았다.[117] 하지만 왕과 귀족들에게 납품할 짐승은 덫을 사용해서 상처 하나 없이 산 채로 잡아야 했다. 이런 경우 사냥꾼들은 짐승이 지나다니는 길을 알아둔 다음 짐승이 풀을 뜯을 자리에 미리 꿀을 뿌려놓았다. 그런 다음 숨어서 기다리다가 짐승이 나타나면 조금씩 모습을 드러내 사람의 냄새에 익숙해지게 했다. 이렇게 며칠을 하게 되면 짐승은 점점 사람을 겁내지 않게 되었고 따라서 어렵지 않게 잡을 수 있었다.[118] 히말라야에서도 이와 동일한 방법으로 원숭이를 잡았다.[119]

상아를 노린 코끼리 사냥은 대단히 위험했다.[120] 일부 지방에서는 코끼리 떼가 가옥과 농장을 부수는 등 농민들에게 엄청난 손해를 입혔다. 그럼에도 불구하고 국가에서는 코끼리를 공식적으로 보호했고 광범위한 지역에 사냥 금지구역을 선포했다. 코끼리 사냥꾼(풀린다)은 멀리 떨어진 밀림지대로 가서 장기간에 걸쳐 코끼리를 사냥해야 했다. 사냥꾼은 조수들과 짐꾼들을 부려 몇 대의 마차에 식량과 장비를 실었다. 또한 풀숲을 헤치고 갈 때 쓸 낫, 잔가지들을 없앨 칼, 나무를 쓰러뜨릴 도끼, 험난한 지형을 올라갈 때 사용하는 대나무 사다리, 늪지대를 건널 때 사용하는 널빤지, 심지어 강물이 범람한 지역을 건널 때 사용할 소형 배까지 준비해야 했다. 사냥꾼은 산에 올라가는 길을 낸 다음 조수들에게 베이스캠프를 치게 했다. 그리고 지형을 자세하게 숙지하며 바위투성이 산의 경사도를 측정하면서 혼자 길을 떠났다. 그는 커다란 가죽가방을 메고 밧줄과 철제 쐐기, 망치, 줄톱, 활과 화살을 휴대한 채 먼저 위쪽 바위에 밧줄을 던진 다음 창으로 몸을 지지하고 철제 쐐기로 발 지지대를 만들어가면서 계속해서 위로 올라갔다. 이윽고 정상에 올라서면 그는 다른 철제 쐐기를 산의 정상에 박고 밧줄 끝을 쐐기에 고정시킨 뒤 나머지 부분을 말아서 가죽가방에 넣는다. 그런 다음 가방을 몸에 묶은 채 벼랑 끝으로 가 밧줄을 풀어내면서 밑으로 내려가는 데 그 모습이 마치 거미줄 끝에 매달린 거미와 흡사했다.[121]

마침내 코끼리 떼가 살고 있는 비밀스런 지역에 이르면 사냥꾼은 코끼리가 물을 먹는 웅덩이로 가서 커다란 구멍을 판 다음 주위에 말뚝을 박고 돌을 쌓은 뒤, 나무로 구멍을 막아 흙과 풀로 위장한다. 그리고 구멍과 연결되는 땅굴을 파는데 적어도 자유롭게 화살을 뽑을 수 있을 정도로 공간이 충분해야 한다. 밤이 되어 코끼리들이 물을 먹으러 오면 그 중 한 마리는 무게를 이기지 못해 반드시 덫에 빠지게 되고, 땅굴에 숨어 있던 사냥꾼은 독화살을 쏜다. 나머지 코끼리들이 우르르 도망을 치면 사냥꾼은 코끼리 몸에 독이 퍼진 것을 확인한 다음 톱으로 상아를 자른다. 그는 상아를 단단히 묶은 멜대를 메고 기분 좋게 캠프로 돌아간다. 상아 공예가에게 비싸게 팔아 상당한 수익을 올릴 것을 기대하면서 말이다.

조류 사냥꾼들은 호숫가나 물가에서 살았다. 조류 사냥꾼들은 구매자들, 즉 부자들의 요구에 따라 산 채로 잡기도 하고 죽여서 잡기도 했다. 산 채로 잡을 경우에는 덫을 놓거나 새 소리를 흉내내어 유인하거나 미끼를 이용해 잡았다. 이들은 기다란 손잡이가 달린 그물을 바닥에 깔아놓고 나뭇가지로 위장한 뒤 몇 시간이고 숨어서 새 떼가 오기만을 기다렸다. 또한 사냥꾼들처럼 검정색 말총으로 만든 가느다란 올가미를 설치하기도 했다. 급류가 흐르는 강둑에 막대기를 깊숙이 박아 놓은 다음 물가로 찾아온 새들의 발에 올가미가 걸리기를 기다렸다.[122] 화살을 쏘거나 매를 날려 잡기도 했다. 잡은 새들은 새장에 넣었다. 새알을 줍는 사람들도 있었는데 이들은 새알을 집에서 요리해 먹거나 가까운 시장에 내다 팔았다. 공작, 비둘기, 반시(半翅), 앵무새, 검은지빠귀 등을 전문적으로 훈련시키는 사람들도 있었다.[123]

어부들은 낚싯대와 그물과 통발로 물고기를 잡았다. 인도 연안에는 어족이 풍부했으므로 어부들은 항상 만선의 기쁨을 누렸다. 이들은 생선의 내장을 발라내고 말린 뒤 요리하거나 시장에 내다 팔았다. 또한 거북이를 잡거나 알을 줍기도 했는데 시장에서 비싼 값에 거래되었다.

사냥꾼, 조류 사냥꾼, 어부들은 상당한 위험을 무릅썼지만 별도의 비용이들지 않았기 때문에 내다 파는 것은 고스란히 자신의 수입이 되었다.

짐승과 관련된 또 다른 직업으로 귀족 집안과 황실의 녹을 받는 말 조련사(아슈바디야크샤)와 코끼리 조련사(가자디아크샤)를 꼽을 수 있다. 말 조련사는 말이 혼자서 자유롭게 풀을 뜯어먹을 수 있도록 길들이는 일을 했다. 기다란 밧줄로 말을 말뚝에 묶어놓은 뒤 채찍질을 하거나 막대기로 찌르거나 노끈으로 때리면서 말뚝 주위를 힘껏 달리도록 훈련시켰다. 이는 성질이 못된 말을 길들이는 데 효과적인 방법이기는 했지만 조련사가 고삐와 재갈을 물리는 법을 철저하게 파악하고 있어야 했다.[124]

야생 코끼리는 요즘과 똑같은 방법으로 길들였다. 말을 잘 듣는 코끼리를 이용하여 다른 코끼리들을 울타리 안으로 끌어들인 다음 훈련을 시켰다. 코끼리들이 어느 정도 길들여지면 조련사들은 (덫에 걸리지 않기 위해) 둑과 도랑을 뛰어넘는 동작, 명령에 따라 앉고 일어나는 동작, 똑바로 또는 갈지자로 걸어가는 동작, 요새를 부수는 공성퇴(攻城槌) 동작 등 훗날 전장이나 황궁에서 선보일 기술을 가르쳤다.[125]

길드

고대 인도의 수공업 단체와 상업 단체가 지니고 있는 두드러진 특징은 길드(스레니)에 의한 직업분류에서 잘 드러난다. 바로 이것이 기본 카스트를 더욱 세밀하게 나누는, 어떤 면에서 보자면 카스트 제도보다도 더 중요한 사회구조의 또 다른 측면이기도 하다. 비문이나 불교설화를 보면 정교하게 나뉘어져 실제 사회계급처럼 통용되는 특별한 직업들이 흔하게 나온다. 이러한 개념에 힘입어 왕국이나 광범위한 지역, 심지어는 인도 전역에까지 확대되는 매우 견고한 직업적 유대관계가 형성되었다. 길드는 막대한 자본을 축적할 수 있었으므로 지방정부는 물론 국정에도 막대한 영향을 끼쳤다. 길드는 마치 왕의 옥새처럼 청동, 구리, 상아, 석재, 또는 테라코타로 만든 특별한 도장(나마무드라)을 가지고 있었다.[126]

고래로부터 18개 정도의 길드가 있었다고 전해지나 여러 사료로 판단해 볼 때 실제로는 30개 정도의 길드가 있었던 것으로 짐작된다. 가장 널리 알려진 길드로는 의류 직공 길드, 실크 직공 길드, 염색 길드, 목수 길드, 도공 길드, 관개도구 제조업자 길드, 기름 제조업자 길드와 판매업자 길드, 제분업자 길드, 정원사 길드, 화환 제조업자 길드, 후추 판매상 길드, 상아 조각가 길드를 들 수 있다. 도둑 길드나 전문 거지 길드도 충분히 있을 법한 길드였다. 대개 같은 업종에서 수공업자와 상인은 구별되지 않았던 것으로 짐작된다.

길드에는 혼자 작업하는 장인과 여러 사람이 공동으로 작업하는, 다시 말해 분업체제로 운영되는 공장 노동자들이 소속되어 있었다. 직업은 거의 항상 대물림되었을 뿐만 아니라 온 가족이 같은 일에 종사했다. 몇 번씩이나 직업을 바꾼 사람도 있고, 또한 식구가 제각각 다른 직업에 종사했다는 사료도 있지만 그것은 예외적인 경우였다. 마을 전체가 한 가지 일에만 종사하게 되면서 전문성은 나날이 높아졌다. 오늘날 인도의 상점가가 한 지역에만 몰려 있는 것처럼 고대에도 다른 직업에는 눈 돌리지 않고 한 직업에만 종사하는 사람들이 한 구역에 몰려 살았다. 이러한 현상은 고대 인도의 사회조직에 특별한 성격을 부여했다. 숲 가까이 있는 마을은[127] 벌목꾼과 사냥꾼과 조류 사냥꾼들밖에 살지 않았고, 좀더 번화한 시내에는 대장장이, 목수, 직조공, 염색공, 도공, 상아 공예가들만 모여 사는 마을이 옹기종기 붙어 있었다. 이런 까닭에 길드 체제는 마을의 정치적 구조와 동일시되는 경우가 많았으며 길드의 수장은 마을의 우두머리인 촌장과 동일한 기능을 수행하기도 했다.

길드의 수장은 세습되거나 선거를 통해 지명되었고, 본인이 우두머리로서의 역할을 제대로 수행할 수 없다고 판단할 경우 후계자를 직접 지명하기도 했다. 보통 '장로'(제스타카)나 '최고의 장인'(스레스틴), 또는 '가장 중요한 사람'(마하타마)으로 알려진 우두머리는 자신이 책임지고 있는 길드가 번창할 경우 막강한 영향력을 행사했으며, 심지어는 왕의 자문관이 될 수도 있었다. 그는 지방의회에 참석했으며 왕이 특별한 경우에 소집하는 만민회의에도 참석했다. 또한 '최고의 장인'이라고 새겨진 특별 도장을 가지고 있었고 대리인과 서기(카야스타)들의 보좌를 받았다. 그는 길드의 규칙이 제대로 지켜지고 있는지, 또한 길드의 특권이 제대로 존중되고 있는지를 자세히 살피는 한편 작업조건과 임금체계를 확립했다. 나아가 시장 상황에 따라 제품가격을 인상하거나 인하하기 위해 다른 길드의 우두머리들과 긴밀한 관계를 유지했다. 그는 촌장을 비롯한 회원들이 채무불이행이나 잘못을 저질렀을 때 집단적으로 책임지기 위한 길드의 공동자금을 관리했다. 일부 회원이 신의를 저버리고 위법행위를 할 경우 길드 전체가 사법부의 처벌을 받아야 했기 때문이다.

길드의 수장은 조직 내부의 갈등을 중재하거나 불충한 회원을 축출하는 판관 역할도 했다. 그는 심지어 사회적으로 중요한 문제 ─ 예컨대 비구니가 되고자 남편을 떠나려는 여인의 거취를 결정하는 등 ─ 에도 관여하여 권위를 행사할 수 있었다. 그는 또한 길드 구성원들의 안전을 지키기 위해 운영하는 자경단의 우두머리였다.(왕은 공공질서에는 일체 개입하지 않았다.) 이 자경단은 전시에 정규군으로 통합되었다.

이처럼 길드 수장의 영향력은 그야말로 막강했다. 도제 수업 기간을 마친 뒤 '걸작'을 만들어낼 수 있는 최고의 장인이 길드의 우두머리가 되었다. 이를테면 곧고 정교하고 날카로우며 숫돌로 갈아 번쩍거리는 완벽한 바늘을 만들어낼 수 있는 장인은 그 지역 대장장이 길드 수장의 사후 후계자로 간택되었다.[128]

길드 회원들은 직업과 관련된 비법을 공유하며 서로를 알아보는 암호로 삼았다고 알려져 있다.[129] 또한 각 길드는 국가에서 수여한 깃발과 의식용 파리채를 보유하고 있었으며 축제 때면 그것들을 들고 참석했다. 아마도 길드의 수장들은 내실에서 정원과 우물을 내다볼 수 있는 본부 건물에서 살았을 것으로 짐작된다.

길드는 사회사업도 활발하게 했다. 즉 길드는 회원들이 재산을 모아 영향력 있는 위치에 오르도록 지원했을 뿐만 아니라 재능이 없는 회원들을 보호하기도 했다. 길드는 수신(受信) 업무를 맡아 회원들에게 배당금을 지불했으며, 가입비와 기부금을 받아 공동자금으로 적립하는 등 지역 은행으로서의 역할도 맡았다. 또한 길드의 규칙을 어긴 회원들에게 벌금을 부과함으로써 자금을 더욱더 축적해 나갔다.

가장 돈이 많은 길드로 소문이 났던 상인 길드는 막강한 재력을 바탕으로 일종의 자본 부르주아지를 형성했다. 상인 길드의 많은 회원들은 대상을 지원하고 국경지대의 다른 상인 길드와 긴밀한 관계를 유지함으로써 인도 전역에 사치품과 필수품을 유통시켜 상당한 수익을 올렸다.[130] 이들은 상업활동에서 올린 수익으로 한 마을을 통째로 사서 토지를 경작하거나[131] 소와 양을 기르기도 했다.[132] 상선에 투자하여 지분을 챙기는 상인 길드가 있는가 하면 선망의 대상인 은행을 소유한 상인 길드도 있었다.

수공업자들은 비천한 신분을 극복하고 크게 성공하기도 했다. 일례로 마을의 일개 도공에 불과했으나 뛰어난 사업수완을 발휘해 5백 개의 작업장을 소유했을 뿐만 아니라 인더스 강을 통해 자신의 제품을 실어 나르는 대규모

선단까지도 거느린 대사업가로 성장한 도공도 있었다.

이루 형용하기 어려울 정도로 번창한 길드들도 있었다. 서기 1세기경 보 팔 근처 빌샤의 상아 조각가 길드는 고대 인도 조각품의 최고 걸작으로 일 컬어지는, '산치의 스투파'의 네 개의 거대한 주랑 현관 가운데 하나를 헌납 하는 위치에까지 올랐다. 5세기경 라타 국에서 기원한 다샤푸라의 실크 직 조공들은 자신들이 비용을 부담하여 태양 신전을 세웠을 뿐만 아니라 35년 뒤 보수공사 비용까지 낼 수 있었다.

불교의 영향이 지대했던 지방에서 길드 체제가 특히 발전했는데, 이들 길 드는 모든 재산을 성전이나 사립 구빈원(救貧院) 건설에 바침으로써 존경을 한 몸에 받았다. 나아가 구빈원이 음식과 옷가지를 얻기 위해 모여드는 불 쌍한 사람들에게 자선을 베푸는 행위를 감독했다.[133] 한편 기부에 힘쓰는 와 중에도 자손에게 상당한 재산을 남겨준 상인들도 있었다. 반면 영혼의 구원 에는 아랑곳하지 않고 방탕한 생활로 파멸에 이른 상인들도 있었다. 불교설 화에는 부자 상인들의 후손 이야기가 많이 나온다. 이들은 응석받이로 자라 사치스럽게 살다가 유산을 탕진하고 급기야는 폐인이 되어 길드에서 쫓겨 나는 신세가 되어버렸다.

국가 자원의 독점

국가는 재정을 충당하기 위해 상당한 예산을 확보해야 했다. 국가 예산은 예전부터 내려오는 18개 항목의 목록에 상세하게 나와 있는데, 그 비용은 실로 어마어마했다. 거대한 행정조직을 운영하는 데 필요한 지출을 감당해 야 했으며 나아가 일반 백성들이 즐기는 축제나 황궁이 주최하는 축제에 소 요되는 막대한 비용, 황궁 살림과 연회 및 의식에 드는 비용, 전쟁비용, 군대 유지비용, 황실의 사냥비용, 공공사업 수행 및 유지비용을 감당해야 했다. 또한 일반적으로 브라만, 종교단체, 여성, 빈민, 환자, 노인, 학생, 학자, 은둔자 및 상당수의 귀족들이 세금을 내지 않았기 때문에 국고에 상당한 손실이 있었다.[134] 이 밖에도 국가는 흉년이 들면 세금을 감해주었고, 일부 군대 지휘관이나 열심히 일한 관리들에게도 상당한 감세 혜택을 주었다.

땅과 물의 실제 소유자라는 왕이라는 개념 — 상당히 많은 문헌에 의해 확고하게 자리잡은 — 에 따라 태곳적부터 농토와 가축에도 세금을 부과했다. '바가'라고 부르는 이러한 세금은 왕의 몫이었다. 지역과 시대에 따라 다르기는 하지만 추수 규모와 소 떼 규모를 고려하여 총생산량의 1/6에서 1/3을 세금으로 거두었다.(일반적으로는 1/4이 적정한 것으로 여겨졌다.) 처음에는 현물, 특히 곡식으로 납부했으나 아마도 최초의 불교문헌들이 나오던 시기부터는(기원전 400년경) 현금으로 냈던 것으로 짐작된다. 소 한 마리당 은화 1파나가 부과되었다. 공물의 종류를 정하지 않고 '1/50'이라고만 언급한 문헌도 있다. 이러한 기본 세금에 덧붙여 역시 '왕의 소유인' 저수지나 관개시설에 대한 용수 사용료가 매년 부과되었다. 모든 농산품, 채소, 과일, 꿀, 땔감을 비롯한 생필품에도 세금이 부과되었다. 국가는 또한 모든 마을에 마을세를 부과했으며 농지측량, 토지분계, 목초지 조성, 관개공사 등의 편의제공에 대해서도 세금을 부과했다. 국가는 공동체로부터 세금만 받은 것이 아니라 부역도 제공받았다.

상업분야에서는 통행세, 물품 반입세, 관세, 여권 발급비용 및 다양한 형태의 운송세를 부과했다. 또한 영업세 명목으로 상점의 '산업' 기구 및 장비에 세금을 매겼고, 도량형에 대해 공식 인지 요금을 부과했으며, 모든 주류에 주세를 부과했다.(단 휴일과 행사기간에는 세금을 부과하지 않았다.) 농업분야의 모든 생산물에 대해서도 물론 세금을 부과했다.(종교의식에 사용되는 물건은 제외되었다.)

소득세는 여러 시대에 걸쳐 존재했던 것으로 짐작된다. 다양한 직업에 소득세를 부과했는데 갖바치나 백정처럼 '불결한' 직업에도 소득세를 부과했다. 일반적으로 소득세 요율은 일반비용과 위험비용을 제한 순이익의 10 내지 12퍼센트 정도였다. 심지어 창녀조차도 매월 이틀 치의 화대를 소득세로 내야 했다.

한편 국유지에서 나온 수입으로 예산의 일부를 충당하기도 했다. 황궁 소속 관리들이 국유지를 관리했고 생산물은 국가 곡식창고에 저장했다. 곡식은 항시 충분하게 비축해 놓았다. 기근이 들었을 때 식량을 공급하여 농산물 가격을 내리기 위해서였다. 이 같은 국유지는 행정부가 고용한 소작농들이 경작했다.

국영기업 역시 왕의 이익을 위해 운영되었으며, 그 수익은 모두 재정부에 귀속되었다. 기업으로는 주로 제직 및 방사(紡絲) 공장, 금은 세공 및 화폐 주조 공장,[135] 대포를 비롯한 무기 생산 공장이 있었다. 황궁 소속 관리들은 관습법을 위반한 죄수, 극빈자, 불구자, 고아, 창녀 및 소박맞은 여성들을 모집해 임금을 주고 일을 시켰다. 양가집 규수들이 집에서 일을 하는 경우도 있었다. 이들은 왕명에 의해 철저하게 보호받았다. 감독관들이 새벽에 일감을 배달해주었기 때문에 누구도 이 여자들을 볼 수 없었으며 감독관조차도 임무수행 이외에는 이러한 정숙한 여성들을 정면으로 쳐다보거나 말을 건넬 수 없었다.[136]

일찍이 메가스테네스는 인도에 광물이 많을 뿐만 아니라 다양한 용도에 쓰였다고 기록했다.[137] 광산은 국가 독점사업으로서 국가 수입의 상당 부분을 차지했다. 광산은 국영광산과 민간위탁광산으로 나뉘어 운영되었다. 그러나 민간위탁광산의 경우에도 사용료를 높게 책정하고 완제품에 대한 수출면허를 요구하는 등 정부의 철저한 통제 하에 운영되었다. 인도의 문헌에 따르면 '광산업'에는 광석(금, 은, 동, 철, 연단 등), 수은, 망간, 운모의 채광

이외에 보석(다이아몬드, 루비, 토파즈, 사파이어, 에메랄드, 청금석, 수정 등)의 채광도 포함되며 진주조개와 산호, 진주패각 채취도 해당된다. 문헌은 또한 건축이나 조각에 쓰이는 석재(사암, 화강암, 대리석, 결정질 암석 등)와 계관석을 채석하는 채석장에 대해서도 언급하고 있다. 계관석은 연고나 화장품의 색소 또는 제약 성분으로 사용되었다.

소금 생산은 형태를 불문하고 전부 국가 독점사업이었다. 당대 문헌들은 소금을 생산할 수 있는 여섯 가지 방법에 대해 전하고 있다. 초원지대에서 나오는 소금, 바닷물을 증류한 소금, 소금호수가 말라붙어 생긴 소금, 알칼리 소금, 질산칼륨(사우바르찰라), 암염 광산이 바로 그것이다. 소금은 가장 중요한 필수품이었고 특히 '야만족' 들은 다른 물건과 물물교환을 했다. 소금에는 상당히 높은 세금이 부과되었다. 총 여섯 종류의 세금이 붙었는데 그 가운데 4종은 판매자가, 2종은 구매자가 납세했다.

삼림과 임업 역시 국가가 관장했다. 임산품은 물론 국가 소유였으며 국가는 값비싼 목재들을 민간 계약자에게 공급하거나 수출했다. 야생동물의 가죽과 뿔과 털도 국가의 것이었다. 코끼리들은 사냥과 전쟁에 쓰였으며 상아는 비싸게 판매되었다. 나무뿌리, 야생과일, 식물 추출물, 수지, 꿀, 코코넛 등도 모두 국가 소유였다. 국가가 고용한 산림감독원은 숲을 돌보고 나무의 성장을 살피며 명령에 따라 나무를 심거나 벌목하는 한편 일부 산업에 필요한 숯을 생산했다.

국가는 다른 산업에서도 재정수입을 올렸다. 국가는 주사위 도박을 비롯한 모든 내기 행위에 세금을 매기고 도박장 매출의 5퍼센트를 과세하여 도박을 규제했다. 또한 상속자 없이 사망한 사람의 재산을 국고에 귀속시켰고, 소유자가 3년 내로 나타나지 않거나 재산권을 주장하지 않는 물건도 국고에 귀속시켰다. 상황에 따라 달라지는 엄청난 세금, 몰수, 압류, 각종 요금 및 벌금으로 인해 국고는 차고 넘쳤다. 전시에는 납세 요율이 재산이나 수익의 50퍼센트까지 올라갔다. 국가는 '자발적인' 기부금과 국민 전체가 세금처럼 내는 기부금, '이교도'와 길드와 종교단체로부터 압류한 재산, 부자들에게서 대부받은 돈으로 전쟁자금을 충당했다.

일반적으로 고대 인도의 군주들은 완전하게 익은 과일만 따는 농부나 "야금야금 피를 빨아 먹는 거머리"(마누법전 VII, 129)를 닮도록 권한 입법자들의 충고를 따라 지금까지 나열한 세금제도를 포괄적으로 운용한 것으로 짐작된다. 군주들은 평소에 안간힘을 써서 재정을 비축했고 특별한 징세와 세금은 되도록 피했다. 나아가 농사를 장려하여 처녀지 개간을 촉진할 목적으로 세금을 잠시 깎아주거나 면제해주기도 했으며 심지어는 각종 물자를 빌려주기도 했다. 흉년이 들거나 특정 마을이 공공의 안녕을 위해 공사를 할 경우에도 세금을 경감해주었다. 사내들이 전쟁에 끌려 나간 지역에도 특혜를 주었다. 한 마디로 군주들은 국가 경제 자원을 효율적으로 이용하는 데 최선을 다했고, 상인과 수공업자들이 적절한 수익을 얻도록 배려했으며, '비상사태'로 인해 국고를 다시 채우기 위해 모든 수단을 강구해야 하는 특별한 상황을 제외하고는 백성들에게 과도한 세금을 부과하려 하지 않았다. 지배계급이 누린 대단히 부끄러운 특권은 논외로 치고, 고대 인도의 재정정책은 완벽할 정도로 건전했던 것으로 짐작된다.

화폐, 임금과 생활비

베다 시대에 경제적 가치단위는 대부분 소였고 쌀인 경우도 있었던 것으로 보인다. 금을 비롯한 귀중품이 거래의 표준단위로 채택되었던 정확한 연대는 밝혀지지 않고 있다. 화폐는 붓다 시대(기원전 6세기) 이전에는 통용되지 않았던 것으로 보인다. 이후에 등장한 화폐는 소형 은막대기 모양이었는데 가장 무거운 것(샤타마나)이 1과 1/2온스(약 50그램) 정도 되었다. 이 단위는 다시 1/2, 1/4, 1/8로 세분되었다. 그 후 1/2 온스(약 12그램) 가량 나가는 은화가 등장했는데 구리가 25퍼센트, 기본 금속이 5.5퍼센트 함유된 합금으로 '파나' 또는 '카르샤파나' 라고 불렀다. 소형 주화는 구리로 만들었으며 '마샤' (파나의 1/16)와 '카키니' (마샤의 1/4)로 세분되었다. 가장 작은 단위는 파나의 1/80로 '카파르다' 또는 '카우리' 라고 불렸는데 이것은 주화가 아니라 조개껍질이었다.

마지막으로 그레코-로만 이름인 '디나라' 를 차용한 금화는 기원후에 곧바로 나타났다. 당대 문헌에 따르면 금화의 가치는 48파나, 또는 굽타 왕조 시대의 은화 16개에 해당했다. 하지만 이러한 기준은 모호할 수밖에 없다. 주화의 이름, 가치, 중량이 문헌마다 다르기 때문이다. 지역마다, 왕조마다, 왕마다, 부족마다, 마을마다, 심지어 사원마다 제각각 다른 주화를 사용했다. 그리고 아마도 화폐가 구매수단으로 도입된 이후에도 오랫동안 물물교환을 했을 가능성이 매우 높다. 주화의 형태는 원형 또는 사각형이었으며 왕의 초상이나 황궁의 상징, 또는 기호 등이 새겨져 있었다.[138]

따라서 이 시기의 물가나 월급이 어느 정도였는지를 정확하게 파악하는 것은 쉽지 않다. 하지만 카우틸리아의 책에 나오는 자료를 근거로[139] 생활비를 짐작해보고자 한다. 물론 이 자료가 역사적 사실인지 혹은 단순한 이론적 단위인지는 밝혀지지 않았다.

급료 또는 가격

48,000파나

　최고 성직자

왕을 지도하는 고승

대신(만트린)

왕실 성직자(푸로히타)

군대 총사령관(세나파티)

왕세자(유바라자 또는 라자푸트라)

대비

왕후

24,000파나

치안 책임자

후궁 경비 책임자(칸추킨)

병기고 및 감옥 책임자(프라샤스트리)

예산 부서 책임자(사마하르트리)

왕실 재정 책임자(삼니다트리)

12,000파나

왕자들과 후궁들

장군(나야카)

수공업자 감독관

12명의 자문관(안트리 파리샤다)

고위 관리

국경수비대장(안타팔라)

8,000파나

길드의 수장(스레니무카 또는 스레스틴)

영관급 장교(하스티하슈바라타무키아)

감독관(프라데슈트리)

4,000파나

수석 관리인

2,000파나

전차 지휘관

의사

1,000파나

점성술사

음유시인

기타 관리인

명성 있는 교수

1000파나~500파나

첩자

500파나

훈련 받은 보병

서기 및 계산원

노예

코끼리 한 마리(상등품)

120파나

  수공업자 품삯

60파나

  하인

  의료 보조원들

  조각상 노동자들

50파나

  여자 노예

  한 사람의 1년 평균 생활비

24파나

  말 한 마리(상등품)

12파나

  소 한 마리(상등품)

1 1/4 파나

  목동의 월급(또는 열 마리 당 한 마리의 우유)

1파나

  곡물 133프라스타(약 400파운드)

  기름 300팔라(약 7갤런)

약 1/2 파나
　　노동자의 주급

1마샤(파나의 1/16)
　　밀짚 한 묶음

1카키니(파나의 1/64)
　　노동자의 하루 품삯(마우리아 왕조와 굽타 왕조 시대)

제1장 | 일상생활의 배경

수도, 시내 및 마을

이 책에서 다루는 시기에 인도의 수도는 하나같이 공통적인 특징을 가지고 있었다. 다시 말해 번화가들은 멋지고 합리적인 계획 하에 세워졌는데, 이 계획의 기본이 되는 것은 종교적·민중적 전통에 기초한 상징 개념들을 통합하는 우주론이었다. 번화가에 적용되는 도시계획은 항상 일정했고, 규모가 작은 번화가나 시골 마을에도 그대로 적용되었다. 번화가의 윤곽을 중시하지 않는 것이 도시계획의 본질적인 원칙이었지만 도시의 구성요소에 별다른 변화가 없는 한 시내는 대개 정사각형이나 직사각형이었다. 고대에 대한 묘사나 설명, 또는 고대 도시 발굴작업 결과가 학자들이 원하는 것처럼 천편일률적이지는 않지만 이 같은 특질이 주종을 이루었음을 알 수 있다.

수도 부지는 강의 형태에 따라 선정했다. 수도는 강 우안을 따라 서쪽에서 동쪽으로 부드럽게 경사진 지역에 북쪽을 바라보고 건설해야 했다. 정방형이든 직사각형이든 형태에 상관 없이 외곽에 성벽을 두르고 해시계를 설치했다. 마우리아 왕조의 수도인 파탈리푸트라는 전체 둘레가 25마일에 이를 정도로 광활했다.

여기서는 마우리아 왕조의 수도를 중심으로 기술하기로 한다. 마우리아 왕조는 통나무로 만든 거대한 방책을 땅속 깊이 파묻어 수도 둘레에 성벽을 둘렀다. 그리하여 파탈리푸트라는 견고하게 지켜질 수 있었다. 방책의 일부가 현재 파트나 박물관에 보존되어 있는데, 방책의 엄청난 높이와 놀라운 보관상태는 보는 이의 감탄을 자아낸다.[1] 햇볕에 말려 만든 흙벽돌로 두꺼운 성벽을 축조한 시기도 있었고, 후대에는 불에 구운 벽돌을 회반죽으로 붙이지 않고[2] 이빨을 정확하게 맞춰 끼워서 축조하기도 했다. 이러한 성벽의 윗부분은 이란의 성벽처럼 톱니 모양의 들쭉날쭉한 흉벽으로 처리되었고, 뒤쪽으로는 계단과 통로가 나 있었으며, 성벽 꼭대기에는 활을 쏘는 구멍이 뚫린 망루가 솟아 있었다.[3] 성벽의 앞뒤로는 거대한 성문이 설치되어 있었다.

성벽 밖으로는 해자(垓字)를 둘러 수도의 주하수구로 사용했다. 그 곳에는 연꽃이 수면을 덮고 있었고 물오리들이 놀고 있었으며 주부들이 부엌에서 사용하려고 해자에 있는 더러운 물을 길러 왔다. 해자에 다리를 놓지 않고 편평한 둑을 쌓는 경우도 있기는 했지만, 대개는 '코끼리 발톱'(하스티나카)이라는 그림 같은 이름의 다리가 놓여 있었다. 인도에만 존재하는 이 특이한 다리는 두 개의 기둥이 서로 기대어 있는 모양으로, 여러 개의 상인방*들이 꼭대기에서 합쳐지는 주랑(토라나) 앞까지 닿아 있었다. 승리와 개선의 상징물로 세워진 이 다리는 석재나 목재로 만들어졌는데[4] 상아 현판을 달거나 심지어 보석으로 장식하는 경우도 있었다. 작은 마을에서는 두 개의 작은 장대를 양쪽에 묻고 꽃과 나뭇잎으로 장식했다. 축제가 벌어질 때면

---

* 上引枋, 기둥과 기둥 사이의 벽 윗부분에 가로지른 나무.

낮은 가로대에 화환을 걸어 장식하기도 했다.

　도시의 성문은 거대한 탑을 양쪽에 두고 실제로 드나드는 출입문을 내려다보는 하나의 건물이었다.[5] 벽돌 또는 석조물 축대 위에 나무나 대나무, 점토를 2~3층 높이로 쌓아올렸는데, 내부에는 통행료 징수 등의 공무를 수행하는 사무실들이 차례대로 배치되어 있었다. 사무실 창에는 발코니가 나 있었고, 격자세공이나 뇌문(雷紋)장식을 한 나무판이 설치되어 있었다. 성문 내부에 설치된 계단은 위층으로 이어졌다. 맨 꼭대기 층에는 곡물창고가 있었는데 그림과 조각으로 장식된 대들보가 박공 구조의 유리창을 떠받치고 있어 그곳을 통해 빛이 들어왔다. 아치형의 지붕은 볏짚이나 거칠게 구운 기와로 덮었고[6] 구부러진 대들보는 도색되어 있었다. 목조 혹은 테라코타 용마루는 둥글게 돌출되어 끝으로 갈수록 가늘어졌다. 출입문과 건물 전면은 조상(彫像)으로 장식되었다. 이렇게 엄청난 규모의 건축물 주변 혹은 지붕 위에는 '비를 내리게 하는' 사발 — 곡식창고의 곡식과 관련된 주술적 의미를 지닌 — 이 놓여 있었다.[7]

　성문의 출입구는 1인승 가마를 올려놓은 코끼리들이 지나다닐 정도로 높았으며 아침부터 저녁까지 사람들의 발길이 끊이지 않았다. 문지방은 돌로 만들어졌는데 양쪽 끝부분에 구멍을 뚫고 쇠를 덧대어 대문을 달아놓았다.[8] 밤이 되면 육중한 나무 대문을 양쪽에서 닫고 철봉으로 빗장을 걸어 폐쇄했다.[9] 하지만 폐문 이후에도 통행할 수 있도록 대문 한가운데 작은 미닫이문을 설치했다. 이 덕분에 행인들은 폐문시간 이후에도 자유롭게 드나들 수 있었다. 수도의 안위는 매우 중요한 문제였으므로 보안이 항상 철저했다. 전시에는 통행인들을 철저하게 감시했으며 자정 이후에는 통행이 금지되었다. 그러나 시내를 빠져나갈 수 있는 비밀통로가 있었던 까닭에 첩자들은 명령이 떨어지는 대로 길을 재촉할 수 있었다.

　동쪽을 바라보고 있는 성문 가까이에는 나무, 돌, 또는 철로 만들어진 거대한 기둥이 있었다. 페르세폴리스에 있는 유사한 건축물을 떠올리게 하는 이 기둥의 꼭대기에는 조각상이나 종 모양의 기둥머리 위에 바퀴가 놓여 있었다. 이 기둥은 인도인들에게 가장 중요한 기념물일 뿐만 아니라 장엄하고도 우주적인 의미를 지닌[10] 승리와 개선의 상징물인 동시에 '왕권의 상징'(라트나)이었다.[11] 왕이 이 기둥에 글을 새기는 경우도 있었다. 특히 아소카 왕은 많은 기둥에 포고문을 새겼다. 기둥은 또한 해시계의 역할도 했다. 시내나 마을이나 신전 가까이에 이 같은 기둥이 있다는 사실은 그곳에 사는 사람들이 왕의 보호를 받고 있다는 것을 웅변하는 것이었다.[12] 백성들은 이 기둥을 지상의 중심이라 여겼고 또한 우주적인 왕권의 상징으로 숭배했다. 남녀노소 모두 정기적으로 행렬을 지어 기둥 주위를 도는 의식(프라타크시나)을 치르면서 기둥에 경의를 표했다. 사람들은 기둥을 돌면서 오른손으로 기둥을 살짝 건드렸는데 헤아릴 수 없이 많은 세대의 손이 스쳐간 탓에 반질반질해지고 심지어는 오목하게 파이기까지 했다.[13]

성내에 자리잡은 수도는 거리와 소로들이 직각으로 연결되어 있었다. 그러나 도시계획 과정에서 대칭과 균형에 꽤 신경을 썼던 것으로 짐작되기는 하지만 어디까지나 이론적이었을 것이다. 발굴작업을 통해 당대의 공식문헌과 민담이 기술하고 있는 것보다는 도시설계가 훨씬 더 자주 변경되었음이 밝혀졌기 때문이다. 인도 도시의 거리들과 소로들이 곧바르지 않고 심하게 구부러져 있다고 기록한 현장의 증언은 이러한 사실을 강하게 뒷받침하고 있다. 어쨌든 이상적인 도시계획은 동서를 가르는 3개의 도로와 남북을 가르는 3개의 도로 등 총 6개의 주요 도로로 도시를 바둑판처럼 나누는 것이었다. 수도 곳곳에 연결되어 있는 도로는 결국 황궁으로 집중되었다. 교통량이 대단히 많았으며 우마차, 대상, 길게 늘어선 짐꾼들의 행렬, 귀족과 권문세가의 행렬, 기병대, 순례 행렬, 이루 셀 수 없이 많은 보행자들로 도로는 항상 북적댔고 인산인해의 장관을 이루었다. 강을 오가는 대형선박과 소형선박, 그리고 뗏목에서도 짐꾼이나 여행객들이 끊임없이 쏟아져 나와 시내를 드나들었기 때문에 도로는 더욱더 복잡했다.

중심가는 자갈로 포장되어 있었고 도로 옆으로 나 있는 도랑에는 생활하수가 흘러 시내 밖으로 나갔다. 도로는 네 마리의 말이 끄는 귀족들의 마차가 지나갈 수 있도록 널찍해야 했다. 동쪽 성벽과 서쪽 성벽의 출입구와 연결되어 있는 황실 거리는 주요 도로 가운데서도 단연 돋보였다. 황실 거리는 황궁이 있는 시내 중심가에 곧바로 닿았다. 주변의 집들보다 훨씬 위로 솟아 있는 황궁의 지붕에는 수많은 깃발이 펄럭이고 있어 멀리서도 한눈에 띄었다. 도로에 의해 16개로 분할된 시내 구역은 작은 거리로 또 다시 분할되었으며, 거리는 좁고 지저분하고 어둠침침하며 때로는 구불구불한 골목길들로 이어졌다. 이런 골목길 주변으로 가난한 사람들의 집들이 똬리를 틀고 있었다. 이 같은 골목길로는 주로 낮은 카스트에 속한 사람들, 특히 눈이 마주치거나 지나가는 모습만 보아도 재수 옴 붙었다고 여기는 청소부들이 지나다녔다. 중국 승려 현장은 비천한 사람들이 대로변을 다니더라도 갓길로만 다녔다고 기록하고 있다.

이론적으로 따지자면 도시는 81개의 도로로 분할되어야 했다. 하지만 이는 의식(儀式)을 위한 임의적인 숫자일 뿐이다. 사실 수도는 정밀하게 분할된 몇 개의 구역으로 나뉘어졌던 것으로 짐작된다. 문헌들은 심지어 이러한 구역마다 성벽으로 둘러싸여 있었고, 해당 구역 주민들만 사용하는 우물과 종교적 의식을 위한 성소(聖所)와 성스런 숲과 신전이 있는 등 어느 정도의 자율권을 누렸다고 주장하고 있다. 이러한 도시계획에서 카스트는 저마다 특별한 구역을 차지했던 것으로 짐작되며, 장사와 수공업을 위해 상점들만 있는 구역도 존재했을 것이다. 대부분의 길드들이 이 구역에 본부를 두고 있었다. 거리에 일렬로 늘어선 점포들은 안마당을 사이에 두고 숙소와 가게로 나뉘어져 있었으며, 오늘날처럼 거리 쪽으로 베란다가 설치되어 있었

다.[14]

　주요 거리마다 인근 농촌의 농부들이 농산품을 내다파는 넓은 공간이 마련되어 있었다. 야채 가게에서는 온갖 푸성귀와 과일을 산더미처럼 쌓아놓고 팔았고, 설탕 가게에서는 액체 상태의 설탕을 사탕처럼 만들어 팔았다. 밥을 비롯한 온갖 음식을 파는 식당에서는 음식 냄새가 코를 찔렀다. 향신료 가게에서는 묘한 향이 짙게 피어나는 방향 막대기와 백단향을 잔뜩 쌓아두고 손님들을 유혹했다. 장을 보러 나온 많은 사람들이 여기저기 두리번거리며 골목을 지나갔다. 보석상인과 금세공인은 귀금속이나 보석을 가공해 반짝반짝 광을 냈다. 앉은자리에서 순식간에 조개 팔찌를 만들어내는 재주꾼들도 있었다. 재단사는 단을 잘라 바느질을 했으며, 대장장이는 청동을 두들겨 그릇을 만들었고, 직조공들은 베틀로 짠 완제품을 팔았다. 화환 제조업자들은 화환을 더욱 돋보이게 하는 밝고 화사한 액세서리를 하나씩 달아 붙이면서 끈기 있게 작품을 만들어 나갔다. 행상들은 번쩍거리는 싸구려 물건과 잡동사니들을 여기저기 돌아다니며 팔았다. 곳곳에 널려있는 선술집과 도박장은 인상 사나운 사람들로 문전성시를 이루었다.

　거리는 부산했다. 하인들은 멋지게 차려입은 고급창녀들이나 귀족부인들을 커튼이 쳐져 있는 1인승 가마에 태우고 인파를 헤치면서 나아갔다. 부자와 빈자, 배달부와 가게 주인, 삯군과 짐꾼들은 서로 어지럽게 섞여 비좁은 거리를 빠져나가려고 애썼다. 복장으로 상대방의 신분을 알아보았는데 까무잡잡한 얼굴의 농부들은 허리옷 차림에 머리에는 터번을 썼고, 농촌 아낙네들은 긴 치마 차림에 머리를 틀어올려 뒷목에 얹었다. 화려하게 단장하고 향수를 잔뜩 뿌린 젊은 귀족들은 야자수 잎으로 만든 우산과 대나무 우산으로 따가운 햇볕을 가린 채 나른하게 움직였다. 브라만은 반나체에 머리카락을 정수리에서 묶어올린 뒤 '신성한 실'을 가슴팍에 늘어뜨리고는 봇짐과 호리병을 한쪽 어깨에 걸친 채 악령을 퇴치하는 지팡이를 들고 다녔다. 그들은 최고의 카스트라는 사실을 알리는 징표로 가죽신을 신었고, 위엄을 강조하기 위해 양산을 가지고 다녔다. 싸움용 숫양과 훈련시킨 원숭이를 데리고 다니는 브라만도 있었다. 이들은 동물들에게 기괴한 재주를 부리게 하여 약간의 돈을 벌기도 했다. 거의 벌거벗은 채 온몸에 재를 뒤집어 쓴 '사두'(종교적인 이유로 걸인 생활을 하는 수행자)도 눈에 띄었다. 피골이 상접한 거지들은 정말로 힘들어서 또는 동정심을 이끌어내려고 길바닥에 누워 있었다. 뱀을 부리는 사람과 원숭이 조련사는 돈을 많이 내는 사람들만 찾아다니며 뱀과 원숭이의 재주를 보여주었다. 애완용 몽구스를 파는 사람들도 있었다. 호남형에 멋지게 단장한 젊은 하인들은 급한 서신을 들고 기운차게 뛰어다니거나 근처의 선술집에서 향이 짙은 포도주 항아리를 급히 배달했다. 삭발을 하고 황색 또는 석류처럼 붉은 승복을 입은 승려들은 붐비는 거리에서도 금세 눈에 띄었다. 계율을 엄수하는 승려들은 여자들과 눈길을 마주칠까봐 애써 고개를 숙이고 다녔다. 이들은 집집마다 돌아다니며 시주를 받았는데 문지방을 넘지 못하도록 하는 계율 때문에 문 앞에 서서 지팡이에 달려있는 철제 종을 딸랑거렸다. 종소리가 들리면 자비로운 부인네들이 급하게 달려나와 승려의 사발에 쌀을 듬뿍 채워주었다. 아이를 업은 채 바구니를 머리에 이고 음식을 구하러 다니는 아낙네들도 곧잘 눈에 띄었다.

가끔씩 수레(프라바하나)가 지나가기도 했다. 수레에는 화사한 색상의 지붕을 얹었고 마부와 손님이 앉는 곳에는 부드러운 카펫이 깔려 있으며 행인들의 호기심어린 눈길로부터 손님을 보호하기 위해 양 옆으로 둥근 막이 쳐져 있었다. 사람들은 시골이나 시내를 돌아다닐 때[15] 두 마리의 황소나 말이 끄는 수레를 이용했다.[16] 잊을 만하면 한 번씩 코끼리 행렬이 종소리를 내면서 지나가기도 했고 네 마리의 말이 어깨를 나란히 한 채 끄는 바퀴 두 개 달린 전차 — 3세기 이후에는 별로 사용하지 않았다 — 가 지나가기도 했으며 사냥용 안장에 편하게 걸터앉은 채 말을 모는 일단의 사람들이 지나가기도 했다.

호기심 많고 할 일 없는 사람들은 창문 밖으로 몸을 내밀고 전혀 예상치 못한 구경거리를 은근히 기대하면서 끊임없이 오고가는 행렬을 뚫어져라 쳐다보았다. 갑자기 코끼리가 성질을 참지 못하고 자신을 부리는 사람을 짓밟는다든가, 숫양이 행인을 뿔로 박는다든가,[17] 훈련 받은 원숭이가 주인에게서 도망친다든가, 고함을 치며 도둑을 추격한다든가, 범죄자가 사형장으로 끌려간다든가 하는 광경은 정말이지 돈 주고도 못 볼 흥미진진한 구경거리임에 틀림없었다.

수도의 중심 구역에는 주거지역이 있었다. 주거지역의 집들은 크고 멋졌다. 몇 층 정도의 높이 — 결코 황궁보다 높을 수는 없었지만 — 를 자랑하는 집들은 대로 양쪽을 따라 회칠을 한 담으로 이어졌다. 집들의 뒤편에는 우물이나 멋지게 조성된 수영장이 딸린 정원이 갖추어져 있었다. 이러한 집들은 보통 다닥다닥 붙어있지 않았고, 또한 너무 떨어져 있지도 않았다. 그저 부채꼴 모양의 지붕과 끝없이 펼쳐진 울창한 정원을 품고 있는 낮은 담을 사이에 두고 적당히 떨어져 있을 뿐이었다.[18] 집 대문은 도시의 성문 바깥쪽에 있는 주랑과 유사한 주랑으로 장식되어 있었다. 주거지역에는 화려하게 장식한 공공건물들도 많았는데 이들 건물에도 주택과 마찬가지로 가정용 화로가 있었다. 공공건물의 용도는 다양했다. 병원, 조산원, 노인 요양소 및 동물 보호소 등 건강 관련 서비스만을 제공하는 건물이 있는가 하면 대도시일수록 특히 많은 빈자들과 걸인들, 그리고 낯선 이국땅에서 기아에 허덕이는 이방인들에게 도움의 손길을 제공하는 자선원도 있었고 여행객이나 순례자들이 이용할 수 있는 쉼터가 있는가 하면 고승이 기거하는 교육시설도 있었다.

주거지역에는 화랑(치트라샬라)도 여러 개 있었다.[19] 화랑은 많은 사람들에게 공개되었고 특히 가을철에 사람들이 자주 드나들었다. 화랑은 창과 열주(列柱)를 통해 채광이 잘 되도록 세심하게 신경을 써서 건축되었다. 또한 밤에는 수많은 촛불로 환히 밝혔다. 화랑은 몇 개의 홀과 계단, 그리고 휴게공간으로 나뉘었다. 주전시관(비티)의 벽이란 벽에는 온통 그림이 걸려 있었다. 그림들은 위대한 서사시의 세계를 묘사하거나 인간에게 도움이 되는 점성술적인 상징들을 재현하는 등 거룩하고 신성한 세계를 소재로 삼았다. 이 같은 화랑은 부유한 시민이 소유했는데 인기 최고의 고급창녀가 소유하는 경우도 있었다.(심지어는 창녀가 직접 전시관을 꾸미기도 했다.)[20] 그러나 이 같은 화랑들도 황궁의 화랑에는 비할 바가 못 되었다. 인도인들은 회화작품과 조형예술을 일상적으로 향유했으며 상당한 감식안도 지니고 있었다. 심지어 수레나 마차에 그림을 싣고 시골 구석구석을 다니는 이동 미술관이 있을 정도였다.[21]

황궁 부근에는 고급창녀들과 전문 악사, 그리고 황궁에서 일하는 관리들이 사는 주거지역이 있었다. 이곳에는 또한 도시 관리들의 주거지역과 관청, 재정부를 비롯한 왕국의 행정기구가 몰려 있었다. 행정기구는 국장과 '자치위원회' 가 관장했는데, 자치위원회는 '스타니카' 라는 행정단위로 나뉘어졌고, 스타니카는 다시 이른바 '소 모는 사람' (고파)라는 하위관리들이 담당하는 가족집단(10~40명)으로 세분되었다. 교지(敎旨)와 포고는 대나무 끝에 부착된 금 장식 또는 동 장식에 기록되어 북 치는 사람이 발표했다.[22] 마지막으로 '첩자' (그의 여러 가지 역할은 앞에서 자세히 살폈다), 경찰, 길드 자원병, 성벽 인근에 주둔해 있는 황군(皇軍)이 공공질서와 규율을 책임졌다. 진정 수도는 요새와 다를 바 없었고, 활과 창으로 무장한 군인들이 주야로 성을 물샐 틈 없이 순찰했다.[23]

하지만 다소 무겁고 삼엄한 분위기는 도시 곳곳의 수많은 '숲' 과 헤아릴 수 없이 많은 수로, 샘, 공중목욕탕, 연못, 연꽃으로 뒤덮인 천연호수와 인공호수로 인해 상당히 누그러졌다. 망고 숲 사이로 난 길들을 경계로 하여 즐거움을 마음껏 누릴 수 있는 정원, 광장, 공원이 연속해서 이어졌는데, 그 뒤편으로 백성들의 집이 모여 있었다.

수도는 점차적으로 인구가 늘어나 과밀하게 되었고 결국 성의 외곽지역에 노동자들이 모여들면서 빈민가가 형성되었다. 이러한 지역에 도살장(수나)과 푸줏간, 공동묘지, 사형장이 들어섰다. 시 행정당국은 급격한 주택건설로 수도가 팽창하는 것에 따르는 문제점을 해결하기 위해 '도시발전위원회'를 이따금 발족했다. 하지만 의식(儀式)이 규정한 개념들로 인해 문제는 더욱 복잡해졌다. 인접해 있는 주택들 사이의 토지는 전통적으로 개발을 금지했기 때문이다. 그리하여 위원회는 수도의 경계 밖에 새로운 마을을 건설하기로 결정했다. 이렇게 해서 수도 주변에 연이어 마을들이 생겨났고, 마을마다 수도의 수요에 부응하기 위한 길드, 특히 목수와 조각가 및 대장장이 길드가 생겨났다.

사회활동이 성내에서만 이루어진 것은 아니었다. 도시 외곽지역에 많은 사람들을 수용할 수 있는 드넓은 체육시설이 건설되어 운동경기와 짐승 싸움이 벌어졌다. 수도를 가로지르는 강의 양안에는 황실공원이 조성되었다. 엄청난 면적을 자랑하는 공원 여기저기에는 인공호수와 숲과 연못이 들어섰고 소란스런 왕궁과 정사(政事)에서 떠나 편안하게 쉴 수 있는 왕의 별장이 세워졌다. 황실공원은 사슴들이 자유롭게 뛰어노는 왕의 사냥터였을 뿐만 아니라 백성들이 도시락을 준비해서 가족과 함께 즐거운 시간을 보내는 유원지이자 선남선녀들이 흥겹게 놀거나 커튼을 친 마차를 타고 연애를 즐기는 장소이기도 했다. 대신들이 휴식을 취하는 대형건물도 있었다. 공원의 외진 곳에는 분주한 도시생활에서 벗어나 홀로 명상하는 승려들을 위해 특별히 마련된 수행 장소가 있었다.

왕국에 있는 그 어떤 도시도 광대함이나 호화로움에 있어 수도에 필적하지 못했다. 소도시나 마을들은 기본적으로 수도의 축소판이었다. 이러한 마

을들은 수도와 마찬가지로 밤이 되면 폐쇄하는 거대한 성문과 성벽에 둘러
싸여 있었다. 하지만 도로는 마을 중앙에서 교차하는 두 개의 주요 도로만
이 건설되어 있었으며 노변은 보통 마른 진흙으로 덮여있던 것으로 짐작된
다. 마을 성벽 옆에는 아낙네들이 커다란 구리대야로 물을 긷고,[24] 머리와
뿔만 내놓은 물소들이 뛰어노는, 연꽃으로 뒤덮인 연못이나 호수가 있었
다.[25] 『자타카』에 전해내려오는 우화나 일화에 자주 등장하는 온갖 종류의
생물군, 즉 참게, 민물고기, 거북이, 두루미, 물새, 사시사철 떠나지 않는 모
기 등이 그곳에 서식했다.

　마을의 주택은 도시의 주택보다 높이가 낮았고 외관이 수수했다. 외벽에
는 석회, 흙, 정화제로 여기는 소똥을 섞어 발랐다.[26] 가게들은 노점상과 다
를 바 없었고, 진열대를 지나치는 손님들도 무척 초라했다. 말라빠진 양 몇
마리를 앞세우고 들판에서 돌아오는 농부들이 있는가 하면 왕겨로 뒤덮인
채 허리에는 낫을 차고 엉덩이에는 모자 다발을 묶은 누추한 차림의 목동들
이 꼴을 베어 돌아오기도 했다.[27] 아낙네들은 머리에 짐을 잔뜩 얹고 지나갔
고[28] 짐꾼들은 어깨에 걸친 장대 양 끝에 바구니를 달고 걸음을 재촉했다.
겉만 번지르르한 싸구려 물건을 가방에 넣고 다니는 도붓장수, 연주할 장소
를 찾는 떠돌이 악사들도 눈에 띄었다. 수소가 끄는 우마차(그라마샤카타)
도 사람들 틈에 끼어 대로를 지나다녔다.[29] 오늘날에도 여전히 그러하듯이
우마차는 마을의 목수들이 유서 깊은 전통에 따라 제작하는 거대한 운송수
단이었다.[30] 차체는 비교적 낮은 편이었고 크고 무거우며 삐걱거리는 바퀴
가 달려있었다. 차체 끝부분에는 멍에가 달려있어 두 마리의 황소에 채울
수 있었다. 정교하게 조각하고 색칠한 기다란 나무못들이 멍에 속으로 들어
가 소의 목덜미 양쪽에 하나씩 붙어 고삐와 함께 멍에를 에워쌌다. 또한 소
를 쉽게 다룰 목적으로 콧구멍을 뚫어 밧줄을 집어넣었다. 흔들거리는 소꼬
리 때문에 마부가 짜증을 내지 않도록 소꼬리는 옆구리에 묶어두었다. 마부

는 우마차의 앞부분에 앉아 막대기나 채찍으로 소를 달래며 마차를 몰았다.
마차 위에는 커다란 테를 둘렀고, 그 위에는 거적을 덮어 포장을 쳤다. 추수
철에는 이 마차로 곡식을 날랐다.[31] 농부들은 밭에 마차를 세워놓고 그림자
밑에서 뜨거운 햇살을 피하면서 휴식을 즐기기도 했다.

농촌생활은 지역행사나 계절축제가 벌어지는 기간 외에는 변변한 오락거
리 하나 없이 그날이 그날처럼 일상적인 농사일만 반복될 뿐이었다. 사내들
은 밭에 나가 농사를 지었고 아낙네들은 자질구레한 집안일을 했으며 장인
들은 물건 제작에 매달렸다. 마을에서는 싸움이 그치지 않았고 심지어 마을
끼리 싸움이 붙는 경우도 있었다.[32] 불교설화에는 일상적인 삶에서 잠시 벗
어나게 해주는 유쾌하고도 추잡한 싸움이 종종 언급된다.

건축 의식

인도 사회의 기본 단위인 주택의 건설은 상당한 주의력이 요구될 뿐만 아
니라 점성가들, 성직자들, 목수들의 도움이 필수적이었으며[33] 나아가 상당
한 비용을 감당할 수 있는 건축주가 필요했다. 원칙적으로 집은 새로운 세
대를 보호해 줄 새로운 화로를 짓기 위해, 즉 결혼할 때에만 지어졌다. 하지
만 실제로는 미리 지어진 집을 살 수도 있었고, 여러 채의 집을 소유할 수도
있었다.

실제 공사를 하기에 앞서 한두 주에 걸쳐 집터를 물색했다. 그리고 몇 가
지 방법, 요컨대 우물을 파거나 샘의 물길을 바꾼다거나 네 개의 돌에 물통
을 올려놓는 등의 방법으로 배수가 잘 되는 터를 결정했다. 주로 하수가 침
실 북쪽으로 흐르도록 도랑을 만들었는데 타인의 도움을 받지 않고 살아가
려면 집마다 물 공급시설을 갖춰야 했다.

토질도 세심하게 살폈다. 쓴 풀이나 뾰족한 풀, 또는 무기력한 수액이 있는 식물이 자라는 지역은 집을 짓기에 좋지 않다고 생각했다. 하지만 이와 달리 다르바 풀로 뒤덮여 있으면 성스러움을 성취할 수 있다고 여겼으며 키가 크고 억센 풀은 집 주인에게 육체적 강함을 부여한다고 여겼다. 또한 넝쿨식물과 일년생 식물들은 가장 전도유망한 징조로 여겨졌다. 그것들의 주술적인 힘은 집주인에게 부귀영화와 많은 자손, 그리고 엄청난 소 떼를 보장해준다고 생각했기 때문이다.

다음으로 토양이 단단한지 여부를 그 지방의 전통에 따라 다양하게 시험했다. 장정들은 성직자의 지시에 따라 미리 계산된 깊이만큼 조심스럽게 구덩이를 팠다. 구덩이에서 파낸 흙을 다시 집어넣어 땅이 편평하게 되면 그 터를 상서롭게 여겼다. 이와 달리 부풀어 오르거나 둔덕이 생기면 집을 짓기에 부적절하다고 여겼다. 어떤 지방에서는 도랑을 파서 물을 채워보기도 했다. 24시간이 지난 뒤 물이 오염되어 있으면 성직자들은 다른 터를 찾으라고 권했다. 또는 구덩이 바닥에 불을 피워놓고 불꽃이 계속 타는지 완전히 꺼지는지 여부로 시험을 하는 경우도 있었다.

마지막으로 한 가지를 더 시험한 다음에 비로소 집 지을 터를 결정했다. 성직자는 한 주먹의 흙을 네 번에 걸쳐 자세하게 살펴보았다. 먼저 흙의 단단함을 측정하기 위해 손가락으로 눌러 본다. 두 번째로 혀에 흙을 약간 묻혀 맛을 본다. 세 번째로 냄새를 맡아본다. 마지막으로 색깔을 자세히 살폈다. 이러한 시험은 각각의 카스트에 따라 다른 기준이 적용되었다. 이를테면 백토는 브라만의 집터로, 적토는 크샤트리아의 집터로, 황토는 노비에서 해방된 사람들의 집터로, 그리고 흑토는 카스트에 속하지 않는 사람의 집터로 안성맞춤이었다.

필요조건이 모두 충족되면 성직자는 엄숙한 의식을 치른 뒤 새로운 소유주에게 집터를 내주었다. 의식을 치르는 동안에도 집터가 단단하고 안전한

지를 다시 한 번 알아보기 위해 도랑을 파서 제주(祭酒)를 부었다. 그런 다음 집터가 악령의 영향에서 벗어나도록 신에게 간청을 드렸다. "혼이거나 귀신이거나 악령이거나 제발 여기를 떠나 다른 곳에서 머무르십시오. 이제 이 자리는 (새로운 소유자의 이름을 부르며) 아무개가 살 곳입니다." 그리고 제물을 드리는 것으로 의식은 끝났다.

이제 비로소 집 지을 준비를 시작했다. 땅을 몇 번 헤집은 다음 물을 뿌리고 식물을 심었으며 행운을 가져다준다는 여러 가지 씨앗을 뿌렸다. 그리고 3, 5, 7일째 되는 날마다 싹이 트는 과정을 세심하게 살폈다. 그런 후 식물을 뽑아내고 다시 흙을 뒤집어 편평하게 한 다음 빗자루로 쓸어 매우 '깨끗하게', 수면처럼 '부드럽게' 그리고 '거울처럼 매끄럽게' 했다.

이렇게 한 연후에야 본격적으로 집을 지었다. 전통적인 설계와 축척대로 지으면 큰 문제가 없었다. 집터를 자세하게 살피는 기간 동안 목수들은 가까운 숲에서 필요한 목재를 벌목해와 두꺼운 판자를 만들어두었다.[34] 이들은 곧바로 작업에 들어갈 수 있도록 사용목적에 따라 목재를 정확하게 셈해두었다. 뿐만 아니라 앞으로 짓게 될 집에 화재, 사망, 적의 공격, 안질환이나 전염병 등의 재앙이나 자연재해가 일어날 가능성을 사전에 차단하기 위해 적절한 지점에 상징적인 목재를 사용해야 한다는 점도 아울러 예상해두었다.

점성술사는 별자리를 살펴 신중하게 계산을 한 뒤 첫 삽을 뜨게 될 상서로운 날짜를 발표했다. 집을 짓는 날 성직자는 집터의 한 모서리에 제물을 드리고 다양한 주문을 외우면서 장시간에 걸친 예비의식을 시작했다. 일꾼들은 성직자가 제물을 드린 지점을 제일 먼저 팠다. 구덩이가 무릎 정도에 이르면 성직자는 다른 모서리에서 동일한 의식을 반복했고 일꾼들이 모서리를 팠다. 이들은 모서리에 네 개의 구덩이를 파고 난 뒤 네 면에 두 개씩 구덩이 여덟 개를 더 판 다음 마지막으로 한가운데에 구덩이를 팠다. 그리고 버터기름에 적신 나뭇가지를 각각의 구덩이에 넣었다.

이제부터는 목수들이 일을 하기 시작했다. 이들은 제일 먼저 동쪽을 면하고 있는 두 개의 구덩이에 목재를 밀어 넣고 견고하게 세웠다. 그 다음에 성직자가 기둥에 성수를 뿌렸다. 다시 서쪽을 면하고 있는 구덩이에 기둥을 세운 뒤 남쪽, 북쪽 순으로 기둥을 세웠다. 마지막에 세우는 중앙기둥은 다른 기둥보다 시간이 많이 걸렸다. 대들보를 지지하여 집을 지탱해주는 '왕기둥'(스타우나라제)이기 때문이다. 성직자는 중앙 구덩이에 수생식물과 몇 가지 씨앗을 넣고 쌀과 보리와 함께 성수를 뿌렸다. 그것은 '안정을 가져다주는 주거의 신' 께 바치는 제물이었다. 중앙 기둥을 고정시키면서 성직자는 다음과 같은 기도를 드렸다. "오, 기둥이여! 이 자리에 견고하게 자리잡고 있어 이 집에 말과 소가 넘쳐나게 하시옵소서. 이 자리에 안정되게 자리잡고 있어 버터기름이 차고 넘치는 축복을 허락하시옵소서. 집주인이 부귀영화를 누리고 짐승들이 많은 새끼를 보는 가운데 이 자리에서 오랫동안 영화롭게 있으시옵소서!"[35]

이어 기둥 사이에 벽을 세웠다. 문과 창은 마주보게 되는 벽의 문이나 창과 일직선이 되지 않도록 세심하게 계산해서 설치했다. 그렇지 않으면 '흘끗 보기만 해도 집안을 한 눈에 볼 수 있기' 때문이었다. 제일 많이 사용하는 문은 결코 서쪽에 내지 않았다. 서쪽은 사자(死者)의 영역이기 때문이었다. 그 문 아래에는 두꺼운 돌로 문지방을 놓아 안정의 상징으로 삼았다. 양쪽에서 닫는 문은 되도록 틈이 없도록 만들었는데, 악령이 들어오는 길을 차단하기 위함이었다.

네 개의 벽이 세워지면 대나무를 얽어 사이잘삼으로 묶은 지붕틀을 기둥에 올려놓았다. 이러한 작업을 하는 내내 성직자는 해당 작업에 필요한 기도를 드렸다. 대나무 지붕틀이 기둥에 안착하면 그는 "지붕틀로 사용되는 대나무들이여, 기둥에 자리를 잡아라."라고 소리쳤다. 마침내 용마루가 놓여지면 그는 "기둥에서 자리를 잡으십시오. 위대하신 왕비시여! 적을 가까이 하지 말게 하시고, 당신을 기르는 사람들이 원한이나 고난을 받지 않도록 하시며, 건강하고 만수무강하도록 돌보아주십시오."라고 '집을 돌보는 귀부인'에게 기도를 올렸다.[36]

지붕을 덮기 전에 거실 공간을 나눌 목적으로 대나무틀의 적당한 위치에 멍석을 걸어두었다. 그 뒤 제의용 화로와 제단을 설치할 자리를 준비한 다음, 신들의 조상(彫像)을 모실 수 있도록 우묵하게 들어간 공간을 만들었다. 마지막으로 일꾼들이 새끼줄로 단단히 묶은 짚을 지붕의 중앙부터 덮어나갔다. 지붕에 물이 스며들지 않도록 하기 위해 갈대로 짠 멍석을 갈대끈으로 동여매 덧댔다. 굴뚝은 설치하지 않았다. 집 밖이나 경사진 지붕 밑에서 음식을 만들었기 때문이다.

집을 완공하고 나서도 앞으로 있을지 모를 악령의 영향에 대비해야 했다. 약초와 특별한 식물을 엮은 갈대끈을 문간에 걸고, 노끈으로 짠 멍석을 집 둘레에 울타리 삼아 치는 동안 성직자는 매듭을 풀면서 "오 엮여진 집이여, 우리는 당신의 일부분을 풀고 당신의 구속과 매듭을 풉니다."라고 소리 쳤다.

마침내 집이 완성되었다. 집 주인은 기둥을 하나씩 손으로 만져가며 짧게 기도를 드리면서 집 주위를 돌았다. 그 다음에 숲의 신에게 바친, 중앙 기둥 발치에 제물을 드렸다. 의식은 새 주인에게 행복과 부귀영화를 가져다준다는 성수를 뿌리며 기도를 올리는 것으로 끝났다. 집 주인은 염소를 제물로 바치고 집을 짓는 데 참가한 모든 사람에게 선물을 주었다.

집과 실내장식

집은 새로 들어올 주인이 부자인가 가난한가, 도시 사람인가 아니면 마을 사람인가에 따라 규모와 크기가 상당히 달랐다.

시골의 집은 가장 일반적인 형태의 집으로 앞서 설명한 것과 거의 유사했다. 땅을 다져 바닥을 만들고 진흙 벽을 세우고 문과 창을 하나씩만 낸 뒤 나무 격자를 달았다. 지붕은 야자수 이파리, 갈대, 또는 멍석으로 덮었는데 벽들이 둥글면 지붕은 반구형이었고, 벽이 사각형이면 지붕을 반원통 모양이나 양면이 동일한 직선으로 처리했다. 집의 골조를 이루는 목재와 대나무, 그리고 내부공간을 구분하는 멍석은 특히 화재에 속수무책이었고 우기에도 상당한 피해를 입었기 때문에 건기가 되기 무섭게 지붕과 벽을 대대적으로 수리해야 했다. 수리는 간단했다. 주로 북쪽을 향하고 있는 침실과 부엌, 그리고 손님을 맞이하는 거실만 수리하면 되었기 때문이다.

시골집에는 변변한 가구가 없었다. 좌식 생활을 하기 때문에 의자 종류는 전혀 없었다. 가구라고 해봤자 목재나 대나무로 만든 침대 혹은 끈을 대각선으로 교차해서 엮어 만든 침대가 고작이었다. 침대 바닥에 돗자리나 다른 재료로 만든 덮개를 덮어 사용했다.[37] 또한 모래시계처럼 생긴 등나무 스탠드에 접시를 올려놓고 식탁 겸 찬장으로 사용했다.[38] 그릇이라고 해봤자 가족들의 식량 — 기름, 버터기름, 꿀, 피망, 향신료 — 을 넣어두는 청동 단지와 질그릇 단지와 접시 몇 개가 전부였다.[39] 제일 작은 단지의 아가리에 맞춰 조금 큰 단지를 올려놓는 식으로 쌓은 다음 맨 위의 단지에는 사발을 거꾸로 뒤집어 덮었다.[40] 접시들은 더러운 것이 닿지 않도록 지붕의 대나무 틀에 걸어놓은 그물에 담아 두었다. 이 접시들은 식사 때 사용하지 않았다. 관습에 따르면 음식을 담았던 용기들은 식사가 끝난 뒤 곧바로 깨뜨려야 했기 때문에 평상시에는 두껍고 넓은 바나나 이파리를 접시 대용으로 사용하고 곤바로 버렸다.[41] 질그릇으로 만든 접시로 식사를 할 경우에도 곧바로 깨뜨려야 했으므로 마을의 옹기장이는 상당한 수입을 올렸다.

농촌지역에 사는 대다수의 백성들이 소박하고 가난하게 살아가는 반면 도시민들은 보다 넓고 좋은 집에서 안락하게 살았다.[42] 이러한 집들은 거리나 대로변 쪽으로 출입문을 내고 석조 문지방 위에 두 개의 돌의자를 배치해 두었다. 반대쪽은 다양한 부속건물들이 딸린 정원을 바라보게 하면서 건물 전면과 후면을 모두 백색으로 칠했다. 집주인이 장인이나 상인일 경우, 1층 중에서 거리 쪽으로 난 공간만을 가게로 사용했다. 이러한 집들은 로마인들이 보자면 별장이나 다를 바 없었다.

집들은 보통 다층집이었는데 꼭대기로 올라갈수록 건물이 작아졌다. 기둥들이 받치고 있는 베란다로 인해 1층에는 그늘이 졌으며, 베란다에 지붕이 설치된 경우도 있었다. 처마 바로 밑에 있는 꼭대기층은 귀중품과 식량을 보관했는데, 보는 이의 감탄을 불러일으키게 하는 화려한 색상으로 칠해져 있었으며 목조틀에 박공창을 끼워 채광했다. 다락방에 있는 창들을 '비둘기집'(카포타팔리카)이라고 불렸는데, 실제로 비둘기들이 그려져 있는 경우도 심심치 않게 볼 수 있었다. 비둘기는 부부의 인연을 상징했다. 또한 금으로 도금한 화려한 새장을 창문에 걸어놓는 관습이 있었다. 새장에서는 잉꼬나 앵무새가 형형색색의 깃털을 뽐내며 하루 종일 재잘거렸다. 지붕은 초가지붕이기도 했고, 경사가 져 있기도 했으며, 널빤지를 대기도 했다. 옥상을 만들어 가족들이 밤공기를 즐기며 별을 관측하는 경우도 있었다. 창은 돗자리 또는 기하학적 무늬로 장식된 커튼이나 견고한 덧문을 달아 막았다.[43]

실내에는 난간이 달린 고정식 계단 또는 임시계단을 설치해 층과 층을 연결했다. 고정식 계단은 벽돌, 석제, 대리석 또는 심지어는 수정으로도 만들었고, 임시계단은 목재로 만들어 알록달록한 돌멩이를 박아넣었다.

집의 대부분은 침실, 거실, 난로가 설치된 홀, 식당, 응접실 등으로 사용했다. 어떤 문헌들은 복도 위쪽에 비밀의 방이나 공간이 있었다는 사실을 암시하고 있다.[44] 최악의 경우에만 사용하기 위해 보존해온, 집안 대대로 내려오는 가보가 그곳에 숨겨져 있었다. 가보를 항아리에 담아 강둑에 파묻어두는 경우도 있었다. 은닉장소는 집안 대대로 내려오는 황금판이나 동판에 기록해 두었고 흉금을 털어놓을 수 있는 절친한 친구에게만 알려주기도 했다.

실내는 돗자리나 다양한 문양을 넣어 만든 태피스트리를 쳐서 구분했다. 막대기에 매달아 천장과 바닥 사이에 늘어뜨린 태피스트리로 인해 문 앞에 걸려 있는 커튼이 더욱 밝게 빛났다.[45] 번쩍거리는 타일이나 모자이크로 처리한 바닥에는 고가의 카펫을 깔았다. 상아 조각상이나 금속 조각상을 놓을 수 있도록 벽면에 움푹 들어간 공간을 만드는 경우도 있었으며, 항상 신선한 공기와 습도를 유지하기 위해 물이 가득 들어 있는 목이 긴 질그릇 꽃병을 천장에 걸어두기도 했다. 질그릇의 다공성으로 인해 물이 증발되면서 실내의 습도는 항상 일정하게 유지되었다.[46] 또한 하루도 빠짐없이 향을 피우고 화환과 꽃을 걸어놓아 향기가 떠나지 않았다.

정원에는 몇 가지 부속건물을 지었다. 기도하는 곳, 운동이나 놀이를 할 수 있는 별채, 손님을 맞이하는 별채, 식료품 저장실과[47] 포도주 저장실, 마구간 등이 그것이다. 부엌은 몇 개의 기둥 위에 지붕을 덮고 타일을 깔았다.[48] 또한 가족들이 애완용 새를 기르는 조류사육장도 있었다. 마지막으로 화장실 몇 개와 목욕탕이 있었다. 목욕탕은 어느 집에나 꼭 있었고 심지어 불교 사찰에도 있었다. 인류 최초로 목욕탕을 만들었다고 주장하는 인도인들은 목욕탕을 매우 중요하게 여겼다.[49] 목욕탕은 벽돌이나 돌로 지었는데 지하 1층 지상 2층의 구조였으며 내벽과 천장에 동물의 가죽을 붙인 다음 회반죽을 칠했다. 목욕탕 안에는 대기실, 벽난로 주변에 돌의자를 갖춰놓은 한증막, 그리고 입욕자들이 휴식을 취하면서 차가운 물을 몸에 끼얹을 수 있는 냉탕과 수영장이 갖춰진 지하실이 있었다. 입욕자들은 먼저 한증막에 들어가 벽난로를 바라보고 땀을 뻘뻘 흘리다가 미적지근한 물을 몸에 끼얹고 다시 땀을 흘리곤 한다. 그리고 몸을 닦은 다음 수영장으로 풍덩 뛰어들어가는 것으로 목욕을 끝낸다. 커다란 목욕탕을 갖춘 저택 주인들은 집에 이런 시설이 없는 손님들을 초대하여 이용하도록 했고 특히 왕진 온 의사에게도 목욕을 하도록 권했다.

밤이 되면 버터기름에 심지를 담근 램프를 켜서 실내를 밝혔다. 램프는 벽의 움푹 들어간 곳에 설치하거나 금속제 틀에[50] 고정시켜 천장에 매달아 놓았다. 때로는 하인에게 횃불을 들고 있게 하기도 했다.[51]

장사는 집의 전면부에 설치된 점포에서만 이루어졌고, 손님들은 응접실 안쪽으로는 결코 들어가지 못했다. 도시에 사는 가족들은 사업을 하면서도 도시의 분주함에서 벗어나 정원과 부속건물에서 재미있고 행복하게 살았다. 정원은 정성스럽게 관리했다. 안주인은 정원에 약초밭을 가꾸었다가 가족들이 아플 때면 약초를 이용해 치료했다. 정원에는 바나나 나무를 비롯해 수많은 나무와 관목이 숲을 이루며 자라고 있었다. 게다가 은은한 분홍색 연꽃이 수면을 절반쯤 덮은 멋진 연못은 한층 정감어린 분위기를 자아냈다. 정원의 끄트머리로 개울물이 졸졸 흘러 하루도 빠짐없이 목욕재계를 할 수 있었다. 정원에는 수많은 수로가 나 있어 물은 전혀 부족하지 않았다. 하루 중 제일 더운 시간에 물을 흩뿌려 후텁지근한 대기를 시원하게 해주는 회전식 기계장치(바리얀트라)를 가동시키는 경우도 있었다.[52] 그늘진 곳에는 나뭇가지나 목제 기둥에 매달아 놓은 그네가 있었다. 아이들은 물론 어른들도 봄부터 흥겹게 그네를 탔다.[53]

정원은 형형색색의 꽃이 활짝 필 때 더욱 아름다웠다. 불타는 듯한 오렌지색 또는 주홍색으로 만개한 아소카 나무, 살짝 만개한 시리사, 향긋한 냄

새를 자랑하는 카담바, 주홍색의 킴수카, 향기로운 재스민, 백색의 아티무크
타, 노란색 꽃이 피는 참파카, 약재로도 쓰이는 하이비커스 등등 많은 꽃들
이 앞다투어 피어났다. 가족들은 꽃을 감상하며 여유를 즐겼으며 화환을 만
들어 집안에 걸어놓기도 했다.

부자들은 하나같이 애완동물을 길렀다. 지붕 위에서 새들에게 몰래 다가
가곤 하는 고양이, 공작, 거위, 뱀이 나타나면 곧바로 소리를 지르는 앵무새,
뱀을 잡도록 훈련받은 몽구스 등이 인기였다.

이렇게 잘사는 사람들의 집은 앞에서 살펴본 농촌의 집보다 크고 화려했
으며 가구도 많았다. 가장의 침실에는 하얀 침대보가 덮여있고, 발치와 머
리에 두 개의 베개가 놓여 있으며, 꼼꼼한 문양이 화려하게 장식된 천개(天
蓋)가 둘러쳐져 있는 멋진 침대가 있었다. 침대 옆에는 연고와 화장품을 놓
아두는 소형탁자와 긴 의자, 매일같이 손수 장식하는 화환 바구니, 베텔나무
(후추나무)잎과 향수병을 넣어두는 그릇이 있었다. 그들은 하루도 빠짐없이
베텔나무 잎사귀로 이빨을 닦고 향수를 뿌렸다. 긴 의자 옆에는 베텔나무
잎사귀를 씹은 다음 붉은 침을 뱉어낼 타구가 놓여 있었다. 또한 그림을 그
리는 테이블과 서책 ― 야자수 이파리에 두 개의 나무판을 덧대어 묶은 형
태 ― 이 놓여 있는 책꽂이도 있었다. 침대 가까운 곳에 체스판이 있었고, 벽
에는 비나(활처럼 생긴 하프)가 걸려 있었다.[54] 바닥 여기저기에 방석도 깔
려 있었다.

종교 건축물과 성지

민중의 관습이 오롯이 묻어있는 수많은 종교 건축물을 이야기하지 않고
서는 일상생활의 배경을 제대로 설명했다고 할 수 없다. 앞서 우리는 인도

사회의 종교적 토대에 대해 자세하게 살펴보았다. 종교적 관습이 개인생활 및 집단생활에 상당한 영향을 미쳤음은 당연한 일이고 이에 대해서는 후술하기로 한다. 다만 여기서는 성지와 신전의 형태만을 간단하게 살펴보기로 하자.

이 책에서 다루고 있는 시대에는 매우 다양한 종교 건축물이 존재했다. 발전상태가 전혀 다른 단계에 속하는 수많은 정신적 형태들과 물리적 형태들이 함께 존재한다는 사실은 주목할 만하다. 이러한 사실에 비추어볼 때 인도의 전통이 새로운 것에 집착함으로써 고래로부터 내려오는 전통적인 요소들을 철저하게 배격하지 않았다는 점을 확실하게 알 수 있다. 때문에 인도에는 본질적으로 다른 형태들이 이상할 정도로 중첩되어 있다. 이를테면 논리적으로 보아 시기적으로 상당히 오래된 고대 시대 — 심지어 선사 시대 — 에 속해야 하는 것들이 있는 반면 신앙과 건축 분야에는 상당히 발전된 단계에 속하는 것들도 존재한다. 그러나 발전된 형태들이 대도시의 정신성을 특징짓고 그와 반대로 원시적인 형태들은 농촌사회의 보다 촌스런 관습의 전형이라고 생각한다면 오산이다. 시골과 마찬가지로 수도에서도 전통이 지니고 있는 영원무궁한 특성으로 인해 원시적인 형태의 종교 건축물과 가장 정교하게 발전된 형태의 종교 건축물이 어깨를 나란히 했다. 이러한 현상은 비단 고대 시대에만 국한되지 않고 오늘날에도 면면히 이어지고 있다. 이로 인해 종교사가들은 인도의 종교에 지대한 관심을 기울이고 있다.

특정한 장소를 신성하게 여기는 전통은 베다 시대 이전까지 거슬러 올라간다. 작은 산, 신성한 나무, 우뚝 솟은 바위, 물 등의 자연요소와 이것들이 함께 어우러진 '풍경'은 성지가 된다. 이러한 자연요소들은 시간이 지나면서 눈에 띄지 않게 점진적으로 발전함으로써 추상적인 전체로 변했다. 다시 말해 나무는 희생제의의 화형주(火刑柱)가 되었고, 심지어 왕이 모든 도시와 마을 입구에 세운 기둥들도 숭배의 대상이 되었다. 곧게 세워진 돌덩이(立石)는 처음에는 시바 신을 상징하다가 시간이 지나면서 남근(링가)을 상징하게 되었고, 마침내 주각(柱脚)이나 제단에 세워진 조각상으로 대체되었다. 다시 말해 단순한 바위가 신성한 환경에서 조각상으로 발전한 것이다. 물은 언제나 숭배 대상 중에서도 가장 신성한 것으로 여겨졌다. 애초에 풍요와 다산성을 상징하던 물은 사물을 정화하고 신성하게 하는 특성으로 확대되었다. 신성하다고 여기는 지역을 짐승과 악령으로부터 보호하기 위하여 처음에는 나무 방책으로, 나중에는 돌담으로 에워쌌는데 시간이 흐르자 돌담은 자연스럽게 신전의 담이 되고 말았다. 이와 마찬가지로 입석 부근에 세운 피난처는 훗날 성상 안치소가 되었고, 나중에는 신전으로 변했다. 이러한 논리적 과정은 전 세계적으로 공통되는 종교적 제식(制式) 과정이다. 하지만 인도에서는 성지로 발전하는 단계 중 어느 단계도 생략되지 않고 진행된다는 것이 다른 문명과 다른 점이다.

이런 까닭에 방책으로 둘러쳐진 신성한 나무, 고분에서 비롯된 스투파(돔 형태로 만들어진 석조 기념탑), 성화(聖火)나 살아있는 성스런 뱀을 모신 사당, 또한 신성(神性)을 나타내는 조각상을 안치한 여러 개의 신전이 같은 지역에 함께 있을 수 있었다. 이런 식으로 성지 발전의 모든 단계는 그 시원(始原)이나 경과에 상관없이, 심지어는 그것들이 한때 속했던 종교와도 별개로 동시다발적으로 일어날 수 있었다. 그 대표적인 사례로 고대의 풍요 및 다산 제의에서 발전한 '신성한 나무에 대한 숭배'를 꼽을 수 있다. 불교는 성목(聖木)숭배 사상을 빌려 왔고, 이는 결국 불교의 근본적인 가르침 가운데 하나로 발전했다. 붓다가 명상을 하다가 득도(보디)를 한 곳이 바로 보리수나무(피팔), 즉 보드가야에서 자라는 일종의 무화과나무 그늘 아래였던 것이다. 이후 아시아 전역의 불교도들은 보리수나무를 숭배했다. 뿐만 아니라 아소카 왕은 보리수나무 주위에 목조 회랑(回廊)을 둘렀고 20년 후에는 벽돌담과 돌담을 축조하여 최초의 성지를 신전으로 발전시키는 등 상당히 신경을 썼다. 보드가야는 오늘날까지도 불교의 대표적인 순례지로 꼽히고 있다. 하지만 보리수나무 가까이에 금강보좌(金剛寶座, 바즈라사나), 즉 붓다가 결가부좌했던 돌판이 있다는 점도 간과해서는 안 된다. 이 돌판은 고대 시대에 신성한 풍경의 일부분이었던 돌이나 바위가 발전한 것으로서 여전히 봉납 제단으로 사용되고 있다.[55]

신성한 나무라고 해서 모두 다 거창하게 기리지는 않았지만, 찢어지게 가난한 마을에도 수도의 주요 구역처럼 나무가 있었으며 시골 사람이나 도시 사람이나 가릴 것 없이 이렇게 신성한 나무에 화환을 걸어놓고[56] 그 주변에 정성스럽게 조각한 가로장(베디카)으로 담을 만들었는데 이는 인도 어디를 가나 볼 수 있는 친숙한 풍경이었다.

신의 이미지가 새겨져 있는 소형 기둥이나 성화(聖火) 역시 어디에서나 쉽게 찾아볼 수 있었다.[57] 그 대표적인 것으로 신이 이따금 휴식을 취하며 아주 독실한 신자들에게만 모습을 보인다고 여겨지는, 보드가야의 금강보좌를 꼽을 수 있다.[58] 뿐만 아니라 많은 사찰과 신전에는 나무로 만든 높다란 구조물들이 서 있어 아주 멀리서도 보였다.

종교 건축물 가운데 가장 유명한 것으로는 포교를 목적으로 동굴에 만든 불전인 지제굴(支提窟, 차이티아)을 들 수 있다. 지제굴은 석굴의 형태를 연구할 수 있고 또한 세밀하게 묘사된 장식과 벽화를 통해 당대의 모습을 가늠해볼 수 있다는 점에서 가치가 매우 크다. 이러한 석굴 사찰은 거대한 직사각형 또는 아치 형태의 건축물로서 측랑은 옆에 있고 본당 회중석을 기둥이 떠받치고 있는 형태로 되어 있다. 지붕은 원통형 둥근 천장과 구부러진 골조들로 이루어진 복잡한 구조로 지지되었다. 채광은 말발굽 모양의 박공벽이 장식된 높고 널찍한 출입구와, 동일한 유형의 지붕창을 통해 이루어졌다. 이 구부러진 지붕은 마을의 곡식창고 지붕과 유사했지만 선반에서 방향을 바꾸는 용마루의 선으로 인해 한결 돋보였다. 지제굴은 당대의 민간 거주지와 동일한 방식으로 건축되었다. 신도들은 이곳에 와서 기도를 드렸고, 불심이 깊은 불도들은 중앙 회중석 뒤편에 있는 사리함 주위를 의식을 행하듯 오른쪽으로 순행했다.

이 사리함은 오늘날에도 불교국가의 모든 기념물들 중에 가장 경배 받는 스투파(싱할라어, 즉 지금의 스리랑카어로는 다가바스)를 축소해 만든 것이다. 스투파는 고분, 심지어는 초기 베다 시대의 무덤에서 거행되었던 장례식에 기원을 두고 있을 가능성이 대단히 높다. 시간이 흘러 스투파는 성스런 믿음의 상징이 되었고 이적(異蹟)을 기념하거나 성지를 표시하기 위해서, 또는 불자가 불심을 드러내기 위해 '부처님'의 사리를 묻고 그 자리에 세웠다. 나중에 스투파는 조개와 벽돌로 덮은 봉분 형태로 발전했으며 그 이후로도 출입이 불가능한 견고한 건물의 기본 특성을 고스란히 간직한 채 발전했다.[59] 스투파는 계속해서 높아지는 정방형 또는 원형 기단 위에 돔(안다) 형태의 지붕을 올린 모양이 주종을 이뤘다. 난간으로 둘러싸인 정방형의 이디큘*이 돔의 납작한 끝부분을 지지했다. 돔의 중앙에는 위엄의 상징인 산개(傘蓋)와 산간(傘竿)이 있었는데 그 밑에 비를 내리게 하는 대접 — 곡물창고 지붕에 있는 것과 비슷한 — 이 설치되어 있었다.

스투파 축조는 전통적인 규칙을 그대로 따랐다. 제일 먼저 3층의 기단을 만들고, 기단 위에서부터 급경사져 올라가는 네 개의 계단을 쌓았다. 돔은 거친 돌이나 자갈, 또는 진흙이 잔뜩 묻어 있는 잡석으로 축조했다. 돔은 마치 귤처럼 중심에서 바깥쪽으로 커져가는 내벽으로 나뉘었다. 내벽은 건축 자재의 하중을 보다 많이 분산시킬 목적으로 수평쌓기로 시공하여 돔을 지지하게 했다.

---

* aedicule, 끝부분이 뾰족한 첨두(尖頭) 아치.

스투파의 중심부, 즉 석조 건축물의 내부 공동(空洞)은 석판이 일직선을 이루고 있어 마치 상자처럼 생겼으며 좁은 터널로 돔의 외부와 연결되었다. 봉안식 때 사리나 성물(聖物)을 공동에 넣고 터널을 봉했다. 이디큘에는 돔의 기저부에서부터 천정 깊숙한 곳까지 꿰뚫고 올라가는 우물 모양의 설치물을 세우고 커다란 석재로 봉했다. 이는 철이나 단단한 나무로 만들어진 산개와 산간의 무게를 지지하기 위한 것이었다. 산개와 산간을 스투파의 꼭대기에 올리기 위해서는 우선 스투파 주변에 네 개의 목조 '탑'을 축조해야 했다. 각각의 목조탑에 윈치와 밧줄을 올려놓고, 그것을 이용해 거대한 산간을 우물 모양의 설치물 위로 들어올렸다가 천천히 내려 설치물 안에 자리 잡도록 했다. 안타깝게도 산개를 떠받치고 있던 철제 산간이 벼락을 맞아 부서지는 경우가 많아서 고대 시대에 축조된 스투파의 대부분이 유실되고 말았다.

마지막으로 스투파의 석조물에는 지역에 따라 조각을 하기도 했고, 다양한 색상으로 도색하기도 했으며, 벽토로 치장하거나 도금을 한 대리석판 또는 석판을 덧붙이기도 했다. 기저 주변에는 울타리(베디카)를 세웠는데 짐승과 악령이 들어오지 못하도록 장애물을 빈틈없이 설치했고 문을 꼭 닫아놓았다.

스투파의 규모는 바닥 둘레가 180피트에 높이가 50피트에 이르는 아마라바티의 대형 스투파부터 불심이 강한 신자가 단 한 덩어리의 돌로 조각한 소형 스투파에 이르기까지 매우 다양했다. 대표적인 스투파로는 바르후트의 스투파를 들 수 있다(기원전 2세기). 이 스투파들의 대부분은 캘커타 박물관에 보존되어 있는데 난간과 난간 기둥의 화려한 조각이 특징이다. 이외에 인도 중부의 호반 도시 보팔에 처음 세워진 그대로 보존되고 있는 산치의 스투파(서기 1세기)를 들 수 있다. 이 스투파는 주랑에만 장식이 집중되어 있다.[60] 아마라바티의 스투파는 정상 부분과 기단에만 장식이 되어 있다.

불교에서 붓다의 육체를 스투파와 동일시하게 됨에 따라 스투파의 상징적 의미는 점진적으로 정교해졌다. 한편 고대 인도에 유포되어 있는 우주론적 관념은 전통적으로 스투파를 소우주의 상징으로 여겼다.[61]

이렇게 새로이 등장한 다양한 종교 건축물은 구식 목조 건축물을 완전히 밀어내지는 않았지만 4세기 이래로 더욱 늘어나게 되었다. 돌과 벽돌로 지은 브라만교 신전은 과거의 목조 신전 건축양식을 그대로 따랐지만 새로운 자재를 사용하는 등 변화를 가미함으로써 중세의 거대한 건축물로 발전하는 초석을 쌓았다. 고대 시대의 신전은 규모가 작았고 주출입구를 비롯해 여러 개의 문을 갖춘 정방형 또는 직사각형의 벽에 둘러싸여 있었다. 신전의 방향은 숭배 대상의 신성함에 따라 달랐으나 항상 세심하게 계산되었다. 신전 경내에는 복재로 대충 지은 부속건물들이 딸려있었다. 승방, 법당, 부엌, 신성한 소가 있는 외양간, 신성한 춤과 연극을 공연하거나 서사시를 낭송하는 방 등이 그것이다. 목욕재계는 가까운 못이나 수영장에서 했으며 신전 성직자들이 은거하며 수도에 정진하는 '참회의 작은 숲'도 근처에 있었다.

브라만교 신전에는 독실한 신도와 순례자들의 발길이 끊이지 않았다. 또한 신전은 여행객과 거지들의 쉼터이자 범죄자들의 피난처였고 병자와 죽어가는 사람들이 성지에서 마지막 숨을 거둘 수 있도록 해주는 안식처였다. 신전이 대학의 기능을 할 때도 있었다. 많은 신전들은 앞서 나열한 건물 외에도 학생과 선생을 위한 기숙사와 병원을 갖추고 있었다. 이렇게 많은 것들이 한데 모여 있었기 때문에 신전은 신도와 순례자와 학생들, 노비와 성직자와 방문객들로 항상 북적댔다. 이들이 배회하며 휴식을 취하는 회랑에는 '기념품' 장수와 화환 장수들마저 들끓어 신전은 마치 떠들썩한 종교 도시와도 같았다. 경내에는 자갈이 깔려 있었고 문들은 화환으로 장식되었으며 벽에는 백단향에 적신 손자국이 찍혀 있었다.(악령을 쫓는 주술적인 의미였다.)[62] 예배시간이면 오늘날처럼 악단이 음악을 연주했다. 징, 클라리

넷, 소라로 만든 나팔, 심벌즈 등의 악기들이 불협화음을 내며 멀리까지 울려 퍼지면서 신도들에게 예배시간을 알려주었다.

신전은 특정 종교와 상관없이 마을 사람들과 도시민들의 종교적 삶이 다양한 방식으로 펼쳐지는 장소였다.

제2장 | 일상생활에서 종교의 중요성

고대 시대 인도인들은 세상에 태어나 죽을 때까지 종교적인 관념과 관습, 미신의 굴레에서 벗어나지 못했다. 인도인들은 사소한 행동이나 사건도 반드시 좋거나 나쁜 결과를 불러온다고 생각했다. 인도인들의 영성(靈性)은 상당한 경지에 이르러 종교가 요구하는 힘든 생활을 어렵지 않게 이겨냈을 뿐만 아니라, 심지어는 일부러 고통을 자청하기도 했다. 교리의 순수성을 지켜나가야 하는 브라만은 성직자 카스트로서 일반 백성들의 이러한 태도를 적극 독려했지만, 다른 한편으로는 원시적이고 신비한 신조들을 맹신하는 백성들의 열정에 자주 압도당하곤 했다.

인도인들은 엄마 뱃속에 있을 때부터 인도의 종교적, 사회적 구조에 부합하는 카스트에 속했다. 나아가 '혈연'(고트라)에도 속했는데, 이러한 혈연 관계는 일종의 제의(쉬라다)를 치름으로써 인정되었다. 인도인들은 태어나서 죽을 때까지 종교의식을 치렀다. 다시 말해 유아기에 종교의식을 받은 뒤 성인이 되면 성인의식을 치렀고, 결혼할 때는 물론 속세를 떠나 은자가 되려고 할 때도 종교의식을 치렀다. 심지어 사망한 뒤에도 죽은 자를 '아버지'(피트리), 즉 조상으로 만들어주는 의식을 치름으로써 혈연을 공고히 하고 가족의 종교체계에 통합시켰다.

인도인들은 이와 같은 기본적인 종교의식 이외에도 이루 헤아릴 수 없는 수많은 종교적, 주술적 행위에 얽매여 있었다. 하지만 연중 벌어지는 축제 기간 동안에는 종교적인 것에서 벗어나 잠시나마 기쁨을 누렸다.

절기 제의 및 축제

농촌생활에는 각종 제의가 끊이지 않았다. 정기적으로 치러지는 제의가 있는가 하면 비정기적으로 또는 계절에 따라 치러지는 제의도 있었다. 정기적으로 치러지는 제의는 한 달에 한 번씩 보름달이 뜨는 밤에 주로 행해졌다. 이 제의는 피트리, 즉 신들과 동격으로 천상 또는 공계(空界), 또는 특별한 별에 산다고 여겨지는 직계조상을 기리기 위한 것이었다. 조상들은 자손들을 돌보는 자애로운 아버지의 본성을 지니고 있다고 여겨졌다. 자손들은 멍석 위에 쌀떡, 고기완자(핀다), 케이크를 올려놓고 조상께 바쳤다. 보름달이나 초승달이 뜰 때 비정기적으로 행하는 제의도 있었다. 이 제의는 봉납을 준비하고 장식한 다음에 조상들을 일일이 부른 뒤 갖가지 제물을 바치는 순서로 행해졌다.

농부들은 이와 같은 가족 제의 말고도 절기에 따라 다양한 축제를 즐겼다. 신년은 지역과 시대에 따라 달랐지만 보통 춘분에 즈음하여 시작되었다. 이 때는 온 집안을 걸레로 닦고, 기름으로 문지르고, 약초를 태워 소독하는 등 '봄맞이 대청소' 를 했다. 이 기간에 몇 가지 축제가 열렸는데 상당히 인기가 있었다.

우선 2월이나 3월에 홀리 축제가 열렸다. '우스꽝스런 가극' 에 민속춤과 민속놀이를 결합한 일종의 농신제(農神祭)로 원시적인 다산(多産)의식에 성애적인 성격도 띠고 있었다. 홀리 축제 기간에는 카스트를 가리지 않고 남녀노소 모두 황금색 물총을 휴대한 채 길거리와 공원을 휘젓고 다니면서 눈에 띄는 사람에게 물을 쏘았다.[1] 물총에 넣을 빨간색과 오렌지색 물이 가득 들어 있는 커다란 항아리들이 거리 곳곳에 놓여 있었다.

땅거미가 질 무렵이면 '봄의 해'(春日)에게 바쳐진 의식용 마차가 마을 곳곳을 지나갔다. 악대가 북을 치거나 커다란 조개껍데기 나팔을 힘차게 불면서 앞장을 섰고 형형색색의 번쩍거리는 천과 무수한 꽃들이 마차를 뒤덮고 있었다. 사람들은 횃불을 든 채 노래를 부르거나 흥에 겨워 소리를 지르거나 마차를 향해 꽃과 쌀과 방향제를 던지면서 따라갔다.

왕은 황실의 토지에서 성대한 의식을 올리면서 몸소 첫 번째 고랑을 파나갔다. 농부들은 자신들의 밭에 성수를 뿌리면서 토지를 달랜 뒤 파종하는 시늉을 하며 보습을 땅에 내려놓았다. 그 다음 날 버터기름 녹인 것을 고랑(시타)에 부어 고랑을 보호하는 신에게 바치면서 안녕과 번영을 기원하고는 버터기름에 적신 한 줌의 곡식을 세 번에 나누어 던진 뒤 비로소 밭을 갈았다. 이렇게 파종의식이 끝나면 축제를 벌였고 남은 곡식들은 자루에 담아 보관했다. 파종한 종자처럼 튼실한 곡식들이 풍성하게 열리기를 기원하는 의미였다.

홀리 봄 축제가 끝나고 2주 뒤에 사랑의 신 카마 축제가 벌어졌다. 작년 가을철 우기가 시작될 때 보관해두었던 그네들을 꺼내 공원과 정원마다 매달았다. 차이트라(3~4월)의 세 번째 청명한 날을 맞아 소녀와 처녀들은 가우리* 여신을 기리는 그네타기 시합을 벌였다. 그네가 하늘 높이 올라갈수록 곡식이 잘 싹트고 풍년이 든다고 믿었다.[2] 이 때를 즈음하여 브라만 신전에서는 신들의 초상을 요람에 넣고 앞뒤로 흔들었다. 이러한 관습은 베다

---

* Gauri, '황색 광휘'라는 뜻으로 시바의 아내인 마하데비(위대한 여신)를 뜻한다. 칼리, 투르가, 우마, 파르바티 등의 이름으로도 불린다.

의식에서 기원한 것으로서 의식을 집전하는 성직자(호트리)는 신전에 설치된 그네에 올라타 태양의 움직임을 흉내냈다.[3]

봄이 시작될 무렵이면 양 떼의 번성을 기원하며 숫양과 암양에게 보리반죽을 발라 신들의 초상을 만들었다. 2주일 동안 다섯 번의 봉납이 이루어졌고, 3주째의 첫날에 여섯 번째 봉납이 이어졌다. 3주차의 6일째 되는 날 맹세를 지키기 위한 기원 의식이 행해졌는데 황소를 바친 뒤 화려하게 단장하여 풀어주었다.

5월부터 7월에 걸쳐 곡식이 무르익고 소들이 새끼를 낳을 때, 부타마트리(靈母) 축제가 벌어졌다. 2주일 동안 벌어지는 이 축제는 무척 음란한 축제였다. 마을의 시냇물에 살고 있다고 여기는 '부타마트리'가 남녀양성체인까닭에 남자들은 여자처럼, 여자들은 남자처럼 옷을 입었다. 사람들은 과장되게 행동했고 음탕한 노래를 불렀으며 성적 방탕에 몸을 맡겼다.

추수철에는 곡식을 베고 타작을 할 때마다 의식을 행했다. '경작한 밭'과 '두더지와 들쥐'에게 제물을 바치면서 해충과 들짐승들을 물리치기 위한 여러 가지 주문을 외웠다. 태풍을 물리치기 위한 주문도 있었다. 이 때에 비로소 집에서 기르는 가축들에게 낙인을 찍었다. 물론 이 절차도 의식을 치른 뒤 행해졌다. 셸락과 특별한 약초로 만든 염료를 예전에 찍었던 자리에 다시 찍었다.[4]

마침내 몹시 기다리던 우기가 시작된다. 우기가 예정보다 늦게 오면 기우제를 지내거나 12일간 단식을 하거나 풀에 물을 뿌려서 비 내리는 형상을 모방했다. 비가 내릴 기미가 보이면 집안 식구들은 모두 침대 다리에 받침을 괴어올리고 좁쌀을 제물로 드렸다. 의식을 행하면서 특정한 과일들을 던졌는데 이 모든 행위가 기우 주문인 셈이었다. 날이 습해지면 뱀들이 특히 공격적으로 변했으므로 사고를 막기 위해 건기가 될 때까지 4개월에 걸쳐 하루도 빠짐없이 제물을 바치면서 기도를 올렸다.

이 기간(8~10월)에, 시바 신의 아내인 투르가를 기리는 축제가 벌어졌다. 화려하게 장식된 여신상이 설치된 의식용 마차가 선두에 서고 그 뒤로 행렬이 이어졌다. 번쩍이는 거울과 작은 종들로 장식된 마차는 비에 흠뻑 젖은 거리를 천천히 지나갔고, 아낙네들과 처녀들은 여신상을 향해 꽃과 풀과 볍씨를 던지며 물을 끼얹었다. 집들은 축제를 맞아 화려하게 단장을 했는데 자이나교 문헌에 따르면 번화가에 '꽃으로 만든 집'을 지어놓고 거대한 화환으로 장식한 지역도 있었다. 또한 이 축제 때는 도시나 시골 어디에서나 길바닥에 '다섯 가지 색깔'의 쌀로 커다란 그림을 멋지게 그려놓았다.

이 때쯤 불교 승려들은 우안거(雨安居)*를 끝내고 노란 승복 차림으로 인도 전역을 돌아다니며 포교활동에 매진했다.

이 시기에 또한 '인드라' 축제가 벌어졌다. 비와 천둥의 신인 인드라를 기리는 이 축제는 전국 어디에서나 벌어졌는데[5] 수도에서 열리는 인드라 축제는 모든 축제 중에서도 가장 화려하고 압도적인 축제였다. 인드라 축제 때 소나무 기둥을 세우는 행사가 있었는데 이 때는 왕도 의무적으로 참관해야 했다.[6] 행사는 다음과 같은 순서로 진행되었다. 도시 주변 숲에서 엄선하여 벌목한 나무의 가지를 쳐서 행사에 쓸 기둥을 만든다. 대규모 의식을 치르느라 멋지게 단장한 도시로 그 나무 기둥을 옮겨 온다. 광장에 모인 사람들은 백색 깃발, 작은 종, 화환, 비단 스카프, 그리고 화려한 장신구와 여러 종류의 과일로 기둥을 장식한다. 장식이 끝나면 밧줄로 묶은 뒤 북을 치고 함성을 지르면서 기둥을 세운다. 사람들은 인삼 달인 물을 기둥에 뿌리면서 춤을 추고, 노래를 부르고, 여러 가지 재주를 부렸다. 축제의 제7일째 되는 날, 보름달이 뜨는 밤에 소나무 기둥을 쓰러뜨려 강으로 흘려보내는 것으로 축제는 끝이 났다.[7]

---

* 북방불교에서는 하안거(夏安居)라고 한다.

우기가 끝나면 집집마다 침대를 교체한 뒤 가장이 제일 먼저 바닥이나 명석에 앉은 다음 나이순으로 차례로 앉는 '바닥 달래기' 의식을 치렀다. 이 의식은 집을 다시 한 번 소유한다는 의미였다. 이 때 죽순을 바치기도 했다.

초가을에는 쌀이나 조를 바치면서 가축이 번성하기를 기원하는 희생제의를 드렸다. 그리고는 곧이어 추수축제가 이어졌다. 전국 각처의 농부들은 보습을 수호하는 두 명의 신에게 제물을 바쳤다. 또한 기본적으로 장례식의 성격을 띠고 있는 축제가 방방곡곡의 교차로에서 벌어졌다. 이 축제에서는 케이크를 공중으로 던져 막대기의 양쪽에 걸려 있는 두 개의 바구니에 집어넣는 행사가 열렸다. 케이크는 가족 수만큼 있어야 했고 개미굴에 파묻을 케이크도 따로 준비했다.

10월에서 11월 사이에는 3일간의 가을축제 또는 불의 축제가 열렸다. 이는 오늘날에도 집집마다 양초나 등불을 켜놓고 불꽃놀이를 즐기는 디발리 축제로 이어지고 있다. 축제 첫날 사람들은 목욕재계를 하고 '죽음의 왕'을 기리는 헌주를 했다. 신전을 비롯해 사람들이 많이 모이는 장소에는 환하게 불을 밝혀 놓았다. 둘째 날에는 음악을 연주하고 춤을 추며 도박을 하는 등 떠들썩한 분위기에서 정신없이 즐겼다. 사내들은 만취할 때까지 술을 마시고 매음굴로 향했다. 수도에서 열리는 축제에는 자정 무렵 왕이 신하를 일체 대동하지 않고 혼자 나와 백성들과 하나가 되어 놀았다. 셋째 날에는 창기들이 가가호호 방문하며 행운을 빌었다. 또한 왕은 백성들에게 하사품을 내려주었다. 우시장이 열리고 짐승들의 싸움이 벌어지면서 축제는 절정에 달했다.

짐승 싸움은 카스트를 막론하고 모든 사람들이 가장 좋아하는 오락거리였다. 짐승 주인들은 황소, 물소, 말, 코끼리, 특히 염소와 공작과 칠면조에게 싸움 훈련을 시켰다. 짐승 싸움에는 많은 돈이 걸렸으며 승리한 주인은 엄청난 돈을 딸 수 있었다. 이러한 축제에는 으레 술에 취해 정신없이 노는

'음주 축제'가 뒤따랐다.[8] 이 기간 동안에는 술에 세금을 붙이지 않았으며, 누구나 축제기간이 조금 지나서도 마실 수 있을 만큼 술을 빚을 수 있었다. 사람들은 종교적 제약에서 벗어나 코가 비뚤어지도록 술을 마시고 고기도 먹었다. 사람들은 떼로 몰려다니며 소리치고 춤을 추는 등 흥겹게 놀다가 급기야는 주먹질이 오가는 싸움판으로 발전하기도 했다. 축제는 대개 싸움질로 끝났다. 때로는 훨씬 심각한 사태, 즉 팔다리가 부러지거나 귀가 찢어지거나 죽는 일도 벌어졌다.

동지(冬至)와 함께 추운 계절이 돌아오면 겨울을 반기는 축제가 벌어졌다. 이 축제에도 역시 음악과 춤이 뒤따랐고, 다산의 상징인 강에 몸을 담그려는 사람들의 행렬이 줄을 이었다.

그리고 해가 바뀌면 앞서 서술한 의식과 축제가 또 다시 반복되었다.

이렇게 농촌생활은 미신적이고 '주술적인' 행사들이 동반된 정기적인 의식과 축제로 가득했다.

민중제식, 주술과 미신

일반 백성들은 눈에 보이지 않는 것도 사실로 받아들였다. 이에 따라 상당수의 토착적 제의와 소규모 의식들이 발전했는데, 이들 가운데 일부는 브라만 만신전(萬神殿)에 통합되었을 뿐만 아니라 심지어 불교에서도 인정할 정도로 중요해졌다. 인도의 정신세계를 지배하고 있던 '영혼의 윤회' 관념은 초자연적인 존재의 악한 행동이나 선한 행동이 개인의 삶에 지속적으로 영향을 미친다는 민중신앙으로까지 자리잡게 되었다. 민중신앙의 대상이 된 귀신들은 무수히 많았다. 썩은 시체를 게걸스럽게 먹고 불을 토하면서 희생제의를 방해하는, 밤마다 떼지어 나타나는 친숙한 귀신들을 필두로 하여 잔인하기 그지없는 도깨비들, 생살을 즐겨먹는 흡혈귀, 여자 마귀와 마녀, 신생아를 잡아먹는 '시체 도둑' 여자 귀신, 억울한 죽음을 당한 뒤 무시무시한 밤의 방랑자가 되어 땅이나 나무나 물이나 산에 창궐하는 유령들까지 그 수를 셀 수 없었다. 이러한 귀신들은 마음씨 좋고 인간 세상 어디에서나(도시나 시골의 성곽과 문들, 우물, 강과 언덕, 사거리, 돌, 경계표, 나무, 지하, 동굴, 묘지 및 화장터, 심지어 가정에 있는 화로에도) 살고 있는 수호신령들과는 늘 으르렁거리며 사이가 좋지 않았다.

짐승, 식물 및 광물 역시 이러한 보이지 않는 신비스런 세계의 일부였다. 귀신들은 희귀한 바위에 깃들어 살았으며, 희귀한 바위들은 이 귀신들이 짝을 지어 낳은 것일 수도 있었다. 몇몇 식물들은 어느 정도의 의식과 지식이 있으며 치유능력과 더불어 주술적 힘을 지니고 있다고 여겨졌기 때문에 종교의식에서 자주 사용되었다.

한편 인도인들은 짐승을 인간과 유사하게 여겼다. 윤회로 인해 짐승에게도 혼이 깃들기 때문에 짐승들도 인간과 동일한 감각을 지녔을 뿐만 아니라 그것을 표현하는 능력도 가지고 있다고 생각했던 것이다. 브라만 신화와 불교설화에는 짐승들에 대한 이야기가 많이 나온다. 짐승들 가운데는 후대에 이르러 제사의 대상이 된 것들도 있었지만, 우리가 다루고 있는 이 시대에도 이미 상당히 숭배되고 있었다. 소는 신과 인간의 중간쯤 되는 존재로 숭배 받았다. 소에서 나온 생산물(우유, 응유, 버터기름, 배설물)은 각종 제의에서 중요하게 사용되었다. 시바 신이 타는 황소 '난디'는 모든 소들 중에서 가장 존귀했고 신성한 지위를 누렸다. 이와 유사하게 왕의 상징인 말도 신성한 짐승으로 여겼다. 말은 비슈누 신의 화신으로 그는 인간 세계에 '강림'(아바타라) 할 때 말의 형태로 모습을 드러냈다. 불교 역시 신성한 말을 기렸는데, 바로 이 말이 관세음보살의 현신으로서 비탄에 빠진 여행객 심할라를 구해주었던 '발라하'였다.

짐승 가운데 가장 고귀하게 여긴 것은 코끼리였다. 구름이 코끼리를 낳았다는 말이 전해내려왔기 때문이다. 코끼리는 힘과 지혜, 안정과 사리분별을 상징했으며 시바 신의 아들인 가네샤의 화신이었다. 브라만 만신전에 따르면 가네샤는 지식의 후원자로서 코끼리의 머리를 하고 있었다. 원숭이가 나오는 전설은 끊이지 않았다. 원숭이들은 성질이 괴팍하고 머리가 나쁜 피조물로서 군대에서 여러 가지 못된 짓을 하는데도 용감한 장군이 용서해주는 것으로 묘사된다. 원숭이들은 또한 놀랄 만한 공적을 쌓을 수 있는 존재로도 여겨졌다. 몇몇 원숭이들은 브라만 신화에서 상당한 명성을 누렸다. 최고의 영웅으로 꼽히는 원숭이라면 단연 하누만트를 들 수 있을 것이다. 하누만트는 바람의 아들이면서 태양의 영웅이자 화살처럼 빠르게 공중을 나는 신의 전령이었다. 대서사시 『라마야나』는 하누만트를 겸손하면서도 용감한 최고의 영웅으로 묘사하고 있다. 사람들은 우뚝 솟은 사람 모양의 바위에 대고 하누만트의 제사를 올리기도 했다.

한편 네 발 달린 짐승들은 공포의 대상이거나 믿지 못할 존재로 여겨졌다. 인도인들은 당나귀의 울음소리를 기분 나쁘게 생각했으며 당나귀를 음탕이란 단어와 동일시했다. 자칼은 좋지 않은 전조로 여겼다. 개는 더럽고 비천한 짐승으로 죽음의 신 야마가 지키는 지옥에서 한시도 쉬지 않고 망을 보는 문지기였다.

새들 역시 자연스럽게 이와 같은 초자연적 세계의 일부분을 이루었다. 새는 기본적으로 천상과 태양의 특성을 지니고 있다고 여겨졌다. 야생 오리와 기러기(함사)는 달로 여행하는 영혼을 상징했다. 수다스럽고 탐욕스러우며 꼬치꼬치 캐묻기를 좋아하는 까마귀는 사랑의 메시지와 신탁을 전달하는 짐승이었다. 뻐꾸기(코킬라)는 나른한 울음소리로 사랑의 욕망을 불러일으킨다고 믿었다. 전통적으로 젊은 연인들의 막역한 친구인 앵무새는 주술을 부려 다른 사람에게 병을 옮김으로써 황달을 비롯한 특정 질환을 고치는 힘을 지닌 것으로 여겨졌다. 그리고 반시(半翅, 차코라)는 달빛을 전달해주는 새로 명성이 자자했다.

확실히 지금까지 말한 세계는 매우 작은 신성(神聖)의 세계에 불과했다. 하지만 그것은 민중의 상상력 속에서 여전히 강력한 실체였고, 인간 세계와 혼동되는 경우가 많았다. 어찌 됐든 당대의 설명을 믿는다면 귀신들은 인격을 부여받았으나 귀신의 실체는 일종의 초자연적 약호나 기묘한 단서로만 발견될 뿐이었다.[9] 또한 이러한 상상속의 존재들은 인간의 모습을 한 채 인간들과 결혼해서 반신반인의 후손들을 계속해서 낳았다.

고대의 세상은 질서정연하지 못했으며 종교와 관련해서는 사실보다 전설이 지배적이었다. 그 대표적인 것으로 붓다의 삶을 들 수 있다. 붓다는 자신이 출가할 때부터 끈질기게 따라다니며 방해를 한 악마 마라(파피야스라고도 함)를 물리친 후 보리수나무 아래 앉아 있었다. 그 때 불교에서 거룩한 여인으로 칭송받는 수자타라는 처녀가 다른 날과 마찬가지로 공양을 드리기 위해 보리수나무 가까이로 다가왔다.[10] 수자타는 명상하는 자세로 나무 발치에 앉아 미동도 하지 않는 붓다를 보고 나무의 신령을 보았다고 생각했다. 수자타는 적잖이 놀랐으나 곧 자신이 만난 존재의 정체를 깨닫고 미망에서 깨어나 기쁜 마음으로 붓다에게 정성을 다했다. 만약 수자타가 '인간의 형태를 한 신령한 나무의 수호신'을 보지 않았더라면 어떤 일이 벌어졌을까 자못 궁금하다.* 존재의 진정한 본성에 대한 의구심이 대단했기에 불교 승려들은 승려가 되고자 찾아온 사람들에게 '당신은 사람입니까? 뱀(나가)입니까?'라고 습관적으로 질문을 했다. 만일 그가 인간이라는 종에 속하

---

* 당시 붓다는 쇠약해질 대로 쇠약해져 탈진상태였는데 마침 강둑을 지나던 마을 촌장의 딸 수자타가 이 모습을 보고 가련한 생각에 자기 집에서 키우던 젖소의 젖을 짜서 쌀가루를 넣고 미음을 쑤어 공양을 올렸다. 붓다는 이 미음을 먹고 기력을 회복했으며 수자타가 없었더라면 이 세상에 붓다가 존재하지 않았을지도 모른다.

지 않는다고 생각하면 그를 승려로 받아들이지 않을 수도 있었다.

걸핏하면 구분짓기를 좋아하는 인도인들은 이와 같은 초자연적 세계를 인정하기가 무섭게 신들과 수호신령들을 다양한 범주로 나누었다. 뒤에서 자세하게 살필 다양한 신령들의 일부를 나열하자면 다음과 같다. 커다란 나무들을 즐겨 찾는 야크샤, 동굴과 지하수에서 사는 나가, 인간의 모습을 하고 처녀들을 홀려 결혼하는 주술사 비디아다라, 화려한 시내에서 살면서 젊은 여성들을 술과 도박과 사랑에 빠지도록 유혹하여 사내들의 마음을 어지럽히고 애간장을 녹이는 천상의 가수이자 악사인 간다르바, 그리고 물의 요정이자 간다르바의 연인으로 신들의 육체적인 쾌락을 위해 창조된 여인 아프사라스가 있었다. 아프사라스는 범부는 물론 수행자들마저도 첫눈에 반할 정도로 아름다웠는데, 전장에서 죽은 전사들을 연인으로 택하기도 하지만 실제로는 그녀가 목욕하고 있을 때 옷을 훔쳐 달아난 행운아들에게 좌우되었던 것으로 짐작된다.

저마다 자신만의 개성이 뚜렷했지만 지금 말한 반인반신의 존재들은 몇 가지 공통점을 지니고 있었다. 이들은 모두 상당히 오래 살지만 그럼에도 불구하고 죽을 수밖에 없었고, 특정한 상처를 입으면 힘을 잃었을 뿐만 아니라 심지어는 간교를 부리는 사내들에게 사로잡힐 수도 있었다.

이들은 사람들의 눈에 띄지 않게 할 수도 있었고, 인간의 모습으로 변신할 수도 있었으며, 인간의 말은 물론 짐승의 말까지도 알아들을 수 있었다. 그러나 이들의 주술적 능력은 비교적 제한적이었고 그들 앞에서 큰소리로 말하지 않으면 인간의 마음을 알아차리지 못했다. 이들은 서로 종이 틀린데도 불구하고 어울려 살았고, 인간들처럼 족장이나 왕을 뽑아 도시와 궁전을 지었으며, 자기들끼리 전쟁을 하거나 천상과 인간 세상의 통치자를 위해 밀사로 일하기도 하는 등 인간 사회와 밀접한 관계를 맺으며 살았다.[11]

야크샤만큼 잘 알려진 초자연적 존재는 없으리라.[12] 이들은 다양한 명칭으로 알려져 있다. '사내가 아닌 존재들'(아마누샤), '경이롭고 신비한 실체' 또는 '숨겨진 존재들', 그리고 때로는 '토지대장(土地臺帳)의 신들'과 혼동되는 경우도 있었다. 야크샤는 신들의 왕인 인드라의 부하로 엄청나게 뚱뚱한 쿠베라가 지휘하는 기묘한 군대 — 신들의 서열에서는 대단히 낮은 — 를 거느리고 있었다. 야크샤들의 지도자는 재산을 분배하고 여행객들을 보호했다.[13] 당대의 회화작품과 조각품에는 말의 머리에 인간의 몸을 한 야크샤를 비롯하여 다양한 모습의 야크샤가 묘사되어 있다.[14] 구비설화나 문헌에도 야크샤의 모습은 하나의 형태로 고정되어 있지 않다. 이들은 다른 반신반인의 존재들과 마찬가지로 여러 가지 모습을 하고 있다. 불교설화에는 이들의 정신성과 습관이 매우 자세하게 묘사되어 있다.

이러한 문헌에 따르면 이들은 교외의 숲이나 묘지 부근의 커다란 나무를 집으로 삼았다. 이들은 나무의 가장 굵은 가지들이 서로 갈라지는 곳에 몸을 붙이고 살면서 숲의 요정들과 결혼해 가족을 이뤘다. 이들은 인간들과 마찬가지로 자녀를 사랑으로 양육했고 다른 야크샤들과 마음을 터놓고 대화를 나누는 등 사이좋게 지냈다.

하지만 이들은 벵갈고무나무와 나무꾼을 몹시 싫어했다. 숲에서 가장 몸집이 큰 벵갈고무나무는 악착같이 가지를 뻗어 주위에 있는 나무들에게 해를 끼침으로서 야크샤들이 깃들어 살 나무들을 송두리째 없애버리기 때문이다.[15] 나무꾼 역시 벵갈고무나무 못지않게 위협적인 존재였다. 나무꾼은 '야크샤가 살고 있는' 나무를 베고자 할 때 이제 나무를 베겠노라고 미리 소리쳐야 했다. 그래야만 야크샤가 그 소리를 듣고 짐을 꾸려 다른 집을 찾아갈 수 있었기 때문이다. 야크샤들은 나무가 베어지는 것을 몹시 두려워했다. 다른 나무로 이사하는 것이 어려워서가 아니라 — 숲에는 나무들이 무성했고, 매년 나무를 심는 것이 중요한 제식 행사였다 — 자신이 선택한 나무를 자기 몸과 똑같이 여겼기 때문이다.[16] 자신과 나무를 동일시하는 야크

194

샤에게 나무가 없어지는 것은 가슴이 찢어지는 고통이었을 것이다. 바로 이 때문에 야크샤들은 나무꾼이 결코 벨 수 없는, 도시와 마을의 신성한 나무에만 깃들려고 한 것으로 짐작된다.

야크샤는 신령한 나무를 통해 인간들에게 점을 봐주었다. 그러면서 인간의 일상사에 참여했고, 훈계를 해주었으며, 도덕적인 행위를 가르쳤고, 예언을 들려주었다. 사람들은 툭하면 야크샤를 찾아와 상담했다. 야크샤는 메아리처럼 울리는 천상의 목소리로 자신의 의견을 피력했을 뿐만 아니라 심지어 신과 인간의 중재자로 행동했다. 장난치기 좋아하는 사람들이 야크샤의 목소리를 흉내내다가 호되게 당하는 일도 있었다. 이 사람은 야크샤가 사는 나무에 올라가 숨어있다가 사람들이 점을 보러 오면 용의주도하게 질문을 받아넘기며 엉터리 신탁을 말했다. 상담을 하러 온 사람은 아무래도 미심쩍은 마음에 자기가 정말 야크샤와 이야기를 나누고 있는지 확인하려고 나무에 불을 질렀다. 야크샤는 불이 나더라도 해를 입지 않고 도망치리라고 생각했던 것이다. 결국 야크샤를 흉내내던 까불이는 그만 몸이 절반쯤 탄 채 바닥으로 떨어지고 말았다.[17]

독수리와 까마귀들이 들끓는 묘지에 있는 나무에도 야크샤들은 살았다. 그들은 묘지와 화장터의 우울한 풍경을 자세히 관찰했다. 이들은 범죄자들을 묶어둘 말뚝으로 쓰기 위해 자신이 살고 있는 나무에서 제일 좋은 나뭇가지가 없어지는 희생을 감수하면서까지 범죄자들이 벌 받는 장면을 지켜보기도 했다.[18]

야크샤와 인간은 상호 이익이 되는 관계를 맺고 있었다. 다시 말해 야크샤는 적당한 제물을 받고 인간들의 요구를 들어주었다. 야크샤를 찾아온 사람들은 명예, 부귀영화, 장수를 바랐는데 이 모든 것들은 사실 야크샤가 충분히 줄 수 있는 것들이었다. 이 밖에도 야크시(여자 야크샤)는 아이를 낳지 못하는 여인들을 잉태시키는 특별한 사명을 띠고 있었다.[19] 하지만 이들 야크시가 아이를 낳게 해주는 고마운 존재인 것만은 아니었다. 야크시들은 자기 아이들의 질병을 고치기 위해서라면 사람들의 아이를 잡아먹을 수도 있는 식인 괴물이었기 때문이다.

이들의 비위를 맞추기 사람들은 야크샤들이 사는 나무 주위에 나무 또는 돌로 정성껏 담을 쌓고 제단을 만들었다.[20] 아낙네들은 야크샤들이 인간들에게 이롭게 행동하기를 바라면서 나무 주변을 빗자루로 깨끗하게 쓸거나 나뭇가지에 화환을 걸어놓기도 했다. 나뭇가지에 설탕물이나 우유를 뿌리거나 꿀과 기름, 또는 빨간색 가루를 바르기도 했다. 입에 물을 머금었다가 나무에 뿜어 정화의식을 치르는 사람들도 있었다. 이 때 제단과 나무 밑동에 케이크를 놓고 향이 짙은 나무를 태워 연기를 피어오르게 한 뒤 작은 램프에 불을 밝혔다. 그런 다음 오른손으로 나무를 치면서 경건한 마음으로 나무 주위를 오른쪽으로 돌았다.[21]

야크샤들은 이러한 세심한 보살핌에 사람들의 요구를 들어주는 것으로 답례했다. 지나치게 많이 받으면서 사람들에게 아무것도 해주지 않는다면 마을 사람들이 당장 관계를 끊어버릴 것이었다. 한편 인간들은 그들을 홀대할 수 없었다. 야크샤들은 보물이 묻혀 있는 나무를 알고 있었고 사람들은 저마다 그 나무가 어디 있는지 듣고 싶어했기 때문이다. 그러나 더욱 중요한 것은 그들의 존재 자체가 마을의 번영을 보장해주기 때문이었다.

사람들은 야크샤에게 사정을 말한 뒤 즉각적인 조치를 취해달라고 요구하는 것을 매우 당연하게 여겼다. 야크샤의 태도가 마음에 들지 않는 탄원자는 "만일 내가 요구하는 것을 들어주지 않는다면 지금부터 1주일 내로 이 나무를 벨 것이다."라고 협박했다. 그러면 야크샤와 야크시는 곧바로 탄원자의 부탁을 들어주게 마련이었다. 이와 반대로 소원을 성취한 사람이 약속한 제물을 바치지 않으면 야크샤들이 보복을 할 수도 있었다.[22]

농촌에서는 뱀의 신인 '나가' 역시 중요한 역할을 했다. 인도를 침략했던

알렉산드로스 대제의 군인들은 동굴 입구에서 쉬익 소리를 내면서 '마케도
니아군의 방패' 처럼 커다란 눈을 번뜩이는 인도의 무시무시한 뱀들을 보고
간담이 서늘했다고 한다.[23] 나가는 마을 사람들 모두를 물질적으로 풍족하
게 해주는 보가바티*의 역할을 수행하며 땅속이나 강바닥, 또는 호수 바닥
에 살았다. 이들의 왕은 매우 강력할 뿐만 아니라 고결한 정신을 지니고 있
는 것으로 소문이 자자했다. 나가들의 왕국과 인간 세상은 동굴과 개미언덕
— 인도의 민간전통에서 중요한 위치를 차지하고 있는 — 이라는 매개수단
을 통해 의사를 소통했다.

　나가들은 사람이 만질 수 없는 신령한 존재이며 복잡다단한 특성으로 인
해 공포의 대상이면서 동시에 숭배의 대상이었다. 이들의 복수심에 불타는
영혼은 이빨에서 치명적인 독을 내뿜거나 똬리를 틀어 질식시키는 등 무시
무시한 힘을 지니고 있었다. 이들은 또한 사람에게 악취 나는 숨을 내뿜어
장님으로 만들 수 있었고 무섭게 노려보는 것만으로도 사람을 죽일 수 있었
다. 이글이글 불타는 듯한 시선은 마을 전체를 순식간에 잿더미로 만들고
사람들의 씨를 말려버릴 정도로 가공할 만한 것이었다. 그럼에도 불구하고
이들은 인간에게 도움을 줄 수 있었고 야크샤처럼 불임여성들을 잉태시킬
수도 있었다. 이들은 또한 땅속에 숨겨진 보물을 지켰으며 때로는 인간에게
건네주기도 했다.(때로는 보물을 적당히 챙기기도 했다.) 이들은 인간의 모
습으로 손쉽게 변장했고, 많은 나기니(암컷 뱀)는 아름다운 자태로 사내들
의 마음을 홀리기도 했다. 그러나 밤이 되면 다시 뱀으로 돌아왔다. 이들은
기막힌 변신술을 부리며 무시무시한 본래 모습을 들키지 않았다.[24] 뿐만 아
니라 '비를 내리게 하는' 신통한 재주를 가진 것으로 여겨졌다. 이들은 자
신들이 사는 굴에서 습한 기운이 항상 흘러나오는 때, 즉 우기가 올 무렵에

---

* 지혜와 복덕을 나눠주는 보살. 풍재보살(豊材菩薩) 또는 자재주보살(資財主菩薩)이라고도 함.

굴 밖으로 모습을 드러내기 때문이다. 그들의 허물을 주운 사람은 다른 사람들의 눈에 보이지 않고 장수하거나 심지어는 죽지 않는다고 믿었다. 허물을 벗는 과정이 죄악에서 영혼을 자유롭게 하는 윤회를 상징했기 때문이다.

이들은 가정의 화로를 지켜주는 존재로도 여겨졌다. 집안을 수호하는 뱀이 사라지면 가정의 화로가 없어질 수도 있다고 생각한 가장들은 뱀을 위해 부지런히 음식을 준비했다. 뱀들은 또한 마을의 수호신들을 통솔하는 역할을 맡았다. 마을 사람들은 모래를 깔고 팔각정 모양을 한 사당을 지은 뒤 매일같이 제물을 바쳤다.[25] 제물은 코브라가 제일 좋아하는 우유, 쌀과 생선, 고기와 술 등이었다. 또한 샘이나 연못 가까이에 뱀 조각상을 세우기도 했다. 이러한 많은 뱀 조각상들은 대부분 고대 인도미술의 걸작으로 꼽힌다. 조각상들은 왼손으로는 신들의 음식이 가득 담긴 성합(聖盒)을 쥐고 있고, 오른손을 곧게 뻗어 집게손가락으로 하늘을 가리키며 비가 내리기를 간절히 기다리고 있다.[26] 두건을 쓴 여러 개의 머리통을 치켜든 채 똬리를 틀고 있는 뱀과 사람이 등을 맞대고 있는 장면을 묘사한 조각품도 있었다. 마을 사람들은 뱀들을 달래기 위해 물, 빗, 향수 또는 거울을 바치기도 했다. 뱀과 관련된 주술이나 주문도 흔했다. 그 중에는 뱀들의 보호를 받게 해달라는 것도 있었고 뱀들의 공격에서 보호해달라는 것도 있었다. 나가들에게서 주문을 배워 특별한 힘을 부여받은 사람들도 존재한다고 여겨졌다.

주술과 주문은 일상생활에서 만나게 되는 뜻밖의 사고들을 막아주었다. 사람들은 머리가 아프면 두통을 언덕과 숲으로 옮겨주는 주문을 급하게 외웠다. 하품이나 재채기가 나오면 곧바로 소망을 말했다. "제발 강한 의지와 지혜를 허락하여 주시옵소서!"[27] 또는 "부디 제가 장수하게 도와주시옵소서!"[28] 등등. 이런 소원은 우리가 "몸조심하세요!" 또는 "건강하세요!"라고 말하는 것과 마찬가지로 별다른 의미는 없었다. 빗방울을 맞으면 행운이 있을 징표로 받아들였고 새똥을 맞으면 행복을 예감했다.[29] 그러나 새똥은 빨

리 닦아 없앤 뒤 물로 몸을 씻어야 했다.[30]

  사람들은 미래를 미리 알려고 안간힘을 썼다. 짐승을 키우는 사람은 교미기에 새끼가 많이 생길 것인지 궁금하면 밤에 살짝 마을을 빠져나갔다. 그는 침묵한 채 새벽까지 걷다가 중간에 딱 세 번 고함을 질렀다. 개나 당나귀 이외의 짐승이 답을 하면 그 해에 새끼가 많을 징조였다. 만약 대답이 전혀 없을 경우, 시험은 무효가 되어 다음 해에 다시 되풀이해야 했다.

  꿈도 일상생활에 대단히 중요한 기능을 했다. 꿈이 지닌 잠재적인 악영향을 받지 않으려면 잠자리에서 일어날 때 얼굴을 조심스럽게 문질러야 했다.[31] 꿈자리가 뒤숭숭할 때는 성직자나 승려에게 물어봐서 되도록 일찍 해몽을 해야 했다. 좋지 않은 꿈을 꾼 사람은 참기름을 따르면서 의식을 치르거나 브라만에게 상당한 선물을 주면서 희생제의를 치러야 했다.[32] 좋지 않은 전조는 하루에도 몇 번씩 일어날 수 있었다. 비둘기가 지붕 위에 앉아 있는 것도 불행의 전조였다. 집 가까이에서 벌이 꿀을 만들거나 개미가 집을 짓는 것도 불행의 전조임에 틀림없었다.[33] 뿐만 아니라 오른쪽 눈꺼풀이 신경질적으로 떨리면 좋지 않은 신호로 받아들였다.[34]

  일상적 평화와 고요를 파괴할 수 있는 사물의 숫자는 무한했다. 어디에나 잠복해 있는 이 같은 위험을 피하기 위해 고대 인도인들은 한 치의 오류도 없이 일련의 주술을 행하는 재주를 가지고 있었다. 가장 효과적인 방법은 『그리히아수트라』에서 대부분 빌려온 주문(만트라)을 외우는 것이었다. 이 경전에는 해결하기 쉬운 문제부터 어려운 문제에 이르기까지 필요한 주문의 목록이 길게 적혀 있었다. 축복을 바라거나 저주를 내리거나 다른 사람이 무엇을 해주기를 강요하고 싶을 때는 비교적 간단한 주문이나 주술을 행했다. 다소 복잡한 주술 행위도 있었다. 이는 병을 고치거나 사랑하는 여자의 마음을 사로잡기 위해, 병든 소를 낫게 하거나 어려운 사업에서 성공하기 위해, 또는 소송에서 승소하기 위해, 또는 장사로 엄청난 돈을 벌기 위해,

그리고 헤아릴 수 없는 각양각색의 목적을 위해 만들어졌다. 점토나 밀랍, 또는 곡물 반죽으로 인형을 빚어 날카로운 막대기 같은 것으로 찌르거나 불태우거나 먹어버리는 경우도 있었다.

고대 인도인들의 일상생활은 바로 이런 분위기 속에서 이루어졌다. 이러한 주술적 믿음과 행위는 매일매일 모든 사람이 준수해야 하는 기본적인 의식과, 삼라만상의 중요한 성질을 나타내는 성스러운 제사에 의해 보완되었다.

제3장 | 개인과 가족

개인의 삶 — 특히 브라만 계급 — 은 카스트(바르나), 씨족(고트라), 가족(쿨라)이라는 세 가지 기본적인 구조로 겹겹이 둘러싸여 있었다. 카스트는 앞에서 이미 살펴보았고 여기서는 가족에 대해서 자세하게 알아보기로 한다. 고트라, 즉 가계(家系)는 카스트만큼 중요했다. 아니 심지어 그보다 더욱 중요했다. 고트라는 아리안족이 자신들 부족의 특성을 잃지 않았던 아득히 먼 옛날을 상기시켜주었다. 고트라의 이름은 가정 제례를 행할 때 매번 불려졌다. 고트라에 속한다는 것은 오직 브라만의 특권이었으며, 이들은 자신들이 베다 시대부터 시작된 성직자의 후예라는 사실을 굳게 믿었다. 크샤트리아와 바이샤는 이런 권리를 누릴 수 없었다. 하지만 크샤트리아와 바이샤 중에는 브라만만이 고귀한 혈통을 가지고 있다는 사실이 우습다는 듯 비꼬면서 자신들도 고귀한 혈통을 이어받았노라고 감히 주장하는 사람들도 있었다.

고트라는 브라만의 전 생애를 지배했다. 브라만은 하루도 빼먹지 않고 친가와 외가 조상들의 이름을 경건하게 외웠을 뿐만 아니라 매달 제사(쉬라다)를 올리며 조상을 기렸다.[1] 쉬라다는 가장이 주도했으며 아들과 손자, 증손자가 함께 참례했다. 이 제의는 반드시 쌀이나 고기로 빚은 경단(핀다)을 올리면서 직계 3대 조상인 부, 조부, 증조부와 '아버지들', 다시 말해 가계를 이루는 조상들을 기려야 했다. 과거의 조상들과 현재의 후손들을 아울러 '사핀다'(일가)라고 했는데, 이는 핀다를 바친다는 뜻에서 유래했다. 가족 전체의 단결과 상호부조라는 원칙은 이러한 월례 제사에 잘 드러나 있다. 자신과 같은 고트라에 속한 구성원들의 도움이 필요한 사핀다는 언제라도 확실한 도움을 받을 수 있었다. 고트라 개념이 부정적인 영향을 끼칠 때도 있었지만 고트라가 방대한 혈연관계로 발전해 나가면서 가족과 집안의 연대에 지대한 역할을 했던 점은 부인할 수 없다.

고트라의 결속력은 결혼할 때 더욱 확실하게 드러난다. 여성은 결혼하는 순간부터 자신의 고트라를 영원히 버리고 남편의 고트라에 속하게 된다. 부모의 품안에 있을 때 친정 조상들의 이름을 외웠듯이 이제는 시댁 조상들의 이름을 외워야 했다.

그러므로 고트라에 대한 충성이야말로 대를 잇고 집안을 일으키는 근간이었으며, 제사는 관습인 동시에 법규였다. 고트라는 구성원들의 행동을 직접 규제했으며 구성원 각자는 거룩한 명을 받고 의무를 포기하는 순간까지(뒤에서 설명하듯 은거하기 위해 집을 떠나는 날까지), 또는 현생을 마칠 때까지 고트라에 속했다.

브라만교는 카스트에 속한 남자들이라면 저마다 네 가지의 '단계'(아슈라마)를 거쳐야 한다고 규정했다. 첫째는 어린아이에서 벗어나는 시기인 학생기(學生期, 브라마차린)이다.(카스트에 따라 학생기 연령은 제각각 달랐다.) 학생기 이전의 어린이는 조상들의 이름에 걸맞는 잠재력만 지니고 있을 뿐 아리안 사회에 속하지 않았다. 학생기를 마치면 결혼을 함으로써 가장기(家長期, 그리하타)에 들어가게 된다. 집과 화로를 갖게 된 남자는 신성한 전통에 따라 가정을 발전시킨다. 셋째 단계는 숲 속에 들어가 은거하는 임서기(林捿期, 바나프라스타)로 세속적인 모든 것을 포기하고 수행에 정진한다. 네 번째 단계는 유행기(遊行期)이다. 이 시기에는 사회와의 모든 관계를 끊고 세상을 떠돌아다니며 시주를 받아 살아가는 탁발승(산야신)이 되어 오직 자신의 카르마(業)를 완성하여 다음 생에서 좀더 좋은 것으로 태어나는 데에만 신경을 쓴다.

고대 인도의 정통 브라만들이 충실하게 거쳐나가야 하는 이와 같은 이상적인 과정은 태어나서 죽을 때까지의 사소한 사건들을 규정하는 40여 개의 통과의례(삼스카라)를 통해 보완되었다.[2]

임신과 출산: 영아기

산모는 수태하는 순간부터 가장 부러운 여성이 되고, 존경과 애정어린 관심을 한 몸에 받을 뿐만 아니라 지극 정성으로 보살핌을 받았다. 태어날 아이는 손님으로 여겼는데, 손님을 환영하는 환대(歡待)의식이 임신을 둘러싼 의식과 유사하다는 점은 아래에서 자세히 살피기로 한다. 물론 여기서도 주술이 중요한 역할을 했다.[3]

임신기간에는 특별한 주의를 요했다. 산모는 수많은 경전들이 자세히 다루는 '학문'으로서 고래로부터 발전해온 아유르베다* 의학의 하위분야인 발생학(發生學), 산부인과, 소아과를 공부한 가족 주치의가 주의 깊게 관찰했다.

____

* '생명의 과학'이라는 뜻으로 지난 5천년간 인도에서 행해진 의술을 뜻한다. 인간의 신체, 정신, 영혼을 모두 동등한 것으로 보며 이 세 가지의 균형을 회복하는 것을 목적으로 하고 있다.

산모는 앉을 때와 잠자리에 들 때, 그리고 잠을 잘 때 특별히 조심하도록 교육받았다. 또한 오랫동안 서 있지 말고 지나치게 뜨겁거나 차갑거나 달거나 신 것을 먹지 않아야 했다. 산모는 태아에게 좋은 음식만 먹었고 비탄에 빠지게 하거나 공포를 불러일으키는 것은 어떤 것이든 피했으며 환자와 가까이하는 것도 금지되었다. 산모는 편안한 복장에 화장을 거의 하지 않았으며 지나치게 향이 강한 꽃을 멀리했다.

임신하고 2~3개월이 지나면 산모의 식욕이 부쩍 좋아진다고 생각했다. 이 때 혹시라도 산모의 몸이 수척해지거나 미모를 잃거나 비탄에 빠지거나 아플지도 모른다는 생각에 가족들은 산모의 식욕을 채워주기 위해 분주하게 움직였다. 산모는 심지어 고기를 먹을 권한도 있었기에 하인은 고기를 사러 도살장이나 푸줏간으로 달려갔다.[4]

이 즈음에 산모는 태어날 아기의 성별을 점쳐볼 수 있었다. 그 방법은 다양한데 대표적인 것으로 산모의 막내아이가 고개를 돌린 채 손가락으로 산모를 건드리는 방법이 있었다. 손가락이 남성형으로 불리는 산모의 신체부위를 건드리면 태아가 사내라고 생각했다.(상서로운 징조이다.) 반대의 경우에는 계집아이라고 생각했다.[5] 또한 남편은 임신 3개월째에 아들을 낳게 해주는 의식(품사바나)을 치렀다. 남편은 이 의식의 봉납에 필요한 씨앗과 식물을 구입했고, 아내(산모)는 머리부터 발끝까지 목욕재계한 뒤 한 번도 세탁하지 않은 새 옷을 입었다. 맷돌의 위짝이 잘못된 방향(왼쪽에서 오른쪽)으로 돌지 못하도록 신경을 쓰면서 약초를 갈아 제물을 준비한 남편은 아내의 뒤에 서서 오른손으로 아내의 오른쪽 콧구멍을 만지며 주문을 외웠다.[6]

임신 5개월째가 시작되면 남편은 설탕, 꿀, 우유, 버터기름 및 응유를 섞어 예로부터 특별한 손님에게만 드렸던 '음식'을 아내에게 주었다. 4~6개월 사이에는 아내의 가르마를 가르는 의식(시만타카라나)을 행했다.[7] 전문가들에 따르면 이 시기에 아이의 심장이 자리를 잡고, 이해력과 의식과 감각이 생겨나는 등 태아의 육신이 어느 정도 형성된다. 산모는 자궁 속에 있는 태아의 안전을 확실하게 할 목적으로 다시 한 번 완벽하게 몸치장을 했다. 남편은 아내의 뒤에서 녹색 과일이 달린 우둠바라 나뭇가지를 목에 걸어주었다. 우둠바라에는 수액이 많다고 여겨졌기 때문이다. 남편은 고슴도치의 가시로 만든, 세 개의 흰 점이 표시되어 있는 빗으로 아내의 가르마를 정수리 한가운데에서 세 번 연속 조심스럽게 갈랐다. 그런 뒤 참깨와 버터 기름이 들어 있는 밥을 아내에게 주었고, 산모가 밥을 먹는 동안 산모와 같은 카스트에 속한 여인들이 산모의 득남을 기원했다.[8]

산달이 가까워지면 산모는 완전히 지쳤다. 몸이 몹시 쇠약해진 산모는 보석과 장신구를 몸에서 떼어내고, 유산을 하지 않도록 버터기름을 몸에 발랐다.[9] 남편은 예정일의 12일 전부터 금욕을 하면서 정화 규칙을 지켜나갔다. 진통이 시작되는 날, 산모는 아이를 훔쳐가려는 신들의 못된 계획을 무산시키기 위해 정화된 외딴 방에 머무른다.(길일에 진통을 시작하는 것을 최고로 여겼다.)[10] 아내가 그 방에 있는 동안 남편은 순산을 기원하는 의식을 행한다. 새 그릇에 물을 조금 담은 뒤 정원에 가서 지하수가 흐르는 방향으로 물을 끼얹는다. 그리고 집 안에서 눈에 띄는 매듭을 모조리 푼 다음 아내에게 가서 특정한 식물을 아내의 발치에 두고 머리맡에 있는 항아리에 물을 채운다. 이렇게 한 다음에 아내의 배를 만지면서 물을 뿌린다.

그리고 신생아의 입술을 축이기 위해 버터기름, 꿀, 물, 응유를 섞은 음료를 급히 준비한다. 아이가 태어나면 아버지는 탯줄을 자르기 전에 베다를 암송하면서 아이에게 숨을 세 번 불어넣어준다. 그리고 산파들이 보는 가운데서 아이를 만진 다음 꿀을 넣은 음식을 떠먹인다. 이 음식은 신생아가 신의 보호를 받으며 지혜(베다), 지식, 건강, 장수, 그리고 번영을 누리기를 간절히 바라는 마음으로 특별히 준비한 것이었다. 마지막으로 아버지는 아이의 귀에 대고 낮은 목소리로 비밀스럽게 아이의 이름을 속삭인다. 이 이름은 고심 끝에 작명하여 아내의 동의를 받은 것이었으며 아이가 학생기에 들어가기 전까지는 아무에게도 밝히지 않았다.(태어난 지 10일이 지난 뒤 친지들이 아이를 보러 와도 이름을 말하지 않고 에둘러 말했을 뿐이었다.)[11] 그리고는 아이가 병에 걸리거나 고통을 겪지 않도록 주문을 외운다. 마지막으로 아이에게 성수를 뿌리고 목욕을 시킨 다음 산모의 무릎에 올려두고 수액(樹液)을 바른 나무 부적을 아이의 목에 둘렀다. 아버지는 밖으로 나가 탯줄을 파묻었고 점성술사는 아이의 별자리를 자세히 살펴 그 내용을 서기관에게 말했으며 서기관은 정성스럽게 그 점괘를 받아 적었다.

출산 10일 동안 아이와 부모는 목욕을 하지 않고 더러운 상태로 있었으며 어떠한 종교행사에도 참여할 수 없었다. 10일째 또는 12일째 되는 날 부모는 종교의식에 참여하여 아이가 평상시에 사용할 이름을 받는다. 아버지는 이 이름을 아이의 오른쪽 귀에 몇 번이나 되풀이하여 속삭이고, 태어날 때 했던 것처럼 아이에게 베다의 지혜가 함께 하여 말을 잘 할 수 있게 해달라고 기원하면서 아이의 목에 황금 동전을 엮은 대마 밧줄을 걸어주었다. 부부는 그제야 세수를 할 수 있었다. 남편은 온 집안을 먼지 하나 없이 쓸고 닦았다. 그리고는 새 옷으로 갈아입고 아이의 별자리와 부부의 별자리에 제물을 바쳤다. 별자리에 제물을 바치는 의식은 아이가 첫돌을 맞을 때가지 매달 계속되었다.

생후 4개월이 되면 아이는 처음으로 집밖을 나섰다. 이 때 아버지는 아이에게 해를 보여준 뒤 수호 신전으로 데리고 가서 첫 번째 장난감을 주었다. 6개월이 되면 아이는 어른들이 먹는 딱딱한 음식(안나프라샤나)을 처음으로 먹는다. 아버지는 아이가 지니기를 바라는 성품에 따라 음식을 골랐다. 아이가 영광스럽게 살기를 원하면 버터기름을 바른 쌀 음식을 준비했고, 아이가 육체적으로 강건하기를 원하면 양고기 음식을 골랐으며, 성스런 존재가 되기를 원하면 반드시 반시(半翅) 고기를 준비했다. 천성이 온화하고 부드럽기를 바라면 생선을 골랐다. 아버지가 먼저 음식을 맛보았고, 아이는 아버지가 손가락으로 입안에 넣어준 것을 몇 번이나 삼켰다. 엄마는 남은 음식을 먹었다. 아이가 처음으로 옹알이를 할 때, 첫걸음마를 뗄 때, 처음으로 알아들을 수 있는 말을 할 때면 다정하게 축하해주었다. 부모는 아이의 안전을 유심히 살폈고 악으로부터 보호해준다는 '보석 램프' (라트나디파)를 밤새 켜놓았다. 그리고 병에 걸리지 말라는 뜻으로 귓불을 뚫었다(카르나베다나).

아이가 브라만의 자녀일 경우, 세 살이 되면 삭발의식(추다카라나)을 치렀다.[12] 이 의식은 장엄하게 진행되었는데 먼저 아이를 깨끗하게 씻긴 다음 속옷을 입히고, 한 번도 세탁하지 않은 겉옷을 입혔다. 삭발의식을 위해 특별히 이발사를 불렀다. 이발사는 곡식으로 가득 찬 항아리를 대가로 받았다. 이발사는 의식에 앞서 청동제 면도날, 거울, 몇 종류의 신선한 버터기름, 풀로 엮은 방석, 머리카락을 담는 용기로 사용할 마른 소똥 덩어리를 준비했다. 하인이 쌀, 보리, 참깨, 그리고 콩이 각각 담긴 접시를 준비하면 엄마가 아이를 무릎에 앉혔다. 아버지는 온수와 냉수를 적절한 온도로 섞었고, 이발사는 이 물로 아이의 머리를 축였다. 이발사는 아이의 축축한 머리 오른쪽에 쿠샤 풀 잎사귀를 뿌리고 버터기름을 문지른 다음 풀과 머리카락을 조심스럽게 깎았다. 그 다음 왼쪽 머리를 똑같은 방법으로 깎고 마지막으로 머리 뒤편을 깎았다. 그는 아이의 고트라가 규정하는 특정한 관습에 따라 머리를 정리하며 정수리에 상투를 만들어 놓았다.[13] 잘린 머리카락은 어머니에게 주었고, 어머니는 방석이나 소똥 덩어리에 정성스럽게 그것을 넣었다. 머리카락은 남성의 정기가 모여 있는 곳이기에 좋지 못한 생각을 품은 사람이 그것을 가져가지 못하게 하려면 밭이나 외양간이나 강둑에 파묻어야 한다는 믿음 때문이었다.[14] 소나 다른 짐승을 바치는 것으로 삭발의식은 끝났다. 그 순간부터 아이는 상투를 고이 간직하며 결코 자르지 않았다. 상투가 없어진다는 것은 가장 커다란 사회적 불명예를 상징했기 때문이다.

유년기에는 엄마가 돌보는 것 외에는 별다른 교육을 시키지 않았다. 아이들은 벌거벗은 채로 돌아다녔으며, 상투에 조그만 계란 모양의 주머니를 씌운 채로 머리의 나머지 부분은 빡빡 깎았다. 호랑이 발톱을 엮은 목걸이나 발톱이 하나만 달려 있는 줄을 목에 걸기도 했다.[15) 아이들은 시끌벅적하게 떠들며 모래성을 쌓거나[16) 막대기를 딱딱 부딪쳐 소리를 내며 놀았다.[17) 걷기 시작한 아이들은 진흙으로 빚어 색깔을 입히고 장식을 한 장난감 수레에 짐승 인형을 올려놓고 끌었다.[18) 또한 바람개비, 풀피리, 질그릇으로 만든 북, 장난감 활과 화살을 가지고 놀았다. 여자아이들은 옷 입는 것을 무척이나 좋아해서 벌써부터 어른들이 입는 옷을 입었고, 나무 인형이나 상아 인형을 즐겨 갖고 놀았다. 사내아이들은 전사라도 된 양 빗자루 말을 타고 신나게 놀았다.[19) 남녀 아이들은 헝겊을 넣어 만든 공을 던지고 잡는 놀이와[20) 주사위 놀이를 했고, 팽이를 쳤으며,[21) 조개로 '물건' 값을 치르는 장사 놀이도 했다.

부모들은 온갖 정성을 바치며 아이들을 응석받이로 길렀다. 뿐만 아니라 예전부터 지켜온 규칙 — 과학적이기보다는 주술적인 — 에 따라 아이들의 병을 치료했고, 때때로 구충제를 먹였으며 간질을 일으키는 '악마 개'가 아이를 빼앗아가지 않도록 기도드렸다.[22) 그러나 가난한 집안에 태어난 아이는 훌륭하게 양육되는 것을 꿈조차 꿀 수 없었다. 가난한 집 아이들은 어지간히 걷기 시작할 무렵이면 어른들과 함께 노동을 할 수밖에 없었다. 사내아이들은 아버지와 함께 들판에 나가 짐승을 돌봤으며 계집아이들은 엄마를 도와 집안일을 했다. 그러나 형편은 어려웠어도 아이들은 사랑을 듬뿍 받았다. 어느 카스트에서나 부모들은 아이를 귀하게 여겼기 때문이다. 그러나 이러한 사실에도 불구하고, 찢어지게 가난한 집에서 태어난 계집아이들

은 제대로 사랑받지 못했으며 심지어 유아 때 버려지거나 살해되는 경우도 있었다.[23]

사내아이들은 4~5세가 되면 유치한 놀이를 멀리하고 글자를 익혔다. 아이가 글자를 배우기 시작할 때도 역시 의식이 행해졌다. 브라만이나 부유한 크샤트리아 집안에서는 가정교사를 두었고 보통 아이들은 학교에 가서 읽기와 산수를 배웠다.

초등교육을 담당하는 학교는 보통 브라만 신전 옆에 있었다. 바나나와 망고 나무가 몇 그루 심어져 있는 중앙 안뜰 주변에 사변형으로 지은 건물이었다. 학교 건물은 교사들의 숙소로도 사용되었다. 수업은 탁 트인 장소에서 이루어졌다. 교사는 회초리를 든 채 낮고 기다란 의자에 앉아 있었고, 학생들은 교사를 둘러싸고 바닥에 앉아 있었다. 학생들은 저마다 무릎에 조그만 판을 올려놓고 있었는데, 갈대 펜에 잉크를 찍어 교사가 써준 숫자와 글자를 그대로 따라서 썼다. 안뜰 한쪽 구석에는 앵무새가 있는 새장이 있었고, 벽에는 교사의 비나(활처럼 생긴 하프)가 걸려 있었다. 글쓰기와 대수(代數) 수업에 이어지는 체육시간에는 레슬링과 궁술을 배웠다. 체육시간 후에는 쉬는 시간이 주어졌고, 아이들은 긴 의자에 앉아 그날 배웠던 내용을 복습했다.[24]

하지만 지금 말한 수업은 예비교육에 지나지 않았다. 앞서 말했듯이 아이들은 학생기를 거치지 못하면 아리안 사회에 들어갈 수 없었고, 브라만 의식과 관련한 교육을 받을 자격이 주어지지 않았다.

학생기

수드라를 제외한 카스트만이 학생기를 거쳤다.[25] 학생기가 되는 시기는 카스트에 따라 달랐는데 브라만 카스트는 8살, 크샤트리아는 11, 바이샤는 12살이었다. 학생기는 가장 중요한 시기로 '제2의 탄생' 이라고도 하는 우파나야나(성인식)를 치름으로써 시작되었다. 학생기는 결국 가장(그리하스타)이 되어 수행해야 할 각종 가정의식을 교육받는 기간이었다. 학생기는 전혀 새로운 삶의 시작이었고 우파나야나는 가장 장엄한 의식으로 치러졌다.

우파나야나는 카스트에 따라 각기 다른 계절에 치러졌다. 브라만은 봄, 크샤트리아는 여름, 그리고 바이샤는 가을에 의식을 행했다. 의식 절차도 카스트마다 달랐는데 브라만의 것이 가장 포괄적이었다.

의식을 행하는 날은 반드시 길일이어야 했으므로 세심하게 별자리 계산을 한 뒤에 날을 잡았다. 의식의 주인공인 아이는 아침 일찍 일어났다. 이발사는 상투 주변을 깨끗하게 삭발해주었다. 그러고 나서 아이는 식사를 한 뒤 가장 멋진 의식용 의복과 액세서리로 단장했다.

이윽고 아이의 영적인 스승(구루)이 의식을 관장하기 위해 수행원들과 브라만들을 대동하고 도착한다. 그는 아침예배를 집전하고 오는 길이었다. 부모, 하인, 손님들은 소년이 등장하기를 기다리며 성화(聖火) 주변에 모여 있다. 성화 주변에는 우파나야나에 필요한 물건들, 이를테면 돌(아마도 맷돌), 새 옷, 흑색의 영양 가죽, 성사(聖絲), 허리띠, 팔라샤 나무 또는 빌바 나무로 만든 지팡이가 가지런히 놓여 있다. 구루는 하인들에게 성화를 지필 목재를 충분히 준비해 놓으라고 일러둔다.

어린 소년은 미래의 스승 옆에 자리한다. 두 사람은 나란히 선 채 손을 꼭 잡고, 구루는 동쪽과 서쪽으로 고개를 돌린다. 이어 주문을 외우고 자신이 먼저 오른발로 돌을 밟고 소년에게 돌 위로 올라가라고 한 뒤 돌처럼 강하고 튼튼하게 자라기를 기원한다. 그런 다음 구루는 소년의 옷을 벗기고 미리 준비해 둔 새 옷을 허리에 둘러 매듭을 지은 뒤 장수를 기원하는 주문을 읊조린다. 그리고는 '성사'(야즈노파비타)를 소년의 왼쪽 어깨에서 오른팔 아래로 늘어뜨린다. 성사는 세 가지 실로 만들어졌는데, 아홉 가닥을 꼬아 한 줄기를 엮는다.[26] 소년은 평생 동안 그것을 걸쳐야 하며 결코 벗거나 없애서는 안 되었다. 구루는 소년에게 자신의 허리띠를 주고, 소년은 그것을 허리에 세 번 감아 매듭을 짓는다. 마지막으로 구루는 힘과 용기의 상징인 영양 가죽을 소년의 어깨에 둘러준다.

다음 단계로 구루와 제자는 대화를 하는데, 이 때 이들의 관계가 정립된다. 구루는 양 손을 모으고 자신이 데려온 수행자에게 물을 따르게 한다. 이 때 소년은 구루에게 말한다. "저는 학생이 되고자 이 자리에 있습니다. 저를 학생으로 받아주시옵소서. 저는 태양신 사비트리의 가르침에 따라 학생이 되고자 합니다." 이에 대해 구루는 "네 이름이 어떻게 되느냐?"라고 묻고 학생은 "제 이름은 아무개(태어날 때 지었으나 지금까지 숨겨왔던 이름)라고 합니다."라고 대답한다. 이 이름은 이 자리에서 처음 공개되는 것이었다. 구루는 계속 질문한다. "현자 아무개 집안의 자손인가?" "예, 저는 현자 집안의 후예입니다." "그래 학생이 되겠는가?" "예, 저는 학생이 되겠습니다." 이 말이 떨어지자마자 구루는 손으로 받쳐 들고 있던 물을 세 번에 걸쳐 소년의 손에 부어준 다음 새로운 이름을 호명한 뒤 "이제 내가 너를 학생으로 가르치겠다."라고 말한다. 이어서 구루는 아이의 오른손을 잡고 힘과 부와 건강과 베다를 숙지할 수 있는 능력을 주는 일련의 만트라(眞言)를 읊조린다. 그리고 아이가 갓 태어났을 때 아이의 아버지가 행했던 의식 그대로 아이를 360도 돌려 태양을 바라보게 한다. 그리고는 아이가 자신에게 애정을 느끼도록, 또한 두 사람의 본성이 멋지게 융화하기를 바라는 마음으로 아이를 가슴에 끌어안는다. 구루가 아이에게 묻는다. "너는 누구의 학생이냐?" "바로 스승님의 학생입니다." 아이는 존경어린 어조로 말한다. "그래 나는 너의 스승이다." 구루가 다시 한 번 다짐한다. 구루는 오른편에 아이를 동반하고 성화 주변을 조용히 돈 뒤 또 한 번 아이를 끌어안는다. 그리고 또 다시 성화 주변을 돈다. 이윽고 아이의 어깨 위에 손을 올리고 앞으로 지켜야 할 사항을 간략하게 말해준다. "나무를 다시 가져올 때까지 성화를 계속 태우고, 오직 물만 마시며, 은자의 집에서 조용하게 도움을 제공하고 있어야 하느니라."

이로써 의식의 전반부가 끝난다. 의식의 후반부는 전반부에 이어 바로 행해질 수도 있고 일 년 뒤에 행해질 수도 있다. 의식의 후반부에서는 아이가 가장이 되었을 때 하루도 빠짐없이 행해야 하는 가정제의의 신령한 주문(가야트리)을 배운다. 아이는 구루 옆에 앉아서 말한다. "원하시면 암송해 주십시오." 구루는 "옴"이라고 소리 낸다.[27] 이것이야말로 모든 것을 아우르는 최고로 신령한 주문이기 때문이다. 아이가 다시 말한다. "사비트리를 암송해주십시오." 구루는 매일같이 행하는 제의의 주문을 말한다. "너에게 동기를 부여할 수 있는 신 사비트리(태양)의 자애로운 광채를 생각해보자." 구루는 아이에게 입안 가득히 물을 세 번 삼키게 한 다음 지팡이를 넘겨준 뒤 홀로 성화 주변을 돌고, 아이는 성화에 나무를 얹는다.

의식은 이것으로 끝난다. 구루는 소 한 마리(또는 같은 값의 물건)와 아이가 입었던 옷을 선물로 받고, 아이는 영양 가죽을 뒤집어쓴 채 지팡이 끝을 코 높이로 들고 회중을 떠난다. 아이는 처음으로 자신과 구루의 음식을 구걸하러 나갈 참이다.(아이는 지금부터 매일 같이 이 행동을 반복해야 한다.) 아이 엄마는 기쁜 마음으로 식량을 내어주지만 아이는 형식상 마을을 한 바퀴 돌고 온다. 아이는 집으로 돌아와 구루에게 음식을 바치고 스승의 허락이 떨어지면 자신도 먹는다. 그리고 나서 아이는 침묵으로 지낸다.

이제부터 아이는 완전히 구루에게 속한 몸이 된다. 그는 구루의 은거지에 따라가 스승을 열심히 섬기고, 주의 깊게 가르침을 받아야 한다. 독신으로 지내면서 경전에만 몰두하는 엄격한 생활은 몇 년이고 지속된다.

학생기의 교수법

이제 막 학생기 입문의식을 마치고 '브라만 학생'이란 칭호를 받음으로써 가족을 떠난 소년은 구루 이외에도 보통 몇 명의 동료들과 함께 지내게 된다.

이들의 은거지는 대개 조용하고 외딴 숲의 가장자리에 자리잡고 있다. 은거지에는 대나무로 짓고 나뭇잎으로 지붕을 덮은 오두막이 몇 채 있었다. 이 오두막들은 문 하나와 조그만 정방형 창이 달려 있고 바닥에 화로가 놓여 있었다.[28] 오두막집들 사이의 공터에 잡초를 뽑고 모래를 깐 뒤 성화를 피워두었고 그 위에는 지붕을 설치해두었다.

학생들은 이곳에서 모든 교육을 받았다. 이들은 멍석 위에서 잠을 잤고 동트기 전에 기상했으며 구루의 발을 만져 존경심을 나타내는 첫 번째 의무를 성실히 지켰다.[29] 이들은 구루에게 말할 때마다 합장을 했다. 그것은 완전한 복종을 의미했다. 그러나 구루는 결코 폭군이 아니었으며 열과 성을 다해 진리를 가르쳤다.

학생들은 많은 일을 해야 했다. 그 중에서도 성화를 지필 잡초를 베는 일, 동일한 크기로 장작을 패서 묶음으로 만드는 일, 집안 구석구석을 깨끗이 쓸고 닦는 일, 얼굴과 몸에 경건한 표시를 하는 데 쓰는 숯을 모으는 일이 제일 중요했다. 장작은 아침저녁으로 하루 두 번씩 패야 했다. 구루와 학생들은 해가 뜰 때와 질 때 태양에 대해 예를 갖췄다. 이들은 짙은 색의 튜닉이나 영양 가죽을 두르고 맨발로 돌아다니며 음식을 동냥했다. 식사는 간소했고 고기와 꿀은 먹을 수 없었다. 단식기간에는 소금과 향신료를 넣지 않은 음식을 먹었으며 땅바닥에서 잠을 잤다. 이들은 점심을 먹지 않고 아침과 오후에만 식사를 했다. 본인이 원하는 옷을 입지는 못했지만 머리를 땋아 기를 수는 있었다. 대다수의 은자들과 마찬가지로 이들도 발칼라(돌멩이 두

개로 나무줄기를 으깨서 모은 일종의 섬유)로 만든 옷을 즐겨 입었다.[30] 발 칼라는 산스크리트어로 옷이라는 뜻이다. 이들은 육체적 고통을 이겨내는 훈련을 받았다. 비가 올 때도 비를 피하지 못했고 다만 영양 가죽으로 추위 와 습기를 막아낼 뿐이었다. 강을 건너고도 몸을 말릴 수 없었다. 심지어 겨 울철에도 그랬다. 몸에 지니는 도구라고는 벌레가 들어가지 못하도록 필터 가 장착되어 있는 주둥이가 넓은 물병, 몸을 씻거나 요리할 때 사용하는 물 통, 제사를 지낼 때 사용하는 숟가락, 나무를 베는 도끼밖에 없었다.

이들은 하루 중 많은 시간을 공부에 힘썼다. 은거지에 처음 들어간 학생 은 아침, 점심, 저녁에 행해지는 공양(샴디아) 의식을 배웠다. 주문을 정확 하게 암송하는 법, 호흡을 조절하여 단 한 번의 호흡으로 들숨과 날숨을 쉬 는 법, 제의를 드리면서 물을 마시는 법, 규정된 대로 성수를 뿌리는 법, 성 화에 헌주하는 법을 다 배우고 나면 베다를 배웠다. 구루는 학생들을 앉혀 놓고 그들이 어렸을 때 학교나 가정교사에게서 배웠던 내용의 다음 과정을 가르쳤다. 많을 때는 15명 정도의 학생이 바닥에 앉아 몇 시간이고 스승의 말에 귀를 기울였다. 학생들은 스승이 암기하고 있는 경전을 토씨 하나 틀 리지 않고 따라 외웠다. 구루는 학생들의 암기력을 향상시키기 위해 연상법 을 사용했다. 먼저 각각의 단어를 반복시킨 다음 앞서 암기했던 문장에 이 어서 반복시키고, 그 다음에는 반대 순서로 반복시켰다.[31] 이 같은 교습법에 힘입어 이들의 학문은 계속해서 구비전승되었다.

구루는 베다뿐만 아니라 베다의 완벽한 이해에 필요한 부수적인 학문, 즉 음성학, 어원학, 문법, 운율학(작시법), 문학, 화학, 천문학, 수학도 가르쳤 다. 당시 인도의 화학, 천문학, 수학 수준은 상당했다. 이들 학문 외에 일반 적인 지식수준 역시 다른 고대 문명과 비교하여 가장 앞서 있었다고 말할 수 있다. 서기 6세기경의 인도 학자들은 오늘날에도 여전히 사용하고 있는 고전적인 방식으로 제곱근과 세제곱근을 도출하는 법을 알고 있었다. 또한 사인, 코사인, 버사인(사인의 제곱), 미지수가 포함된 이차방정식을 이용하는 등 대수학이 널리 사용되었다.[32] 구루는 또한 뱀을 길들여 곡예를 부리는 법, 귀신을 다루는 법, 점치는 법도 가르쳤다. 크샤트리아에게는 검술, 궁술, 조형예술, 회화, 음악, 무용도 가르쳤다.

동시에 구루는 호색, 분노, 질투, 탐욕을 물리치는 법을 가르치는 한편 브라만 계급의 도덕규범을 주입하는 데 힘썼다. 학생들에게 절제하는 생활을 훈련시켰고 험담, 비방, 욕설, 거짓말, 경솔한 행위를 하지 못하도록 가르쳤다. 구루는 학생들의 능력과 성품에 따라 때로는 호되게 나무라기도 했고 때로는 아낌없는 칭찬과 격려를 하기도 했다. 어린 학생들의 인성을 형성하는 막중한 책임을 제대로 완수하려면 구루 자신부터 베다에 대한 해박한 지식과 절대석인 도덕의식을 갖추어야 했다. 집안 대대로 가르치는 일을 업으로 해온 가계의 자손이고 또한 어린 시절에 학생들과 똑같은 교육을 받았던 까닭에 그는 스승으로서의 기본 자질과 지식을 충분히 갖추고 있었고, 자신의 역할을 완벽하게 수행할 수 있었다. 구루는 물리적이기보다는 도덕적이고 마음을 감화시키는 방법으로 학생들을 교육했다. 구루는 체벌을 탐탁지 않게 여겼고 최후의 수단으로만 사용했다. 또한 학생들에게 수업료를 받는 것은 비난받아 마땅하다고 생각하여 일체의 돈이나 물건을 받지 않았다. 그러나 현금을 요구하거나 심지어는 돈 많은 학생들을 편애하는 질 낮은 구루들도 있었다. 한편 학생은 자신이 부당한 대우를 받고 있다는 사실을 밝힐 수만 있으면 구루를 법정에 세울 자격이 있었다. 뿐만 아니라 언제라도 구루 곁을 자유롭게 떠날 수 있었다. 학생기 내내 한 구루에게만 머물지 않고 자신에게 필요한 것을 잘 가르쳐 줄 수 있을 것 같은 구루의 문하로 옮겨가는 일은 허다했다.

학생기의 연한은 제각각이었다. 이론적으로는 각각의 베다를 12년간 공부해야 했으며 30대의 학생도 적지 않았다.(베다를 모두 공부하려면 수십

년이 걸린다는 얘기다.) 그러나 실제 공부기간은 매우 짧았으며 그나마도
지속적이지 않았다. 공부에 전념하는 기간은 1년에 5~6개월이고 7월부터 1
월까지만 공부할 수 있었다. 그나마 이 기간 중에도 상당히 많은 공식 축제
로 인해 공부가 중단되는 경우가 많았다. 또한 천둥번개, 일식과 월식, 서리,
모래바람, 신생아 탄생, 레슬링 시합, 촌장의 죽음, 절기 축제 때문에도 공부
가 중단되었다. 물론 학구열에 불타 방학 중에 혼자서 공부하는 것은 말리
지 못했다.

　학생들이 은거지에서만 학문을 연마한 것은 아니었다. 은거지 이외에도
인도의 가장 뛰어난 교수들이 강의를 하는 유명한 대학들이 많이 있었다.
가장 대표적인 대학으로는 (지금의 파키스탄 지방에 있는) 탁실라 대학, 바
나라스(지금의 바라나시) 대학, 그리고 남부지방의 칸치 대학을 꼽을 수 있
다. 이들 지역에는 대부분 자선단체나 황궁의 하사금으로 지원을 받는 대학
들이 밀집해 있는 구역이 여러 군데 있었다. 이러한 대학 도시에 거주하는
학생의 숫자는 상당했다. 바나라스의 경우 한 대학에 약 500명 정도의 학생
이 수학했다. 교수법은 은거지나 가정교사들의 그것과 동일했으며, 학생들
은 자신을 가르치는 교수에게 구루와 동일한 예를 갖췄다.

　이 같은 브라만 대학 말고도 불교와 자이나교가 세운 대학들도 있었다.
가장 유명한 대학으로는 비하르 지방에 있는 날란다 대학을 꼽을 수 있다.[33]
승려가 되고자 하는 학생들은 이곳에서 불교경전은 물론 베다와 힌두철학,
논리학, 문법 및 의학을 배웠다. 날란다 대학은 당대의 가장 뛰어난 구루가
재직하고 있을 뿐만 아니라 외국의 학자들이 오랫동안 머물러 있어 학문 수
준이 대단히 높았다.

　수도원과 대학은 성 안에 있었으며 그 주변 30~40마일에 걸쳐 매년 수백
명(가장 많을 때는 5천 명)의 학생들이 모여드는 은거지들이 산재해 있었
다. 수도원과 대학교가 모여 있는 대학촌에는 숙소와 부엌, 식당, 가게, 음식

물 저장소로 사용되는 거대한 건물과 작은 규모의 별관들이 있었다. 이 밖에 회당과 강의실도 있었고 목욕을 할 수 있도록 인공연못과 호수가 조성되어 있었다. 학생뿐만 아니라 일부 결혼한 학생들의 아내와 자녀, 그리고 남녀노소의 평신도들까지 몰려들어 도시는 항상 북적거렸다. 화려한 모습으로 우뚝 솟아있는 사원과 종교 기념물에 순례자들의 발길이 끊이지 않았고 결혼식도 심심치 않게 행해졌다.

학업(사마바르타나)을 마치면 일련의 기념의식을 치렀다. 학업을 마쳐야 하는 특정한 연령이 정해진 것은 아니었으나 크샤트리아의 경우 보통 16살로 보았다. 그 때부터 수염이 나기 시작하기 때문이었다. 학생은 어린 시절의 삭발의식을 되풀이하면서 처음으로 턱수염을 깎는다.[34] 정상적인 학업기산을 마친 후에 자신의 능력을 증명한 학생은 구루에게서 떠나는 것을 허락받고 스나타카, 즉 '목욕을 한 사람'(학업을 마친 사람)이 된다. 학생은 자신과 구루를 위해 스나타카 의식에 필요한 물건들을 구입해야 했다.[35] 자신과 구루의 옷과 터번, 금귀걸이 두 벌, 보석이 장식된 목걸이 하나, 나무샌들 두 켤레,[36] 우산, 지팡이, 씨앗들을 실로 묶은 화환, 백단향 나무토막, 눈에 바르는 포마드, '흠 없는' 나무로 만든 장작이 그것이다. 또한 지인들에게 나눠줄 음식도 이것저것 준비했다.

이 같은 준비가 끝나면 목욕재계를 하고 제단에 물을 바친 뒤에 태양숭배 의식을 행했다. 구루는 학생을 소가죽 위에 앉힌 다음 머리와 수염, 체모, 손발톱을 깎아 학생의 친구들에게 주었다. 친구들은 학생의 어머니가 아들의 삭발의식에서 했던 것처럼 외양간이나 기타 적절한 장소에 그것을 파묻었다.

학생은 이빨과 코를 깨끗이 닦고 성수를 몸에 뿌린 뒤 옷을 입었다. 그러고 나서 평생 몸에 지닐 물건들을 하나씩 착용하기 시작했다. 가장 먼저 장수와 건강을 약속하는 목걸이를 걸었다. 그리고는 눈에 기름을 바르고 철저한 보호의 상징으로 귀걸이를 착용했다. 두통을 없애는 의미로 손에 연고를 발라 머리에 얹었다가 몸에 댄다. 마지막으로 그는 거울로 자신의 얼굴을 살핀다. 구루가 학생에게 터번과 우산을 준다. 스타나카 신분임을 나타내는 우산은 머리 위에 있는 하늘의 상징물로서 출세를 의미한다. 구루는 또한 전진을 뜻하는 샌들을 주었다. 샌들은 안전하게 앞으로 가도록 해줄 뿐만 아니라 '사방에서' 그를 보호해줄 것이었다. 마지막으로 구루는 사악한 인간과 도둑으로부터 학생을 지켜주는 대나무 지팡이를 주었다. 이제 모든 것을 완벽하게 준비한 젊은이는 미리 준비해둔 '흠 없는' 장작을 성화에 올려놓고 홀로 명상에 잠긴다.

떠나는 순간이 임박해 오면 학생은 소와 같은 힘과 활기를 갖추기를 기원하면서 멍에를 살짝 건드린 뒤 우마차에 오른다. 그러나 이것은 떠남을 가장한 의식의 일부분으로서 우마차는 학생을 맞이할 준비를 하고 있는 브라만 친구의 집으로 향한다. 학생은 친구의 집에서 귀한 손님에게만 베푸는 온갖 환대를 받는다. 그런 뒤 학생은 이번에는 진짜 떠나기 위해 구루의 거처로 다시 간다. 구루는 자신이 가장 좋아하는 음식으로 식사를 차려달라고 젊은이에게 요구한다. 젊은이는 준비했던 선물을 구루에게 드린다. 마침내 그는 조심스럽게 오른쪽 발을 첫발로 내딛으며 집과 가족을 향해 떠난다.

멀리 자기 집 지붕이 보이기 무섭게 그는 그 자리에 서서 경의를 표한다. 문을 들어서자마자 고맙다는 인사를 한 다음 양쪽 문틀을 만진다. 그는 부모에게 인사를 드리고 다른 가족들에게도 기쁘게 인사를 한다. 집안 식구들은 그를 환대하고 마을에서는 멋진 환영식을 준비한다.

학생들은 대부분 집에 돌아오자마자 결혼하여 가장이 된다.

약혼과 결혼

공부를 끝내고 돌아와 '다시 태어난' 사람은 원칙적으로는 즉시 결혼하여 새로운 가정을 꾸려야 했다. 결혼(비바하)은 정상적인 삶의 두 번째 단계로서 결혼을 통해 스나타카에서 가장으로 신분이 바뀌었다.

이렇게 인생의 새로운 단계로 접어들면 새로운 불로 성화를 보충할 수 있었고(결혼을 해야 가정을 이뤄 독립적인 삶을 살 수 있었기 때문이다) 신들을 더욱 성실하게 섬길 수 있었다. 이것이 바로 완벽한 브라만의 사고방식이었다. 하지만 예외 없는 규칙은 없는 법이다. 공부를 마치고 온 사람이 차남일 경우에는 특히 예외가 많이 적용되었다. 그러나 장자는 아버지가 드리는 세사를 물려받아야 했기에 집에 돌아오자마자 부인을 취할 수밖에 없었다. 그러나 어떤 경우든 장남보다 먼저 결혼하는 것이 허용되지 않는 동생들은 좀더 많은 자유를 누렸고, 칼리다사가 '젊은이는 쾌락을 좇는다'고 말했듯이 재미있는 생활을 즐길 기회가 더 많았다.

결혼생활은 몇 가지 예외적인 경우, 이를테면 남편이 정신병자거나 성불능자 따위의 비정상인이 아니고서는 깨지지 않았다. 제일 낮은 카스트에 속하는 사람들만 이혼을 할 수 있었고, 그나마 그것도 고대의 일정한 시기에만 잠시 허락되었을 뿐이다. 결혼은 성적 결합만큼이나 형식과 의례가 중요했으므로 신랑신부 양쪽 집안이 모든 조건에 만족해야만 혼담이 오고갈 수 있었다. 신랑과 신부는 동일한 카스트에 속해야 하고, 존경받는 고트라의 후손으로서 어느 한쪽 집안이 기울어서는 안 되었다. 또한 양가 가계에 같은 조상이 없어야 하는데 친가의 경우는 7대까지, 외가의 경우는 5대까지 같은 친척이 있어서는 안 되었다.

부모들은 일찍부터 자녀의 배필을 찾는 데 상당한 관심을 기울였다. 베다 시대에는 남녀가 별 제약 없이 육체적 관계를 맺었고 그것을 창피하게 여기지 않았으나, 그 이후에 도덕률이 강화됨에 따라 이 책에서 다루는 시대에는 육체를 탐닉하는 관계가 전면 금지되었다. 또한 예전에는 여자가 독신으로 지내는 것을 받아들으나 — 반대의 목소리가 없었던 것은 아니지만 — 후대에는 종교적 소명과 같은 결정적인 이유 말고는 더 이상 허용되지 않았다. 오히려 계집아이들이 혼기가 차기 전에 결혼시키도록 권장했다. 입법자들은 여성이 본디 사악하며 본능에 따라 움직인다고 보았으며 과년한 처녀들이 부모의 감시를 피해 못된 놈과 눈이 맞아 임신할지도 모른다고 두려워했다. 처녀성을 잃은 여자는 결코 결혼할 수 없었기 때문이다.

처녀들이 결혼 전에 성적으로 방탕하다는 소문이 널리 퍼져 있었다. 다시 말해 매춘을 하거나 동성연애에 빠진 처녀들이 있는가 하면 심지어 살인보다도 더 나쁜 범죄인 낙태를 하는 처녀들도 있다는 말이 돌았다. 몸을 아무렇게나 굴린 여자들이 거지로 전락했다고도 여겨졌다. 혹시라도 자기 자식이 그 같은 꼴을 당할지도 모른다고 전전긍긍한 부모들은 딸자식을 일찍 결혼시키려고 애썼다. 하지만 대부분의 부모들은 딸이 결혼 적령기가 될 때까지 기다렸다. 결혼 적령기는 문헌에 따라 다르게 나타난다. 『자타카』에는 여자들이 평균 16살에 결혼했다고 기록되어 있지만 카우틸리아는 12살,『마누법전』은 8~12살로 적고 있다.[37] 그러나 일반적으로 여자의 결혼 시기가 6살 이하로 내려간 적은 한 번도 없었고 조혼풍습은 그 이후의 중세 시대에 존재했던 것으로 짐작된다. 일부 미혼 처녀들이 몸을 함부로 굴리기는 했지만 극히 소수에 불과했으며 대부분의 처녀들은 양가집 규수로서 손색이 없었다.

사내아이들이 구루에게 베다와 삶의 원리를 배우는 동안 여자아이들은 집에서 신앙심이 두터운 가정교사나 오랫동안 은거지에서 수도했던 학문 높은 스승에게 광범위한 문학적 교양을 쌓았다. 나아가 회화와 비나 연주 등의 다양한 기예를 배웠다. 어머니는 하인을 다루는 법과 제사 규칙에 따른 요리법, 정원 가꾸기, 바느질, 자수 등 살림을 가르쳤다. 여자아이들은 부모와 남편을 존경하고 순종해야 하며 어머니가 되어 자녀의 행복을 최고로 여길 때만이 여자로서의 소원을 성취하는 것이라고 배웠다. 이렇게 교육받은 까닭에 이들은 결혼 적령기가 되면 새로운 역할을 맡을 준비가 되어 있었다. 이들은 흠이 없고 정숙했으며 지적이고 교양 있는 아내로서 남편을 행복하게 해줄 수 있었다. 그러므로 우리는 여자란 걸핏하면 거짓말하고 툭하면 싸우며 변덕이 죽 끓는 듯하고 꼬치꼬치 캐묻는데다가 탐욕스럽기까지 하다고 호도하면서 모든 죄악을 여자에게 뒤집어씌우는, 여성을 혐오하는 불교도들의 신경질적인 발언에 지나치게 신경 쓸 필요가 없다.

신랑 집이나 신부 집이나 일찍부터 결혼계획을 세웠다. 양가 부모들은 관습에 따라 중매쟁이에게 부탁하여 혼처를 알아보았다. 중매쟁이는 친구나 가까운 친척, 또는 돈을 받고 일하는 전문 '중매쟁이' (가타카)일 수도 있다.

혼담이 오가는 기간은 매우 길었다. 양쪽 집안은 자녀가 좋은 교육을 받았고, 품행이 방정하며, 효성이 지극하고, 허약하지 않을 뿐만 아니라 불구도 아닌 — 불구자나 허약자는 결혼상대로 적절치 않다고 여겼다 — 건강한 처녀총각이라고 입이 닳도록 자랑을 늘어놓는다. 그 다음엔 재정적인 문제를 따진다. 전통을 충실히 따르는 브라만 가족의 경우에는 신부 아버지가 결혼지참금(슐카)을 마련했다. 결혼지참금을 준비하느라 재산이 상당히 축나는 일도 흔했다. 하지만 신부의 아버지는 어떻게 해서든지 약정된 금액을 해 주고 말았다. 딸을 팔았다는 비난을 듣고 싶지 않았기 때문이다.[38]

결혼을 준비하는 동안 점성술사들은 양가 일가친척들의 관상과 인품, 그리고 별자리를 살폈다. 또한 각종 전조를 유심히 관찰하며 부부가 될 두 사람의 신체적 특징과 별자리가 조합되었을 때 일어날 결과를 계산했다. 점성술사들이 신중에 신중을 거듭한 끝에 날을 잡으면 예비 신랑은 신부 될 사람을 시험하는 의식을 치른다.[39] 우선 각각 다른 곳에서 퍼온 흙으로 8개의 흙덩이를 만든 뒤 여자에게 하나를 고르게 한다. 남자는 여자가 선택한 흙덩이를 보고 그녀가 상습적인 도박꾼인지, 아이를 낳지 못하는 석녀인지, 오랫동안 방랑할 팔자인지, 또는 농사를 잘 짓고 가축을 많이 불릴 것인지 등을 판단했다. 예를 들어 무덤의 흙으로 빚은 흙덩이를 집으면 남편을 죽게할 팔자라고 여겼다. 그러나 집안 제단 밑의 흙으로 빚은 흙덩이를 고르면 부부가 '브라만의 영광스런 삶'을 살 것이며, 결코 마르는 법이 없는 연못의 흙으로 빚은 흙덩이를 고르면 풍족한 삶을 살 것이라고 생각했다.

마침내 양가에서 결혼 승낙이 떨어지면 남자는 장인이 될 사람에게 딸을 달라고 공식적으로 요청한다. 그는 제일 먼저 자신의 이름을 알린 다음 고트라의 조상들 이름을 줄줄이 외운다. 그리고는 신부의 손을 달라고 부탁한다. 신부의 아버지는 아무 말도 하지 않고 그 부탁을 들어준다. 두 사람은 꽃이나 구운 씨앗, 과일, 또는 황금이나 물이 들어 있는 단지를 함께 만진다. 장인은 딸의 머리를 단지에 대고 부귀영화를 기원하며 축복해준다. 이제 두 사람은 공식적으로 약혼한 사이가 되었고, 사내는 집으로 돌아가 제사를 지낸 뒤 봉납을 했다.

결혼식이 임박해서는 축제 준비를 급하게 서두른다. 점성술사들은 신혼부부가 사용할 방과 첫날밤을 보낼 날짜를 정해주었다. 신부의 아버지는 자신의 책임을 다하기 위해 결혼지참금에 쓸 보석을 모으기 시작한다. 어머니는 집안 구석구석을 먼지 하나 없이 쓸고 닦았다. 또한 결혼식에 참석할 많은 친척과 하객들을 대접하기 위해 눈코 뜰 새 없이 바쁘게 움직였다. 다른 가족들도 값비싼 새 옷을 입고 장신구를 착용했다.

신랑 집안도 부산하게 움직였다. 결혼식용 예복을 준비하고 신부와 사돈 어른들에게 줄 선물을 골라 보관해 두었다. 신랑은 가족 소유의 땅에 신혼 집을 미리 장만해두었다. 신랑의 아버지는 집 마당에 천막을 쳤다. 천막 아래에서 아들과 며느리가 결혼식을 올리면 되는 것이다.

이제 모든 준비가 끝나고 별들이 합쳐지는 때(결혼식)만 기다리면 되었다. 양가에서는 약혼한 남녀를 치장하는 일에만 신경을 썼다.

신랑 측 집안의 여인네들은 신랑 피부에 향기로운 연고를 바르고 화장을 한 뒤 머리를 장식하며 목걸이, 귀걸이, 팔찌를 걸어준 다음 멋진 비단 의상을 입힌다. 그리고 마지막으로 이마 정중앙에 카스트 표시를 색칠한 뒤 신랑에게 거울을 건네준다.

신부 역시 자기 집안의 아낙네들에게 둘러싸여 있다. 신부를 치장해줄 여성은 아들을 낳은 여자여야만 했다. 결혼식 날, 동이 트기 훨씬 전부터 아낙네들은 신부의 곁에서 부산하게 움직인다. 제일 먼저 이들은 향기 나는 연고와 백단향 기름으로 신부의 몸을 닦아주고 행운을 불러오는 두르바 풀로 화환을 만들어 장식한 다음 멋진 비단치마를 허리에 두른다. 이런 차림으로 신부는 목욕재계를 하러 간다. 눈에 띄지 않는 곳에서 악사들이 부드러운 음악을 연주하는 동안 아낙네들은 황금 항아리에 들어 있는 향긋한 물을 신부의 몸에 뿌린다. 그리고는 향을 피워 물기를 말리고, 머리를 빗기고, 가르마를 타서 머리끝에 모직 장식을 묶고, 꽃을 집어넣으면서 머리를 두 갈래로 땋는다. 목욕을 마친 신부는 사람들의 도움을 받아가며 하얀 옷을 입었다. 그리고는 황색과 흰색의 반죽을 얼굴에 붙이고, 볼에는 오렌지색 반죽을 점점이 박고, 붉은 반죽으로 입술을 강조한다. 발바닥에는 라크를 칠하고 눈에는 검정 화장품으로 두껍게 아이라인을 그렸다. 신부는 마지막으로 목걸이, 팔찌, 귀걸이, 황금 장식을 한 벨트를 착용한 다음 거울로 자신의 모습을 본다. 신부의 어머니는 딸의 이마에 결혼을 표시하는 황금색 점을 정성스럽게 칠한 다음 황색으로 염색한 모직 끈(카우투카수트라)을 딸의 오른쪽 팔목에 묶어 준다. 이 끈은 사흘 동안 매고 있어야 했다.

이즈음, 준비를 끝낸 신랑은 제단 앞에서 가족의 수호신에게 기도를 한 뒤 부모와 친구들을 대동하고 신부의 집으로 간다. 햇볕이 내리쬐는 가운데 화사한 비단옷 차림에 빛나는 보석을 달고 꽃으로 치장한 이 재미있고 엄숙한 행렬은 전통적인 행운의 곡조를 연주하는 악대와 함께 움직였다. 양산을 씌워주고 부채를 부쳐주는 친구들에게 둘러싸인 신랑은 엄숙한 자세로 걷는다. 처갓집으로 가는 길은 화려하게 장식되어 있었다. 집집마다 깃발이 휘날렸고 물이 가득 들어 있는 항아리들이 문 앞에 놓여 있었다. 그런가 하면 화려하게 색칠한 그림들과 꽃으로 만든 아치들이 길가에 설치되어 있었다. 마을 전체가 야단법석이었다. 아이들은 정신없이 뛰어다녔고 여인네들은 행렬을 보기 위해 창밖으로 고개를 내밀거나 발코니로 급하게 뛰어올라갔다. 구경꾼들은 행렬에 꽃을 던졌다.

신랑과 친구들은 반대편 방향에서 다가오는 신부 친구들의 행렬을 만나 신부의 집 앞에 함께 나타난다. 신랑은 귀한 손님으로 환대를 받기 위해 엄숙하게 들어간다. 신부 집에서는 신랑이 앉아서 발을 닦을 수 있도록 의자와 물그릇을 내놓고 꿀과 쌀, 그리고 한약재로 만든 전통음료를 내온다.

마침내 오랫동안 기다리던 순간이 왔다. 신랑은 혼례용 불을 피워놓은 제단과 동쪽 문 사이의 뜰에 설치해 놓은 천막으로 들어간다. 천막은 바닥에 카펫이 깔려 있고 중간에 커튼을 쳐 양쪽으로 나뉘어 있었다. 신부는 아버지와 들러리들의 손에 이끌려 서쪽으로 들어가고 신랑은 북쪽에서 들어가 커튼을 사이에 두고 앉는다.

이제 결혼식을 집전하는 브라만들이 모든 준비가 완벽한지 마지막으로 점검한다. 혼례용 불의 서쪽에 맷돌과 볶은 쌀이 들어 있는 체가 있는가, 북동쪽에는 물 항아리가 있는가, 장작은 충분한가를 확인하면 드디어 결혼식이 시작되었다. 성직자의 중얼거리는 기도 소리와 함께 결혼식이 시작된다. 커튼이 올라가도 신랑신부는 서로를 쳐다볼 수 없었다.

아버지가 딸에게 다가가 칼끝으로 머리를 건드린다. 이는 성적인 의미를 내포한 제의적인 제스처이다. 아버지는 딸에게 몇 마디 건넨 다음 신랑의 손에 물을 약간 흩뿌린다. 이는 고래로부터 선물을 준다는 의미의 몸짓이었다. 신랑은 이에 대한 답례로 아내에게 최선을 다하고 아내를 위하여 재산을 많이 모으며 아내와 하나가 되겠다고 공개적으로 약속한다.[40] 이 엄숙한 약속으로 두 사람은 영원히 하나가 되었고, 그 순간부터 부부의 연을 맺게 되는 것이다. 신랑신부는 그 때서야 서로를 쳐다볼 수 있었는데, 결혼식을 집전하는 브라만은 신부가 신랑을 좋지 않은 시선으로 바라봐서는 안 된다고 큰소리로 주의를 주었다. 결혼식의 첫 부분을 마무리하기 위해 장인과 사위가 함께 혼례용 불에 버터기름과 쌀을 제물로 바친다.

이제 신랑은 카펫의 남동쪽 구석에 조용히 앉아있는 신부에게 다가간다. 그리고는 신부의 오른손을 잡고 이렇게 말한다. "나는 아름다운 사랑을 위하여 당신의 손을 잡았습니다. 그러니 당신은 당신의 남편인 저와 백년해로할 수 있을 겁니다. 우리 두 사람이 가정을 꾸려갈 수 있도록 신들은 당신을 제게 주었습니다." 하객들은 그 순간을 유심히 지켜본다. 신랑이 신부의 엄지손가락만 잡고 있다면 아들을 원하는 것이고 다른 손가락을 잡고 있으면 딸을 원하는 것이며, 신부의 손을 덥석 쥐고 있으면 아들이나 딸이나 모두 기쁘게 받아들인다는 뜻이기 때문이다.

신부가 자리에서 일어나고 갓 결혼한 두 사람은 함께 혼례용 불이 타오르고 있는 화로로 다가간다. 신랑은 자신의 옷자락을 들어올려 신부의 옷자락에 묶은 다음, 불을 오른쪽에 두고 함께 화로 주변을 거닐었다. 그들은 이렇게 세 번을 도는데, 신랑은 화로의 서쪽에 있는 맷돌을 지나칠 때마다 신부에게 오른발로 맷돌을 건드리게 했다. 이는 맷돌처럼 견고하게 제의에 따라 결혼생활을 하고, 사악한 것들에 당당하게 맞서겠다는 뜻이었다. 이윽고 신랑은 아름다운 결혼서약을 한다. "저는 사내고 당신은 여자랍니다. 당신은 여자이고 저는 사내랍니다. 저는 하늘이고 당신은 땅이랍니다. 저는 노래이고 당신은 시(詩)랍니다. 어서 오세요. 결혼해서 세상에 우리의 아이를 낳아

봅시다! 너무 기뻐 하늘을 날아갈 것만 같습니다. 우리 두 사람 천년만년 행복하게 살아봅시다!"

신부의 아버지는 쌀이 가득 들어 있는 바구니를 들고 다시 한 번 딸에게 다가오고, 들러리들은 신부의 손에 버터기름을 발라준 다음 부귀영화와 다산의 상징인 구운 쌀을 신부의 손에 퍼붓는다. 신부는 혼례용 불가로 가서 양손을 모은 채로 이 쌀을 네 번에 나누어 바친다. 그런 다음 체를 들고 쌀을 불에 던지면서 마지막 제물을 드린다.

신랑은 이제 신부의 머리를 푼다. 그리고 두 사람은 함께 오른발을 먼저 내밀고 다음과 같은 기도를 하며 일곱 걸음을 걸어간다. "첫 번째 걸음은 음식을 위하여, 두 번째 걸음은 힘을 위하여, 세 번째 걸음은 늘어나는 부를 위하여, 네 번째 걸음은 행운을 위하여, 다섯 번째 걸음은 자녀를 위하여, 여섯 번째 걸음은 계절을 위하여, 일곱 번째 걸음은 금슬과 정절과 다복을 위하여!" 걸음을 뗄 때마다 신부는 약간의 쌀을 뿌리며 나아갔고, 성직자는 혼례용 불의 북서쪽에 놓여 있다가 지금은 들러리가 어깨에 들고 있는 항아리에서 물을 떠서 신부가 지나간 자리에 뿌린다. 이 의식은 씨를 뿌리고 난 뒤 비가 내려 농사가 잘 되는 과정을 연상케 하는 것이었다. 이제 신랑신부는 머리를 맞대고 조용히 서 있고, 성직자는 두 사람의 결합을 영원히 신성하게 해주는 물을 신랑신부에게 뿌린다. 그리고 들러리들은 쌀을 비롯한 여러 가지 곡식을 뿌린다. 결혼식을 집전한 브라만들은 그 때서야 선물을 받았다. 원칙적으로는 소를 받았지만 같은 값의 물품을 받는 경우도 있었다.

하지만 결혼식은 아직 끝난 것이 아니었다. 곧 있으면 신부가 가족의 품을 떠나 시댁으로 가야 했기 때문이다. 이 때 신부는 자신의 앞날을 생각하고는 눈물을 흘렸다고 전해진다.

『리그베다』의 저자는 이러한 심정을 충분히 짐작하여 슬픔에 사로잡힌 어린 신부를 위한 주문을 만들어 두었는데, 신랑은 이 주문을 신부에게 부드럽게 읊어주었다. "눈은 (언제나 그러하듯이 죽은 자들보다는) 산 자를 위하여 눈물을 흘리는 구려! 눈은 (결혼식을 동반한) 희생제의 안에서 기뻐하는구려! 결혼을 가능하게 해주신 조상들께 영광을 드리구려! 부인들은 남편들에게 기쁨이니, 남편은 부인을 포용하는구려!" 이렇게 마음의 위로를 받은 신부는 다른 장소에서 벌어질 의식들을 치르기 위해 자신이 타야 할 마차에만 신경을 기울일 수 있었다. 마차 옆에는 두 마리의 하얀 수소가 마구가 채워지기를 기다리고 있었다. 신부는 마차에 다가가 두 개의 바퀴에 버터기름을 바른 다음, 과일이 많이 달려있는 가지를 바퀴살 사이로 집어넣는다. 그러면 마부는 바퀴를 지탱하고 있는 나무못들을 교체한 다음 소에게 마구를 채우고, 마차 실내에 화려한 천을 깐 뒤 갓 결혼한 부부를 태울 준비를 한다. 들러리들은 신혼집 화로에 옮겨 붙일 혼례용 불을 조심스럽게 마차에 실었다. 신랑신부가 마차에 올라타자마자 마차는 앞으로 나아갔고 하객들이 그 뒤를 따랐다.

신랑의 집이 너무 가까우면 결혼식 행렬은 마을 사람들을 좀더 기쁘게 해주기 위해 우회해서 갈 수도 있었다. 신랑신부는 교차로, 강, 커다란 숲, 묘지를 지나칠 때마다 사악한 것들과 인생의 장애물로부터 자신들을 보호해달라고 기도했다. 마을 사람들은 창가나 도로변에서 결혼식 행렬을 지켜보다가 신랑신부에게 행운이 깃들기를 바란다고 소리쳤다. 결혼식 도중 예상치 못한 사고가 발생하면 길을 떠나기에 앞서 혼례용 불에 장작을 지피고 제물을 드렸다.

이윽고 결혼식 행렬은 신혼부부를 맞이하기 위해 최근에 지은 집에 도착한다. 브라만 여인들(남편과 자식들이 살아있는 아낙네들)은 신랑을 맞이하기 위해 집 앞에 모여 있었다. 성직자는 신랑신부에게 다음과 같은 덕담을 건넸다. "조상의 음덕으로 두 사람이 아끼는 모든 것들이 여기서 번창하기를 비노라! 신부는 주부로서 이 집을 돌보라! 그대의 몸을 여기서 남편과 하

나가 되도록 하라! 몇 년이 지나 그대가 성숙해졌을 때 말이나 행동이 현명
해지기를 비노라!" 성직자는 신부가 문턱을 건드리지 않고 오른발을 먼저
내딛도록 주의를 주면서 집안으로 들어가게 했다. 그리고는 출입구 동쪽에
화로를 설치하고 혼례용 불을 옮겨 붙인 뒤 화로 서쪽에 소가죽을 깔고 신
랑신부를 앉혔다. 그는 신부의 눈가에 연고를 발랐고, 신부는 자신의 땋은
머리끝을 살짝 만졌다. 그리고 브라만 카스트에 속하는 건강한 사내아이가
들어와 그녀의 무릎에 앉았다. 신부는 꼬마의 양손에 과일과 나무뿌리를 쥐
어준 다음 일으켜 세웠다. 마지막으로 신부가 남편의 손을 살짝 잡으면 신
랑은 화로에 장작을 집어넣으면서 자신의 고트라를 말했다. 그러면 성직자
가 그들의 가슴에 버터기름을 발라주었다. 신부는 신랑 집안의 여인들에게
차례로 인사를 드리고, 여인들은 남편에게 항상 사랑받으라고 축원해준다.
인사가 오가는 동안 신부 들러리들은 식물로만 차린 음식을 대접받았는데,
식사를 마친 뒤 네 번의 춤을 추고 브라만들에게 음식을 대접했다.

　결혼식은 그 때서야 비로소 끝났다. 별이 모습을 드러낼 때까지 신랑과
신부는 조용히 앉아 있고 하객들은 흥겹게 이야기꽃을 피웠다. 밤하늘을 자
세히 쳐다보던 하객 가운데 한 사람이 갑자기 첫 번째 별을 보라고 소리친
다. 신랑은 즉시 신부에게 북극성을 가리키고 신부는 처음으로 침묵을 깨면
서 두 사람이 장수하고 자손을 많이 두기를 빌었다. 신랑은 아내에게 끝까
지 충실하겠다는 뜻으로 신부의 머리에 여섯 가지 물건을 쏟으면서 여섯 번
의 봉납을 드렸다. 봉납이 끝나자마자 두 사람은 '쓰지도 않고 소금도 넣지
않은' 응유와 쌀로 만든 음식을 먹었다. 신랑이 먼저 오른손으로 먹고 신부
에게 주었다.

　그들은 아침부터 저녁까지 화로를 세심하게 살폈다. 또한 3일 동안 일체
의 성행위를 하지 않고 바닥에 나란히 누워 잠을 잤다. 4일째 되는 날, 신부
는 오른쪽 팔목에 친정 엄마가 묶어준 노란 끈을 풀었다. 이는 친정 집안과

연결된 마지막 매듭을 푸는 행위였다. 두 사람은 함께 봉납과 제사를 드렸다. 그 날 밤 신랑은 신부에게 아름다운 노래를 부른다. "우리의 영혼은 하나가 되었다네. 우리의 가슴은 하나가 되었다네. 우리의 몸도 하나가 되었다네. 나는 당신에게 나의 사랑을 맹세한다네. 우리의 결합이 영원히 변치 않기를!" 그리고 신부에게 키스를 한 뒤 다시 말을 이었다. "나에게 헌신해 주오! 나의 동반자가 되어주오……. 꿀이 내 입에서 살살 녹고, 조화가 내 이빨에 있다네."

드디어 진정한 부부가 된 그들은 바로 임신이 되게 해달라고 기도했다. 그들은 10일 동안 집안에서 꼼짝도 하지 않았고 10일이 지나서야 일상적인 생활로 돌아왔다. 남자는 집안의 가장으로서 신부는 미래의 어머니로서 살아갔다.

가족과 관습

가족(쿨라)은 가장 작지만 제일 중요한 사회단위였다. 가족을 규율하는 규칙은 개개인의 행동에 직접 영향을 미쳤고 가족으로서의 의무를 하루도 빠짐없이 수행하도록 강제했다. 이렇게 세대에서 세대로 이어진 전통적 규범에 의해 쿨라는 유지되었다.

어렸을 때부터 가족을 책임질 준비를 해온 ― 사내아이들은 가장이 되기 위해, 여자아이들은 어머니가 되기 위해 ― 대부분의 남자와 여자들은 자신에게 주어진 일을 열심히 수행했고 종교적 규칙을 한 번도 어기지 않았다. 인도인들은 의식이 자신들을 위해 미리 닦아놓은 길을 죽을 때까지 따랐다. 의식은 사실 가장 근본적인 조건을 형식화한 것에 지나지 않았으므로 의식을 치르는 개인들은 저마다 세부적인 행동거지에 지속적으로 관심을 기울

여야 했다. 사람들은 이러한 의무감 때문에 유혹에 빠지지 않았으며 도덕적
으로 타락하지 않았다. 의식이 부과하는 도덕적 의무는 귀찮은 것이 아니었
고 사람들은 가슴을 활짝 열고 선량한 생활태도를 기분 좋게 받아들였다.

가족은 혼례용 불을 받아 신혼집에 처음 지핀 불과 동일시되었다. 꺼지지
않는 불이야말로 부부를 지속적으로 지켜주는 보호수단인 것이다. 가장과
부인은 집안의 불이 꺼지지 않도록 해야 할 의무가 있었다. 장남이 학생기
의식을 치르면 장남의 도움을 받아 정성스럽게 불을 돌보았다. 실수로 불을
꺼뜨리면 가장은 이러한 사고를 대비해 만들어 놓은 '속죄' (프라야슈치타)
의식을 드려야 했다. 수고비를 받고 이런 위험천만한 사태를 수습해주는 성
직자들도 있었다. 가족 구성원은 하루 두 차례 점심과 저녁식사 직전에 가
장(가장이 없을 경우에는 아내)이나 그 집에 배속된 성직자가 차려놓은 불
의 제단 앞에 모였다. 하루도 빠짐없이 치러지는 이러한 일상적인 의식을
통해 가족의 결합은 더욱 견고해졌다.

하지만 인도의 가족은 엄청나게 많은 사람들이 모여서 이루어지는 경우
가 많았다. 부부와 자녀로만 구성되는 것이 아니라 친인척 전부를 가족의
일부로 받아들일 뿐 아니라 가장이 거느리는 하인들과 그에 딸린 식구들까
지 포함되기도 했다. 이와 같은 대가족 개념은 카스트를 막론하고 일반적으
로 통용되었으며 인도인의 생활방식을 지배했다. 이러한 가족 개념은 현대
인도의 많은 지방에서 지금도 지켜지고 있다.

대가족은 소규모의 '집단' 이었다. 전형적인 가족은 가장과 아내와 여러
명의 자녀로 이루어진다. 여기에 가장의 형제와 사촌들, 조카들, 양자들(많
은 가족이 양자를 들였다), 숙식을 하는 학생들(가족의 자녀로 대우받았다),
그리고 가족의 성인들이 고용한 하인과 노비, 마지막으로 가족 주위에서 생
활하며 살림을 도와주는 노동자들과 수공업자 무리들이 포함되었다. 간략
하게 말한다면 가족은 보통 50명 또는 그 이상이었다. 이렇게 많은 사람이

한 가족을 이루었기 때문에 벽을 사이에 두고 여러 건물들이 붙어있는 주택가를 형성할 수밖에 없었다.

다른 카스트끼리의 혼인과 재혼, 그리고 일부다처제라는 특별한 상황으로 인해 가족 구성원의 수는 더욱 늘어났다. 다양한 문헌에 나와 있는 모든 예외조건을 살펴보면 누구라도 쉽게 짐작할 수 있듯이 재혼은 매우 흔했다.[41] 모든 카스트에서 일부다처제가 허용되었으나 크샤트리아는 일부일처제를 고수했다. 크샤트리아는 자신들의 고트라를 온전하게 보존하여 매달 치르는 쉬라다 제사를 계승하는 것이 가장 중요한 일이었기 때문이다. 카우틸리아에 따르면 크샤트리아는 부인이 자손을 보지 못한다는 사실이 증명되는 기간, 즉 8년에서 12년이 지나기 전까지는 재혼을 할 수 없었다. 재혼을 하더라도 본부인(첫째 부인, 또는 가장 순수한 카스트의 부인)의 서열이 가장 높았으나 승계 순서가 문제가 되는 경우도 있었다.

이렇게 여러 가지 결합을 통해 태어난 아이들은 일정한 조건에 따라 사회적 인정을 받았다. 몇몇 예외가 있기는 했지만 대가족에서 아이들의 위치는 동등했다. 아이들은 아버지의 부인들을 모두 '어머니' 라 불렀고, 이와 동일하게 사촌들도 '형제' 라고 불렀다. 그러나 일부다처제 하에서 여러 가정이 공동으로 생활했으므로 혈통적으로 상당한 문제가 생기지 않을 수는 없었다. 따라서 대가족에서는 집안의 평화가 급선무였으며 이를 해결해주는 주문이 존재했다.[42]

앞서 설명했듯이 가정생활에서 자녀가 차지하는 비중은 상당했으며 부모들은 자녀들의 건강, 교육 및 행동에 지대한 관심을 기울였다. 장남의 역할은 막중했다. 가정의례와 고트라 의식의 계승자였기 때문이다. 장남은 가장의 후계자로 아버지를 대신하여 집안을 다스릴 책임이 있었다. 양자 또는 '인위적인 아들' (크리타카)은 합법적인 자식으로서 친자녀와 동등한 권리를 가졌다. 그들은 엄숙한 의식을 통해 자신의 고트라를 '버리고' 양아버지의 고트라를 취했기 때문이다. 양아버지의 가계에 들어온 그들은 매달 제사를 올리는 친아들과 다름없었다. 『고대 인도의 종교(Religions of Ancient India)』의 저자인 루이 르노의 표현을 빌면 양자는 '진짜 자손의 마술적 창조'로서 친자식의 대체자인 것이다. 아들에 대한 욕망이 강했으므로 입양은 빈번하게 이루어졌다. 심지어 성인들을 양자로 삼기도 했다. 입양에서 가장 중요하게 고려하는 사항은 입양할 자녀(또는 성인)의 카스트와 가문이었다.

여자아이에 대한 대우는 시대에 따라 달랐다. 일반적으로 무남독녀인 경우, 여아는 장남의 대우를 받을 수 있었고 결혼한 뒤에도 (자식들이 어린 동안에는) 예전과 똑같은 권리를 누렸다. 또한 그녀의 아들은 아버지의 혈통을 이어받지 않고 외할아버지의 고트라에 소속되었다. 따라서 이렇게 '남자 형제들이 없는' 여자(푸트리카)와 결혼하는 것은 좋지 않게 여겨졌다.

최하층 카스트에서는 여아를 원치 않았고 심지어 저주의 상징으로 여기기도 했지만 높은 카스트의 지체 높은 집안에서는 여자아이를 사내아이만큼이나 기쁘게 받아들였다. 이러한 가정에서는 여자아이가 미래에 수행하게 될 어머니의 역할을 중요하게 생각했다.

한편 대가족에서는 나이 든 먼 친척을 거두어 돌보는 경우가 많이 있었다. 노동력이 전혀 없는 노쇠한 식객은 더 이상 집안을 위해 아무런 일도 하지 못하지만 집 한구석에 기거하면서 가족 공동체가 제공하는 편안한 생활을 누렸다. 이러한 예는 인도 문헌에서 쉽게 찾아볼 수 있다. 많은 문헌들은 노인을 수척한 외모에 마음씨만 좋은, 무용지물에 가까운 게을러터진 피조물로 묘사하고 있다. 하지만 노인은 먼 친척이라는 이유 하나만으로 상당한 대우와 존경을 받았다.

가족 구성원들은 누구나 동일한 규칙을 지켰고 유일한 권위, 즉 가장의 권위에 따랐다. 가장은 가족이라는 공동체의 아버지이자 관리자이고 또한 구루였다. 그는 군주가 왕국을 다스리듯 가족을 다스렸다. 그는 집안에서

군주와 동일한 권리를 행사했고, 동일한 의무를 졌으며, 동일한 책임감을 지
녔다.

가장은 또한 고트라의 조상 이름을 딴 이름을 지닐 권한이 있는 유일한
사람으로서 가족 전체를 대표했다. 그는 자신 주위에 있는 모든 사람들의
신뢰에 영향을 끼치는 존재이므로 높은 도덕성이 요구되었다. 반대로 그는
친척들의 명예로운 행동에 힘입어 사회적 존경을 받기도 했다. 그러므로 그
는 자녀들에게는 훌륭한 아버지이자 가족 모두에게는 좋은 가장으로서 공
정하고 선하게 행동하기 위해 갖은 노력을 기울여야 했다. 또한 그는 가족
재산의 관리자로서 자신이 거느리는 모든 사람의 소유물, 즉 아내나 자식이
나 친척이나 하인이나 노비들의 소유물도 자기 재산처럼 관리했다. 실제로
가족 구성원 모두가 그를 가장으로 인정하고 최고의 예의를 갖춰 깍듯이 대
했다. 이렇게 절대적인 권한을 지니고 있었지만 가장은 자신의 특권을 남용
할 수 없었다. 가장이 자녀의 삶과 죽음마저 좌지우지했던 시기도 있었지만
그것은 아주 오래전의 일이었다. 당시의 법률과 관습은 그런 권한을 인정하
지 않았다. 가장은 가족의 일을 논의하기 위해 가족회의를 열었다. 하지만
최종결정은 가장이 내렸고 누구도 그의 결정에 이의를 제기하지 못했다.

아내 역시 상당한 영향력을 행사하는 중요한 위치에 있었다. 그녀는 남편
을 부를 때마다 '존경하는 사람(시아버지)의 아들' (아리아푸트라)이라고
부르는 등 남편을 깍듯하게 대했다. 그녀는 남편을 자신의 주인으로 대우했
으며 남편의 소망을 실현시키기 위해 애썼다. 이에 화답하여 남편은 그녀를
아내로서, 자식들의 어머니로서, 친구이자 조언자로서 대우했다. 아내는 아
들을 낳아 집안의 대를 잇는 중요한 존재였다. 가장은 그녀에게 꽃과 약재
를 기르는 정원을 관리하게 하는 등 집안 살림에 관한 모든 권한을 주었다.
때때로 시어머니가 자신이 휘두르던 권한을 품위 있게 넘겨주지 않는 경우
가 있었다. 이럴 때 며느리는 애를 먹었다. 시어머니가 연로하여 집안일을

도저히 처리하지 못하는데도 고집을 부릴 경우, 젊은 안주인은 집안에 분란을 일으키지 않고 가정의 대소사를 챙겨야 했다.

젊은 안주인은 집을 떠나는 일이 별로 없었고 가끔 집을 비우더라도 항상 보호자가 동반했다. 양가집 규수로서 손색이 없도록 교육받은 인도 여성은 정숙하고 수줍음을 많이 탔다. 그녀는 커다란 숄로 몸을 감고 베일로 얼굴을 가리지 않고서는 많은 사람들 앞에 좀처럼 모습을 드러내지 않으려 했다. 하지만 남편과 함께 초대받은 잔치(이를테면 결혼식)나 여름철 시골로의 소풍은 마다하지 않았다.

아내들이 모두 현모양처였던 것은 아니었다. 악행을 저질러 남편이 대신 벌금을 물어주었던 여자들도 있었다. 죄를 범한 아내는 많은 사람들에게 욕을 먹었고 심지어 이혼을 당하기도 했다. 간통한 여자는 당나귀에 태워 끌고 다니며 대중의 비난을 받게 했다. 상황에 따라 결혼을 무효로 할 수도 있었다. 아내가 먼저 결혼을 이혼을 하자고 하는 경우도 있었다.

일상의 의식과 관습

가장은 한 가정의 대표로서 가정 제의의 상당 부분을 책임졌다. 그의 일상적인 의무는 감당하기 벅찰 정도였다. 종교적 의무를 지키고 시민으로서의 의무도 져야 하며 직업도 가져야 했기 때문이다. 그는 동이 트기 전에 일어나 모든 준비를 끝내야 했다. 만약 실수로 늦잠을 잤다면 날이 저물 때까지 말없이 서 있어야 했다.[43] 그는 일어나자마자 침실 벽의 우묵 들어간 곳에 있는 조그만 램프에 불을 붙이고 베다를 읽는다. 책상다리를 하고 바닥에 앉아 경전을 펼쳐놓은 채로 경건하게 암송한다. 그리고 얇고 하얀 천으로 만든 깨끗한 허리옷만 걸치고서 문을 열고 정원으로 나간다.[44] 아침 해가 뜰 무렵 그는 자신의 땅 옆으로 흐르는 강이나 시내로 향한다. 그는 물에 들어가 '외부를 목욕재계' 하면서 기도를 올린다. 그 다음 '내부를 목욕재계' 하기 위해 물을 몇 모금 마셔 입을 닦는다. 마지막으로 그는 머리를 물속에 처박고 여덟 살 때 브라만 성인식에서 배웠던 경전(가야트리)의 한 구절을 속으로 몇 번이고 되뇌었다. "저의 마음에 영감을 주시는 신(자신의 수호신의 이름)의 자애로운 영광을 간직하게 해주십시오." 그리고 지평선 위로 떠오르는 해를 향해 두 손을 합장하고 고개를 숙인다.

물에서 나온 뒤에는 땋아 놓은 머리 매무새를 가다듬고 쿠샤 풀을 움켜쥔 채 다시 한 번 가야트리를 (이번에는 커다랗게) 암송했다. 그는 입을 세 번 헹구고, 손을 문지르고, 몸 이곳저곳을 만진 다음 다시 한 번 입을 헹구고 호흡을 조절하면서 명상을 한다. 오른손의 두 번째 손가락으로 왼쪽 콧구멍을 막고 오른쪽 콧구멍으로 힘차게 숨을 내쉰다. 다시 숨을 들이쉬고 될 수 있는 대로 참았다가 오른쪽 콧구멍을 오른쪽 엄지로 막고 왼쪽 콧구멍으로 숨을 내쉰다. 숨을 참는 동안에 마음속으로 몇 가지 진언(만트라)을 외운다. 이렇게 몇 번을 수행한 다음 양쪽 다리를 꼰 자세로 서서 합장을 하며 떠오르는 해를 바라본다. 그리고는 참깨, 꽃, 보리, 물, 백단향 등을 제물로 바치고 진언을 외운다.

밤과 낮을 이어주는 아침 목욕재계 의식이 끝나면 몸단장을 한다. 그는 무념무상의 상태로 웃옷을 입고 깨끗하게 세탁한 스커트를 걸치고 향수를 뿌린다. 그리고는 이마에 카스트 표시를 색칠하고 하루 일과를 시작한다.

남편이 몸단장을 하는 동안 아내 역시 그날의 복장을 세심하게 매만진다. 아내에게도 아침 몸단장은 제의적인 활동이었으므로 하루도 목욕을 빼먹지 않았다. 그 다음 순서는 화장이다. 남편을 기쁘게 하는 것이 그녀의 의무이기 때문이다. 화장대 위의 액세서리들은 궁녀들의 것보다는 화려하지 않지만 가짓수로는 뒤지지 않는다. 화장품 용기는 상아, 뿔, 갈대, 대나무, 나무,

옻나무, 각종 조개껍데기로 만들었다.[45] 머리는 나무빗으로 빗는다. 그릇에 담긴 물에 얼굴을 비추는 가난한 여인들과는 달리 그녀는 번쩍거리는 금속제 거울을 사용한다. 얼굴을 좀더 화려하게 꾸미기 위해 그을음(안자나)으로 눈가를 화장했고, 몸에는 향기와 색깔이 있는 연고를 문지르며, 발바닥에는 붉은 라크를 칠했다. 목에는 갓 딴 꽃으로 만든 화환을 걸었다.[46]

준비를 끝내기 무섭게 아이들을 데리고 남편에게 아침인사를 하러 간다. 아내와 아이들은 '만지기에 좋은 발인'(『라구 왕조』 IV, 88) 가장의 발을 만지기 위해 그의 앞에 무릎을 꿇으며 공손하게 인사를 올린다.

남편이 바깥일을 하는 동안 부인은 하인들 틈에서 하인들의 모든 활동을 감독한다. 하인이 아무리 많아도 남편의 음식만큼은 아내가 준비해야 한다. 다양한 양념이 지니고 있는 제의적 순수성을 보존하기 위해 다른 사람의 손을 타서는 안 되었기 때문이다. 남편은 먼 길을 떠났을 때를 제외하고는 부인이 준비한 음식만 먹을 수 있었다. 여행 중에는 자신이 직접 음식을 준비하거나 자신과 같은 카스트에 속한 사람들에게 요리를 시켰다. 이 원칙은 매우 엄격해서 심지어 공주라 할지라도 생모가 황궁의 노비 출신이라면 왕의 면전에서 음식을 함께 먹을 수 없었다.[47]

가장은 점심식사 직전에 가족 전체가 모인 가운데 하루 두 번의 제사 중 첫 번째 제사를 드린다. 그는 음식물을 화로에 던지면서 여러 신들, 즉 사망한 혼령들, 지상, 불, 그리고 기타 신성한 실체들에게 기도를 드린다. 그리고 브라만을 위해 음식의 일부를 따로 떼어놓고 개, 벌레, 새들에게도 하루도 빠짐없이 먹이를 준다. 항상 배고픈 까마귀들도 이러한 먹이를 놓치지 않기 위해 땅으로 내려온다. 가장은 또한 집에 머무르는 귀한 손님에게 대접할 음식을 꼼꼼히 감독한다. 이렇게 여러 가지 일을 한 이후에야 쉴 수 있었다.

동일한 의식이 매일 아침마다 되풀이 되었다.

식사는 의식으로서 규칙을 정확하게 준수했다. 아이들은 식사를 하기에 앞서 존경의 표시로 아버지와 어머니의 발을 닦았다. 아내는 다른 사람들과 떨어진 곳에서 바닥이나 방석에 앉아 식사를 하는 남편의 수발을 들었다. 그녀는 깨끗한 항아리에 물을 채우고 남편이 손을 닦으면 물을 버린 뒤 빈 항아리를 치운다.[48] 남편 앞에는 커다란 바나나 잎사귀가 놓여 있고, 아내는 거기에 여러 가지 음식을 하나씩 놓는다. 그는 오른손으로만 음식을 먹는다. 왼손으로는 음식을 건드리지도 않는다. 음식을 먹고는 물로 입을 헹군다.[49]

남편이 식사를 마치면 아내도 남편과 똑같이 식사를 했는데, 이번에는 아이들이 시중을 들었다.

음식 종류는 정말로 많았다.[50] 쌀이 주식으로 부엌에서 일하는 여인네들은 쌀의 특성을 잘 살린 음식을 여러 가지 만들었다. 안남미(安南米)에 야채를 넣어 묽은 죽을 만들기도 했고 중간 크기의 쌀은 익혀서 기본 음식으로 먹었다. 낟알이 작은 쌀은 빻아서 가루로 만들었다. 매일같이 커다란 나무 절구나 돌절구에 곡식을 넣고 길고 무거운 절구공이로 빻아 곡식의 껍질을 벗긴 다음 키질했다.[51] 키질을 한 뒤에도 껍질이 벗겨지지 않은 낟알은 속이 텅 빈 갈대를 이용해 벗겼다. 겨는 한데 모아 금세공인에게 팔았는데 그는 그것을 보석 닦는 데 사용했다.[52]

밥을 지을 때면 시내 성문 밖이나 마을 입구에서 장사를 하는 나무꾼에게 장작을 사서 두 개의 커다란 돌 밑에 쌓아놓고 불을 지폈다. 커다란 솥단지를 돌 위에 올려놓은 다음 쌀 1에 물 3의 비율로 물을 채웠다. 물이 끓으면 깨끗하게 씻은 쌀을 넣고 15분간 더 끓이면서 표면에 떠오른 찌끼를 걷어낸 뒤 바닥에 눌어붙지 않도록 쌀을 휘저었다. 쌀이 익으면 물기를 털어내고 등나무 스탠드 위에 올려놓은 접시에 담은 뒤 깃발처럼 생긴 부채로 열을 식혔다.[53] 그리고는 응유와 세 가지 향신료, 즉 편평한 돌에 맷돌 위짝을 문질러 정성스럽게 빻은 계피, 카다몬, 메이스와 함께 밥상에 올렸다. 또는 버터기름, 망고주스 또는 벵갈 콩으로 만든 소스로 맛을 내기도 했다. 쌀가루를 반죽해 밀대로 밀어 만든 팬케익인 카파티는 오늘날도 인도 전역에서 노동자들의 주요 '간식'으로 사랑받는다.[54]

보리, 밀, 콩도 끓이거나 튀겨서 많이 먹었다. 야채를 삶아 곡식과 함께 스프를 끓이기도 했다.

살생을 금하는 법률과 비폭력(아힘사) 사상으로 인해 정통 브라만 가정에서는 몇몇 특별한 경우를 제외하고는 고기와 생선을 먹지 않았다. 그러나 도살장 관련 법률이 존재했고 당대 문헌에 사냥꾼과 어부들이 무수히 등장하는 점으로 미루어볼 때 크샤트리아 카스트에서는 이런 음식들을 정기적으로 먹었던 것으로 짐작된다. 하지만 가젤(아시아 영양)을 제외하고는 인간에게 유용한 짐승은 결코 죽이지 않았고, 젖도 짜지 않았다.[55] 고기는 삶아서 레몬, 오렌지, 석류(다디마), 타마린드, 소렐(추크라) 등의 과일이나 쓴약초즙(암라바르가)으로 맛을 냈다. 서사문학에 묘사된 연회 장면을 보면 "통통하고 살이 많은 어린 물소의 고기는 꼬챙이에 꿰어 구웠고, 육즙이 풍부한 부위는 버터기름을 발라 시큼한 과일과 소금으로 만든 소스를 뿌렸다."[56] 때로는 고기를 얇게 저며 버터기름이나 참기름 또는 겨자기름으로 튀기기도 했다. 양지머리(가슴 부위)는 버터기름을 바르고 소금과 후추(마리차)를 뿌린 뒤 요리했다. 조류는 쓴 맛이 나는 잎에 싸서 불에 구운 다음 버터기름, 망고주스, 소금, 후추로 만든 끈적끈적한 소스와 함께 먹었다. 살이 많은 민물고기도 이러한 소스에 곁들여 먹었다.[57]

고기와 볶은 야채는 고추, 카다몬, 정향, 커민, 소금 등으로 강하게 양념했다. 미각과 식욕을 돋우기 위해 바질(파르나사), 아사페티다(힌구), 생강(아르드라카), 수수(부스트나) 등의 향신료를 취향에 맞게 첨가했다. 마늘과 양파는 금지되었기 때문에 먹고 싶은 사람은 시내 밖으로 나가야 했다.[58]

왕이나 귀족들의 식탁에는 향을 첨가한 응유, 크림치즈(킬라타), 설탕을 입힌 쌀강정이나 밀강정, 얇게 저며 물에 끓이거나 버터를 발라 튀긴 뒤 여러 가지 향신료로 맛을 낸 코코넛 등 다양한 디저트가 나왔다. 기름에 튀긴 씨앗으로 당과(糖菓)를 만들기도 했다. 당과(모다카)에는 응유, 버터기름, 후추가 들어갔는데 가장 중요한 성분은 사탕수수였다. 사탕수수는 정제하여 계란모양으로 만들어두었다가 사용했다. 그 다음으로는 오늘날과 마찬가지로 고대 인도인들이 가장 즐겼던 망고를 비롯해 각종 과일이 나왔으며 응유, 유장(乳漿), 소금을 친 쌀 등이 나왔다. 디저트 중에서 가장 인기 있는 것은 우유에 완전히 익은 바나나와 향신료, 그리고 장뇌를 첨가한 달콤한 요구르트였다. 꿀은 중요한 행사 때 나왔다.

향이 짙은 음식에는 보통 물, 우유 또는 유장 등의 음료가 곁들여졌다. 망고주스와 레몬주스만을 먹어야 하는 정통 브라만들은 발효음료를 곱게 바라보지 않았지만[59] 다른 카스트들은 모두 발효음료를 마셨다. 가장 인기 있는 음료는 다라수(多羅樹) 나무나 코코넛을 발효시킨 토디(야자술)였다. 농부들은 특히 쌀이나 보리로 만든 증류주, 과일이나 식물로 만든 발효주, 또는 원당(原糖)에 후추를 넣어 만든 망고술을 즐겨 마셨다. 바이샤 카스트는 향기 짙은 꽃으로 만든 독주를 좋아했던 것 같다. 망고꽃이나 붉은색 파탈라로 향을 낸 술도 즐겨 마셨다.[60] 크샤트리아는 사탕수수를 증류한 와인을 마셨고, 돈이 많으면 포도주를 마셨다. 포도주는 귀족들이 최고로 여기는 술이었으나 귀하고 값이 비쌌기 때문에 아무 때나 포도주를 마실 수 있는 사람은 왕밖에 없었다.[61]

식사를 하고 나면 라임 껍질을 씹거나 빈랑을 깨물어 먹었다. 야자열매의 일종인 빈랑은 베틀후추 잎사귀에 싸먹기도 했다.[62] 신맛은 입냄새를 없앨 뿐 아니라 침을 많이 나오게 해서 소화를 촉진시켰다.

당시의 인도인들은 과식과 과음을 삼갔다. 이러한 사실은 5세기 중국 승려 법현*의 기록을 보아도 잘 알 수 있다. 그러나 사람들은 공식적으로 열리는 '술 마시는 축제'를 손꼽아 기다렸으며, 심지어는 여자들까지 참석하는 흥건한 술자리도 많이 벌어졌다.

귀한 손님이 오면 환대의식을 치러야 했다. 이러한 의식은 베다 시대부터 시작되었는데, 점차 시간이 흐르면서 중요한 의식으로 자리잡았다.

집 주인은 손님에게 제공할 의자와 설탕, 버터기름, 응유, 약초, 꿀 등으로 만든 특별한 음료(마두파르카)를 미리 준비했다.[63] 중요한 행사 때만 마셨던 이 음료는 발효하지 않은 일종의 꿀물이었다. 여성들이 임신 5개월째 마셨고, 갓 태어난 아기의 입술에 발라주었으며, 학생이 스나타카가 되기 위해 구루에게 갈 때 마셨고, 청혼자가 결혼을 허락받기 위해 미래의 처갓집에 가기 전에 마셨으며, 신부는 결혼식 날 아침 미래의 시아버지의 집에 도착해서 마셨다.

손님이 문가에 모습을 드러내면 주인은 적절한 예를 갖춰 손님을 맞이했다.[64] 두 사람의 관계에 따라 굉장히 많은 인사가 오고갔다. 손아랫사람이 손윗사람에게 먼저 인사를 했고, 스승이나 부모일 경우에는 존경의 표시로 상대방의 발을 건드렸다. 손윗사람은 축복의 기도문으로 답례했다.[65] 손윗사람에게 청이 있을 경우 아랫사람은 가슴에 손을 모으고 말했다. 형제지간이나 동일한 카스트에 속한 사람들끼리는 껴안거나 악수를 했다.[66] 하지만 손님으로서 찾아오면 의당 손윗사람으로 여겼고, 그에 따라 예를 갖췄다.

주인은 손님을 집안으로 모시고 들어와서 방석이나 등나무 의자로 안내했다.[67] 하인은 손님이 마실 물과 발 닦을 물을 가지고 왔다. 그리고는 꿀물

---

* 法顯(?~?), 동진(東晉) 시대의 명승으로 60세가 넘은 나이로 399년부터 15년간 서역 30개국을 순례했다. 인도와 중앙아시아의 실정을 소개한 그의 여행기는 프랑스어와 영어로도 번역되어 인도 연구의 귀중한 자료로 평가받는다.

을 내왔다. 손님은 그것을 두 손으로 받은 뒤 마시지 말고 일단 바닥에 내려놓아야 했다. 그런 뒤 오른손에 힘을 주고 엄지손가락과 집게손가락으로 세 번을 연속해서 휘저었다. 그 다음 세 번에(다른 문헌에 따르면 단 한 번에) 걸쳐 마셨고 마지막으로 물을 조금 마셨다.[68]

손님이 브라만이나 왕일 경우 환대의식은 중요한 제의로 마무리되었다. 신성한 짐승인 소에게로 손님을 엄숙하게 인도한 다음 그것을 선물로 주었다. 베다 시대에는 손님의 죄를 속죄하기 위해 짐승을 도살해서 정화의식을 치렀다. 후대에 가서는 상징적인 의식으로 바뀌었다. 가장이 칼을 손님에게 내주면 손님은 그것을 다시 가장에게 주면서 이렇게 주문을 외웠다. "소는 불사의 자궁인 아디티아스의 자매인 바수스의 딸인 루드라스의 어머니라네. 죄 없는 소를 죽이지 마십시오. 소는 지상의 진정한 여신이십니다. 나는 이 같은 사실을 나를 이해하는 모든 사람에게 말하노라." 그리고는 이렇게 덧붙였다. "나의 죄는 도살되었네. 소를 풀어주고 물을 마시고 풀을 뜯도록 하십시오."

환대의식은 전술한 바와 같이 브라만들이 거의 먹지 않는 고기 음식을 먹는 것으로 끝이 나는데, 주인은 음식 준비과정을 세심하게 살핀다. 가장은 오늘날에도 여전히 전해내려오는 관례에 따라 자리에서 먼저 일어나 손님들과 작별인사를 나누었다.

불가피하게 항해를 하는 경우가 많았는데, 항해는 길고도 위험했다. 많은 여행객들이 죽거나 병에 걸렸고, 강을 건너다가 익사하거나 벼랑에서 떨어져 죽기도 했다.[69] 여행객은 항해를 하기 전에 집안 화로에 예를 갖춘 다음[70] '좋은 징조의 나무'에서 얻은 장작을 화로에 올려놓고 여행 목적에 해당하는 주문을 외웠다. 이를테면 사업상 여행을 할 경우에는 "좋은 결과가 있기를 빕니다."라고 말하면서 안전을 기원했다. 그리고는 성스런 음료를 마신

다음 오른쪽 발부터 조심스럽게 내딛었다. 마차로 여행할 경우에는 아침의
식 때 제물로 드렸던 버터기름을 마차에 발랐다. 배로 여행을 할 경우에는
목에 배 모양의 부적을 둘렀다.

남편이 집을 비운 동안 부인은 과부처럼 생활했다. 그녀는 화려한 옷을
입지 않고 향수를 뿌리거나 꽃을 달거나 장신구를 착용하지도 않고 검은색
화장품으로 눈 화장도 하지 않았다. 또한 침대에 눕지 않고 남편과 함께 누
웠던 침대 옆의 땅바닥에서 잤다. 그리고 남편이 돌아오는 날만을 손꼽아
기다렸다.

남편은 귀가할 때 멀리서 자기 집 지붕을 보고 예를 취했다. 집 앞에 도착
하면 문을 열고 양쪽 문틀을 만지며 감사의 기도를 드렸다.

걱정거리: 빚과 병환

노동자 계급은 각종 의식에 드는 비용과 각종 세금, 기부금, 축제 부담금
으로 인해 경제적인 어려움을 겪었고, 결국 빚까지 지면서 살았다. 부채는
보통법과 성문법으로 규율했으며 돈을 빌리고 빌려주는 행위는 일상생활에
지대한 영향을 미쳤다.

농부들은 돈을 빌릴 때 채권자에게 소머리 모양의 소지품을 한 개 이상
담보로 맡겼다. 채무자는 1년에 보통 15퍼센트에 달하는 이자를 붙여 빌린
돈을 매달 상환하겠다고 단단히 약속했다. 채권자들은 많은 이자수익을 올
릴 수 있을 것으로 낙관했지만 돈을 돌려받지 못하는 경우가 다반사였다.
못 받은 이자가 쌓이고 쌓여 원금의 두 배가 되면 채권자는 담보물을 가질
수밖에 없었다. 이렇게 하면 부채는 더 이상 늘어나지 않았다. 그러나 돈이
아닌 옷이나 소를 빌렸을 경우에는 빚이 세 배나 네 배로 늘어날 수도 있었

다. 어쨌든 채권자는 사람들이 두려워하고 경멸할 뿐만 아니라 법마저도 비
난을 하는 고리대금업자는 되지 않으려고 했다.[71] 쌓인 빚을 갚지 못하면 농
부는 신의를 지키기 위해 채권자의 노비가 될 수도 있었다. 채무자의 자녀
들이 부모의 빚을 떠안기도 했다. 부채는 3세대, 즉 100년이 지난 뒤에야 무
효가 되었기 때문이다.

재산이 있는 사람이나 지주들마저도 지나치게 많은 세금과 부채에 시달
린 나머지 모든 소유물을 팔고 임금노동자로 전락하는 경우가 매우 흔했다.
또한 장기대출을 해주고서는 마른하늘에 날벼락 치듯 갑자기 나타나 이자
를 포함한 전액을 당장 갚으라고 요구하는, 황당하기 그지없는 채권자에게
시달리는 일도 있었다. 법은 채권자가 채무자를 잘 구슬리거나 심지어는 폭
력을 사용해서라도 돈을 받아내고, 그것이 안 될 때에는 소송을 걸어 강제
노역형을 선고받도록 해야 한다고 규정했다. 채무자의 집에 쳐들어가서 굶
어 죽어버리겠노라고 협박하는 방법도 있었다. 이처럼 채권자의 공갈에 속
수무책으로 당할 수밖에 없는 채무자는 정말이지 불쌍할 따름이다. 만약 채
권자가 정말로 죽어버리면 채무자는 살인죄를 뒤집어써야 했다. 게다가 현
생에서 나쁜 업(카르마)을 쌓았으니 다음 생에 좋게 태어나리라는 희망마저
버려야 했다. '대가족' 제도는 이런 사태를 어느 정도 완화해주었다. 가족
의 연대감이 어려움을 극복할 힘을 주었기 때문이다.

병환은 또 다른 골칫거리로 개인은 물론 가족 전체를 괴롭혔다. 가장이
몸이 아프면 오랫동안 일을 하지 못하므로 집안 재산을 까먹게 된다. 상황
이 악화되면 계속해서 빚만 쌓여가므로 가족들은 경제적 고통을 겪었다. 결
국 병환으로 인해 가족의 삶이 완전히 황폐해지는 경우가 심심치 않게 벌어
졌다. 당대의 평균수명이나 유아사망률에 대한 자료는 남아 있는 것이 없
다. 다만 고대 인도의학이 특히 외과 부문에서 상당한 수준이었다는 점만은

확실하다. 인도인들은 질병을 이겨내기 위해 주술에 기대기도 했지만 방대한 의학지식을 지닌 의사의 치료를 받았다.[72]

의사(바이디아)는 개인적으로 환자를 치료하고 의료사고에 대해 금전적으로 책임을 지는 개업의와 종교재단이나 황궁재단이 보조하는 무료병원에서 근무하는 공공의로 나뉘었다.[73] 의사들은 장기간에 걸쳐 수련의 생활을 한 후 왕으로부터 의사면허를 받았다. 공공의가 의료행위와 관련하여 실수를 저질렀거나 좋지 못한 행동을 했을 경우에는 월급이 지불되지 않았다. 대부분의 의사들은 수련의 시절에 함양한 윤리의식을 계속해서 발휘했다. 이들은 어떤 상황에서도 결코 환자들을 방치하지 않았으며, 심지어 자신의 목숨을 희생해가면서까지 환자들을 치료했다. 그리고 치료 중에는 단 한 순간도 환자와 관련되지 않은 말이나 생각을 하지 않았다. 나아가 평소에도 환자의 개인사나 가정사, 또는 환자의 질병이나 신체적 결함에 대해 일체 말하지 않았다.

가족이 의사의 치료를 받아야 한다고 판단되면 가장은 환자 대신 점잖은 가솔 한 명을 의사에게 보냈다. 이러한 행위가 환자의 질병에 주술적인 영향을 끼칠 수도 있었으므로 의사를 부르는 일은 상서로운 날짜와 시간에 이루어져야 했다. 의사는 환자의 상태를 귀담아 들은 후 하인을 시켜 의료기구를 담은 왕진가방을 먼저 보냈다. 의사는 병자들을 접한다는 이유로 의식에 참여할 수 없었고 그 때문에 정통 브라만들에게 경멸의 시선을 받았으나 대체적으로 상당한 존경을 받았다. 정통 브라만들은 의식에 참여하지 않는 죄가 질병과 다를 바 없다고 생각하여 의사들을 더러운 존재로 보았다.

가족들은 환자의 집에 도착한 의사에게 목욕을 하도록 한 뒤 잔치용 그릇을 꺼내 음식을 대접했다. 의사는 아주 사소한 것도 치료에 도움이 될 수 있다고 생각하고 환자의 신체를 철저하게 검사한다. 실제로 의사들은 진단에 도움이 될 만한 모든 징후, 그 가운데서도 특히 환자의 안색과 음색을 세심하게 관찰하도록 교육받았다.[74] 그는 몇 가지 시험을 해서 환자의 미각, 후각, 촉각의 이상과 신경 및 근육 반응을 알아본다. 한편 (오늘날에도 마찬가지로) 인도 사상에서는 주술이 대단히 중요하기 때문에 환자의 최근 꿈과 환각을 가볍게 보아 넘기지 않는다. 꿈과 환각은 중요한 전조이기 때문이다.[75] 의사는 조사 결과 밝혀진 여러 징후를 조심스럽게 기록하고, 그것들을 고전의학 교과서에 나와 있는 증후군과 연결시켜 진단을 내렸다.

진단이 나오면 의사는 치료와 양생법을 실시한다. 고약, 연고, 관장, 위세척, 요도 주사, 약물 흡입, 마찰법 및 발한법 등을 비롯한 다양한 치료법을 질환에 맞게 적용시켰다. 그는 또한 각종 식물(줄기, 뿌리, 이파리, 씨앗)과 동물성 약재 및 광물성 약재와 물, 버터기름, 기름, 우유, 사탕수수 즙, 술 등의 부형제(賦形劑)를 혼합하여 용액, 연고, 가루, 환약 등의 형태로 약을 만들었다. 소 오줌 또는 사람 오줌(때로는 환자 자신의 오줌)도 치료제로 사용되었다. 농축 잿물로 구토제를 만들거나 각종 약재를 달여서 설사약, 부식제, 안약, 내복약 등을 만들기도 했다. 하지만 의사는 자신의 처방보다 환자의 섭생과 위생이 더 중요하다는 사실을 강조했다. 그는 환자에게 고기와 포도주를 섭취할 것을 권했고, 가급적 환기를 자주 해서 신선한 공기를 마시고 햇볕을 쐬도록 지시했다.

진료가 끝나면 의사는 치료비를 받고 온 가족이 감사와 존경의 인사를 하는 가운데 환자의 집을 떠났다.

당시의 모든 질병과 치료법을 일일이 열거하는 것은 불가능할 뿐만 아니라 이 책의 목적에도 맞지 않는다. 아마도 가장 잘 알려진 질환은 간헐적으로 일어나는 열병, 매일같이 일어나는 열병, 격일마다 일어나는 열병, 끊임없이 일어나는 열병 등으로 정확하고 체계적으로 구분된 열병일 것이다. 열병은 두통, 오한, 구토, 피부건조증, 무기력증을 동반했다. 나병(문둥병)도 17개의 변종으로 나뉘었고, 대풍자(大風子) 기름으로 문지르는 등 — 나병의 치료법으로 여전히 사용되고 있다 — 의 다양한 치료법이 적용되었다. 폐결핵은 진행단계를 정확하게 예측할 수는 있었지만 불치병으로 여겨졌다.

당시의 인도의학에 관해 기억해야 할 중요한 사실은 의학이 임상의학과 주술적 전통에 동시에 바탕을 두고 있었다는 점이다. 임상의학은 이비인후과, 독물학, 안과(고대 의학에서 가장 두드러지게 발전했다), 약제학 분야에서 크게 발전했다. 약제학의 발전은 인도에 자생하는 약초가 대단히 많았다는 사실에 기인한다. 의사들은 강장제의 가치를 알고 있었고 환자들에게 처방함으로써 생기를 돌게 했다. 또한 크고 작은 수술을 통해 병세를 놀라울 정도로 호전시키기도 했다. 해부학 — 비록 전통사상과는 상반되는 학문이었지만 — 연구는 베다 시대부터 행해졌다. 시체의 내장을 제거해 잎으로 싸서 커다란 상자에 담아 흐르는 물에 일주일 동안 담가두었다가 외과용 메스로 해부하는 등 정교한 실험이 실시되기도 했다. 해부학 실험을 통해 수많은 장기의 작용을 알게 되었지만 그것들의 상호작용에 대해서는 상당한 혼란이 있었다. 전문의들은 종양을 제거하고, 상처에 뜸을 뜨고, 거머리로 환부의 피를 빨게 하고, 피를 뽑고, 피부를 절개하고, 타진을 하고, 도뇨법을 실시하는 등 각자의 전공분야에서 상당한 수준을 자랑했다. 또한 몸 안의 이물질을 추출하고, 사산한 태아를 꺼내고, 배를 갈라 내과수술을 하고, 두개골을 열어 뇌수술을 하고, 결석과 백내장을 치료했다. 성형수술도 상당히 발전해서 찢어진 입술을 꿰매거나 잘린 코와 귓불을 다시 붙이기도 했다. 전쟁터의 부상병이나 불의의 상처를 입은 사람들은 의사들을 아주 높게 평가했다.

상처를 치료하는 고전적인 방법으로 커다란 왕개미를 이용했다. 의사는 개미들을 풀어놓고 상처 부위를 물어뜯게 했다. 개미들의 머리는 살 속에 박혀 상처와 함께 아물었다.(당시에는 지금처럼 시간이 지나면 녹는 수술용 실이 없었다.) 하지만 외과수술을 받은 사람이 생존할 가능성은 희박했음에 틀림없다. 살균소독법은 아직 알려지지 않았고 방부제도 사용하지 않던 시절이었다.

의학과 병행하여 주술행위도 일반 백성들 사이에서 대단히 인기가 높았다. 열병은 '공감(共感) 주술'로 치료했다. 예를 들면 시뻘겋게 달군 도끼날을 갑자기 물에 담궜다가 그 물을 환자에게 뿌렸다. 차가운 물이 무지무지하게 뜨거운 쇠의 '열'을 없앴듯이 열병이 사라질 것이라 기대했던 것이다. 이와 유사한 맥락에서 정신질환과 신경질환, 광중과 간질은 의사들보다는 주술사들에게 관심의 대상이었다. 주술사들은 신들린 존재라고 여겨졌기 때문이다. 독화살을 맞았거나 맹수에게 물렸을 때는 부적과 주문을 썼다. 물론 주술치료와 함께 구토제, 해독제, 수면제, 고약, 뜸, 피 뽑기, 환부 도려내기 등 치료를 병행했다.

죽음과 장례식

죽음이 임박한 징후가 나타나면 성직자를 불렀다. 죽어가는 사람은 전통에 따라 친척들을 불러놓고 유산을 분배하면서 유언을 남긴다. 그리고는 침대에서 땅바닥으로 내려진다. 관습에 따라 땅과 가까운 곳에서 죽음을 맞아야 하기 때문이다.

성직자는 기도를 통해 죽음의 오욕으로부터 몸을 보호한 뒤, 죽어가는 사람의 오른쪽 귀에 베다의 한 구절을 속삭인 다음 이어서 두 번째 구절을 왼쪽 귀에 속삭인다. 죽어가는 사람은 마지막 정신을 모아 자신에게 주어진 두 가지 길에 집중하려고 애쓴다. 하나는 윤회의 사슬을 끊고 신성한 세계로 가는 길이고 다른 하나는 다시 태어나는 저주를 받는 길이었다. 생의 마지막 순간에 그는 자신의 영혼과 신성한 영혼을 일치시키는 유명한 주문을 집중해서 외운다. "그가 누구인가 하면 바로 나다." 그리고는 숨을 거둔다. 한 문헌은[76] 죽음을 다음과 같이 매우 실감나게 묘사한다. "죽어가는 사람의 체액은 땅의 기운을 흡수한다. 마지막 경련이 일어나고, 그는 죽는다. 근육은 이제 더 이상 움직이지 않으며, 죽음의 냄새가 퍼지기 시작한다. 육체에 남아 있던 불이 숨과 생명을 사르고, 아홉 구멍에서 나오는 액체를 불태운다. 신체는 불타고, 피는 마르고, 피가 돌 만한 힘도 없어지고, 내부의 불은 꺼져간다. 다섯 가지 생명의 '바람' 은 더 이상 기능하지 못한 채 육신을 떠나 우주적인 바람과 만나기 위해 하늘로 올라가기 시작하고, 마지막으로 가르랑거리며 숨이 끊어지는 소리가 흘러나오면 시신은 분해 되기 시작한다."[77]

미망인은 시신 옆에서 무릎을 꿇고 눈물을 흘리며 애통해한다. 슬픔에 빠진 그녀는 죽음을 이성적으로 받아들일 수 없었다.[78] 사람들은 "태어남은 죽음을 예기한 것이며, 죽음은 탄생을 예기한 것이다."라는 말로 위로한다.[79] 하지만 그녀는 인생의 동반자인 남편의 죽음을 돌이킬 수 없다는 생각에 더욱더 비통에 빠져들 뿐이다. 그녀는 "이제 다시는 몸단장을 할 필요가 없고, 이제 다시는 편안한 잠을 잘 수 없게 되었어요."라고 흐느껴 운다.[80] "무시무시한 죽음으로 인해 남편은 내 곁을 떠났고 나는 모든 것을 잃어버렸어요!"[81] 가족들 역시 애통해한다.

이제 가족들은 일순간도 지체하지 않고 장례식을 준비한다.[82] 가장은 망자의 머리카락, 수염, 손톱을 깎고 향내 나는 기름으로 전신을 문지른 다음 새 옷으로 갈아입히고, 엄지손가락을 묶고, 화환으로 시체를 장식한 뒤 입관을 위해 전문 장의사를 부른다. 돈을 받고 곡을 해주는 일단의 여성들도 부른다. 이들은 가슴을 치고 소리를 지르며, 머리를 풀어헤친 채 춤을 추는 등 애처로운 연기를 한다. 마을에 북소리가 계속해서 울려 퍼지고 친척들, 심지어는 멀리 사는 친지들까지도 슬픔의 표시로 머리카락을 내려뜨리고 망자의 집으로 하나둘씩 몰려든다.

이러는 사이 성직자는 화장터에서 장례식을 준비한다. 그는 제의에 쓸 약초와 버터기름을 준비하고, 화장용 나무를 준비하라 이르고, 의식에 필요한 소를 고르고, 망자의 제기(祭器)를 갖다 달라고 부탁한다.

모든 것이 준비되면 행렬이 만들어진다. 가장 가까운 친척들이 세 번에 걸쳐 성화(聖火)를 가져오고, 관을 우마차에 올리지 못할 경우에는 일가(사 핀다) 중 가장 연장자들로 구성된 상여꾼의 어깨에 관을 올려놓는다. 최연장자가 앞장을 서고 나머지 친척들은 나이 순으로 뒤를 따른다.

화장터는 마을 바깥의 묘지 근처에 있었다. 운구하는 사람들과 그들을 뒤따르는 긴 행렬은 화장터로 향했다. 행렬의 발자국은 관 끝에 매달려 있는 길고 무성한 나뭇가지와 뒤따르는 사람들의 발자국에 의해 없어진다. 집안의 남자가 소의 오른쪽 앞다리에 새끼줄을 묶어 행렬의 바로 뒤를 따른다.

화장용 장작더미 위에 막대기를 엮어 제단을 높이 세우고 위쪽을 잎사귀로 덮는다.[83] 성직자는 자신의 왼쪽에 단을 두고 세 번 돈 뒤(경사에서 행하는 것과는 반대 방향이다) 묘지에 반드시 나타나는 악령을 쫓기 위해 "어서 당장 이 자리에서 없어져라!"라고 외치면서 성수에 적신 나뭇가지로 제단에 물을 뿌린다. 그러고 나서 장작더미 둘레에 하나는 북서쪽으로 다른 두 개는 남서쪽과 남동쪽으로 세 개의 성화를 설치한다. 잘게 썬 약초를 장작더미 위에 뿌린 다음 검은 영양 가죽을 털이 많은 부분을 위로 하여 덮는다. 운구 행렬은 그 때서야 도착해 북서쪽 불 앞을 지나 시신을 영양가죽 위에 올려놓는다. 눈물로 범벅된 미망인은 북쪽에서 다가와 단 위에 올라가 망자 옆에 일자로 엎드려 곡을 한다. 만일 그녀가 '정절을 지킨 충실한 아내'인

‘사티’처럼 남편과 함께 불타 죽기로 마음먹은 것이 아니라면 장작더미에서 곧 내려온다.

성직자가 망자의 소유였던 제기들을 망자에게 올려놓는다. 헌주 수저는 손에 쥐어지고, 목검과 국자는 옆에, 커다란 수저는 가슴에, 접시는 머리에, 술(소마)독을 누르는 돌은 입에, 작은 수저는 코에, 작은 접시는 양쪽 귀에, 대야와 잔과 지팡이는 복부에, 장작은 양쪽 넓적다리에, 막자사발과 막자는 다리에, 바구니는 양쪽 발에 놓는다. 이 밖에 다른 제기와 맷돌, 도자기는 상속자들에게 나눠주거나 없앤다.

성직자가 소를 바칠 시간이 되었다. 소는 도살한 뒤 고기를 잘라 의식이 규정하는 대로 신장과 심장을 비롯한 다양한 부위를 시신의 여러 부위에 올려놓는다.

엄숙한 순간이 다가왔다. 성직자는 세 개의 성화로 장작더미에 불을 붙이라고 명령한다. 불이 붙으면 성직자는 노래를 부르며 기도를 드린다. 연기가 자욱한 가운데 아랫부분부터 불길이 소용돌이치면서 제단을 휘감는다. 성직자는 불길이 번져나가는 방향으로 전조를 알아내기 위해 유심히 살핀다. 남동쪽 성화에서 옮겨 붙은 불길이 제일 먼저 시신에 다다르면 망자는 이미 뼈로 변해 천상에 안전하게 이르렀다는 뜻이었다. 북서쪽 성화의 불길이 제일 먼저 닿아도 망자가 안전하게 하늘로 올라갔다는 뜻이다. 그러나 세 번째 불(남서쪽)이 제일 먼저 퍼져나가면 망자는 사람으로 다시 태어나게 된다. 세 군데의 불길이 동시에 망자에게 닿는 것이 최고의 전조로 여겨졌다.

장작이 무섭게 타오르면 성직자는 “망자는 이제 살아있는 사람들과 헤어졌구나!”라고 시작하는 성가를 부른다. 불길이 수그러들고 연기가 잠잠해지고 장작이 잿더미로 바뀌면 친척들은 화장터를 떠날 채비를 한다. 이들은 한 명씩 장작더미를 왼쪽에 두고 세 번을 돈 뒤 뒤도 돌아보지 않고 제각각 화장터를 빠져나간다. 마을에 들어가기에 앞서 이들은 스스로를 정화해야 한다. 망자 가까이에서 더러워졌기 때문이다. 이들은 강으로 가서 속옷만 입은 채 물속으로 뛰어든다. 그리고 서쪽을 바라보면서 고트라의 이름과 망자의 이름을 부르며 망자에게 물을 바쳤다. 강에서 나와서는 새 옷으로 갈아입고, 입었던 옷은 북쪽을 향하도록 개어놓았다.

이들은 강둑에 함께 모여 앉는다. 태양이 서쪽으로 넘어간 뒤에야 마을로 들어갈 수 있기에 잡담을 하면서 시간을 보낸다. 별이 나타나기 무섭게 이들은 가장 어린 사람이 앞장서서 마을로 들어왔다.

집으로 돌아오면 문지방을 넘기 전에 좋은 징조의 물건, 즉 돌, 가정용 화로, 소고기 덩어리, 태운 보리, 참깨 또는 물 등을 건드렸다. 망자의 집에서는 물과 우유를 섞어 오지항아리에 가득 채운 뒤 뚜껑을 덮지 않고 밖에 놓아둔다. 망자의 영혼이 와서 그 안에 몸을 담글 수도 있기 때문이다. 장례식에 참석한 사람들은 그날 저녁 일체 음식준비를 할 수 없었으므로 미리 준비해두었거나 이웃들이 만들어준, 소금기 없는 음식으로 저녁을 먹는다. 망자의 친척들은 열흘 동안[84] 오직 소금기 없는 음식만 먹어야 하고, 맨바닥에서 잠을 자야하며, 육체관계도 하지 못한다. 이들은 자신들을 위해 일을 해서도 안 되고, 다른 사람에게 일을 시킬 수도 없으며, 베다 공부도 하지 못하고, 남에게 선물도 줄 수 없다. 또한 매일같이 망자를 위해 새 음식과 물을 밖에 내놓아야 했다.

마침내 11일째가 된다. 이즈음이면 망자의 뼈는 장작더미 위에서 재가 되어 흩날렸다. 유골은 싸늘히 식었고, 타지 않은 살들은 새들의 먹이가 되었다.[85] 이제 친척들은 유골을 매장하기 위해 묘지로 간다.[86] 드넓은 묘지는 담으로 에워싸여 있는데 페인트를 칠하고 신령한 조각품으로 장식한 네 개의 출입구가 나 있었다.(출입구는 각각의 카스트를 위해 만든 것으로 짐작된다.) 커다란 뜰 한가운데에 제단과 신당이 자리잡고 있다. 신당은 화장에 사용되는 장작과 같은 종류의 나무로 지어졌다. 희생제의의 화형주(火刑柱)가 여기저기 서 있고, 돌의자도 이곳저곳에 놓여 있다. 잡초와 등대풀, 산사나무, 바헤라, 안드라크네, 알랑기, 여러 종류의 대추나무, 함수초, 페로니아, 스피겔리아 등이 어지럽게 자라고 있다. 또한 숲의 요정들이 좋아하는, 죄인을 묶어두는 말뚝으로 사용하는 커다란 나무들도 있다. 나무 위에는 붉은 귀의 수컷 새, 강한 부리를 가진 뻔뻔스런 까마귀, 그리고 수리부엉이들이 둥지를 틀고 있었다. 장례 항아리의 뾰족한 윗부분이 여기저기서 눈에 띄었다. 녹색의 풀 사이에서 붉은 항아리들은 더욱 뚜렷이 보였다. 관목 숲 사이로 길이 뱀처럼 나 있었고 지하수가 흘렀다.[87] 우거진 관목 위로 돌이나 벽돌로 만든 돔형의 비석들이 모습을 드러내고 있었는데, 불교도들이 스투파를 건축할 때 모델로 삼은 것으로 추측된다.[88] 묘지를 관리하는 찬달라들은 서너 채의 오두막집을 짓고 살면서 악령을 쫓기 위해 막대기를 들고 순찰을 돌았다. 황량한 묘지에는 '높은 파도가 치는 무시무시한 바다처럼' 구슬픈 울음소리가 한 번도 멈추지 않았다. 즉 밤이 되면 주둥이가 긴 자칼의 무시무시한 울음소리, 수리부엉이가 망자를 부르며 우는 소리, 부엉이가 살코기를 파먹으며 우는 소리가 한꺼번에 울려 퍼졌다.

마을 옹기장이가 만든 '남성용' 장례 항아리는 커다랗고 바닥이 뾰족했다. 그것은 매우 단순한 디자인으로 허리 부분에 꽃 장식을 매달 수 있는 고리가 몇 개 있고, 병목을 손톱으로 눌러 장식했다. 뚜껑은 잔 모양으로 항아리의 바닥과 마찬가지로 뾰족했다. 이 장례 항아리에 화장한 뼈를 담은 후 뚜껑을 닿아 놓았다. '여성용' 항아리도 있었다.[89]

성직자는 매장할 곳을 정화하는 것으로 매장의식을 시작했다.[90] 그는 매장할 장소를 세 번 돌고 나뭇가지로 물을 뿌리는 등 화장할 때와 똑같은 의식을 행했다. 그리고는 체로 유골을 '체질한' 뒤 엄지손가락과 네 번째 손가락으로 발가락뼈부터 집어 항아리에 던져 넣었다. 두개골까지 모두 던져

넣으면 항아리에 향수를 뿌려 정화했다. 그런 후 구덩이에 항아리를 집어넣은 다음 화환으로 꾸민 뒤 뚜껑을 닫고 약간의 흙을 뿌렸다.

의식은 그것으로 끝났다. 10일 전과 마찬가지로 친척들은 뒤도 돌아보지 않고 묘지를 떠났다. 그들은 망자에게 핀다를 바치기 전에 목욕을 했다. 그날부터 망자의 장남이 매월 정기적으로 쉬라다 제사를 지냈다.

상주들이 떠나간 묘지는 여러 가지 파편들이 흩어져 있어 황폐하기 그지없었다. 떡 덩어리가 풀 위에 흩어져 있고, 속이 빈 관, 수의, 버려진 화환, 깨진 물병, (제물로 사용했던) 껍질 벗긴 쌀 등이 묘지 여기저기에서 눈에 띄었다. 만약 묘지관리인들이 청소를 해야 했다면 무척 힘들었을 것이다.

과부살이: 사티

고대 문헌에는 홀아비에 대한 설명이 거의 나오지 않는다. 남자는 매일매일 의식을 치러야 하기 때문에 되도록 빨리 재혼을 했던 것으로 짐작된다. 그러나 과부의 운명은 자주 언급되었는데, 그럴 만한 이유가 충분히 있었다.

이 책에서 다루는 시대에는 과부들이 많이 자살했다. 특히 크샤트리아 계급에서 미망인들의 자살이 많았다. 이는 일부다처제의 결과일 수도 있을 것이다. 이에 대한 최초의 기록은 미망인의 죽음을 기리기 위해 돌기둥을 세웠던 서기 510년으로 거슬러 올라가는데,[91] 이후로 미망인들의 자살이 만연했으며 특히 남부 인도 지방에서 심했다. 남편을 화장하는 동안 스스로 불길에 몸을 던지는 여인들도 등장했다. 이러한 행위는 아내의 정절을 표현하는 최고의 행위였다. 이런 까닭에 산 채로 불타 죽은 여성들을 '정절을 지킨 충실한 아내', 즉 '사티'라고 부르게 되었다.[92]

아내가 남편보다 오래 사는 것은 바람직하지 못한 것으로 여겨졌다. 남편의 사망으로 인해 아내는 법적으로나 사회적으로나 열등한 위치가 된다. 그녀는 가족 의식에 더 이상 참여할 수도 없고, 많은 사람들이 모이는 행사나 의식에서도 배제되었다. 그녀는 더 이상 장신구를 차지 못하고 향수를 뿌리지 못하며, 화장이나 염색은 물론 머리조차 빗지 못했다.[93] 이제 그녀는 맨바닥에서 잠을 자고 하루에 한 끼, 그것도 꿀이나 고기나 포도주나 소금이 포함되지 않은 음식만 먹어야 했다. 또한 다음 생에서 다시 한 번 남편과 결혼할 수 있으리라는 희망으로 정숙하고 엄격한 삶을 살아야 한다. 나아가 이제 가장이 된 장남의 권위에 따를 수밖에 없게 된다. 과부가 집을 떠나 다른 곳에 정착한다는 것은 생각조차 할 수 없었다. 결혼과 동시에 남편 고트라의 일부가 되었기 때문이다. 또한 혼인 의식을 통해 영원히 묶여있는 남편의 혼령이 위태로워질지도 모르기 때문에 과부의 재혼이 엄격하게 금지되었다.[94] 어떤 경우든 여자가 결혼하려면 처녀여야 했으며, 재혼은 전 남편과 육체관계를 맺지 않았을 경우에만 가능했다.

대부분의 과부들은 새로운 생활환경과 그에 따른 내핍생활을 쉽게 받아들였다. 그러나 자녀가 없는 과부들의 삶은 특히 혹독했다. 관습이 정하는 규칙을 예외 없이 그대로 따를 수밖에 없어 정상적인 생활을 포기해야만 했기 때문이다. 이들은 단 한 가지 희망밖에 없었다. 죽은 남편의 가장 가까운 친척 ─ 대개는 남편의 형제 ─ 과 결혼하는 것이었다. 그는 가장으로서 자손을 보기 위해 (설사 이미 아내가 있다 하더라도) 과부에게 결혼을 '강요'했다.[95] '지시'(니요가)에 의한 이러한 재혼은 아마도 형사취수* 제도의 흔적이었을 테지만 6세기경에 이르면 그것도 이미 과거의 유물이 되어버렸다.[96]

---

* 兄死娶嫂, 형이 죽으면 동생이 형수를 아내로 받아들이는 풍습.

상속과 승계권

일반적으로 말하자면 가정생활도 대대로 내려온 관습에 얽매여 있었다. 그러나 재산분배만큼은 가장이 살아있는 동안에 이루어졌다. 가장은 수도원으로 들어가기 전에 자신의 권한을 장남에게 넘겨주면서 재산을 분배했다. 부인이 여러 명일 경우, 재산은 부인들의 서열과 카스트를 감안하여 상속되었다. 크샤트리아는 자기와 같은 계급의 여성을 정실부인으로 맞은 뒤에도 낮은 카스트의 여성과 두 번이나 더 결혼할 권리가 있었다.

망자의 옷, 맷돌, 또는 망자의 개인적 표시가 없는 금속이나 오지로 만든 도구 및 가정용품은 상속이 되지 않았다.(표시가 된 물건들은 매장할 때 장남에게 상속되었다.) 여자의 물건에도 동일한 규칙이 적용되었다.

과부의 보석과 노비는 다른 사람에게 상속할 수 없었다. 이는 과부가 가져온 지참금(술카)이 온전히 과부의 소유라는 개념에서 나온 관습이었다. 과부는 또한 개인적으로 받은 선물(야유타카)과 자신의 손으로 번 일체의 수익에 대해서도 동일한 권리를 누렸다. 여성은 자신의 부동산(스트리다나)을 처분하거나 증여할 수 없었고, 과부가 죽으면 딸에게 자동적으로 상속되었다. 딸이 없는 경우에는 아들에게 상속되었다.

방계 가족에게는 원칙적으로 부동산을 나눠주지 않았다. 그러나 성년이 된 아들이 요구하면 분배할 수도 있었다. 하지만 그것은 실질적, 도덕적 이유로 비난을 받았다. 첫째는 가족의 수입을 떨어뜨릴 수도 있기 때문이고, 둘째는 그것이 가장의 결정에 반대하는 몹쓸 요구로 여겨졌기 때문이다.

가장이 죽으면 재산은 모두 아들들에게 상속되었는데, 장남이 가장의 의무를 다하기로 동의하는 경우에는 전 재산의 1/20에 해당하는 금액을 더 받았다.[97] 신체에 병이 있거나 정신적으로 이상이 있는 사람은 상속을 받지 못했다. 가장이 원할 경우 특정한 아들에게 개인적인 선물을 줄 수 있었다. 이

들테면 종교적 수행을 격려하기 위해, 또는 행동을 바로잡기 위한 보상으로 선물을 하곤 했다. 부인이 여러 명일 경우, 부인들의 신분, 즉 아들들의 서열에 따라 분배가 이루어졌다. 망자의 유일한 상속인이 고명딸에서 나온 외손자라면 외손자가 유산을 받았다. 그는 자기 아버지의 고트라가 아니라 외할아버지의 고트라에 들어가기 때문이다.

가장이 자식 없이 죽을 경우 유산은 형제들과 그들의 자손에게 갔다. 가족 재산을 보존한다는 목적 때문이다. 사핀다(일가)는 이러한 상황에서 매우 가치가 있다. 사핀다는 사쿨리아 — 비혈연적 가족구성원으로서 사핀다에게 잘못이 있을 경우에만 상속을 받을 수 있다 — 보다 상속 우선권을 가지고 있기 때문이다.

가장이 아닌 사람이 죽으면 그의 개인 재산은 가장의 뜻에 따라 분할된다. 가장은 그것을 가족 전체의 재산으로 남겨둘 수도 있고, 망자의 아들들에게 줄 수도 있으며, 심지어 자기 자식들을 위하여 그들의 상속권을 박탈할 수도 있다.

양자는 합법적인 존재인 만큼 원칙적으로 동등한 권리를 지니고 있었다. 그런데 때로는 특이한 상황에 놓이기도 했다. 이를테면 그의 합법적인 형제들이 자신보다 먼저 죽어 버리면 그는 자신의 친부와 양부의 재산을 모두 받을 권리가 있었다.

딸들의 지위에 대해서는 명쾌하게 정리된 바가 없었다. 이론적으로 딸들은 어머니가 저축한 것을 유산으로 받았고, 개인적으로 얻은 일체의 물건에 대해 권리를 주장할 수 있었으며, 가족의 부동산을 통해 얻은 이자의 일부를 평생 자기 몫으로 가져갔다. 또한 아버지가 사망하면 관습에 따라 남자형제들이 결혼비용과 더불어 결혼지참금까지 대주어야 했다.

제4장 | 수도원의 생활과 은둔자의 삶

아이들은 연구에 몰두한다. 젊은 사람들은 쾌락을 추구한다.
나이 먹은 사람들은 금욕생활을 실천한다. 그리고 요가를 하면서 생을 마감한다.
— 칼리다사 『라구왕조』 I, 8.

삶의 두 가지 최종 단계

"나이 먹은 사람들은 금욕생활을 실천한다. 그리고 요가를 하면서 생을 마감한다." 칼리다사가 한 말이다. 이것이 바로 삶의 두 가지 최종 단계이며 브라만 카스트의 가장은 이 단계를 거치고 죽었다. 장남이 결혼을 하여 조상 대대로 내려오는 가정제례를 이어나갈 위치에 오르면 가장은 재산을 분배하고 은거지로 떠났다. 은거지에는 부인을 대동하고 갈 수도 있었고, 또는 사회활동에서 손을 떼고 홀로 은둔자(바나프라스타)로 살 수도 있었으며, 탁발승(산야신)으로 살 수도 있다.

그러나 은둔자로 일생을 마감하는 일은 쉽지 않은 결정이었다. 실제로 많은 가장들이 은둔자로 일생을 마치는 것을 망설였다. 가장의 결심은 부인의 반응에 큰 영향을 받았다. 남편이 떠나가면 경제적으로 빈궁해지지 않을까 걱정하는 부인네들도 있었고, 반대로 모든 것을 포기하고 남편의 뜻을 따라 무욕의 세계에서 살겠노라 다짐하는 부인네들도 있었다. 여러 문헌에는 남편이 은둔생활을 결정했다는 말을 듣고 기겁하는 아내들 이야기가 많이 나온다.[1] 남편의 결정에 안주인은 그만 까무러쳤고, 하인들이 물을 뿌리고 야자나무 잎으로 부채질을 하면서 호들갑을 떨었다. 의식이 돌아온 그녀는 다시 통곡을 했고, 친척들이나 친구들이 그녀를 집안으로 데리고 들어가서 위로해 주었다.

은둔자가 된 가장은 학생기 때 했던 생활을 반복했다. 그러나 이번에는 배우는 입장이 아니라 학생들을 가르치는 입장이었다. 은둔생활은 속세로부터 벗어나 명상과 무욕, 검소하고 정갈한 영적 생활을 영위하기 위해 스스로 받아들인 것이었다.

은둔자가 되어 사회와의 관계를 끊을 때는 무엇보다도 새로운 생활을 하겠다는 결심과 의지로 충만해 있어야 했다. 이제부터 그는 철저하게 금욕하고 명상에만 전념하며, 윤회의 굴레를 벗어나 완전한 초월의 상태에 다다르기 위해 최선을 다해야 했다. 이런 과정을 거쳐 자연스럽게 사회와 결별하게 되고 탁발승, 즉 '카스트에서 제외된 사람'이 되어 사람들의 존경을 받게 된다. 브라만교는 브라만 계급이라면 누구든지 이와 같은 경지에 올라야 한다고 강조했는데, 실제로 많은 브라만이 이를 위해 노력했다. 바나는 사실을 바탕으로 한 전기물 『하르샤차리타』에서 전형적인 은둔자를 생생하게 묘사하고 있다.[2] 이를 종합해보면 탁발승은 한눈에 보기에도 특이했다. 수척한 얼굴은 깊게 주름졌고 눈은 움푹 들어갔으며, '눈동자는 포도주처럼 시뻘겋고' 코는 갈고리 모양이었으며, 귓불은 부풀어 올랐고[3] 이빨과 턱은 툭 튀어나왔다. 그는 자기가 가진 모든 물건을 몸에 지니고 다녔다. 가슴 부분에 매듭이 있는 붉은 색의 너덜너덜한 누더기를 걸친 채 붉은 스카프를 어깨나 목에 둘렀다. 한 손에는 대나무 지팡이를 들고 어깨에는 잡다한 물건들을 집어넣은 자루가 매달린 막대기를 걸쳤다. 자루 안에는 살갗에 묻은 지저분한 것들을 긁어내는 도구, 대나무 체, 싸구려 허리옷, 시주그릇이 들어 있는 대추야자나무(크하르주라) 상자, 삼각형 용기에 직각으로 놓아둔

물주전자,[4] 샌들, 질긴 끈으로 묶은 원고뭉치가 들어 있었다. 은둔자는 이런 물건들을 주렁주렁 매단 채 일용할 양식과 소금을 동냥하며[5] 방방곡곡을 유랑했다. 우기에는 은거하고 있다가 우기가 끝날 무렵이면 순례를 계속하며 성지를 찾아다녔다. 왕은 이따금 탁발승을 초대했다. 또는 국가의 요직에 있는 사람들이 지혜와 초자연적 힘을 구하러 명성 있는 탁발승을 찾아가는 경우도 있었다. 탁발승 중에는 성스러운 강에서 제의적인 자살을 함으로써 생을 마치는 자들도 있었다.[6]

불교: 재가불자와 승려, 사찰

불교의 초창기에는 의무와 권리의 정도나 삶을 바라보는 태도에 있어 비구(비크슈)와 재가불자(우파사카) 사이에 상당한 차이가 있었다.[7] 그러나 이러한 차이는 대승불교가 점점 우세해짐에 따라 작아졌다. 불교의 후기 형태는 비교적 엄격하지 않았고 신자들에게 보다 많은 것을 약속했다. 고대 시대의 재가불자는 흰 옷을 입었고 비구들에게 보시를 함으로써 불심을 표현했다. 불자는 지배적인 종교 관습(민중제식과 브라만적 신성)을 부인해서는 안 되었다. 또한 살인, 도둑질, 탐욕(특히 색탐), 거짓말, 음주를 철저히 금해야 했다. 불자에게 있어 최고의 미덕은 자비를 베푸는 것이었다. 재가불자에게는 비구에 비해 학문과 지혜가 크게 요구되지 않았다. 속세에 살고 있기 때문이다. 그럼에도 불구하고 재가불자가 오전에 한 끼만 먹고 하루 종일 불경을 읽으며, 최선을 다해 불법을 설파하고 한 달에 6일 동안 단식을 수행하여 덕을 쌓으면 보다 높은 경지에 이를 수 있었다. 이 밖에도 그는 집 안에 사치스런 가재도구를 들이지 말아야 하며, 꽃과 향기를 피하고, 가무를 금하며, 연극을 보지 않아야 했다. 영적으로 더욱더 높은 경지에 오르기 위해서는 아내와 육체관계를 하지 않고, 비구들의 관례를 따라 단식을 하며, 황금이나 은을 일체 만지지 말아야 했다. 심지어는 붓다가 그러했듯이 불교에 귀의하기 위해 가족을 버리고 출가할 수도 있었다. 출가를 하면 지금까지 해왔던 장사나 직업을 버렸고, 다시는 금이나 은을 다루지 않겠노라고 굳게 맹세했다. 또한 흰 옷을 버리고 황색 승복을 입었으며 속세와의 모든 인연을 끊었다.

8살만 넘으면 범죄자나 불치병을 앓고 있는 사람 외에는 누구나 승려가 될 수 있었다.[8] 또한 언제든지 승려생활을 그만두고 재가불자로 돌아갈 수도 있었다. 승려가 되려는 사람은 수염과 머리를 깎고 황색 승복을 받은 뒤, 승려가 되고 싶다고 세 번 외치고는 화상(和尙, 우파댜야)과 고승으로부터 불교의 '십계(十戒)'*를 배웠다. 그리고는 고승의 지도를 받으며 사미(沙彌) 생활을 시작한다.

어느 정도의 기간이 지나면 삼사칠증(三師七證)**을 모시고 수계(受戒)를 받았다.[9] 사미를 비구로 받아줄 것인지를 세 번에 걸쳐 질문하는데, 승려들이 침묵으로 일관하면 사미를 비구로 받아들이고 담당 승려가 공식적으로 포고한다. 갓 들어온 비구는 지금부터 준수해야하는 네 가지 계율과 어길 경우 파계로 이어지는 네 가지 금기사항을 듣게 된다.

여성들은 여섯 가지 금기를 지키며 2년을 기다렸다가 수계를 받았다. 우선 비구니로 구성된 삼사칠증에게 수계를 받은 뒤 비구니 화상(우파댜이카)

---

* 불교의 열 가지 가르침. '살생하지 말라' '도둑질하지 말라' '음행하지 말라' '거짓말하지 말라' '술 마시지 말라' '꽃다발을 쓰거나 향을 바르지 말라' '노래하거나 춤추거나 악기를 연주하지 말고 구경도 하지 말라' '높고 큰 평상에 앉지 말라' '때가 아니면 먹지 말라' '금이나 물들인 보석을 가지지 말라'

** 삼사는 계를 주는 수계사(授戒師), 표백문(表白文)을 읽어 주는 갈마사(磨師), 수계를 받는 비구를 이끌어주는 교수사(敎授師)를 말하며 칠증은 구족계(具足戒)를 받을 때 그것을 증명하는 일곱 분의 증명법사(證明法師)를 말한다. 만약 법사(法師)가 부족하여 다 모실 수 없는 경우에는 두 분만 모셔도 된다.

과 비구니 고승(아차랴니)을 동반하고 비구로 구성된 삼사칠증에게 다시 수계를 받았다. 비구니들은 비구보다 훨씬 힘든 교육을 받았다.

불교 승려들은 승복과 필수품 이외에는 아무것도 소유하지 않았다. 옷은 속옷(안타라바사카)과 겉옷(우타라상가), 허리 두르개(쿠술라카), 그리고 가사(삼카크시카)로 구성되어 있다. 주로 적색이나 황색인 이 옷들은 버려진 옷을 꿰매고 염색하여 승려들이 직접 만든다. 불자들이 시주하는 경우도 있었다. 샌들은 사치스러운 물건으로 여겨졌지만[10] 수수한 가죽 샌들[11] 정도는 신을 수 있었다. 그 밖의 소지품으로는 발우(파트라), 삭도(削刀)와 족집게, 손톱깎이, 귀마개, 이쑤시개, 물을 정수하는 천, 바늘, 지팡이, 의약품 주머니, 나뭇잎으로 만든 양산과 부채[12] 등이 있었다.

승려는 아침 일찍 일어나 잠시 명상을 한 다음 시선을 아래로 깔고 말없이 양식을 구하러 나갔다. 집집마다 돌아다니면서 시주를 받을 때는 문지방을 한 번도 밟거나 넘지 않았다. 양식을 얻으면 사찰로 돌아와 발을 닦고 그늘진 곳에서 잠시 쉬다가 점심을 먹는다. 그것으로 식사는 끝이었다. 하루에 한 끼만 먹었기 때문이다. 승려는 대개 빵의 일종인 카파티나 쌀밥을 먹고 물을 마셨다. 잡아먹기 위해 도살한 것이 아닐 경우에는 고기와 물고기를 먹는 것이 허락되었다. 환자에 한해 버터기름, 기름, 꿀이나 설탕을 먹도록 허용했다. 하지만 어떤 경우에도 양파와 마늘은 먹을 수 없었다. 승려는 속인의 식사대접을 받을 수 있었지만 아무 때나 음식을 먹는 것은 엄격하게 금지되었다. 식사를 마치면 승려는 승방의 문지방에 앉아 학생이나 제자를 만났다. 아무도 찾아오지 않으면 외딴 곳으로 물러나 앉거나 나무 밑에 앉아 명상을 하며 뜨거운 오후를 보냈다. 석양 무렵에는 사찰에 놀러온 속인들을 대상으로 한 법회에 참석했다. 선선한 저녁이 되면 목욕을 했다. 그리고 다시 한 번 제자들을 만나 밤이 깊도록 설법을 했다.

승려는 매달 머리를 깎았다. 병이 든 경우가 아니면 거울이나 수면을 볼 생각조차 하지 않았다. 속세의 음악이나 노래를 들어서는 안 되었고 장신구나 화장품, 향수도 일체 금지되었다.

특별한 서품을 받은 승려들(시마)은 매월 8일, 14일이나 15일, 보름달이 뜨거나 초승달이 뜰 때 하루 종일 단식을 하는 등 보다 엄격하게 계율을 지켰다. 이들은 번갈아가면서 동료 승려들 앞에서 자신의 잘못을 고백했는데, 이 의식은 주지스님이 이끌었다. 땅거미가 진 뒤 횃불을 밝히면 승려들이 잘못을 고백했고, 주지스님이 각각의 승려를 따로따로 신문했다. 교단의 규율에 따라 거짓말을 금했기 때문에 죄를 지으면 반드시 고백해야 했다.[13]

고대 시대에는 비구(비크슈, '거지' 라는 뜻의 산스크리트어)에게 일정한 거주지가 없었다. 대부분은 마을이나 시내의 가까운 곳에 정착하여 토굴(비하라)이나 초가집, 흙집, 돌집 등에서 살았다. 일부 탁발승들은 나무 밑이나 동굴에서 살기도 했다. 시간이 지나면서 탁발승들은 비하라에서 무리를 지어 살았고, 그 결과 벽돌이나 나무로 지은 크고 작은 사찰(상가라마)이 생겨나게 되었다. 승려들은 우기에만 사찰에 기거했다. 우기 이외의 계절에는 각지를 떠돌아다녔다. 거대한 바위산의 움푹 파인 곳에 지어진 몇몇 사찰은 왕궁이나 일반인들로부터 시주를 받았다. 이런 사찰들은 7세기 또는 8세기까지도 존속했는데 가장 대표적인 것으로 아잔타 석굴을 들 수 있다. 하지만 대부분의 사찰은 광활한 공터에 세워졌으며 완벽한 시설을 갖추고 있었다. 이를테면 비하르 주에 있는 날란다 사원은 12세기까지 번창했는데, 현장을 발굴한 결과 엄청난 유적지가 드러났다.

불교신자가 늘어나면서 사찰들도 점점 늘어났다. 사찰에는 엄청나게 많은 사람들(비구, 사미, 전국 각처를 떠돌아다니는 승려들, 남녀 하인과 노비들, 순례자들, 도망자들)이 기거하게 되었다. 당시 인도를 순례했던 중국 승려들의 기록에 따르면 큰 사찰에는 3천 명에서 5천 명 정도가 기거했다.

사찰은 승방과 법당, 그리고 법당을 바라보는 높이 8피트 정도의 회랑으로 이루어져 있었다. 건물들은 보통 한쪽 길이가 130피트인 정방형으로 나란히 서 있었다. 안뜰 한가운데에는 스투파나 신전이 서 있었다. 신전은 높이가 80피트 이상으로 둥근 지붕에 풍경들이 달려 있었다. 시설물을 확장해야 할 경우에는 애초의 사찰 바로 옆에 하나 또는 그 이상의 정방형 건물을 세웠다. 날란다 사원의 경우에는 이 같은 부속건물이 적어도 8개는 있었다.

승방에는 기본적인 시설만 갖춰져 있었다. 네 개의 짧은 다리를 밧줄로 팽팽하게 잡아당긴 침대, 침대에 까는 널빤지, 긴 의자, 타구, 조그만 멍석 몇 개, 면으로 만든 작은 베개와 긴 베게 몇 개가 전부였다. 이런 물건에다가 인간이나 짐승 문양을 새기는 것은 금지되었다. 일부 시설 좋은 사찰은 베란다가 설치된 피라미드 모양의 고층건물을 지어 비구와 비구니들의 전용 숙소로 쓰기도 했다. 법당은 안뜰에 세우거나 승방들이 사방을 둘러싸고 있는 곳에 세웠다.(가급적 동쪽 승방을 배경으로 세웠다.) 법당 안에는 불상이 설치되어 있었다. 사찰로 들어가는 문은 보통 하나였으며, 본당을 중심으로 지형에 따라 승방과 부속건물들을 확장하다보니 전체적으로 매우 어지러운 구조를 이루고 있었다.

승방과 법당 이외의 주요 건물로 대웅전을 들 수 있다. 이곳에서는 불법 수련에 태만한 자를 파계하는 의식을 치르거나 모든 승려들이 참여하는 대법회를 한 달에 두 번 열었다. 대웅전은 사방이 30피트에 이르렀고, 내벽을 따라 일정한 간격으로 벽감이 설치되어 있어 램프를 걸어놓았다. 공양간(부엌) 바로 옆에는 음식물과 약재를 보관한 창고가 있었다. 제복실에서는 우기가 끝난 것을 기념하는 축제 때 불자들이 시주한 천으로 승복을 만들었다. 사찰의 귀중한 물건을 보관하는 방도 있었다. 우물에는 뚜껑을 덮었고, 샘물을 받아두는 물탱크도 있어 매일 매일의 목욕재계를 비롯하여 다용도로 사용할 수 있었다. 계율은 위생과 청결을 강조했으며 특히 목욕시설과 배수시설, 그리고 화장실을 깨끗이 관리하도록 규정했다. 목욕탕은 온탕,

냉탕, 한증탕과 휴게실을 갖추고 물 공급시설이 잘 되어 있어 개인저택의 번듯한 목욕탕 못지않았다. 온탕과 한증막에는 대나무 옷걸이와 대나무 의자가 설치되어 있었고 물을 끓이는 난로에는 연기를 내보내는 굴뚝이 달려 있었다. 사람들은 욕탕에 들어가기 전에 얼굴에 진흙을 발랐다. 뜨거운 열기에 얼굴을 상할지도 모르기 때문이었다.[14]

건물에 사용된 건축자재는 그 지역의 천연자원에 따라 달랐다. 벽돌이나 돌보다는 진흙이나 벽토를 많이 사용했는데 우기를 견뎌내지 못했기 때문에 일종의 시멘트와 나무를 엮어 보수공사를 해야 했다. 화로가 설치된 실내나 목욕탕은 벽돌로 건축하여 날씨에 영향을 받지 않도록 했다. 다른 건물들은 내부를 페인트로 칠했다. 벽은 적색, 바닥은 흑색으로 칠했고 화환을 장식하거나 꽃문양을 그려넣기도 했다.

지붕은 이엉, 벽돌, 납작한 돌, 시멘트, 갈대나 잎사귀 등의 다양한 자재로 덮었다. 일부 건물(승려들의 법의를 보관하는 방, 회랑, 증기탕 등 지붕을 세심하게 덮을 필요가 있는 곳)은 짐승가죽에 회반죽을 덮어 지붕을 올렸다. 뱀이나 벌레가 들어오지 못하도록 특수한 재료를 섞기도 했다.

건축자재가 견고하든 약하든 간에 건물은 화려하게 장식하여 멋진 외관을 자랑했다. 벽은 눈이 부실 정도로 새하얀 석회를 발랐다. 스투파와 사찰 내벽에는 얇게 조각한 석조물을 붙였다. 쇠를 깎아 만든 다양한 부품들(철꺽쇠, 또는 철제 장부맞춤, 긴 철못 등)이 석조물을 보호했다. 석조 장식을 살펴보면 하나씩 따로따로 조각해서 설치했다는 점을 알 수 있다. 일부 사찰은 석고 처리를 한 벽에 바로 조각을 하기도 했다. 벽면에는 인간을 생생하게 형상화한 장면들과 멋진 문양들이 가득했다. 조각 위에 금도금을 해서 더욱 화려하게 보였다. 순례자들은 경이로운 눈빛으로 작품들을 바라보았으며, 그것이 진짜 황금이라고 확신하기도 했다. 그러나 식자층은 석조나 치장벽토에 얕게 조각을 한 뒤 황금으로 덮었다는 사실을 금세 알아차렸다.

특히 목조 건축물, 즉 회랑 기둥과 쪽문들, 뇌문형(雷文形) 창살, 끄트머리를
조각한 서까래와 대들보, 발코니 등에 칠해져 있는 황금색 및 순백색 도료
에는 금이 가 있었다.

중국인 순례자들은 당시 건축물의 화려함에 강한 인상을 받았다. 이를테
면 의정은 날란다를 다음과 같이 생생하게 기록하고 있다.[15]

"(벽돌로 지은) 건축물들은 3층 정도 되는데, 각 층의 높이는 10피트
가 넘었다. 꼭대기 층은 현기증이 날 정도로 하늘 높이 치솟아 있었다.
건물들은 모두 직선으로 배치되어 쉽게 오갈 수 있었다. 벽돌로 쌓은
외벽의 높이는 30~40피트 정도 되었다. 건물의 맨 끝 부분에는 지붕만
큼 높게 창이 나 있었다. 건물 구석의 제일 높은 곳에 사찰 지붕을 오르
내릴 수 있도록 급경사진 보행시설이 있었다. 각각의 구석에는 벽돌로
축조된 승방이 있어 학승과 고승이 기거했다. 승방의 면적은 10평방미
터 정도 되었다.

사찰 문은 서쪽을 바라보고 있었다. 문도 사찰의 한 부분을 이루고
있었으며 장식예술의 극치를 보여주는 놀랄 만한 이미지들이 조각되어
있었다. 문 전면에서 두 걸음 떨어진 곳에 네 개의 기둥을 세웠다. 문은
그리 높지 않았지만 매우 견고한 목재로 만들었다.

사찰 내부에서 30걸음 이상 되는 구역들은 하나같이 벽돌로 포장되
어 있다. 5피트에서 10피트 사이의 작은 구역은 복숭아나 대추만한 크
기의 벽돌을 깔았다. 실내의 천장과 지붕 표면에도 같은 크기의 벽돌을
접착제로 붙인 뒤 나무망치로 두들겼다. 실내 벽면은 석회와 삼에 기름
과 오래된 가죽을 첨가한 삼섬유 혼합용액을 발랐다. 이 용액을 바르면
며칠 동안이나 마르지 않아 벽돌 표면에 이끼와 먼지가 잔뜩 끼었다.
용액을 바르고 3일이 지나면 건조상태를 살핀 뒤 정교한 돌로 몇 번이

고 문지른 다음 붉은 흙가루를 뿌렸다. 마지막으로 기름기 많은 물질로 문지르면 벽돌 표면이 거울처럼 반질거렸다. 실내 바닥과 계단은 모두 이런 방식으로 마무리했다. 이렇게 하면 썩거나 부서지는 일 없이 일이 십 년은 멀쩡했다.

이런 식으로 건축된 사찰이 8개가 넘었다……이처럼 완벽한 곳은 어디에도 없었다…….”

움푹 파인 바위지대에 건축된 사찰들 역시 장관이었다. 조각물과 화려한 벽화로 장식된 바위틈에 거대한 인조동굴을 파서 법당과 사원을 세웠다. 전면에는 기둥이 받치고 있는 베란다, 박공벽 전체를 차지하는 창문, 그리고 문들을 설치했다. 엄청나게 많은 석조 건축물이 몰려 있는 경우도 있었다. 이를테면 아잔타 석굴은 기원전 1세기부터 서기 7세기까지 점진적으로 형성되어 29개의 석굴군을 이루게 되었는데 이후로도 상당한 기간 동안 사용되었을 것으로 짐작된다. 이처럼 한 지역에 사찰들이 무리를 지어 축조됨에 따라 당시 불교의 교세와 불교미술 수준을 손쉽게 파악할 수 있게 되었다. 벽화와 조각작품이 대단히 뛰어나기 때문이다. 벽화는 근본적으로 포교를 목적으로 그려진 것이었다. 승려들은 요즘의 강사들처럼 벽화를 막대기로 가리켜 가며 불교를 설명해주었다. 사찰을 찾아온 사람들은 벽화를 보며 감탄을 금치 못했을 것이다. 바위로 둘러싸인 모든 사찰들이 아잔타만큼 엄청난 지역에 펼쳐져 있는 것은 아니었지만 승려들이 동굴이나 바위틈에서 구도정진했던 것만은 사실이다.

사찰의 생활은 계절마다 달랐다. 우기(6~7월에서 10~11월까지)에는 승려들이 사찰에서 함께 지내며 불경 연구와 수도에 정진했다. 사찰을 효율적으로 관리하기 위해 물품 조달업무, 사찰 관리, 식료품 보관, 정원 관리, 재단과 염색, 물품 저장과 물 공급, 배식, 식권 분배, 투표용지 감독 등의 업무를 승려들에게 맡겼다. 승려들은 모두 동등한 권리를 지니고 있었다. 수계를 받은 순서에 따른 위계, 그리고 그 위계에 따른 존경심만이 다를 뿐이었다. 불교가 창시되고 얼마 되지 않았을 때에는 승려들 사이에 감독자가 없었다. 붓다는 자신의 가르침만이 유일한 지침이 되어야 한다는 확고한 의지를 가지고 있었기 때문이다. 하지만 점차 시간이 흐르면서 나이가 많은 승려를 상좌로 지명했다. 그는 특별한 '관리인들'이 관장하는 사찰 행정과 정책을 지휘하면서 사찰의 모든 운영을 책임졌다. 재가불자 중에서 사찰과 속세를 연결하는 사람을 임명하기도 했다.

사찰의 일상생활은 물시계에 맞춰 다람쥐 쳇바퀴 돌듯 이어졌다.[16] 물시계 바닥에 금속 대야를 넣고 물을 채운 다음, 정확하게 45분마다 가장자리에 물을 채우도록 식성을 계산한 조그만 구멍이 나 있는 동제 잔(카팔라 얀트라, 가티)을 띄웠다. 물이 가득 차면 잔은 대야의 바닥으로 떨어졌다. 하인이나 승려가 교대로 근무를 서면서 지속적으로 물시계를 관찰했다. 시각 측정은 오전 6시 또는 동틀 무렵부터 시작되었다. 24시간을 45분씩 32개로 나누었고, 3시간씩 8번 나누었다. 시각은 다음과 같이 발표했다. 잔이 맨 처음 밑으로 가라앉으면 아침 6시 45분인데, 근무자는 잔이 대야 밑으로 떨어지는 소리를 듣고 나서 북을 한 번 쳤다. 다시 잔이 떨어지는 7시30분에 북을 두 번, 8시 15분에는 세 번, 그리고 9시에 북을 네 번 친 뒤 3시간씩 8번 나누는 구분의 첫 번째를 알리기 위해 커다란 조가비를 두 번 불고 북을 연타했다. 두 번째 구분도 동일한 방법으로 알렸는데, (정오에 맞춘) 마지막 단계만 달랐다. 근무자는 북을 네 번 치고, 조가비를 한 번 분 뒤 북을 두 번 쳤다. 바로 이 때 모든 승려들은 한 사람도 빠짐없이 하루 한 끼 먹는 유일한 식사를 마쳐야 했다. 이러한 사이클이 두 번째 구분에서 해질 무렵(오후 6시)까지 다시 시작되었다. 밤의 시간 구분은 낮과 동일하게 이루어졌다.

의정은 보드가야와 쿠시나가리의 시각 측정 절차가 약간 다르다고 기록

했지만, 적어도 날란다에서는 방금 말한 대로 시각을 측정했던 것이 확실하다. 이러한 시간측정법은 해시계보다 만족스러운 것이었다. 물시계는 밤이나 흐린 날에도 정확했기 때문이다. 하지만 의정의 표현대로 잔을 정확한 시간에 정확하게 채울 줄 아는, 즉 구멍의 직경을 계산할 수 있는 '뛰어난 기술자'가 있어야 했다. 또한 기술자는 위도와 계절에 따라 물의 수위를 미세하게 조절해야 했다.

지금까지 간략하게나마 우기 넉 달 동안의 사찰생활을 살펴보았다. 하지만 이는 최고로 조직된 사찰의 경우이다. '우안거'를 다룬 『마하바가』 제3권을 보면 규모가 작은 사찰의 승려들은 대단히 열악한 환경에서 생활했음을 알 수 있다. 승려들은 도둑이 들까봐 걱정했고 굶거나 병에 걸리는 등 각종 어려움에 부딪혔다. 이럴 때 승려들은 은거생활을 포기하고 사찰을 떠날 수 있었다.

건기가 되면 엄숙한 행사를 치른 뒤 형제애를 설파하기 위해 속세로 장도를 떠났다. 그리고 나면 사찰을 지키는 몇 명의 승려만이 남아 있을 뿐이었다. 우안거의 마지막 포살일(佈薩日, 15일)에 행해지는 이 행사(파바라냐)는[17] 재가불자들이 승려들에게 보시를 하고 함께 점심식사를 한 뒤 종교행사에 참여하는 것으로 치러졌다. 재가불자들이 보시한 원면은 염색하고 재단해서 승복을 만들었다.

사찰의 단조로운 일상은 경건한 연례행사와 5년마다 한 번씩 이루어지는 대법회로 끊어지곤 했다.

자이나교

브라만교나 불교와 마찬가지로 자이나교에도 수도승이 있었다. 브라만은 자이나교를 '이단' 으로 보았지만 자이나교의 지도자들은 (불교와 달리) 유명한 고트라를 자랑하는 저명인사들이었다. 이들은 엄격한 채식주의자들로서 평신도부터 교단 지도자들에 이르기까지 살아있는 생물에 해를 끼치지 않기 위해 각별한 신경을 썼다. 그들은 미세한 날벌레들을 무의식중에 삼키지 않기 위해, 심지어는 그것들의 냄새조차도 맡지 않으려고 입과 코를 천으로 가리고 다녔으며 물도 항상 걸러서 마셨다. 이들의 기본 교리는 주로 비폭력에 기초하고 있는데 훗날 간디는 여기에 정치적, 도덕적 의미를 부가했다. 자이나교 신자들은 초창기의 관습과 사고방식을 거의 손상하지 않고 보존하는 등 완고할 정도로 보수적인 태도를 견지하면서 극단적인 믿음에 매달렸다. 예전의 자이나교와 요즈음 자이나교의 대표적인 차이점이라면 서기 1세기말 무렵 두 개의 교단, 즉 백의파(白衣派, 슈베탐바라)와 공의파(空衣派, 디감바라) 간의 분쟁이 해소되었다는 점을 들 수 있다. 디감바라는 공기를 옷으로 삼는다 하여 '공의파' 라 불렸는데 심지어는 발우조차 지니지 않고 철저하게 나체로 살았다. 오늘날 공의파는 더 이상 존재하지 않는다. 이와 달리 백의파는 발우를 가지고 다니는 것은 물론 일정한 물건과 옷을 소유하도록 허용했다.

자이나교는 카스트를 막론하고 속세를 떠나기로 결정한 사람이면 남녀노소를 가리지 않고 환영했다.(몇 가지 예외는 있었다.)[18] 일단 입교하면 누구나 평등했다. 어린이나 노인이나 독신자나 우울한 사람이나 겁먹은 사람이나 환자나 도둑이나 왕을 반대하는 사람이나 미치광이나 장님이나 노예나 바보나 성병에 걸린 사람이나 빚진 사람이나 불구자나 하인이나 임산부나 처녀나 강제로 개종한 사람이나 할 것 없이 누구나 똑같았다.

자이나교에 입교하려면 먼저 부모의 동의를 얻어야 했다. 교단은 신도들의 가족을 부양하거나 보조금을 지급하는 것까지도 책임을 졌다.

속세를 저버리는 엄숙한 의식은 점성가들이 지정한 길일에 행했다. 이발사가 입교자의 머리와 수염을 깎는데, 입교자는 목욕재계를 한 다음 제일 좋은 옷으로 갈아입은 뒤 머리에 기름을 바르고 높은 단 아래에 앉는다. 입교자의 어머니는 오른쪽에 앉고 유모는 왼쪽에 앉는데 유모는 한손에는 빗자루를, 다른 손에는 보시 그릇을 쥐고 있다. 이제 그는 자이나교의 하얀 의상을 입는 사람들, 즉 수도사에게 부여되는 주요 의무에 대해 가르침을 받고 공식적으로 입교한다.

불교와 마찬가지로 자이나교 역시 승려와 여승과 남녀 신도로 이루어졌다. 신도는 승려들을 물질적으로 보조해주고, 종교가 계속해서 번창할 수 있도록 신전에 상당한 선물을 바칠 의무가 있었다. 실제로 이와 같은 종교 공동체를 유지하는 일은 거의 전적으로 신도들의 헌신에 달려있었다. 수도 생활을 규율하는 원칙은 불교의 그것과 유사하거나 좀더 엄격했던 것으로 짐작된다.[19] 자이나교 승려들은 하루도 빠지지 않고 음식을 구걸했고, 스스로(브라만처럼) 음식과 음료를 준비해야 했다. 사소한 것이라도 규율을 어기면 반드시 벌을 받았다. 이들은 전도를 위해 이곳저곳을 자주 떠돌아다녔는데, 그런 생활을 하면서도 짐승을 비롯한 일체의 교통수단을 이용하지 않는 등 온갖 어려움을 감내하면서 규율에 복종했다. 하지만 정치적 혼란이 있을 때는 전도를 하지 않아도 되었다. 또한 황실의 박해가 있을 경우에는 규율을 어기고 변장을 한 채 잠시나마 모든 금기사항과 책임을 저버릴 수 있었다. 신도들은 동료 신자가 중병에 걸리면 치료비가 얼마가 나오든, 또한 교단의 재정상황이 어떠하든 아랑곳하지 않고 환자를 의사에게 데리고 가서 최선을 다해 돌보았다. 여성과의 육체관계 — 여자 승려든 창녀든 — 는 금했으나 육욕을 정 주체할 수 없으면 부분적으로 허용했다. 이와 마찬가지로 '다른 번뇌에 빠졌을 경우'에는 규율을 어길 수도 있었으나, 주문을 외우거나 경전을 암송하며 희생제의(잔나)를 행해 스스로를 정화해야 했다.

인가에서 멀리 떨어진 은거지에서 홀로 고행하는 승려들도 있었다. 그들은 아무것도 없는 맨바닥에서 잠을 자고, 식물 뿌리와 날알을 요리하지 않고 그대로 먹으며, 간단하게 목욕하고, 회개의 표시로 몸에 진흙을 바르고 침묵으로 일관하며, 커다란 조개를 불어 자신이 은거하고 있다는 사실을 알려 다른 사람과의 접촉을 일체 피하는 등 전형적인 은둔자의 생활에 정진했다. 이들은 나무껍질을 엮어 만든 가리개를 걸치고 동굴이나 나무 밑에서 살면서 오직 물만 마셨다. 소수의 승려들은 높은 기둥 위에서 기거하며 고행을 하는 주두행자(柱頭行者)로 살았다고 전해진다.

방방곡곡을 돌아다니면서 신도들에게 교리를 가르치는 승려들도 있었다. 이들은 신도를 물로 닦아주고 진흙을 발라 정화시켜주었다. 이렇게 여기저기 떠돌아다니는 승려들은 손에 놋쇠 반지와 놋쇠 팔찌를 차고, 길고 헐거운 겉옷에 망토를 걸쳐 입고, 신발을 신고, 세 개의 막대기를 꽁꽁 묶어 만든 지팡이를 든 채 양산을 쓰고 다녔다. 그 밖에 물병, 막사발, 찻주전자, 빗자루, 갈고리, 휴대용 의자와 염주를 가지고 다녔다.

승려들은 모두 마법을 행한다고 여겨져 상당한 명성을 누렸다. 사람들은 승려들이 주문과 진언을 중얼거리는 모습을 보고 이들이 초자연적 힘을 가지고 있다고 생각했다.

마지막으로 불교 승려들과 자이나교 승려들이 여러 가지 측면에서 라이벌 관계 — 고대 인도의 문헌에 기술된 설명을 전적으로 믿는다면 — 였다는 점은 특기할 만하다.

3부

황궁과 귀족의 생활

제1장 | 도시 생활과 멋쟁이들

이 책에서 다루는 시대의 문헌들에 풍부하게 나와 있는 설명을 믿는다면, 크샤트리아와는 달리 브라만 계급의 가족들은 제의에만 매달리며 쾌락과 안락한 생활을 멀리하는 등 검소하고 소박한 생활을 했음이 틀림없다. 그러나 수도의 경우, 특히 황궁 주변 지역은 사람들이 화려하고 방탕한 생활을 하도록 끊임없이 유혹하는 분위기에 휩싸여 있었다고 할 수 있다. 태어나서 죽을 때까지 등골이 휘도록 노동을 하고, 각종 절기 의식을 치러야 하는 시골과는 달리 수도에는 대규모 축제와 오락이 끊이지 않았다. 덧붙여 말하자면 크샤트리아는 브라만 계급이 누릴 수 없는 특권을 누렸다. 의식을 준수하도록 심하게 강요받지 않았고 따라서 도박, 스포츠, 예술에 쉽게 빠질 수 있었다.(그래서 그들은 되도록 황궁 가까운 곳에 거주하려고 했다.) 중간 계급에 속하는 부자들은 사업을 통해 귀족들에게 결코 뒤지지 않는 부를 과시했다. 실제로 이들은 과시욕에 불타 분에 넘치는 사치스런 생활을 하다가 엄청난 부채에 허덕이곤 했다. 모든 사람들에게 있어 왕은 더할 나위 없는 본보기였고, 누구나 어떻게 해서든지 왕의 생활방식을 닮으려 애썼다. 그 결과, 크샤트리아와 왕이 뭐가 다른지 꼬집어 말하기 어려운 경우도 많았다.

패션을 즐기는 젊은이들의 일상생활[1]

부유한 집안의 젊은이들은 아침에 일어나면 '멋쟁이' (굽타 시대에는 '도시거주민' 이라는 뜻의 '나가라카' 라고 불렀다)가 되려고 부단한 노력을 기울였다. 그들은 의식을 행하듯 여러 단계를 거쳐 세심하게 몸단장을 하는 것으로 하루를 시작했다. 우선 나무뿌리로 이빨을 닦고 입과 눈을 씻은 뒤 연고를 바른 다음 베텔나무 잎사귀를 씹는다.

그런 뒤 자기 집 욕실이나 시내 외곽의 개울에서 정성을 다해 목욕을 한다. 개울의 진입로에는 긴 의자는 물론 각종 목욕도구가 비치되어 있었다. 목욕은 향기로운 파우더를 묻힌 나무주걱으로 온몸을 철저하게 문지르는 것으로 시작된다. 그런 다음 피부에 기름을 바르고 의자에 편히 앉아 마사지를 한다. 마사지가 끝나면 몇 가지 운동으로 온몸의 근육을 풀고 마지막으로 물속에 들어가 거품(페나카)을 이용해 온몸을 깨끗하게 닦는다.(이틀에 한 번은 개울에서 목욕을 했다.) 그리고 몸의 물기를 닦은 다음 정성스럽게 머리를 빗는다.

집으로 돌아와서도 계속해서 아침 단장을 한다. 먼저 향기로운 연고를 몸 전체에 바르고, 가슴에는 장뇌로 만든 파우더를 뿌리고, 이마에는 적색 비소로 카스트 표시를 그리며, 팔에는 사향 가루를 찍어 행운을 상징하는 문양을 그린다. 그 다음 검정색 화장품으로 눈가에 화장을 하고 입술에 적색 라크를 살짝 묻힌다. 3일에 한 번은 온몸에 라크를 바르고, 4일에 한 번씩 수염을 깎는다. 이렇게 길고 긴 예비행위가 끝나면 향으로 훈증하여 향내가 솔솔 풍기는 옷을 입고, 장신구를 착용하고, 꽃과 진주를 엮어 머리에 꽂은 다음 손톱을 정리한다. 그리고 마지막으로 거울을 보면서 모든 것이 제대로 되었는가를 살핀다.

집을 나서기에 앞서 입에서 나쁜 냄새가 나지 않도록 망고나 장뇌, 또는 정향나무 열매 등을 한 움큼 씹는다. 그리고는 꽃으로 만든 목걸이를 걸고, 터번처럼 생긴 모자를 쓰고, 양산과 지팡이를 준비한 뒤 드디어 밖으로 나간다. 이렇게 멋을 부린 부잣집 젊은이는 여가를 즐기며 하루를 보낸다. 오전에는 고객이나 친구들과 함께 도박장에 가서 도박을 했고, 점심을 먹은 뒤에는(식사시간은 철저하게 지켰다) 오수를 즐겼다. 그리고 새장에 있는 앵무새와 마이나에게 새로운 말을 가르친 후 닭싸움, 메추라기싸움, 비둘기싸움에 돈을 걸고 응원하면서 오후시간을 마냥 신나게 보낸다.

지녁식사를 마친 뒤에는 응접실에서 친구들을 맞이한다. 친구들과 함께 음악을 듣고 재미있는 대화를 나누고 술을 마시며 화기애애한 시간을 보낸다. 어느 정도 시간이 지나면 예전부터 내려오는 예절에 따라 친구들에게 꽃과 후추를 건네주며 작별인사를 한다.

이제 아내와 단 둘이 있게 되면 아내의 욕망을 자극하는 달콤하고도 부드러운 애무를 하면서 농염한 육체관계를 시작한다. 사랑을 나눈 뒤에는 각자 정숙한 태도로 돌아간다. 두 사람은 테라스에서 밤하늘의 별을 바라보면서 사탕과 묽은 죽, 코코넛 우유, 달콤한 망고와 레몬주스, 그리고 향기로운 와인을 마신다. 그는 육체관계의 여운으로 행복하면서도 나른해하는 아내를 위해 잠자리를 준비한 뒤 향기로운 연고를 얼굴에 바르고 화환을 쓴 다음 멋진 침대에서 아침이 올 때까지 달콤한 잠에 빠져든다.

연애와 창기: 매춘과 범죄

크샤트리아 계급 젊은이들의 질펀한 연애놀음은 문헌에 자주 등장한다.[2] 전통적으로 크샤트리아 젊은이들의 여성편력은 끝이 없었다. 그들은 그늘진 정원에서 내연의 여인과 정기적으로 즐거운 시간을 보냈던 것으로 짐작된다. 시원한 물이 흐르는 시냇가 근처 녹음이 우거진 곳에서 독한 술을 마시거나 시설이 잘 갖춰진 공원에 지어놓은 여름별장에서 악단의 연주를 들으면서 뭇사람들의 시선을 피해 연애를 했다. 봄이 되면 젊은이와 애인은 계곡의 나무에 매달아 놓은 그네를 함께 탄다. 두 사람은 서로 몸을 밀착한 채 성적인 대화를 나누면서 부드럽게 그네를 탔다.

7세기 이전에 바차야나가 저술한 유명한 성전(性典)인 『카마수트라(사랑의 법칙)』에 자세하게 나와 있듯이 젊은 연인들의 애무는 가장 부드럽고 섬세한 키스에서부터 복잡하고 에로틱한 기술에 이르기까지 매우 다양했다. 『카마수트라』에 등장하는 젊은 여성들은 상당히 요염했을 뿐만 아니라 자신이 지닌 매력을 철저하게 이용했고, 고혹적으로 보이도록 일부러 수줍음을 가장했으며, 깨묻기를 좋아하는 여성 특유의 성격을 애교로 포장했으며, 어떻게 해서든지 화려한 옷과 보석을 구해 치장했고, 눈썹을 파르르 떨면서 남자들의 애간장을 녹였다. 이들은 뛰어난 솜씨로 남자를 유혹했다. 정염을 불태우기 위해 와인과 최음제를 애인에게 먹였으며, 살살 녹는 듯한 말투로 나긋나긋 말했고, 눈을 게슴츠레하게 떴으며, 불처럼 뜨겁게 포옹했고, 툭하면 입을 뾰족이 내미는가 하면 다투고 난 뒤에는 부드럽게 다가와 먼저 화해의 제스처를 보였다. 연인의 마음을 누그러뜨리기 위해 선물을 보내기도 했고, 멋진 미래를 약속하기도 하고, 때로는 시새움에 성질을 부렸고, 눈물을 흘리고, 환하게 웃고, 자신의 운명에 절망하다가도 남자와 함께 황홀경에 빠지곤 했다. 이들은 연인이 없을 때 사랑의 말을 대신 들려줄 수 있도록 앵무새에게 사랑의 단어를 가르쳐주었고, 연인과 초상화를 교환했으며, 연인과 떨어져 있을 때는 외로움에 애를 태웠다. 또한 툭하면 자신의 처지를 비관해 비탄에 빠지기도 했고, 그러다가도 언제 그랬냐는 듯 기쁨의 구름에 파묻혀 둥둥 떠다니기도 했다. 시인들은 눈물이 가득한 아름다운 눈과 입술을 삐죽 내민 채 침묵으로 일관하는 태도와 폭발할 것 같은 분노와 남자에게 사랑을 확인하는 질문과 달콤하게 사랑을 나누는 기쁨을 부지런히 그려 냈다. 당시 인도에서는 심장이 감정보다는 이성이 자리잡은 기관이라고 여겨졌지만, 고대 인도의 젊은 연인들은 — 17세기 유럽의 우아하고도 멋진 연인들 못지않게 세련된 — 사랑의 감정을 나타내는 심벌로 여기곤 했다. 젊은이들은 연인의 마음을 사로잡기 위해 툭하면 기절하는 척했으며, 너무나 기쁘고 놀란 나머지 실제로 정신을 자주 잃기도 했다는 것을 능히 짐작할 수 있으리라.

젊은 사내는 연인의 어깨를 부드럽게 감싸쥐며 옷을 풀어헤쳤다. 팔찌와 목걸이를 떼어내고, 화환과 보석을 엮어 땋은 긴 머리를 풀고, 정수리(시만타)부터 조심스럽게 가르마를 가르고, 화장할 때 양 눈썹 사이에 그려놓은 표시를 문질렀다. 정사가 끝난 뒤 남자는 거울 앞에 앉아 있는 여인의 몸에서 손톱자국 — 아마도 격렬한 정사 도중에 생겨났을 — 을 발견하고는 놀리곤 했다.[3]

이러한 사랑놀음이 젊은 남녀들만의 전유물은 아니었다. 이는 합법적인 결혼생활에서도 흔히 있을 수 있었다. 일부다처제로 인해 남자들은 더욱더 많은 쾌락을 누릴 수 있었기 때문이다.

또한 대도시와 수도에서 매춘이 특히 번창했다. 창기들(베샤 또는 가니카)은 유명한 창녀를 중심으로 일종의 길드를 형성했다. 창녀 길드의 우두머리는 중병에 걸리거나 죽을 때까지 자신의 지위를 유지했다.

창기들은 돈 몇 푼에 몸을 파는 값싼 창녀부터 상당한 교육을 받고 다방

면에 걸쳐 해박한 지식을 가지고 있을 뿐만 아니라 춤과 노래 실력이 뛰어난 고급 창기에 이르기까지 매우 다양했다. 사람들의 손가락질을 받는 싸구려 창녀들과 달리 고급 창기들은 나름대로 명성을 얻고 있었다. 화대 역시 대단한 차이를 보였다. 보통 늙은 창녀들이 구걸을 하거나 국유 공장에서 일하면서 생을 마치는 데 반해 고급 창기들은 엄청난 부를 축적하는 경우도 흔했다.

이들 창기들은 재산의 많고 적음을 떠나 황궁 행정부의 관리를 받았다. 황궁 행정부는 창기 보호와 사창가 감독, 그리고 세금징수 등의 업무를 맡았다. 앞서 설명했듯이 창기들은 한 달에 이틀 치의 화대를 국가에 바쳐야 했다.[4] 뿐만 아니라 춤이나 노래를 가르쳐 준 선생에게 수고비를 주었다. 국가는 창기 교육을 장려한 것으로 짐작된다. 관리들은 사회를 부드럽게 만드는 데 창기가 필수적이라고 생각했다.[5] 포주(쿠타니) 밑에서 일하는 창기들도 많았다. 기술이 탁월하거나 미모가 뛰어난 창기들은 비밀 첩보부에 첩자로 등록되어 국가를 위해 중요한 임무를 수행하기도 했다. 창기들은 좋은 집안의 사내를 유혹해서 정원이나 동굴로 소풍을 갔다. 아이의 탄생을 축하하는 자리에 악사나 무희로 불려가는 창기들도 있었다. 사찰에 소속된 창기들도 있었는데, 이들을 '데바다시' 라고 불렀다. 하지만 이 책에서 다루는 시대의 문헌에는 데바다시에 대한 언급이 많지 않다. 사찰 창녀들은 이 책에서 다루는 시대보다 후대에 활동했던 것으로 짐작된다.

창기의 몸을 사는 방법은 여러 가지였다. 창기가 직접 호객행위를 하는 경우도 있었고, 손님이 사창가나 창기의 집을 찾아가기도 했다.[6] 많은 창기들이 어머니, 또는 어머니로 섬기는 여자와 살았다. 창기의 어머니들은 딸들의 장사는 물론 안전과 건강에 신경을 썼다.[7] 창기들은 화려하게 차려입고 문 가까이에서 '진열대에 전시된 보석처럼' 통행인들의 시선을 붙잡았다. 화대는 손님과 관계를 하기 전에 정했는데 계절에 따라, 고객이 가진 돈에 따라 달랐다. 창기는 화대의 반을 자신이 갖고, 나머지 절반은 의상 대여료와 고객에게 서비스할 향수와 화환 구입비로 썼다. 손님은 사창가를 빠져나가기 전에 선물받은 화환을 되돌려주었다.[8] 매춘사업은 성적 방탕이 합법적으로 용인되어 질펀한 육체의 향연이 벌어지는 정기축제에서 많은 수입을 올리는 등 번창했던 것으로 짐작된다.

크샤트리아 젊은이는 교양미가 넘치는 고급 창기를 정부로 두었다. 그녀들은 아름다운 육체에 지식도 풍부하고 '64가지의 예술'에도 정통했다.[9] 다시 말해 이들은 성적 기교는 물론 사교계의 지적이고 예술적인 활동에 대해서도 완벽하게 교육을 받았던 것이다. 따라서 이러한 고급 창기들을 찾는 손님이 많았고, 그에 비례해 화대도 황금처럼 비쌌다고 전해질 정도였다. 이들은 부자들과 관계를 맺으며 품위를 유지해 나갔고, 계속해서 자신을 개발해가며 고급 창기로서의 영예를 누렸다. 이들은 우아하게 꾸민 저택에서 멋진 보석과 액세서리로 온몸을 치장하고, 고급 소재로 만든 화려한 의상에 마차도 몇 대씩이나 소유하고, 심지어 사회적 지위의 최고 상징인 미술관까지 갖춘 채 수많은 하인들의 시중을 받아가며 여봐란 듯이 살았다. 또한 평소 브라만에게 자주 선물을 주고 막대한 돈을 들여 브라만교 신전을 짓는 등 브라만 카스트와 좋은 관계를 유지했다.

이들은 사회 지도층과도 좋은 관계를 유지했다. 그들이 영향력 있기 때문이기도 했지만 또한 그들이 고급 창기들의 주요 고객이기도 했기 때문이다. 또한 이들은 야경꾼, 경찰, 검찰관, 점성가, 은행가, 고리대금업자와 좋은 관계를 맺으려 부단히 애썼다. 한편 직업상 꼭 필요한 장식 기술자들, 즉 향수업자, 꽃장수, 화환 제조업자, 미용사들과도 좋은 관계를 유지했다. 붓다가 정부의 고관과 선약을 해놓고도 같은 시간에 고급 창기의 점심 초대를 받아들였다는 사실에서 이들이 얼마나 중요한 인물인가를 미루어 짐작할 수 있다. 하지만 창기들은 사회의 변두리 인생 즉 도둑, 사기꾼, 낮은 카스트에 속한 마술사, 야바위꾼과 상습 도박꾼을 비롯한 악당들과도 절친하게 지냈다. 인도의 도덕가들은 경우를 막론하고 창기들은 결국 못된 사람들과 사귀고 만다는 점을 누누이 강조했다.

고대 문헌은 창기들이란 기본적으로 부도덕하다고 꼬집으며 창기들의 특별한 정신상태를 자세하게 설명하고 있다. 대부분의 창기들은 단 한 사람의 연인을 만들기보다는 사치스런 생활을 영위시켜줄 사내들을 조심스럽게 골랐다. 다시 말해 사내의 경제력을 제일 중요하게 고려했다. 일단 사내를 고르면 그녀는 온갖 아양과 교태를 떨고, 필요하다고 생각되면 주문을 외우고 부적을 지닐 뿐만 아니라 과거와는 전혀 다른 모습으로 변신하는 등 매춘경험을 총동원하여 사내를 유혹했다. 그러나 자신의 재산을 탐내고 접근하는 사내에게는 마음을 열어주지 않았다. 『카마수트라』는 "사내는 자신이 계집의 연인이면서도 계집이 자신을 얼마나 사랑하는지 알 수 없다."라고 노골적으로 말하고 있다.

당시의 많은 설화들이 창기들의 물욕을 자세하게 묘사하고 있다. 여기 그것을 가장 잘 보여주는 일화가 있다. 사업을 하는 부자의 아들이 저녁마다 창기를 찾아가 엄청난 화대를 주었다. 두 사람의 관계는 오랫동안 지속되었고 젊은이는 항상 꼼꼼하게 화대를 지불했다. 심지어 그녀의 아버지가 죽었을 때 막대한 조의금을 주는 등 돈을 쏟아부어 결국 유산으로 받을 재산도 거의 없게 되었다. 그러던 어느 날 저녁이었다. 빈털털이가 된 사내는 깜박하고 돈을 가져오지 못했다고 하면서 다음날 아침에 주겠다고 약속했으나 그녀는 외상은 절대사절이라고 말하며 청년을 주저 없이 길거리로 내몰았다.[10]

여간내기가 아닌 창기들은 재산이 많은 사내들을 주도면밀하게 파멸시켰다. 사내의 돈을 차지하기 위해 그녀는 처음 매춘생활을 시작했을 때 철저하게 몸에 익힌 속임수와 교활한 방법을 십분 활용했다. 사내가 돈이 떨어진 기미가 보이면 단호하게 관계를 끊었다. 그리고는 돈 많은 사내를 새로 사귀면서 돈이 늘어가는 기쁨을 감추지 못했다. 관계를 끊은 사내의 자금 사정이 좋아지면 그녀는 주저 없이 그 사내에게로 돌아갔다. 그러나 『카마 수트라』는 사내에게 창기를 조심하라고 조언했다. 두 번째 사내를 차버린 그녀는 얼마든지 다시 그를 차버릴 수 있기 때문이다.

이렇듯 대부분의 창기들은 돈을 벌기 위해 신의를 헌신짝처럼 버렸지만, 멋진 가정을 꾸며 존경받는 여성으로서의 삶을 살겠다는 욕심에 결혼을 몹시 원하는 창기들도 있었다. 심지어 사랑하는 사내 — 대개 돈이 없는 — 와 결혼하기 위해 안락한 생활을 포기하는 창기도 있었다. 정상적인 결혼생활을 꿈꿀 수 없을 경우에는 한 남자와 반영구적, 또는 영구적인 관계를 맺거나 심지어는 여염집 아낙네처럼 행동하려고 무진 애를 쓰면서 그 사내와 살림을 차리는 것에 만족하기도 했다.

법률이 간통을 엄하게 처벌했음에도 불구하고 여염집 아낙네들은 창기들을 위험한 존재로 보았다. 문헌에는 유부남이 첩을 두는 것에 대한 설명이 그다지 많이 나오지는 않지만 미루어 짐작해볼 수는 있다. 아내에게 창기와의 관계를 속이는 순간부터 사내는 이중생활을 하며 거짓말을 일삼았다. 밀회가 탄로나지 않도록 갖은 애를 썼고 요령껏 혼외정사를 즐겼다. 하지만 아무리 용의주도하더라도 아내에게 들킬 가능성은 대단히 높았다. 간통은 '사랑의 전령사'(두티)와 긴밀하게 연락해야 하고, 하인들이 공모해주어야 가능했기 때문이다. 간통을 하다가 현장에서 걸리면 창기가 남자보다 훨씬 심한 처벌을 받았다.

창기와 사귀는 것은 생각보다 쉽지 않았다. 뿐만 아니라 창기들은 범죄자들과 가깝게 지냈기 때문에 위험은 더욱 컸다. 조금씩 다르게 표현되고 있지만 『자타카』에 나오는, 도둑을 사랑한 창기의 이야기를 통해 이 같은 사정을 쉽게 짐작할 수 있다.[11] 창기를 몹시 좋아한 어느 부자 청년이 있었다. 그런데 창기는 그를 그다지 좋아하지 않았다. 어느 날이었다. 창가에 앉아 있던 그녀는 몇 명의 경찰이 추적 끝에 도둑을 잡는 장면을 보게 되었다. 도둑은 미남이었고 그녀는 단박에 그에게 마음이 끌렸다. 그녀는 무슨 일이 있더라도 그가 말뚝에 찔리는 형벌을 받아 형장의 이슬로 사라지게 해서는 안 되겠다고 결심했다.

그녀는 잠시도 지체하지 않고 믿을 만한 여자 하인을 치안책임자에게 보냈다. 뇌물을 주어 매수하기 위해서였다. 전형적인 동양식 거래가 이어졌고 그녀가 제안한 뇌물 액수는 치안 책임자의 분을 누그러뜨릴 만큼 상당했다. 하지만 그는 왕의 분노를 사고 싶은 마음은 전혀 없었다. 이미 사형을 집행하겠다고 발표를 했기 때문에 그 도둑은 아니더라도 누군가를 사형시켜야 했다. 그러나 그녀는 그 문제로 고민하지 않았다. 자기를 죽자 살자 따라다니는 멍청한 녀석의 돈을 뜯어낸 다음에 희생양으로 만들면 되지 않겠는가 하고 간단하게 생각했다. 부자 청년은 다른 날과 다름없이 그녀를 찾아왔다. 그런데 그녀가 눈물이 그렁그렁한 채 슬퍼하고 있는 것이 아닌가? 그는 다른 때와 달리 기분 좋게 즐길 분위기가 아니라는 것을 깨달았다. 무슨 일로 그렇게 울상이냐고 그가 채근하자 그녀는 사형을 받을 사람 — 사람들이 모두 악당이라고 말하는 인물 — 이 사실은 친오빠라고 말했다. 그녀에게 오빠가 있다는 소리는 금시초문이었다. 그도 그럴 것이 그녀가 즉흥적으로 지어낸 말이기 때문이다. 그러나 그는 이야기를 끝까지 다 들은 뒤 지금까지 모아둔 전 재산을 들고 와서는 돈으로 치안책임자를 구워삶자고 그녀를 채근했고 그 길로 치안책임자에게 달려갔다. 치안책임자는 조금 전에 그녀와 약속했던 계획을 그대로 실행했다. 돈을 건네받자 포장을 친 마차에 도둑을 태워 그녀의 집으로 보냈고, 돈을 날린 멍청한 청년은 곧바로 사형장으로 끌려가고 말았다. 밤이 깊어 사람들이 모두 집에 있을 시간에 배신당한 청년은 형장의 이슬로 사라졌고, 사형 집행자들만이 그의 울부짖음과 죄가 없다는 항변을 들었을 뿐이었다.

교훈적인 이야기는 이것으로 끝나지 않았다. 그녀는 목숨을 살려준 도둑을 맹목적으로 사랑했다. 하지만 이번의 희생양은 다름 아닌 그녀였다. 여자가 사람의 생명을 파리목숨처럼 가볍게 생각한다고 판단한 도둑은 그녀를 호젓한 장소로 유인해 목을 졸랐다. 직업의식에 투철한 도둑은 급히 도망치는 와중에도 그녀의 귀금속을 모두 챙겼다. 다행히 목숨이 끊어지지는 않고 잠시 기절했던 그녀는 정신을 차린 뒤 곧바로 도둑을 용서하고 다시 사랑하기로 마음먹었다. 그 뒤로 그녀는 평생토록 아무런 희망도 없이 도둑을 찾아다녔다는 이야기가 전해진다. 하지만 이와 달리 여자가 도둑을 죽였다는 결말도 전해지고 있다.

이렇게 무시무시한 이야기만을 근거로 창기들이 하나같이 법의 테두리 밖에서 살았거나 범죄자들과 가까웠다고 생각해서는 안 된다. 이런 이야기가 상당한 진실을 내포하고 있기는 하지만 창기들을 폄하하기 위해서가 아니라 죄를 지으면 벌을 받는다는 교훈을 주기 위해 만들어졌다는 사실을 명심해야 한다. 자비로운 마음씨와 독실한 신앙심으로 인구에 회자되는 창기들의 이야기도 상당수에 이른다.

도박과 게임

브라만의 행동 규범에서 보자면 도박은 몹쓸 짓이었지만 카스트를 막론하고 도박을 했으며 그 가운데서도 특히 체스를 즐겼다.

인도인들이 자랑하는 발명품으로 손꼽는 체스(차투랑가)는 원래 군사전략을 가르치는 수단으로 고안되었는데, 네 명의 사람이 두 개의 주사위와 왕, 코끼리, 말, 전차나 배, 그리고 전통적인 군사편제인 '네 군단'을 상징하는 네 개의 졸을 가지고 둔다. 젊은 귀족들은 매일같이 체스를 몇 번이나 두곤 했다.

주사위 놀이도 다양했다.[12] 주사위는 금도금을 한 조개나 나무, 상아,[13] 비비타카 열매로 만들었다. 비비타카 열매는 크기가 개암나무 열매만하고 사각형 모양이었다. 체스는 표면에 체스판을 상감한 테이블 위에서 두거나 특별히 고안된 체스판에서 두었고, 주사위 놀이는 땅바닥에서 하는 경우가 많았다.

고대 문헌에는 두 가지 종류의 주사위 놀이가 나와 있다. 가장 많이 즐긴 주사위 놀이는 주사위를 만든 열매에서 이름을 따온 비비타카 주사위 놀이였다. 선수는 주사위 무더기에서 한 움큼의 주사위를 주워 스물네 가지 방법 중의 한 가지 방법으로 바닥이나 판에 던진다. 사람들은 던진 주사위의 숫자와 남아 있는 주사위의 숫자를 큰소리로 외치는데, 숫자를 제일 먼저 맞춘 사람이 1등이 되며 그 숫자는 반드시 4의 배수가 되어야 한다.

다른 주사위 놀이는 파샤카라고 하는 것으로서, 이것은 네 면에 점수가 새겨져 있는 세 개의 장방형 주사위를 사용한다. 주사위를 바닥에 던져 제일 위에 있는 숫자를 더해 그 총합이 미리 정해둔 24개의 조합 가운데 하나가 되면 1등이 되었다. 1등이 여러 명 나오면 승부를 가리기 위해 계속해서 주사위를 던졌고 판돈은 그에 따라 점점 많아졌다.

주사위는 사창가에서도 쓰였다. 나가라카라는 우아한 주사위를 던져 하룻밤 상대를 정하곤 했다.

수많은 부자 상인이나 귀족들이 전 재산을 탕진할 정도로 도박은 대성황을 이루었다. 브라만들은 도박을 곱지 않은 시선으로 바라보았지만 많은 사람들이 도박에 미쳤다. 판을 거듭할 때마다 판돈을 두 배씩 올렸고, 내가 이기고 상대방이 지게 해달라고 부지런히 주문을 외우거나 마법을 쓰기도 했다. 주문은 다음과 같았다. "나는 너를 이길 것이다. 너의 판돈은 모두 내 것이 되고 만다. 너의 마지막 남은 동전 한 닢도 모두 내 것이다…… 내 오른손엔 딴 돈이 있고, 내 왼손엔 도박의 기술이 있다. 신이시여! 소, 말, 돈, 황금을 모두 얻을 수 있도록 해주십시오." 그런가 하면 주사위를 주술치료에 사용하기도 했다.

시인들은 도박꾼들의 기묘한 감정의 변화를 그림처럼 생생하게 그려냈다. 주사위가 바닥에 떨어지는 순간 어떤 숫자가 나올까 숨죽이고 긴장하는 모습, 주사위끼리 부딪히는 소리에 흥분을 감추지 못하다가 형편없는 패가 나오면 절망에 빠져 얼굴이 일그러지는 모습, 그럼에도 불구하고 돈을 다 날릴 수 있다는 사실을 애써 부인해 가면서 다시 주사위를 던지는 모습 등등. 도박꾼들은 결국 돈놀이꾼의 희생자가 되어 산더미 같은 빚을 지고 비극적인 최후를 마치기도 했다. 이렇게 도박을 통해 다른 사람을 파멸로 몰아감으로써 막대한 부를 얻은 부자는 '정직한 부자'가 아닌 '속이 시꺼먼 부자'라고 불렸다.

도박장은 상당히 많았던 것으로 짐작되며 정부가 엄격히 관리했고 영업장과 판돈, 주사위에 대해 세금을 부과하여 국고를 채웠다. 도박장 영업을 감독하는 첩자들이 필요할 때마다 조사를 한다고는 했지만 타짜들이 서로 짜고 순진한 사람들을 속이는 일이 계속되었다.

상류사회의 예술, 연극, 스포츠 및 오락

젊은 크샤트리아들은 여색만 밝힌 것이 아니라 왕을 필두로 한 귀족들의 다양한 지적 활동과 예술 활동에도 참여했다.

귀족들의 일상생활에서 음악은 대단히 중요한 역할을 했다. 귀족들은 모두 비나를 연주할 줄 알았다. 비나는 소박한 모양의 현악기로 후대에 류트

(lute)로 대체되었다. 비나는 인도에서 가장 오래된 악기 가운데 하나이다.[14] 처음에는 여자들만 연주했으나 후대에는 남자들도 연주했고, 왕들의 연주실력도 전문 악사 못지않을 만큼 대단했다. 굽타 왕조 시대(서기 4~5세기)에는 자신이 비나를 연주하는 모습을 주화에 새겨넣을 정도로 뛰어난 연주 솜씨를 자랑하는 왕들도 있었다.[15] 귀족들은 침실 벽에 비나를 걸어놓고 시간이 날 때마다 연주했고 산책하면서도 — 끈으로 한쪽 어깨에 걸고 — 연주했다. 칼리다사는 비나에 대해 이렇게 적고 있다. "연인의 마음에서 떠나지 않는 두 가지가 있는데 그 하나는 맑은 소리를 자랑하는 비나요, 다른 하나는 색정어린 표정을 짓고 있는 여인의 부드러운 음성이라."[16] 젊은 연인들은 애인에게 비나 연주법을 즐겨 가르쳤고, 시인들은 젊은 연인들이 코드를 짚다가 우연을 가장하여 서로의 손을 부드럽게 어루만지는 아름다운 모습을 그려냈다.

귀족들은 그림도 즐겨 그렸다. 회화 역시 일상생활에서 음악 못지않게 중요한 기능을 했다.

불교 승려들은 그림을 막대기로 짚어가며 특별한 의미를 설명하는 등 포교활동에 사용했다.[17] 뿐만 아니라 삽화가 포함된 이야기 두루마리는 새로운 소식을 전하는 수단으로 사용되기도 했다.[18] 회화는 멋진 연애를 위해서도 절대적으로 필요했다. 연인들은 서로 떨어져 있을 때 그리움을 달래기 위해 서로의 초상화를 주고받았기 때문이다. 귀족들은 남녀 할 것 없이 회화 도구 즉, 스케치 연필, 짐승 털로 만든 여러 종류의 붓, 색깔 가루를 넣는 조개껍데기나 단지, 그리고 이 모든 것을 가지런히 넣어두는 상자 — 표면에 멋진 문양을 새겨넣은 — 를 가지고 있었다.[19] 젊은 남자가 약혼자에게 주는 선물로 화구만큼 귀중한 선물이 없을 정도로 회화는 대단히 중요했다.[20] 그림의 모양은 '사실화'나 '순수미술' (사티아) 작품인 경우에는 직사각형, '서정적인 작품'이나 '낭만적인 작품'은 정사각형, 그리고 '풍속화'

는 원형으로 주제에 따라 달랐다.[21] 종교화는 주제를 끊이지 않는 연속된 공간에 묘사해야 하기 때문에 대나무쪽을 이어 붙여 양끝에서 천천히 풀거나 감을 수 있는 화폭에 그렸다. 한 번 보고 마는 그림은(특히 결혼식이 있을 때 그리는 그림) 땅바닥에 색깔 있는 가루로 그렸다.[22] 미술에 일가견이 있는 귀족들은 하나같이 미술관을 소유하고 있었는데, 여기에는 자신이 그려서 친구들에게 즐겨 자랑하는 작품들도 소장되어 있었다. 조각에 일가견이 있는 경우에는 집의 한쪽 구석에 점토나 나무를 조각할 수 있도록 조각 제작실을 따로 마련했다.

귀족들은 또한 다양한 장르의 문학에 지대한 관심을 기울였고, 많은 귀족이 황궁에서 유행하는 우아하고도 수준 높은 스타일로 시를 짓거나 희곡을 썼다. 왕들도 귀족 못지않게 글쓰기에 전념했다. 슈드라카(생몰연대 미상, 4세기경) 왕은 유명한 희곡 『므리츠차카티카』를 쓴 것으로 추정되고, 타네사르와 카나우지의 왕인 하르샤(서기 606~47)는 세 편의 흥미진진한 희곡을 썼다. 사무드라굽타(서기 335~75)와 쿠마라굽타(서기 414~55) 는 '시인들의 왕'(카비라자)이라 자칭했다. 귀족들과 조신들은 공원이나 특별히 마련된 '클럽'(고스티)에서 정기적으로 열리는 백일장에 참석했다. 인도에는 영국이 등장하기도 전인 까마득한 옛날에 이미 '클럽'이 존재했다![23] 백일장은 고관대작이나 왕이 주관했고 참가자들은 주어진 주제로 글을 썼다.[24] 장원을 한 사람은 상당한 상금이나 상품과 함께 '지식의 달인'이라는 영광스런 칭호를 받았다. 백일장은 공개적으로 서로에게 도전하는 것으로 시작되었다. 상대방의 도전을 받아들이지 않는 사람은 패자가 되었다. 마지막까지 남은 경쟁자들은 수수께끼를 주고받고, 이중적인 의미가 담긴 문장을 만들고, 동음이의어를 이용한 재담을 하고, 몸짓으로 단어를 설명하여 맞추게 하고, 운율에 맞춰 즉흥시를 쓰고, 교훈적이거나 칭찬하는 내용으로 웅변을 하는 등 자신의 재주를 겨루었다. 경쟁이 지나쳐 심사위원들에게 몰래 뇌물을 제공하는 참가자들도 있었다.

연극 역시 이 책에서 다루고 있는 시대에 꽃을 피웠다. 서기 1~8세기에 걸쳐 인도의 위대한 극작가들이 등장했다. 그 가운데는 왕도 있었고 시인도 있었으며 브라만 계급 출신도 있었다. 당시 연극은 인도 역사에서 그 유례를 찾아볼 수 없을 정도로 인도 전역에서 폭발적인 인기를 누렸다.[25] 여러 경전에서는 전형적인 연극 형식을 규정했고,[26] 극작가들은 정확한 규칙에 따라 귀족과 교양계급 이외의 사람들은 전혀 염두에 두지 않은 연극을 만들었다. 배우들은 전적으로 왕이나 부자들의 후원에 기댔다. 그러나 유별나게 허세를 부리는 몇몇 왕들 이외에는 극단을 직접 소유하지 않았던 것으로 짐작된다. 당대의 곡예사, 악사, 허풍쟁이, 흥행사와 마찬가지로 배우들은 도시를 순회하며 공연했다. 연극은 대개 종교행사나 국가행사, 대규모의 순례여행, 결혼식처럼 공적으로나 사적으로 중요한 행사가 열리는 기간에 공연되었다. '봄맞이 축제' 때는 새로 각본을 써서 신작을 선보이기도 했다. 극단들은 저마다 기량을 뽐내며 경쟁했다. 관객들의 판단은 항상 공명정대했으며 어느 극단이나 관객들의 인정을 받는 최고의 극단이 되려고 혈안이었다.

배우들은 최하층 카스트, 심지어 법정에서도 증인으로 받아주지 않는 천민들 중에서 모집했다. 그러나 비록 소수이기는 하지만 고관대작이나 부자들과 돈독하게 지내면서 많은 것을 누린 배우들도 있었다. 이 같은 사정으로 인해 황궁의 고관대작과 관계를 맺기 위해 배우들 간에 암투를 벌이는 일도 심심치 않게 일어났다. 이들은 또한 극작가나 시인들과도 가깝게 지냈다. 대본 때문에 강제로 배운 것이기는 하지만 산스크리트어에 대한 지식이 풍부했기 때문에 이들의 교양수준은 극작가나 시인들 못지않았다.

그러나 도덕적으로는 항상 지탄의 대상이 되었다. 배우들의 아내는 공공연하게 몸을 팔았다. 일찍이 서기 1세기의 문법학자 파탄잘리는 파니니의 문법서에 대한 주석서인 『마하바샤』에서 이러한 문제점을 다음과 같이 표현했다.[27] 아내가 무대에 오르자 남자배우는 "당신은 누구의 사람인가요? 누구의 사람인가요?"라고 재차 묻는다. 이에 아내는 항상 "저야 당신의 사람이지요."라고 대답한다. 배우들은 아내가 몸을 팔아 생계를 꾸리는 것을 전혀 문제 삼지 않았다. 실제로 여배우와의 간통은 다른 간통사건에 비해 경미한 처벌을 받았으며, 여배우들은 창녀 길드의 회원으로 분류되었다.

여배우들은 선전의 중요성을 누구보다도 잘 알고 있었고, 심지어는 자신의 어머니(또는 어머니로 여기는 사람들)를 매니저로 삼았다. 어머니는 딸들의 매력과 재주를 개발하고, 아름다운 외모를 유지하게 하며, 지식을 쌓게 하고, 식사를 철저히 감독하여 건강을 유지하게 하며, 에로틱한 연기, 무용, 노래, 음악, 회화, 글쓰기, 낭독법의 전문가들을 모셔오는 등 교육에 최선을 다했다. 여배우들은 또한 문법, 논리학, 점성술의 기본 지식을 배웠다. 행사 때마다 그녀는 많은 사람들 앞에서 자신을 수행하는 사람들을 거느리고 화려함을 뽐냈다. 그녀가 무대에 오르기 전에 매니저는 관객의 환호를 유도하는 바람잡이를 곳곳에 배치해 놓았다. 또한 영향력 있는 사람들이 대중들 앞에서 여배우의 이름을 거론하게끔 힘을 썼다. 게다가 공연을 할 때마다 동료 배우들로 하여금 여배우가 재능이 뛰어나고 지식이 풍부하며 뛰어난 외모에 고결한 성품마저 겸비하고 있다고 공개적으로 칭찬하도록 만들었다.

배우들의 배역은 연기력에 따라 분류되는데 주연배우들은 언제나 주인공만을 맡았다. 여성 역할은 대개 여성이 했지만 남성이 할 때도 있는 등 엄격한 규칙은 없었던 것으로 짐작된다. 배역은 당시 인도 연극의 보수적인 성격에 비추어 볼 때 다양하지 않았던 듯하다. 남자배우는 연인, 익살꾼, 재기 넘치는 사람의 역할을 맡았고 여자배우는 연인이나 여자친구 역만을 맡았기 때문이다.

극단주는 소품 담당자이자(그는 수트라다라, 즉 '밧줄을 잡고 있는 사람'이라고 불렸다) 연기 선생님인 동시에 극단의 간판배우였다. 그의 책임은 실로 막중했고 따라서 탁월한 자질이 요구되었다.

여주인공을 맡은 여배우가 남자 주인공의 실제 부인인 경우도 많았다. 그녀는 연기에 많은 시간을 빼앗기는 터라 의식을 갖춰 남편의 식사를 준비하는 등의 집안일은 제대로 하지 못했다. 그리고 배우들이 태곳적부터 그래왔듯이 개인적인 어려움과 슬픔이 있어도 공연을 해야 했다.

극단주 밑에는 두 명의 조수가 있었다. 한 명은 극단주의 오른팔로써 리허설을 지휘하고 무대장치를 감독하며 극단의 모든 것을 관장하는 연출자(스타파카)였고, 다른 한 명은 무대감독(파리파르슈바카)으로써 극단주의 지시 사항을 배우들에게 알려주고 합창단을 지휘하며 연극에서 단역을 맡았다.

극단 전용극장은 따로 없었다.[28] 배우들은 궁전이나 사찰의 공연장 또는 신들의 조각상 앞에서 공연했다. 가설무대를 세우는 경우도 있었는데, 그런 경우 극단주는 집을 지을 때 치르는 의식을 행했다.

극장은 관객석이 뒤로 길게 이어진 직사각형 모양이었다. 관객들은 무대와 같은 높이의 관람석에 앉기도 했고 기둥들이 받치고 있는 높은 단에 앉기도 했다. 원칙적으로 관객들은 카스트나 직업에 따라 앉아야 했다. 왕을 비롯한 고관대작들은 어떤 경우에도 특별석을 차지했다. 일부 사람들은 연극공연을 볼 수 없었는데 문맹자, 외국인, 천한 혈통, '이교도'의 경우에는 특히 금지가 심했다.

극장은 번지르르하게 장식되었다. 길고 폭이 좁은 깃발이 지붕에서 휘날렸다. 기둥에는 금도금을 한 뒤 색깔 있는 돌과 유리로 문양을 박아넣었으며 진주와 보석을 곁들인 거대한 화환으로 장식했다.

무대는 나무로 만들었고 정면은 타일을 붙이거나 치장벽토로 장식했다. 무대 바닥은 배우들이 미끄러지지 않게끔 까칠까칠하게 처리했다. 무대 뒤에는 부드러운 천으로 배경막(야바니카)을 드리웠다. 배경막의 색상은 연극의 주제에 따라 달랐는데 이를테면 성애를 다룬 연극이면 백색, 영웅 서사극이면 황색, 심금을 울리는 연극이면 칙칙한 색, 소극(笑劇)이면 여러 가지 색, 비극이나 섬뜩한 내용이면 검정색, 폭력물이면 적색이었다. 이 배경막은 무대 양쪽의 분장실을 가리는 역할도 했다. 배경막만을 전담하는 소녀 두 명이 있어 배우가 등장하거나 퇴장할 때마다 배경막을 옆으로 치거나 위로 올려주었다. 무대 앞쪽으로는 커튼을 늘어뜨렸다. 특정 장면에서 말아 올리거나 풀어 내리는 이 커튼은 서기 4세기경에 삼하르툼이라고 불렸다.[29]

실제 자연물이나 짐승이 무대에 오르는 경우는 없었다. 배우들은 연극에 사용할 소품들을 가지고 여행했는데 아마도 상당한 짐이 되었을 것이다. 소품이란 것이 인조 바위와 벼랑, 가마와 마차, 갑옷, 방패, 각종 무기, 깃발, 점토로 빚은 짐승들이었기 때문이다.

당시 연극에서 사용되던 대사나 몸짓(무드라, 하스타)은 오늘날까지도 변하지 않고 이어져 정전처럼 굳어졌다. 배우들은 특별한 의상과 소도구와 분장을 통해 자신의 배역을 구체적으로 표현했다. 가벼운 색상의 의상은 축제나 경건한 행사를 상징했다. 화려한 의상은 왕, 연인, 신, 수호신 등이 입었다. 칙칙한 의상은 광인, 여행객 또는 병자를 나타냈다. 분장은 색이 지닌 상징성에 기초하여 이루어졌다. 분장은 종교적인 색채를 띠고 있었으므로 배우들은 성직자들의 비위를 맞추는 기도를 암송하며 팔레트에 적벽돌색, 황색 비소, 백색, 청색, 밝은 흑색을 조금씩 넣어 손으로 섞었다. 가벼운 색조는 행복한 등장인물인 왕과 '서쪽에 사는' 민족을, 짙은 색조는 남쪽에 사는 야만족과 적국의 왕을 타나냈다.

연극은 아마도 동틀 무렵에 공연된 것으로 짐작된다. 관객들이 자리를 잡자마자 북소리와 심벌즈 소리가 울리면서 연극의 시작을 알렸다. 무대는 연극 준비로 부산했다. 관객들이 시끄럽게 떠드는 가운데 먼저 카펫을 무대에 폈다. 악단은 동쪽을 바라보고 자리를 잡는데 북 왼쪽에 '탬버린', 그리고 북쪽을 바라보고 선 가수 왼쪽에 루트와 비나, 그리고 플루트가 자리했다.

이 때 무대감독을 지휘자로 하는 합창단이 등장한다. 악사들은 손과 입을 깨끗하게 닦은 뒤 악기를 조율했다. 합창단이 환영의 노래를 부르면 극단주는 공연을 축하하는 말을 하고 막을 올리는데, 그가 항상 주요한 역할을 맡았다.

이제 연극이 본격적으로 시작된다. 연극은 몇 가지 특이한 점을 보여준다. 우선 낭송과 몸짓과 무용이 곁들여져 이루어졌다는 것이다. 또한 한 번도 재현되지 않는 일부 상황들은(이를테면 죽음, 재앙, 패배, 폐위나 종교의식 등) 도입부에서 독백이나 대화로 처리된다. 등장인물은 극중에서 48개의 유형으로 분류된다. 주인공은 언제나 귀족으로서 연극이 끝날 때까지 성격의 변화가 없었으며, 배우들은 누구나 48개 유형의 '특질'에 따라야 했다. 다양한 등장인물간의 관계는 물론 현실 세계의 예의범절과 사회적 규칙에 의해 형성된다. 예를 들어 왕을 부르는 인물의 지위에 따라 왕의 명칭과 호칭이 달라졌다. 또 다른 흥미로운 특징 중 하나는 배우들의 언어가 동일하지 않다는 사실이다. 일례로 왕과 왕비, 브라만 계급, 고관대작, 대신의 딸들, 비구니, 창기는 신분을 감추기 위해 변장할 경우를 제외하고는 산스크리트어로 말하는데 반해 천한 카스트의 등장인물과 대부분의 여성 역할은 프라크리트(속어 및 방언)로 말했다. 이러한 사실로 볼 때, 귀족의 언어인 산스크리트어를 하지 못하는 사람들도 연극을 이해할 수 있었으리라는 점을 알 수 있다.

연극 공연이 축제 때 많은 사람들에게 볼거리를 제공하기는 했지만 다른 구경거리가 없는 것은 아니었다. 축제가 열린다는 소식이 있으면 각처에서 각종 공연을 하는 사람들이 몰려들었다. 커다란 조개를 부는 사람,[30] 북치는 사람,[31] 레슬링 선수, 곡예사, 마술사, 야바위꾼, 무용수, 가수들은 돈을 벌 욕심으로 먼 거리를 마다않고 달려 왔다.

레슬링 시합이 열릴 예정이면 탬버린 연주자는 일주일 전부터 시내 곳곳을 누비며 광고를 했다.[32] 레슬링 시합은 대개 궁전 출입구 앞에 운동경기와 쇼를 위해 마련해 놓은 공터에서 벌어졌다. 귀족에서부터 일반 평민에 이르기까지 남녀노소가 레슬링 시합 구경을 즐겼다. 귀족들이 레슬링 선수를 고용해서 시합을 여는 경우도 많았다. 시합이 있는 날은 그 어느 때보다도 사람들의 마음이 들떴다. 미풍에 깃발이 휘날리고, 사람들은 급하게 자리를 잡는다. 레슬러들은 경기장에 나타나 근육을 자랑하고 공중으로 뛰어오르며, 기합을 넣고 박수를 치는 등 쿵쾅거리며 으스댔다. 그리고는 목을 상대방의 어깨에 기댄 뒤 허리를 단단하게 잡고 다리를 얽으며 상대방을 누르기 위해 안간힘을 썼다.[33] 우승자는 왕으로부터 엄청난 상금과 함께 승리의 깃발을 받았다. 그것만 가지고 있으면 어디서나 사람들의 경탄을 받았다.[34]

곡예사들은 목에 커다란 북을 걸고 북채로 두들기면서 관객들을 불러 모았다. 그들은 커다란 북소리, 날카로운 플루트 소리, 청아한 클라리넷 소리에 맞춰 멋진 묘기를 뽐냈다. 동료의 어깨를 타고 올라가 거대한 인간 피라미드를 쌓기도 했다. 기원전 2세기경 바르후트에서 제작되어 현재는 알라하바드 박물관에 소장되어 있는 조각품에는 14명이 한 팀을 이루어 인간 피라미드를 형성한 모습이 생생하게 묘사되어 있다.[35] 맨 아래의 일곱 명이 머리 위로 손을 올려 네 명을 떠받치고 있고, 그 네 명은 두 사람을 떠받치고 있으며, 그 두 명은 맨 꼭대기의 어린 소년을 떠받치고 있다. 인간 피라미드의 제일 꼭대기에 있는 어린 곡예사는 팔을 높이 치켜들고 곡예의 상징인 스카프를 흔들며 관객들의 환호에 답했다.

창술 실력이 뛰어난 다른 곡예사들은 위험하기 그지없는 창을 몇 자루씩 들고 신기에 가까운 솜씨를 보여주어 관중들의 숨을 죽였다.[36] 외줄타기 재주꾼도 관중들을 흥분의 도가니로 몰아간다. 그는 신발에 못을 하나 박고는 T자형의 기다란 장대 위를 아슬아슬하게 걸어갔다.[37] 사람들은 그가 떨어져서 즉사할까봐 가슴을 졸이며 재주를 지켜보았다.

　　그러나 가장 인기를 끌었던 사람은 바로 마술사들이었으리라. 그들은 심지어 왕궁에서도 최고의 인기를 누렸다. 자신이 위대한 요가의 대가들 못지않게 지혜롭고 능력이 뛰어나다고 주장하는 이 사이비 ‘성인들’ 은 단숨에 관객들의 넋을 빼버렸다. 기막힌 재주를 자랑하는 마술사들은 솜씨가 뛰어난 공모자들의 도움을 받아 밧줄을 이용하여 재주를 부렸다. 이들이 가장 자주 보여주는 마술은 바위에서 망고나무를 자라게 하는 것이었다. 바위에서 솟아난 작은 관목은 마술의 힘으로 인해 자라고 자라서 급기야는 커다란 나무가 된다. 마술사는 밧줄을 던져 나무의 가장 높은 가지에 던진다. 조수 한 명이 밧줄을 잡고 쏜살같이 나무 위로 올라간다. 기막힌 나무타기 실력에 관객들이 넋을 잃고 있는 동안 조수는 하늘로 사라진다. 하지만 마술은 아직 끝나지 않았다. 하늘에서 비명소리가 들리더니 조수의 팔다리가 하나씩 땅에 떨어지고, 마술사는 그것들을 이어붙인 뒤 물을 뿌려 생명을 불어넣는다. 다시 살아난 조수는 꽃으로 만든 복장을 하고 관중들의 열렬한 환호와 박수갈채를 받으며 춤을 추기 시작한다.[38]

　　무희들 역시 궁중에서 자주 공연했다. 이들의 가장 유명한 레퍼토리는 ‘반신무(半身舞)’ 이다. 무희는 발, 손, 눈, 코, 입의 반쪽만을 움직일 뿐 다른 반쪽은 움직이지 않는다. 이 동작은 우스꽝스러우면서도 강한 인상을 주기 때문에 관객들은 큰 소리로 웃음을 터뜨렸다.[39]

　　마지막으로 검을 삼키는 사람,[40] 원숭이와 몽구스를 다루는 사람, 그리고 뱀을 부리는 사람이 축제나 행사 때 모습을 드러낸다. 뱀을 부리는 사람은 원통형의 대나무 바구니에 코브라를 넣어 다녔다.[41] 행인들이 많이 지나다니는 길에는 그림을 보여주는 사람들이 있었다. 이들은 호기심 많은 아이들에게 둘러싸여 왼손으로는 양쪽에 그림이 늘어뜨려진 막대기를 잡고, 오른손으로는 그림 속의 인물이나 장면을 짚어가면서 재미난 이야기를 들려주었다.[42]

투계(鬪鷄), 공작싸움, 물소싸움, 소싸움, 말싸움, 코끼리싸움, 양싸움도 볼거리를 제공했다. 이 짐승들은 모두 싸우도록 훈련받은 짐승들이었다. 싸움판에는 많은 판돈이 오갔고, 이긴 주인은 꽤 많은 돈을 벌었다.

배 경주도 심심치 않게 벌어졌는데, 왕을 비롯한 조정의 신하들도 모두 시합에 참석했다. 멋지게 장식한 소형선박, 하얀 돛대를 자랑하는 배, 노를 젓는 돛배와 거룻배, 가벼운 목재를 써서 새나 물고기나 바다의 괴물 같은 형상으로 만든 배들이 강을 수놓았다. 배 경주에는 음악과 무용, 노래와 익살스러운 풍자가 뒤따랐다. 또한 홀리 축제 때처럼 남성 팀과 여성 팀으로 나누어 물총싸움을 하기도 했다.[43]

가장 귀족적인 스포츠는 왕가의 결혼식(스바얌바라) 때 하는 활쏘기였다. 결혼식을 위해 임시로 세운 별채 가까이에 기다란 막대기를 과녁으로 세워 놓았고, 활쏘기 시합에서 이긴 승자는 공주에게서 결혼승낙을 받았다.[44]

이렇게 축제와 행사가 이어졌고 귀족들은 즐거운 시간을 보냈으며, 백성들도 축제와 행사에 참여할 수 있는 한 즐겁게 시간을 보냈다.

제2장 | **황궁과 그 주변의 생활**

황궁에 사는 사람들

왕의 기능과 왕국의 정치구조를 자세히 살펴본 결과, 인도의 왕은 국가의 모든 면에서 대단히 중요한 역할을 감당했다는 사실이 밝혀졌다. '날씨의 신'인 인드라의 화신으로 태양과 비교될 뿐만 아니라, 덕과 정의로운 통치로 백성들의 안녕을 견고하게 하면서 겉으로 드러난 상징이나 숨은 상징에 의해 왕위에 오르도록 운명지어져 있는 왕은 크샤트리아의 이상이기도 했다. 이 같은 까닭에 왕은 대단한 존경을 받았을 뿐만 아니라 화려함으로 치장되었다. 백성들은 언제나 왕을 멀리서라도 보기를 갈망했다. 왕은 중요한 축제 때나 순례여행 등의 특별한 행사 때, 군대나 사냥 원정대가 출정하기 전에 모습을 드러냈다.[1] 심지어는 비밀문을 통해 궁전을 빠져나가 신분을 감춘 채 백성들과 어울리기도 했다.

왕위는 오랫동안 문제를 일으키지 않으며 통치자가 되기 위한 수련을 쌓

은 왕자에게 자연스럽게 계승되었지만 왕자가 없거나 왕자를 출산할 가능
성이 없는 경우에는 왕위계승이 원만하게 이루어질 수 없었다. 그럴 때 왕
은 신하들 가운데 한 사람, 특히 명망 있는 브라만에게 왕비와 잠자리를 갖
도록 하는 특별한 해결책 — 입법자들이 대개 인정하지 않은 — 에 의지해
야 했다. 왕비는 방계의 후계자가 없어 왕실의 대가 끊어질 위험이 있는 경
우를 제외하고는 왕 이외의 다른 남자와의 육체관계를 거부할 권리가 있었
다.[2] 그러나 어떤 경우든 이렇게 해서 태어난 아이는 설령 통치권을 인정받
는다 하더라도 입법자의 눈에는 서자로 보일 뿐이었다.[3] 하지만 대부분의
왕들은 아들을 많이 두었고, 장자가 부적격자일 때는(이를테면 도박꾼이거
나 도덕적으로 타락했거나) 차남이 왕위에 올랐다. 그런데 왕이 일찍 사망
할 수도 있었다. 이 때는 매우 어린 왕을 왕위에 올려놓고 왕비가 섭정을 했
다.[4] 꼭 왕이 죽어야만 왕위를 계승하는 것은 아니었다. 왕은 은거지에 들어
가 수도에 정진하면서 경건하게 생을 마감하는 관습을 따를 수도 있었다.
또한 신성한 강의 합류지점에서 익사하거나 산 채로 불에 타 죽거나 고행자
들이 가르쳐준 대로 숨을 쉬지 않음으로써 죽음에 이르는 등 의식(儀式)적
인 자살을 할 수도 있었다.[5] 하지만 이런 경우에도 왕은 오래 전부터 결심을
굳혔고, 계승 문제를 확실히 한 뒤에야 왕위에서 물러났던 것이다.

　왕세자가 탄생하면 궁전은 물론 시내도 떠들썩한 축제 분위기로 들뜨게
마련이다. 전령이 북을 치면서 온 시내에 경사를 알리는 순간부터 백성들은
카스트를 따지지 않고 서로 어울려 춤을 추고 노래를 부르며 술을 마신다.
궁전에는 축하인사가 봇물처럼 터지고, 죄수에 대한 대사면이 발표되고, 백
성 대표는 아기 왕자의 안녕을 비는 뜻에서 백성들이 모금한 돈을 왕에게
바친다.[6] 이웃 국가의 왕들과 가신들을 대표하는 사절단이 대단히 진귀하
고 값진 물건을 조공으로 바쳤고, 귀족들과 신하들도 선물을 바친다. 선물

은 화환에서부터 장뇌를 넣은 사탕 종류, 작은 보석상자에 넣은 목욕용 사프란, 백단향 가루로 장미처럼 붉게 물들인 빈랑나무 열매가 가득 들어 있는 상아 상자에 이르기까지 다양했다.[7] 궁전은 축제 분위기에 들떠 몇날 며칠을 풍악과 연회 속에 보냈다.

장차 왕이 될 왕자는 특별한 관리를 받으며 어린 시절을 보낸다. 그는 왕이 직접 간택한 유모들이 키웠는데[8] 자라는 동안 끊임없이 의식을 치른다. 걸음마를 떼면 카스트가 요구하는 스타일로 머리카락을 다듬고, 상투를 감싼 주머니에 겨자씨 부적을 넣고 다니며, 호랑이 발톱 목걸이나 주화 목걸이를 찬다.[9] 몸에는 황금처럼 빛나는 노란색 기름을 바른다. 11살이 되면 경제학과 정치학을 배우기 시작한다. 병법 교육은 무엇보다도 중요했다. 오전 내내 무기에 대한 이론을 공부하고 무기를 직접 사용해보는 한편 저녁에는 어려운 학업을 계속한다. 매일 똑같은 시간에 황실 소속 음유시인들이 그에게 서사시를 읊어준다. 이 기간 동안에는 세상의 소란함이나 궁중생활의 화려함과는 담을 쌓고 스승의 가르침에만 전념한다. 스승들이 충분히 가르쳤다고 판단하면 비로소 행정관들에게 국사(國事)를 배우기 시작한다. 이러한 수련기간이 끝날 즈음 왕자는 최초로 군사작전을 맡아 병사들을 지휘할 수 있게 된다. 왕자가 임무를 수행하고 돌아오면 지방 총독이나 부왕의 직위를 맡게 된다.

왕자와 공주의 결혼식은 크샤트리아 카스트에게 인정된 여섯 가지 형식 중의 하나로 성대하게 치렀다. 이전의 영웅시대에는 왕자가 궁술시합(스바얌바라)에서 승리를 거두어 아내를 '취했다.'[10] 이 날을 위해 특별히 누각을 짓고 장식했는데, 공주는 하얀 꽃으로 만든 화환을 든 채로 청혼자들의 시합을 지켜본 뒤 많은 하객들 앞에서 승리자의 목에 화환을 걸어주었다. 이어 승부에서 진 다른 구혼자들은 물론 이웃나라 왕들과 가신들이 참석한 가운데 화려한 의식이 치러졌다. 장차 왕이 될 왕자는 많은 첩을 둘 수 있었지만 이와 같은 성대한 결혼식을 치른 공주만이 정실부인으로 인정되었다.

왕이 폐위되거나 붕어(崩御)하면 왕세자가 왕위에 오르는데 그는 국가를 이끌어갈 정신적, 육체적 자질을 충분히 갖추고 있었다. 왕세자는 성대한 대관식을 마친 뒤 고관대작, 대신, 지방관, 사신, 군사령관, 은행가 및 길드 대표, 그리고 총애를 갈망하는 온갖 조신들의 보위를 받으며 선왕들의 위대한 전통에 따라 왕으로서의 책임을 다하게 된다. 매우 엄격한 예의범절이 왕과 신하들의 관계를 규율했으며, 이러한 규율을 한 번이라도 어기면 형법에 따라 처벌받았다.

왕실 성직자는 신하들 가운데 최고의 위치였다. 심지어 불교를 숭상하는 왕들이 통치하는 조정에서도 왕실 성직자는 항상 브라만이었으며 지혜로 명성을 떨쳤다. 성직자는 대개 집안 대대로 이어져 내려왔다. 왕이 아주 어렸을 때부터 직접 교육했던 성직자는 이제 정신적인 문제와 세상사를 자문해주는 역할을 하게 된다. 그는 왕과 체스를 두고 주사위 놀이를 했으며, 왕이 자리를 비우면 왕궁을 효율적으로 관리했을 뿐만 아니라, 왕에게 도덕적으로 문제가 있을 경우에는 조금도 지체하지 않고 간언했다. 비록 왕이 그들의 뜻을 따르지 않는 경우도 있었지만 최고 대신을 비롯한 대신들과 고문관들도 왕에게 영향력을 행사했다.

이들 못지않게 영향력을 끼치는 인물로는 왕실 성직자와 마찬가지로 세습직인 야전사령관(세나파티)을 꼽을 수 있다. 이 밖에 중앙 출납관 — 불교 설화에서 매우 탐욕스러운 인물로 걸핏하면 등장하곤 하는 사치스런 백만 장자 — 도 조정에서 중요한 인물이었다. 아마도 전차가 군사용으로 사용되지 않았던 7세기까지는 왕궁의 전차를 모는 사람 역시 조정의 중요인물이었을 것이다.[11] 그는 귀족이면서 음유시인이기도 했는데 왕의 안전은(가끔은 목숨까지도) 전차를 모는 사람의 용기와 기술에 달려있었다. 귀족계급에서 뽑은 왕궁의 시종무관은 중세시대 유럽 왕실의 시종무관과 그 업무에서 다를 바가 없었다. 왕이 궁궐 밖으로 행차할 때면 짧은 튜닉 차림의 시종무관은 왕권의 상징인 '차크라' 문양이 새겨진 투척무기를 손에 쥔 채 앞장을 섰다.[12]

지금까지 말한 관리들보다 낮은 직급의 관리들이 왕의 개인 시중을 들었다. 바로 그러한 까닭에 이들은 왕에게 어느 정도 영향을 미칠 수 있었다. 특히 이발사는 총애를 받았다.[13] 그는 낮은 카스트 출신이었지만[14] 왕을 면도하고, 머리카락을 자르며, 황금 족집게로 체모를 제거하고, 카스트 규칙에 맞게 머리 모양을 매만지는 등 가장 중요한 일을 하면서 황가의 관습과 영예를 누렸기 때문이다. 이발사는 전통적으로 매우 적은 봉급을 받은 것으로 추측되나[15] 확실하지는 않다.[16] 그러나 확실한 것은 왕이 이발사에게 자주 속내를 털어놓았다는 것이고, 심지어는 이발사가 왕의 중개인으로 활약하는 경우도 있었다.

이발사 외에도 왕을 보필하는 하위직 관리들이 많이 있었다. 매일매일 목욕물을 준비하는 관리가 있는가 하면, 행사 의상 및 평상복을 준비하는 의상 담당 관리도 있었고,[17] 옷에 귀한 향수를 뿌리는 관리도 있었으며, 왕의 의상에 어울리는 귀금속을 골라주고 꽃 장식을 디자인하는 '장식 전문 관리'도 있었다.

또한 왕의 음식을 담당한 수석요리사가 있었다. 『자타카』의 기록을 있는 그대로 믿는다면 요리사는 정말이지 눈코 뜰 새 없이 바빴다. 하루도 빠짐없이 왕의 식탁에 오를 여러 가지 음식을 준비해야 했던 요리사는 자욱한 연기에 눈물을 찔끔찔끔 흘리고 비 오듯 쏟아지는 땀을 연신 닦아가며 뜨거운 불 앞에서 국자나 스푼을 들고 소스를 만들었다.[18] 그 와중에 매일같이 주방을 습격하는 굶주린 까마귀 떼도 쫓아내야 했다.[19] 까마귀들의 둥지는 어디에나 널려 있었으며[20] 그것들의 습격이 너무 심한 나머지 주방 근처에 그물을 쳐놓고 사나운 개들을 풀어놓아야 했다.[21] 수석요리사는 주방에서 많은 사람들을 지휘해야 했고 또한 음식에 독이 들어 있는지를 검사하는 관리에게 음식의 일부를 정중하게 대접해야 했다. 그 관리는 음식은 물론 의약품과 안마 도구도 철저하게 확인했다.

왕궁의 살림을 맡은 사람들은 이들 말고도 대단히 많았다.

왕궁의 기장을 든 기수들은 왕의 뒤를 따라다니며 왕권을 드러내는 깃발, 백색 양산(왕권에 절대 필요한 상징물), 검, 샌들(왕이 부재할 때 '왕국을 통치하는' 상징물), 말총으로 만든 파리채(지엄한 권위의 상징물) 등의 물건을 항상 들고 다녔는데 상당한 신임을 받았다. 이 밖에도 잔을 들고 다니는 난장이들(왕실의 광대), 와인을 수입한 국가의 복장을 그대로 본 따 만든 그레코-이란 스타일의 옷을 입고 와인을 담당하는 여성들,[22] 남녀 악사, 무희, 장인과 기술자, 궁궐의 잡일을 맡아보는 일단의 사람들은 모두 관습에 따라 자신에게 주어진 역할을 충실히 수행했다.

그런데 신하들은 왕 말고 다른 것에도 신경을 써야 했다. 그것은 바로 황궁을 상징하는 코끼리와 국가를 상징하는 말이었다. 이 짐승들은 국사와 긴밀하게 연관되어 있을 뿐만 아니라 우주를 지배하는 군주인 전륜성왕(轉輪聖王, 차크라바르틴)의 신성한 주권을 상징하는 '7개의 보석' (사프타라트나) 중의 두 가지 보물로서 국보로 여겨졌다. 이렇게 중차대한 역할을 하는 코끼리는 왕실의 기원과 성스런 혈통을 보여주는 특징을 지닌 코끼리 중에서 뽑았는데, 특히 흰색의 코끼리가 선발되었다.[23] 왕은 선발된 코끼리와 함께 수도를 한 바퀴 도는 성대한 의식을 치른 다음 코끼리에게 성수를 뿌려 신성하게 한 뒤 왕 전용 코끼리로 임명했다.[24] 이 때부터 코끼리는 전용 축사에서 지냈고, 왕은 하루도 빠짐없이 코끼리를 보러 왔다. 엄선된 사육사들이 코끼리를 돌보았고, 코끼리를 모는 사람도 특별히 임명했다. 행사가 있을 때마다 등에는 뱃대끈을 묶어 최고급의 줄무늬 또는 체크무늬 깔개를 올려놓고, 귀에는 수많은 보석 귀걸이를 달고, 머리에는 황금 관을 씌우고,

목에는 커다란 목걸이를 걸고, 발목에는 귀금속 발찌를 채우는 등 코끼리를 화사하게 꾸몄다. 무릎 위쪽에 커다란 종이나 공 모양의 작은 종들이 매달려 있어 사람들은 딸랑거리는 소리를 듣고 코끼리가 가까이 다가오는 것을 알 수 있었다. 코끼리 모는 사람은 코끼리의 목에 올라타 있었다. 그는 소매가 달린 짧은 튜닉 차림으로 한 손에는 왕권을 상징하는 깃발을, 다른 한 손에는 귀금속으로 장식된 코끼리 모는 막대기(안쿠샤)를 쥐고 있었다. 왕은 코끼리가 무릎을 꿇고 있을 때 '황금 사다리' 를 타고 코끼리에 올라탔다.[25] 왕이 코끼리의 목에 타는 경우도 있었는데, 이럴 때 코끼리 모는 사람은 뱃대끈에 연결된 밧줄로 자신의 허리를 묶은 채 코끼리의 궁둥이에 걸터앉았다.[26] 이 코끼리는 인드라 신이 타는 코끼리나 머리가 세 개 달린 코끼리인 아이라바타와 비교되었고, 조신들은 코끼리가 총명하고 신중하다고 칭찬을 늘어놓는 등 사람처럼 대접했다.[27]

국가를 상징하는 말도 코끼리 못지않은 의식을 치르며 영예롭게 대했으며, 마구간에는 자줏빛 휘장과 황금빛 휘장을 달아놓았다. 성대한 행사 때는 황금 마구를 채우고, 깃털로 치장한 머리띠를 씌우고, 안장방석을 올려놓은 뒤 뱃대끈으로 묶었다. 심지어는 사냥할 때 사용하는 안장 — 서기 5~6세기 아잔타 지역의 바카타카 왕국의 왕들이 사용하던 — 을 올려놓거나 꼬리를 우아하게 땋은 뒤 황금으로 치장하는 경우도 있었다. 왕은 매일같이 마구간을 둘러보았으며, 조련사가 말을 제대로 돌보지 않는 것 같으면('도덕적인' 자질이 뛰어난 조련사를 구하는 것이 쉽지는 않았지만) 지체 없이 해고했다.[28]

궁전은 여러 개였고 또한 수도보다는 다른 지역에 더 많이 있었기 때문에 지금까지 설명한 많은 사람들은 계절에 따라 궁을 옮겨다니면서 일했다. 그들은 왕을 따라 더운 여름은 북쪽 지방에서 보내고, 우기에는 건조한 지방에서 머물고, 선선해지면 다시 남부 지방으로 가는 등 걸핏하면 옮겨다녔다. 또한 왕은 전쟁을 수행하기 위해 전선에 캠프를 치기도 했다. 왕은 어느 곳에 있어도 황궁과 비슷한 분위기 속에서 국가를 다스릴 수 있었다. 나아가 각각의 궁전에는 왕과 신료들이 없는 동안에 궁전을 돌보는 관리가 상주하고 있었다.

궁전은 소도시와 다를 바 없었고, 어떤 의미로는 왕의 사저가 좀더 확대된 것이라고 할 수 있다. 수도에 있는 궁전이든 다른 지역에 있는 궁전이든 모두 광활한 지역을 차지하고 있었다. 해자를 두른 성내에 삼각형의 총안(銃眼)이 나 있는 보루가 톱니바퀴처럼 돌출된 성벽을 높게 세우고, 성채와 망루를 세웠다. 망루 지붕에는 깃발이 미풍에 휘날리고 있었다. 기병대는 동서남북 방향으로 나 있는 넓은 성문을 밤낮으로 철통같이 지켰고, 사각형 요새에 주둔한 수비대가 성벽을 순찰했다. 상아로 제작한 기마상과 '금과 은을 입힌' 조각상을 세우고 상아로 조각한 현판을 걸어놓은 주출입문은 수도의 동쪽과 서쪽을 가로지르는 도로와 접해 있었다.

궁전은 모든 사람이 출입할 수 있는 공공구역, 그리고 정부기관과 왕의 거처가 있는 비공개 지역으로 나뉘었다. 두 구역 사이는 상당히 멀었으며 각종 교통수단이 지나다니는 포장도로와 연결되어 있는 뜰을 중심으로 구분되었다. 각 구역 건물들의 모양과 스타일은 용도에 따라 달랐다. 반원지붕을 덮은 비교적 긴 건물은 창고로, 기둥으로 천장을 지지하도록 지은 회관은 대중이 모이는 공공장소로, 그리고 몇 층이나 되는 고층건물은 주거용으로 사용했다.

먼저 공공구역을 살펴보면, 성문의 위쪽이나 측면에 왕궁의 곡식창고가 있었다. 창고 담당 관리가 철저하게 감독하는 가운데 그 아래 관리들이 쌀자루의 무게를 잰 다음 자루 상단부에 확인도장을 찍었다.[29] 곡식창고 가까운 곳에 자비원이 있었는데, 왕은 하루도 빠짐없이 이곳에 들러 탁발승들에게 보시를 하고 가난한 사람들에게 먹을 것을 주었다. 성의 중심부에서 멀리 떨어져 있는 뜰에는 마구간, 외양간, 코끼리 우리, 왕이 타는 마차와 가마를 두는 곳, 조류 사육장, 동물원 등이 있었다. 새장과 동물원에는 엄선된 종들만을 길렀는데, 짐승에 맞는 전문 관리인들을 따로 두어 세심하게 돌보았다. 총감독은 시설물을 청결하게 관리하고, 마구를 양호한 상태로 보관하며, 부하 관리인들의 작업을 자세하게 살펴 임금을 지불하는 등 새장과 동물원을 철저하게 관리했다. 소는 뿔을 아름답게 꾸미고 값비싼 멍에를 채웠다. 숫양은 가벼운 짐을 끌거나 양싸움을 하도록 훈련시켰다.[30] 코끼리는 하루도 빠짐없이 운동을 시켰다. 운동을 마친 코끼리들은 목욕을 한 뒤 나머지 시간을 한가로이 지냈다. 마구간에는 경주용 말과 전차를 끄는 말이 있었다. 말들은 '북쪽 지방에서 온 사내들'과 똑같은 복장, 즉 소매가 길고 깃이 높으며 몸에 꼭 맞는 상의를 입고 머리를 땋았으며 승마용 바지에 가죽신을 신은 마부들이 정성스럽게 돌봤다. 인도인들이 변형시킨 이 복장은 본래 중앙아시아 대평원에서 인도로 말을 데리고 온 마부들의 복장이었다. 마부들은 식물뿌리를 꿀에 담가 먹이로 주기도 했지만 주로 보리, 콩, 귀리를 섞어 만든 사료를 준비했다.[31] 우기에는 특히 자주 말을 운동시켜야 했다. 후텁지근한 날씨로 인해 말의 건강이 나빠지기 때문이었다.

전차와 각종 마차를 보관해두는 공간도 이 공공구역에 있었다. 전차는 두 마리의 말이 끄는 이륜마차나 네 마리의 말이 끄는 이륜마차 — 에트루리아의 마차를 본 따 만든 — 두 가지 모델이 있었다.[32] 이러한 전차는 주철로 덧입힌 다음 사자가죽이나 호피를 덮었으며 한 사람이 몰았다. 전투시에는 깃발, 양산, 말총으로 만든 파리채, 종으로 장식하고 적절한 무기를 적재했다. 행사 때 사용되는 전차는 나무에 복잡한 문양을 새기고 화려하게 도색한 뒤 상아 조각, 황금 조각, 또는 은제 조각으로 장식하는 등 매우 세심하게 제작했다.

공공구역의 뜰 한가운데에는 대중들이 드나들 수 있는 홀과 별관들이 있었다. 홀은 지면보다 약간 높았고 괴물의 두상이 장식되어 있었다. S자 모양으로 휘어진 출입계단은 가장자리에 난간이 설치되어 있었다. 지붕은 편평했고 천장은 도색한 나무판으로 꾸며져 있었다. 진주나 꽃으로 만든 발과 커튼을 드리워 실내를 구분하기도 했다. 청색이나 적색 래커가 칠해져 있는 기둥들은 화려한 보석이 박힌 둥근 모양의 황금 판으로 장식되어 있었고 기둥머리는 금으로 도금되어 있었다. 이러한 건물들은 백성들이나 왕궁의 식솔들이 모이는 장소로 사용되었다. 갖가지 악기가 비치되어 있는 건물은 무용, 음악회, 연극공연을 위한 홀로 사용되었다. 도박을 하기 위해 체스판과 체스말, 그리고 주사위 상자를 비치해놓은 건물도 있었고, 왕이 소장한 작품을 전시해 놓은 미술관과 도서관도 있었다. 왕궁의 신전과 작은 사당 가까이에는 선왕들이나 왕사(王師)들의 조각상이 소장되어 있는 전시관(데바쿨라 또는 구루 아야타나)가 있어 관람객들이 드나들었다. 전시관 관리인(데바쿨리카)은 관람객들을 안내하며 선대 위인들의 인간됨과 공적을 짧게 설명해주었다.[33]

공공구역 바로 옆에 비공개지역이 있었다. 이곳에 들어가려면 그 기능면에서 의전관이나 집사장과 크게 다르지 않은 '문지기' 관리의 허락을 받아야 했다. 이 문지기는 휘하의 부하직원들을 관리하며 왕의 총애를 받는 상당한 고위직이었다.[34] 병기창과 국고(國庫)를 비롯한 주요 부서들이 여기에 자리잡고 있었다.

병기창은 병기를 제조했을 뿐만 아니라 무기고로도 사용되었다. 병기창은 국방부의 통제를 받았으며[35] 감독관이 무기 생산공정부터 유지 관리, 충분한 재고량 확보, 그리고 각각의 무기 유형과 치수를 검사하고 가치를 평가하는 것에 이르기까지 모든 것을 관장했다.[36] 무기공장에서는 기술이 뛰어난 직공들이 아침부터 저녁까지 구부러진 화살촉을 펴고,[37] 화살에 주인의 이름을 찍고, 갑옷을 보수해서 새것처럼 만들고, 열이나 추위에 손상된 무기들을 정비한 뒤 햇볕에 말렸다. 또한 활과 화살, 화살통, 전사의 상징물인 검, 창, 미늘창, 방패, 단도, 코끼리를 몰 때 쓰는 뾰족한 막대기, 군악대가 사용할 뿐만 아니라 병사들과 사냥꾼을 소집할 때도 사용하는 커다란 조가비 나팔 등의 악기, 질긴 가죽과 단단한 무쇠로 만든 갑옷과 병장구 등도 제조했다.

국고는 국가, 즉 왕의 소유였다. 국고에서는 귀금속은 물론 상당한 고가품인 향, 백단향, 알로에 등도 제조했다.[38] 국고 한쪽의 작업장에서는 공인된 직공들이 묘안석(猫眼石), 진주, 산호, 토파즈, 사파이어, 녹주석, 루비, 에메랄드 등의 온갖 보석을 '정밀하게 조사했다.' 보석 세공사들은 금붙이에 보석을 박고, 붉은 실로 진주를 꿰고, 묘안석을 정성스럽게 닦아 광을 내고, 커다란 조개를 악기로 개조하기도 하고, 산호를 시금석에 시험하기도 했다. 오직 왕만을 위해 작업하는 예술가와 디자이너가 새로운 액세서리를 만들면 금세공사가 장식을 했다. 국가 공인 보석감정사들은 국고에 있는 모든 보석들을 평가하고 가격을 매겼다. 고객들이 진귀한 보석을 살 수 있는 곳이 바로 국고였다. 시내의 보석상들은 시판중인 최고의 견본 제품을 국고에 보관하고 있었기 때문이다. 보석 말고도 왕실 국고에는 엄청나게 값나가는 물건들이 산더미처럼 쌓여있었다.

왕궁 한복판에는 왕이 매일 참석하는 자문회의가 열리는 홀이 있고 그 옆에는 '꽃들을 놓아둔' 별관이 있으며 그 옆에는 왕을 위해 특별히 건축한, 타일이 깔린 목욕탕이 있었다. 새로운 왕이 왕위를 계승하는 것을 축하하기 위해 대형 별채를 세우는 곳이 바로 이 부근이었다.

목욕탕 바로 옆에는 왕궁에서 거주하는 사람들이 먹을 음식물을 저장하는 식품창고가 있었다. 창고 안에는 원추형 뚜껑을 덮은 용기들이 차곡차곡 쌓아올려져 있었다. 거꾸로 쌓아놓은 용기들도 있었다. 창고에 딸린 조리실에서는 수석요리사가 수라상을 차렸다. 조리실 문 근처에 새장을 걸어놓는

경우도 있었다. 요리사는 새에게 먹이를 주면서 사랑스럽게 돌보았다.[39)]

조리실 옆에는 왕의 총애를 받는 사람들과 왕만 사용하는 별관이 있었다. 별관의 높이가 7~8층에 이르기도 했다는 기록이 있는데, 어쨌든 이 별관이 궁전에서 가장 화려했다. 별관의 모습을 자세하게 묘사한 문헌이 남아 있어 당시의 풍경을 어렵지 않게 짐작할 수 있다. 별관은 최고로 값진 자재로 건축했다. 눈이 부신 크리스털로 창을 만들고, 창틀은 금과 은을 비롯한 각종 귀금속으로 장식했으며, 내벽을 모두 상아로 처리했을 뿐만 아니라 벽감에는 거대한 황금 조각상들을 안치했다. 벽이나 기둥에는 비밀통로를 만들어 놓고 그림이나 조각이 새겨진 판으로 위장해두어 비상시에 왕이 궁전을(심지어는 수도를) 빠져나갈 수 있도록 했다. 여러 문헌을 종합해 볼 때 이 비밀통로에는 적어도 하나 이상의 미로가 있었을 것이라고 추측된다.

왕은 이 별관에서 식사를 했으며 별관 옆에는 완벽한 방음시설이 되어있으며 오직 왕만이 들어갈 수 있는 침실이 있었다. 잠을 자다가 암살당할 위험을 사전에 막기 위해 왕이 이틀 연속 같은 곳에서 잠을 자지 않았던 시대도 있었다.[40)]

왕만이 사용하는 침실의 가구들은 신하들의 집에 있는 가구와는 비교할 수 없을 정도로 다양하고 화려했다. 분리할 수 있는 단지 모양이나 종 모양의 지지대가 떠받치고 있는 쇼파 위에는 양모 덮개나 실크 덮개, 또는 특이한 문양이나 인물이 새겨져 있는 짐승가죽 덮개가 놓여 있었다. (무릎 꿇고 예배를 드리기 위한) 무릎방석은 갈대나 대나무를 아치 모양이나 복잡한 문양이 반복된 형식으로 엮어 만들었다.[41)] 그 중에는 단추로 고정하는 무릎방석도 있었다. 묘하게도 프랑스의 루이 필리프를 연상시키는 — 주름장식을 넣어 부풀어오르게 만드는 — 무릎방석도 있었다.[42)] 짐승의 발처럼 뭉뚝한 다리가 달린 등나무 위에 톱니바퀴 모양의 덮개나 영양의 가죽을 덮어놓은 발판도 있었다. 각종 목재로 만든 의자뿐만 아니라 금이나 상아, 귀금속으로 장식한 안락의자도 있었다. 의자와 발판은 쌍을 이루는 경우가 많았다. 이 밖에 테이블, 벽에 붙여놓은 테이블, 외다리 테이블, 나뭇가지로 만든 스탠드도 몇 점 있었다. 이러한 가구들은 당시의 돌 조각품과 벽화에 자세히 나와 있다.

이러한 다양한 별관들은 불교설화에 자주 등장하는 수석 정원사와 그 휘하의 정원사들이 가꾸는 정원의 한가운데 자리잡고 있었다. 광활한 정원에는 잎이 두껍고 그네 줄을 묶을 만큼 굵은 나뭇가지를 자랑하는 나무들이 울창한 숲을 이루었다. 정성스럽게 가꾼 화단과 작은 숲은 화려하기도 하고 아른아른하기도 하고 나긋나긋하기도 한 온갖 꽃들이 만발해 마치 비단실로 수를 놓은 것 같았다. 그 중에서도 아소카나무의 짙은 오렌지색 꽃이 '파수병처럼' 제일 높은 곳에서 뽐내고 있었다. 작은 숲에는 산책객들이 앉아서 편안하게 쉴 수 있는 돌들이 놓여 있었다. 인공호수와 연못에는 (왕의 수라상에 올리는) 물고기가 노닐었고 백조와 황새들이 자주 날아들었다. 수면에는 붉은 연꽃과 흰 연꽃, 그리고 향기 짙은 백합이 흐드러지게 피어있었다. 인공호수 한가운데 자리잡고 있는 조그만 섬에는 사랑을 나눌 수 있도록 여름별장을 지어놓기도 했다. 더운 여름날 대기를 시원하게 하기 위해 곳곳에 분수와 수로도 설치했다. 또한 인공언덕을 만들어 편평한 대지를 좀 더 자연스런 풍경처럼 보이게 했다. 정원 여기저기에 놓인 기둥 위에는 공작들이 우아하게 앉아 있거나 꼬리를 활짝 펴며 자태를 뽐냈다. 그늘진 곳에서 악대의 음악 소리가 흘러나오면 공작들은 어김없이 점잔을 빼며 걷거나 몸치장을 했다.

궁전의 한가운데 자리잡고 있으면서 남자는 절대로 들어갈 수 없는 건물이 있었는데 그것은 바로 후궁들의 처소였다.

후궁들의 생활

이 책에서 다루고 있는 시대의 왕들은 보통 많은 처첩을 거느렸다. 물론 한 명의 왕비만이 정실부인으로 인정되었고, 그 왕비는 특별한 구역에서 생활하면서 자신에게 부여된 특권을 톡톡히 누렸다.[43] 하지만 왕은 마음에 드는 왕비나 후궁들, 심지어 하녀들과도 성생활을 즐겼다. 후궁들은 정실부인의 특권을 인정하면서도 왕의 마음을 사로잡겠다는 일념으로 끊임없이 음모를 꾸몄다. 왕은 정실부인을 멀리하고 국사를 저버리면서까지 주지육림에 빠지는 경우도 있었는데, 지나치게 여색을 밝히는 바람에 육체적으로 소진하여 죽는 일도 허다했다.[44]

후궁들의 처소에는 견고한 성벽이 둘러쳐져 있었고, 그 안에는 사랑의 상징이자 봄이 되면 선연한 빛깔의 진홍빛 꽃이 만발하는 아소카나무가 숲을 이루는 멋진 정원이 있었다. 맨발로 걸으면 촉촉하게 습기가 느껴지는 부드럽고도 미끈한 돌이 깔려 있는 정원에는 여러 채의 별채가 서 있었다.[45] 후궁의 처소를 지키는 늙은 경비대장과 왕 이외에는 어떤 남자도 이곳에 발을 들여놓을 수 없었다. 밤낮으로 성벽과 출입문을 철통같이 지키는 소규모의 경비대를 비롯하여 후궁에서 일하는 사람들은 모두 여성이었다. 활과 창 또는 미늘창으로 무장하고 갑옷을 입은 여성 전사들이 후궁을 철저하게 보호했다. 유일한 남성인 경비대장(칸추킨)은 환관 가운데서 뽑았다. 고대 문헌뿐만 아니라 회화작품에서도 자주 등장하는 그는 나이 들어 쇠약한 몸으로 임무를 수행하느라 입을 삐죽 내밀고 불평을 일삼는 인물로 묘사된다. 튜닉 차림에 한 손에는 지팡이를 들고, 머리가 벗겨진 것을 감추기 위해 모자를 눌러쓴 채 그는 이곳저곳을 살피고 왕에게 아침마다 상황을 보고했다.[46] 후궁들은 상당수의 몸종들을 거느렸으며 후궁의 아이들은 가정교사의 손에 맡겨도 될 만큼 자라기 전까지는 후궁의 처소에서 자랐다.

후궁들은 자기들을 가르치는 선생이 찾아와 잠시 예를 갖추는 시간을 제외하면, 세상의 번잡함과는 담을 쌓은 채 호화롭기 그지없는 유쾌한 환경에서 하루 종일 몸치장을 하거나 도박을 하거나 이것저것 오락거리를 즐길 뿐이었다. 다람쥐 쳇바퀴 돌 듯 하는 단조로운 일상은 가끔씩 그들 사이에서 암투가 벌어지거나 왕의 인솔 하에 가까운 시내로 나가 왕과 함께 미역을 감거나,[47] 성지를 찾아가거나, 행사장을 찾아가거나, 계절에 따라 왕궁을 옮기는 정기적인 여행으로 인해 변화를 겪기도 했다.

후궁들은 몸단장에 무척 신경을 썼다. 연고와 향수를 발랐으며 물 치료요법이나 마사지를 받기도 하는 등 오랜 세월동안 인도문명이 축적해온 미용 기술의 최상급 서비스를 받았다.

희뿌옇게 날이 밝아올 무렵이면 몸종들은 후궁들의 몸단장을 준비했다. 몸종마다 각각 하는 일이 정해져 있었다. 향료 상자를 책임진 몸종은 정향나무, 장뇌, 베텔나무 열매를 파란색 베텔나무 잎사귀로 싸서 상자에 담았다. 상자는 둥근 모양이고 상아로 만들었으며, 왕비가 잠자리에서 일어나자마자 올릴 수 있도록 준비하고 있어야 했다. 연고를 준비하는 몸종은 비법에 따라 섬세하게 섞는 솜씨를 뽐냈다.[48] 그녀는 먼저 습기가 배어 있는 부드러운 돌로 백단향을 으깬 다음 껍질을 소형 절구에 넣은 뒤 막자로 짓이기고, 반죽에 기름을 넣고, 꽃잎과 이파리를 섞은 후 주형에 넣어 막대기 모양으로 만들었다. 화환을 만드는 몸종도 있었고 방마다 갖다 놓을 방향제를 준비하는 몸종도 있었으며 왕비가 입을 옷을 향내 나는 연기에 훈증하는 몸종도 있었다.[49] 목욕용품은 그 종류가 대단히 많았다. 면도칼, 족집게,[50] 손톱깎이,[51] 면봉,[52] 구강청결용 식물 뿌리 또는 반죽, 흑단이나 테라코타 또는 뼈로 만든 안마 도구,[53] 연고나 분 따위의 온갖 잡동사니를 넣어두는 귀금속제 소형 용기,[54] 향수병(화로 모양의 커다란 용기도 있었다), 향수 분무기(손가락 하나로 주둥이를 막고 흔들면 용기에서 액체가 흘러나올 수 있도록 바

닦에 조그만 구멍을 뚫어놓았다),[55] 없어서는 안 될 필수품인 거울, 화장용 막대기,[56] 머리카락을 곱슬곱슬하게 마는 도구,[57] 섬세한 문양이 장식된 촘촘한 상아 머리빗,[58] 화려한 의상과 액세서리가 담겨 있는 상자와 선반(의상을 책임지는 몸종이 하루도 빠짐없이 꼼꼼하게 확인해야 했다) 등이 바로 그것이었다.

몸종들이 후궁의 몸치장을 준비하는 동안, 여성 악사와 무희들은 풍악을 울리기 위해 만반의 준비를 하고 있었다.

몸종들은 자신들이 담당하는 후궁에게 가까이 다가갈 때 향이 짙은 환약 — 노란 레몬, 알로에, 계피 1/4쪽과 장뇌 1/2쪽으로 만든 — 을 입에 물고 있었다.[59] 준비가 완벽하게 끝나면 안마사가 제일 먼저 나타났다. 더운 여름철에는 정원의 그늘진 곳에 기다란 의자를 마련했다. 악단이 음악을 연주하는 동안 후궁이 의자 위에 몸을 쭉 펴고 누우면 안마사들이 피부를 매만지고 향유를 바른 뒤[60] 근육을 풀어주었다.[61] 헤너(henner)라는 꽃에서 추출한 천연염색제로 물들인 후궁의 삼단 같은 머리채에도 향유를 발랐다.

마사지가 끝나면 후궁은 목욕을 했다. 계절에 따라 후궁 처소에 있는 목욕탕에서 하기도 했고,[62] 강이나 정원에 있는 연못에 몸을 풍덩 던지기도 했으며, 폭포수를 맞기도 했다. 강이나 못에 갈 수 없을 때는 몸종들이 태피스트리로 몸을 가려주는 가운데 커다란 배불뚝이 항아리(칼라샤)에 담긴 향기로운 물을 끼얹었다. 그녀는 액체 '비누'로 몸을 닦은 다음 머리를 감고 나무뿌리와 꿀, 과육, 소금, 기름을 섞은 반죽으로 잇몸을 마사지했다.[63] 그런 뒤 눈을 닦고 여러 가지 나무껍질을 달인 즙과 우유로 입을 헹궜다. 목욕은 하루에도 몇 번씩 했다. 두통이 있으면 양쪽 귀에 기름을 몇 방울 떨어뜨린 뒤 살균성분이 포함된 연고의 냄새를 들이마셨다.

욕실에서 나오면 머리를 말린 뒤, 검정색 향나무 빗으로 빗었다. 향료 상자를 담당한 몸종이 베텔나무 열매를 잎사귀에 싸서 후궁의 입에 넣어주었고,[64] 다른 몸종들은 부채질하기에 여념이 없었다. 또 다른 몸종들은 백단향 가루 반죽으로 후궁의 몸을 문지르고, 가슴과 다리에 사향과 사프란을 바르고, 발바닥에는 엷게 희석한 라크를 발랐다. 후궁은 그 때서야 타일이 깔린 바닥에 붉은색 라크 발자국을 남기면서 사뿐사뿐 걸었다.[65]

이어서 얼굴뿐만 아니라 온몸에 화장을 했다. 몸종들은 접착성분이 있는 알로에(아루구) 기름[66]에 적신 화장 막대기로 다양한 색깔의 라크를 묻혀 문신을 찍었다.[67] 장식적인 문양[68]을 뚫어놓은 나뭇잎을 왕비의 팔, 가슴, 어깨, 이마, 볼, 턱에 대고 찍었는데, 이렇게 새겨넣은 검정색, 적색 또는 백색의 문양은 먼저 백단향과 사향 반죽을 발라 붉은 색조를 띠는 갈색 피부와 대비되어 더욱 뚜렷하게 보였다.[69]

눈가에는 백단향 향기가 나는 화장 막대기를 사용해 고대 시대부터 눈썹 화장에 사용해온 '안자나' 를[70] 짙게 칠했다. 수많은 여성들이 이 화장품을 사용하는 까닭에[71] 안자나 제조업체는 시골의 여성들을 훈련시켜 수요를 감당했다.[72] 귀족사회에서는 안자나를 반죽 형태로 사용했으며 대단히 귀한 것으로 여겨 귀금속으로 만든 특별한 상자에 보관했다.[73] 가느다란 금은제 탐침(안자나 샬라카)으로 속눈썹을 칠하기도 했다.[74] 입술에는 먼저 라크를 칠한 다음 오렌지 색상의 광물 가루(아슈마라가)를 뿌려 치아를 더욱 하얗게 보이도록 했다.[75] 겨울에는 입술이 트는 것을 방지하기 위해 밀랍으로 만든 일종의 립스틱을 발랐다.

몸종은 후궁의 머리를 빗기기에 앞서 그녀가 몸단장을 할 때 갖고 놀기 좋아하는 애완용 거위를 빼앗아야 했다. 왕비는 애완용 거위가 자신의 머리 끝단을 쪼는 것을 무척이나 좋아했기 때문이다.[76] 몸종은 세심하게 가르마(시만타)를 타고 백단향 가루를 뿌린 다음 이마의 중앙에 진주 액세서리를 늘어뜨려 가르마의 윤곽을 강조했다.[77] 때로는 진주와 조개를 끼워넣어 촘촘하게 머리를 땋거나 비녀를 꽂거나 두건,[78] 터번,[79] 보석이 박혀있는 화려한 관 또는 꽃으로 장식하기도 했다. 황금 핀을 꽂거나 무지개 빛깔의 깃털 또는 나비모양의 천을 두르기도 했다.[80] 사회적 신분, 지역, 시대에 따라 헤어스타일은 무궁무진했다.

마지막으로 이마에 검은색 애교점(틸라카)을 찍고 나면[81] 몸종이 무릎을 꿇은 채 거울을 보여주었다. 거울은 주로 금속판으로 만들었으며 가끔 황금으로 만들기도 했다.[82] 중국식으로 앞면은 광택을 내고 뒷면은 장식을 양각했는데 크기가 대단히 컸으며 정교하게 조각한 상아 손잡이가 달려 있었다.[83]

특별한 날이나 행사, 또는 하루 중 특정 시간에 맞춰 다른 색상의 치마를 골라 입은 후궁은 액세서리와 보석을 골랐다. 장신구는 바구니에 담겨 있었는데 하나같이 화려하고 정교하게 제작한 것들이었다.[84] 짧은 목걸이, 긴 목걸이, 넓은 요대, 팔찌, 발찌, 귀걸이, 반지 등 종류가 무척 많았다. 이 장신구들은 악령이나 유성(流星)으로부터 보호해 주는 등 주술적인 의미도 지니고 있었다. 발찌는 지나치게 무거워 발에서 흘러내리기도 했던 것으로 알려져 있는데,[85] 속을 비우고 조약돌을 채워 움직일 때마다 딸랑거리는 소리가 들렸다. 그 소리가 후궁을 상징한다고 여긴 인도의 시인들은 끊임없이 그 소리를 찬미했다. 귀걸이도 대단히 무거웠던 시대가 있었다. 어렸을 때 의식(儀式)에 따라 귓불을 뚫은 다음, 원통형으로 깎은 생선뼈를 점점 큰 것으로 끼워 넣어 구멍을 키웠다.[86] 이렇게 하면 보석이 박힌 거대한 귀걸이나 꽃줄기를 귀에 걸고 다닐 수 있었다.[87]

이렇게 갖은 치장을 하고 나면 후궁은 몸종들의 부채질을 받아가며 점심을 먹었다. 식사 후에는 베텔나무 잎사귀를 씹어 입을 가신 뒤 오수에 빠졌다. 잠에서 깨면 왕이 왔을 때 들려주기 위해 앵무새에게 사랑의 말을 가르치면서 즐거운 시간을 보낸다.[88] 한낮의 더위가 한풀 꺾이면 몸종들을 거느리고 정원으로 산책을 나갔다. 꽃도 따고, 화려하게 뽐내며 걷는 공작을 흥

내내기도 하고, 발찌에서 소리가 나도록 힘차게 걷기도 하면서 시간을 보냈다.[89] 연못 가까이 그늘진 곳이나 누각에서 몸종들과 함께 군것질을 하면서 누워있기도 하고,[90] 뒤뚱거리며 다가오는 오리들이나[91] 금도금한 새장 속에 들어 있는 작은 잉꼬나[92] 어딜 가든지 뒤를 졸졸 쫓아오는 애완용 거위에게 맛있는 음식을 주기도 했다. 몸종들은 주둥이가 길고 좁은 병에 든 붉은색 음료수[93] — 아마도 망고주스나 파탈라 주스[94] — 를 잔이나 사발에 따라주었다.[95]

이들은 가까운 연못에서 자주 목욕을 했다. 몸종들은 후궁이 옷과 액세서리를 벗는 것을 도와주고, 그것을 상자 — 몸종들이 잠든 틈을 타 귀중품을 몽땅 훔쳐가는 도둑이나 원숭이를 막기 위한 최고의 대비책 — 에 넣어 보관했다.[96] 이따금 왕도 연못에 몸을 던져 왕비들의 '봉긋 솟아오른 풋풋한 유방'을 잔물결에 '연꽃이 흔들릴' 정도로 애무했다. 이들은 입술이 하얗게 질리고, 얼굴과 몸에서 씻겨져 나간 화장품으로 물이 붉게 물들 때까지 신나게 물장구를 치고 놀았다.[97] 또한 그네를 타며 시간을 보내는 적도 많았다.[98] 그런가 하면 늘씬한 팔과 봉긋한 가슴을 최대한 멋지게 보이게끔 제스처를 취하며 공놀이를 즐기기도 했다.[99]

이들은 처소에 돌아와 저녁을 먹었다. 그리고 함께 홀에 모여 흐드러진 자태로 왕이 오기를 기다리면서 음악을 듣거나 무용을 보며 시간을 보냈다.[100] 여자 난장이(바마니카)가 후궁들 사이를 돌아다녔다. 후궁들이 왕궁에 난장이가 한 명 있으면 좋겠다고 졸랐기 때문에 두게 된 것이었다. 여자 난장이는 남자 옷을 입고 익살맞은 행동을 하여 후궁들을 재미있게 해주었다.[101]

이처럼 후궁들의 일상은 행복하고 화려한 나태함으로 특징지어졌고, 왕이 찾아오는 것으로 생기를 찾으며, 왕의 기분과 요구에 달려 있는 생활이었다.

왕의 일상

　왕의 일상은 지나칠 정도로 계획적이었다. 왕의 일상은 인도 문헌에 자주 나오며 그리스 사람 메가스테네스와 중국인 승려 현장의 역사적 기록물은 이러한 사실을 뒷받침하고 있다.[102] 시기적으로 9세기나 떨어져 있음에도 불구하고, 두 사람 모두 인도 문헌들이 국가의 통치자가 마땅히 수행해야 하는 가장 이상적인 업무와 시간을 체계적으로 확립할 것을 강조하고 있다는 사실을 대략적이나마 간파했다는 것은 다소 놀랄 만하다. 오랫동안 카나우지 제국의 하르샤 왕과 친분을 나누었던 현장에 따르면 왕의 "24시간은 주어진 일만 하기에도 턱없이 부족했다."[103]

　『아르타샤스트라』에 따르면 왕의 하루는 16부분으로 정확하게 나뉘지만 현장에 따르면 3부분으로 나뉜다.

　다른 인도인들과 마찬가지로 왕은 미처 동이 트기도 전에 궁정 악대의 연주 소리를 들으며 기상한다. 『아르타샤스트라』는 왕이 제일 먼저 '정치적 사안'과 긴급한 국사를 생각할 것을 권했는데, 메가스테네스는 왕궁에 속해 있는 성직자가 바로 그 시간에 왕을 알현하기 위해 모습을 드러냈다고 적고 있다.

　왕은 대충 의관을 갖춘 뒤 대신들의 보고를 듣고, 필요한 결정을 내리며, 첩자에게 명령을 내리는 등 아침 조회를 했다. 그리고 자신의 대스승과 성직자와 궁전 관리들이 보는 앞에서 가족들의 아침인사를 받았다. 다음으로 그는 어의, 수석 요리사, 수석 정원사(그는 꽃과 과일을 왕에게 바쳤다), 후궁 경비대장, 왕궁 점성술사의 인사를 받았다. 다음에는 궁전의 공공구역으로 가서 왕궁 관리들이 모여 있는 별채의 첫 번째 뜰로 들어갔다. 그곳에서 관리들이 국가의 안전을 위해 취한 조치를 보고받는 한편 국가의 예산과 지출에 대한 설명을 듣는다. 그런 다음 시간을 아끼기 위해 네 명의 안마사에게 안마를 받아가며 백성들의 불평불만과 주장을 귀담아 들으면서 백성과 관련된 중요한 문제에 관심을 기울인다.

국가의 대소사를 모두 듣고 나면 남녀 수행원에 둘러싸인 채 연못이나 자신의 처소에 있는 목욕탕으로 향한다. 화려한 태피스트리가 둘러쳐져 있고 기둥에 도색을 한 별채가 바로 목욕탕으로 중앙에는 크리스털 의자와 금을 입힌 욕조가 놓여있었다. 왕이 옷을 벗고 의자에 앉으면 수행원들이 욕조에 담긴 향기로운 물을 끼얹었다. 목욕을 마치면 옷을 차려입고 신들에게 경배를 드린 다음 처소로 가서 다시 옷을 벗는다. 여성 수행원들이 백단향 가루, 사향 가루, 사프란 가루를 혼합해서 만든 반죽으로 왕의 몸을 문지른다. 점심을 먹기 전에 짬이 나면 총애하는 신하나 마음을 터놓는 신하, 또는 서양 중세시대의 궁정 익살꾼과 비슷한 기능을 하는 광대들과 몇 가지 시합을 즐겼다.

왕이 식사를 하는 별채는 부엌 가까이에 있었다. 그는 고귀한 카스트에 속한 사람답게 낮은 식탁을 앞에 두고 화려하게 장식된 의자에 앉아 혼자서 식사했다. 식탁 위에는 앞서 설명한 독 검사 관리가 미리 맛을 본 음식이 담긴 사발과 접시가 가득했다.[104] 왕이 식사를 하는 동안 궁정 악대가 음악을 연주했고 여자 수행원들은 계속해서 부채질을 했다. 식단은 크샤트리아의 그것과 전혀 다르지 않았다. 그 옛날 아소카 왕의 규칙에 얽매이는 정도가 후대 왕마다 다르기는 했지만, 인도의 왕들은 어느 정도 채식주의자였고 많은 왕들이 아소카 왕의 규칙을 준수했다. 아소카 왕은 왕의 식탁에 올릴 짐승과 가금의 도살을 제한했다. 하루에 '수십만 마리'의 짐승을 도살하지 말고 오직 공작 두 마리와 영양 한 마리만을 도살하되 그나마도 매일같이 잡지 말라고 포고했다. 통치 말년에 이르면 이유를 막론하고 살아있는 생물을 절대로 죽이지 못하게 했다.[105] 그의 계승자들과 (그와 비슷해지려는) 경쟁자들은 항상 아소카 왕처럼 엄격하지는 않았지만 어느 정도 절제했다. 반면에 와인은 많이 마셨다. 왕은 난장이나 '이란' 여성이 금잔에 따라주는 포도주를 즐겨 마셨다.

점심식사가 끝나면 왕은 침실로 들어가 폭신폭신한 돗자리 위에 몸을 길게 뻗고 오수를 즐겼다. 낮잠을 잔 뒤에는 감독관들에게 지시사항을 하달하고 국고에 새로 반입된 금을 자세히 살폈다. 그러고 나서 대신들의 회의를 주재하고 첩자의 보고를 들었다.

그 이후로는 마음 내키는 대로 마음껏 즐겼다. 귀족들과 활을 쏘기도 하고, 왕실 성직자와 주사위 놀이를 하기도 했으며, 그림을 그리거나 비나를 연주하거나 음유시인이 읊는 전설적인 서사시와 선왕들의 모험담을 귀담아 듣기도 하고, 정원과 가축우리를 돌보거나 닭, 메추라기, 비둘기 싸움을 지켜보거나 앵무새에게 말을 가르쳐주면서 시간을 보냈다. 더위가 한풀 꺾이면 궁전의 바깥쪽 뜰로 가서 코끼리와 말과 전차를 살피고 무장한 군대를 점검했다.

해가 떨어지기 무섭게 그는 저녁 의식을 치른다. 그리고 다시 첩자를 만난다. 그런 뒤에 그는 후궁들의 처소에서 후궁들과 목욕을 한 뒤 음악 소리가 은은하게 들리는 가운데 몇 명의 애첩과 함께 저녁을 먹는다. 잡담을 하거나 시합을 하거나 음악을 듣거나 춤을 추면서 저녁시간은 기분 좋게 지나간다. 그는 저녁 늦게 사랑하는 애첩들에게 둘러싸인 채 테라스로 올라가서 별들을 바라본다.

밤이 이슥해지면 비로소 침실로 들어가는데 거기에서도 악대가 기다리고 있었다. 잠옷으로 갈아입으면 곧바로 잠자리에 들었다. 몇 시간 후에 또 다시 다람쥐 쳇바퀴 같은 하루가 기다리고 있기 때문이다. 그러나 이러한 일상은 축제처럼 그가 반드시 참석해야 하는 특별한 행사로 인해 깨지기도 했다. 또한 인도의 왕들은 외국 여행객이나 귀빈이나 종교지도자들을 맞이해야 했으며 이들과 한가로이 담소하는 것을 무척 즐겼다.

　이 밖에 예기치 않게 왕의 첩자가 나타나 계획에 따라 시간을 보내지 못
할 수도 있었다. 이런 일이 벌어지면 마음 편하게 쉬는 시간보다 국사가 우
선이었고, 왕의 하루는 보통 때보다도 더욱 고단해진다. 하지만 대신들의
동의 하에 잠시나마 국사에서 벗어나 자신이 좋아하는 운동이나 사냥을 즐
길 수도 있었다.[106] 대신들이 동의해주기만 하면 왕은 사냥복 차림으로 훌쩍
말에 뛰어올랐고, 그 뒤로 몇 명의 조신이 따랐다. 왕은 그물과 덫을 가진 몰
이꾼들과 몇 마리의 사냥개와 함께 사자나 멧돼지, 또는 사슴을 추적했다.
공작이나 코끼리는 절대로 목표로 삼지 않았다.[107] 추적하는 짐승의 종류에
따라 목표물과의 거리를 재가며 활이나 창, 멧돼지 사냥용 창, 또는 단도를
사용했다. 왕은 지친 몸을 이끌고 상쾌한 기분으로, 그러나 몇 시간 뒤에 벌
어질 다람쥐 쳇바퀴 같은 일상을 준비하며 저녁나절에 궁으로 돌아왔다.

제3장 | 왕의 공적 생활: 최고 권력자의 화려함

신성화

새롭게 왕위에 오를 왕세자가 어떻게 권력을 쟁취했든 간에, 군주로서의 인정을 받기 위해 반드시 신성화 의식을 행한 다음에 즉위식을 가졌다. 신성화 의식을 행하기에 가장 이상적인 나이는 전투에 참전하고 부왕이나 태수로 경력을 쌓기 시작한 지 8년에서 9년이 지난 뒤인 24세나 25세였다. 그는 보통 왕위에 오르기 수년 전에 결혼한다.

즉위식 날짜의 간택은 점성술사에게 맡겼다. 사전의식을 상서로운 기간 동안에 치러야 하기 때문에 12일의 여유를 두고 날짜 계산을 했다. 대신들은 선왕이 남겨놓은 교지에 따라 세세한 사항을 확인하고, 계승의식을 행하는 동안에 따라야 할 예의범절을 정해놓았다. 동시에 백성들은 수도 전역을 장식하고, 궁전으로 옮길 선물들을 정리하며, 행사를 위해 적절한 복장을 준비하는 등 빚을 져가면서까지 나름대로 즉위식 준비를 했다.

최고의 건축가들이 궁전에 있는 가장 바깥쪽의 뜰 중의 한 곳에 즉위식을 거행할 특별한 별채를 세웠다. 이 별채는 네 구석에 기둥을 세워 지붕을 올리고 단 위에 제단을 올려놓는 등 궁전의 다른 건축물보다 훨씬 더 화려하게 장식했다. 별채 한 구석에 황금과 기타 값진 광물, 보석, 황금 그릇, 왕권의 상징물(왕관), 그리고 궁정 병기고에서 가장 값진 무기 등 국가의 보물들이 잔뜩 놓여 있었으며 바로 옆에는 성화가 타오르고 있었다. 별채의 다른 구석에는 백성들이 바친 물건 — 온갖 종류의 식물, 화환, 볶은 곡물, 우유와 버터기름, 새로 짠 직물 — 이 산더미처럼 쌓여있었고, 전차도 가까이에 있었다.

왕실 성직자는 즉위식이 있기 1년 전부터 하루도 빠짐없이 신위(神位)에 제물을 바쳤다. 최초의 즉위식이 있기 12일 전이면 국가의 예법과 관련된 여러 사람들을 만나러 다니기 시작한다. 이 기간 동안에 성직자는 총사령관, 장차 왕이 될 왕세자, 장차 왕비가 될 세자빈, 수도 행정부 수반, 최고 대신, 자문, 왕궁의 마차를 모는 사람, 화가들의 수장, 도박과 사냥 감독관, 홍보 책임자, 그리고 마지막으로 후궁을 대표하는 '왕비'와 밀담을 나누었다. 이렇게 왕실 성직자가 중요한 인물들을 찾아다니는 것은 아마도 새로 등극할 왕과 브라만들의 승인을 연결시키는 의식적(儀式的)인 의미를 지녔던 것으로 추측된다. 이러한 활동에 대한 수고비로 왕실 성직자는 소, 활, 가죽으로 포장한 화살통, 적색 터번 등의 상당한 선물을 받았다.

성직자는 즉위식에 사용할 나무 단지에 갠지스 강을 비롯해 인도 전역에 있는 성스런 강, 바다, 샘, 못, 우물의 물을 담은 다음 꿀과 버터기름, 그리고 새끼를 낳은 암소의 양수를 혼합하여 성수를 만들었다.

즉위식이 가까이 다가올수록 왕궁은 물론 백성들까지도 눈코 뜰 새 없이 즉위식 준비를 했다. 시내의 성문과 궁전의 주출입문은 향기로운 화환으로 장식했고 꽃으로 만든 아치를 세웠다. 지붕, 길거리, 교차로, 집의 테라스, 사찰, 사당, 공공건물, 점포, 심지어는 나무에도 깃발과 기치를 게양했다. 발코니와 집의 전면에는 아마포와 비단, 진주와 귀금속을 걸어놓았다. 청소부는 대로를 깨끗하게 청소하고 물을 뿌렸다. 향내 나는 연기로 대기를 향긋하게 하기 위해 여차하면 불을 지필, 백단향과 알로에 더미가 길을 따라 일정한 거리마다 놓여 있었다. '거대한 수목' 만한 횃불이 주요 도로의 양편에 타오르고 있었다.

즉위식 전날 밤, 멋지게 차려입은 조신들은 일체의 불길한 기운을 없애기 위해 깍듯하게 예를 갖춰 왕을 둘러싸 보호했다. 왕실 성직자가 온갖 예를 표시하며 왕자를 뵈러 오면 왕자는 영적인 스승에 대한 존경의 표시로 친히 마중을 나갔다. 성직자는 밤에 단식을 하고 모든 즐거운 것들을 자제하라는 조언을 한 뒤에 물러난다. 왕자는 목욕재계를 하고 신전에 가서 성화에 제물을 바친 다음 특별히 정화한 풀로 만든 침대에 누워 몇 시간이고 휴식을 취했다. 그리고는 처소로 돌아오면서 즉위식에 대해 마지막 명령을 내린다.

백성들은 램프 불빛을 받아가며 날이 밝기 전에 대대적인 준비를 끝낸다. 마지막으로 도로를 청소하고, 백단향 냄새가 나는 물을 뿌리고,[1] 향내 나는 장작더미에 불을 붙이고, 황실 대로를 꽃으로 뒤덮는다. 거리거리마다 백성들이 뛰쳐나온다.

"기쁨을 참지 못하는 많은 사람들이 바닷물처럼 대로를 채우는 순간부터 파도소리 같은 웅장한 웅성거림이 시내에 가득 찬다. 날이 새는 순간을 지켜보면서 백성들은 남녀노소 할 것 없이 왕의 즉위식을 애타게 기다린다. 백성들은 모두 형용할 수 없이 기쁜 순간, 즉 성대한 즉위식을 보려고 안달이 나 있다."[2]

발코니와 창가는 성대한 시간을 기다리는 백성들로 발 디딜 틈이 없었다.

한편 그 시간에 궁정관리들은 즉위식을 치르는 별채에서 새로운 왕이 조금 후에 앉을 왕좌를 준비하고 있었다. 무화과나무로 만든 이 왕좌는 임시로 사용되는 것이었다. 황실의 실제 왕좌는 조정이 있는 곳에서 옮기면 안되었기 때문이다. 정화수가 담긴 단지는 즉위식에 사용될 모든 물건들과 마찬가지로 신성한 왕좌 옆에 두었다. 정화수가 흐를 관, 왕이 앉을 호피, 똑같은 양의 물을 쏟아 낼 네 개의 나무 단지, 목검, 활과 세 개의 화살, 검은 영양 뿔, 무화과 나뭇가지, 주사위 더미, 왕이 입을 어의, 여러 가지 제물이 들어 있는 사발도 함께 놓여 있었다. 별채 주변은 파란 연꽃 화환이 가득 들어 있는 황금 단지로 장식되었다. 조금 떨어진 곳에는 행사 때 바쳐질 선물들이 산더미처럼 쌓여있었다. 별채 가까운 곳에는 코끼리를 부리는 사람이 가장 멋진 치장을 한 코끼리를 돌보고 있었고, 노비는 황금목걸이와 화환을 걸고 뿔에는 금을 입힌 황소의 고삐를 잡은 채로 코끼리 부리는 사람을 바라보고 있었다.

창과 활로 무장하고 있는 젊은 궁정수비대원들은 뜰에서 물샐틈없이 망을 보고 있었다. 기장이 장식되어 있는 후궁들의 처소에는 나이 먹은 수비 대장이 출입구에 서 있었고, 악사와 무희들은 궁전의 동쪽 출입문 근처에 모여 있었다. 새로 장만한 아마포 옷을 입은 왕자가 이른 아침의 종교적 의무를 다하고 있는 동안 브라만들은 시내 출입문에서 정중한 환대를 받으며 여러 사당으로 안내되었다. 선왕을 위해 전투를 벌였던 용맹한 전사들은 붉은 군복을 입고 금속 칼집에 장검을 넣은 채로, 적색 활줄로 묶은 활을 차고 궁전으로 들어갔다.

목욕재계가 끝나고 태양이 떠오르면 왕자는 화려한 의상을 걸친 채로 금도금을 한 긴 의자에 앉아 전차를 기다렸다. 이윽고 전차가 도착하면 그는 전차에 올라타 궁전의 부채를 든 관리들 사이에 자리를 잡았다. 마차가 움직이고, 국가의 코끼리와 후궁들이 그 뒤를 따랐다. 행렬은 수도의 동편 출입구로 나가 원형으로 선회하여 다시 성안으로 들어갔다. 성안에서 왕자를 반기기 위해 기다리고 있던 일단의 고관대작들은 그에게 감축을 드리고 백성들의 축하를 전달했다. 악대를 필두로 한 행렬은 궁전을 향하여 나아갔다. 왕을 태운 전차가 브라만과 대신들에 둘러싸인 채로 전진하면 수도의 고관대작들이, 기장과 기념물은 든 남자들이, 꽃과 가루반죽을 든 처녀들이 뒤를 따랐다. 행렬이 거리에 모습을 드러내면 환호성과 박수갈채와 기도와 찬양 소리가 뒤범벅이 되어 울려퍼졌다. 여자들은 창문 밖으로 몸을 길게 뺀 채 손을 흔들거나 박수를 치면서 소리를 질렀고, 연도에 서 있는 사람들은 볶은 곡식과 금가루와 꽃을 왕자가 타고 있는 전차에 뿌렸다.

즉위식을 거행하는 별채에 들어가면 왕자는 옷을 벗고 흰색 의상으로 갈아입은 다음 의식에 따른 제물을 바친 뒤 성수를 뿌리고 즉위식을 올린다.[3] 성직자가 다양한 제의를 치른 뒤 네 개의 특별한 단지에 정화수를 부으면 왕자는 목욕의식을 행한다. 성직자는 왕자에게 동서남북에서의 승리를 상징하는 활과 세 개의 화살을 준다. 활과 화살을 받은 왕자는 연속해서 네 방향으로 고개를 돌린다.[4] 이러한 의식을 통해 그는 세계와 사계절을 상징적으로 소유하게 되고 모든 해(年)를 관장하게 된다.

본격적인 즉위식은 다양한 전통에 따라 성수로 정화하는 의식에 앞서서 할 수도 있고, 뒤에 할 수도 있다. 왕은 호피가 깔린 왕좌에 동쪽을 바라보고 앉아 있다. 궁정 악대의 음악에 맞춰 정화의식이 시작된다. 브라만들, 고관대작들, 백성 대표들이 차례로 한 사람씩 무화과나무 잔이나 커다란 조개껍질에 담은 물을 왕자에게 뿌린다.[5] 마지막으로 성직자가 검은 영양의 뿔에 정화수를 담아 조심스럽게 왕의 전신에 뿌린다. 드디어 왕자는 완전히 정화되었다. 고관대작들에게 둘러싸인 새로운 왕은 성직자의 손에 이끌려 군중 앞에 모습을 드러낸다.

하지만 의식은 이것으로 끝나지 않는다. 베다 시대 내내 왕은 멧돼지 가죽신을 신고 전차에 올라타 수백 마리의 소 떼를 끌고 '승리의 의식'을 치렀다.[6] 이렇게 '승리'를 하고 난 뒤 그는 호피에 앉아 성직자와 주사위 시합 — 이 시합은 왕자가 교묘한 속임수를 써서 반드시 이겼다 — 을 했다.[7] 이러한 의식에 이어 또 다른 의식들이 행해지고[8] 성직자는 연꽃, 쌀, 케이크,

버터기름, 볶은 곡물과 우유를 새롭게 제물로 드린다. 일련의 장엄한 의식을 집전한 성직자와 수행원들은 수고비로 물품과 소, 금덩이를 받았다.

시내 전체가 축하의 함성으로 정신없이 소란할 때 왕은 대단히 값진 상아 의자에 앉은 채로 의관을 갖추고 장식을 했다. 화려하기 그지없는 차림으로 고관대작들에 둘러싸인 왕은 (왕권의 상징물인) 기장을 든 사람들을 동반한 채 왕좌가 놓인 방으로 가서 처음으로 왕좌에 앉는다. 왕좌는 금도금을 하여 매우 정교하게 만들어졌을 뿐만 아니라 대단히 값비싼 직물로 덮여 있었고, 그곳에 앉는 군주의 우주적인 특성을 유감없이 보여주는 짐승 문양이 새겨져 있었다.[9]

악대가 앞장을 서고 말 탄 사람들과 걷는 사람들이 길게 무리지어 따라오는 가운데, 국가의 코끼리에 올라탄 왕은 이제 왕궁을 떠나 황실대로를 따라 행진하다가 시내를 둘러싼 번화가로 꺾어져 자신의 소유를 상징한 장엄한 의식에서 태양이 움직였던 방향을 따라 수도를 일주했다.

궁으로 다시 돌아온 왕은 새로운 황금 옥쇄로 자신의 첫 번째 포고령(사형수를 비롯한 모든 죄수들의 대사면)에 도장을 찍었다. 또한 우리에 갇힌 짐승들을 모두 풀어주고 새장도 모두 열었으며, 그 날만은 소에게서 젖을 짜지 못하도록 포고했다. 그로부터 14일에 걸쳐 의식과 행사가 번갈아 이어졌다. 만 1년 동안 왕은 면도도 하지 못하고 이발도 하지 못했다. 성수가 부여한 정기를 간직해야 하기 때문이다.

지금까지 살펴본 의식이 적어도 이론적으로는 새로운 왕의 등극을 알리는 절차였다.

왕의 행렬과 순례

상당수의 문헌과 회화작품에 따르면 왕은 정기적으로 대단히 많은 수행원을 이끌고 행사에 참석했고 순례에 나섰다. 화려하기 그지없는 동방세계의 실체는 거리와 도로를 장엄하게 지나가는, 한 마디로 장관이라 할 수 있는 왕실의 행렬에 그대로 나타났다.

커다란 조개 나팔을 불면서 징과 심벌즈와 북을 두드리는 궁정 악대를 앞세우고 황궁 양산을 드리운 채, 왕은 말이나 코끼리를 타고 궁에서 나왔다. 왕의 검과 신발과 말총 파리채를 들고 다니는 젊은 여성들을 비롯해 가까운 시종들과 몸종들이 왕의 곁을 지켰다. 금도금을 한 깃대에 걸려 있는 밝은 색상의 깃발이 미풍에 휘날렸다. 말을 탄 일단의 귀족들과 걸어서 그 뒤를 따르는 수많은 사람들의 행렬은 인산인해를 이루었다.

왕의 행렬은 지혜로 명성이 높은 브라만이나 사당과 수도원과 성지를 찾아갔다. 특별한 행사 때는 왕비들이 동행했다.

오늘날과 마찬가지로 성수가 발원된 샘(티르타)이 순례지가 되는 경우가 많았다. 왕 역시 성지로 변한 샘을 찾아갔다. 성지는 인도인들에게 대단히 중요했다.[10] 성지순례는 잘못된 행동에 대한 '면죄'와 사면이 될 수 있었으며, 순례자는 남은 인생을 신성하게 살아가리라는 자신감을 갖고 순례를 떠났다. 불교도, 자이나교도, 힌두교도는 모두 이와 같은 개념을 공유했으며, 인도사상의 발전과 함께 더욱 견고하게 자리잡은 이러한 관습은 고대 인도의 가장 강력한 힘이 되었다.[11]

전쟁과 승리

고대 인도의 왕은 국가를 온전히 지키고 '전세계'를 지배함으로써 우주를 통치하는 군주(차크라바르틴)가 되기 위해 영토확장에 매진했다. 왕은 크샤트리아 계급으로서 기본적으로 전사이기 때문에 외교적인 노력이 헛수고로 그칠 때에만 전쟁을 벌여 영토를 확장했노라고 당대의 정치를 다룬 문헌들은 밝히고 있지만, 실제로는 항시 병법 연구에 전념해야 했다.[12]

왕위에 오른 왕은 태양이 움직이는 방향을 따라 군사를 이끌고 왕국을 일주하는 원정(디그비자야)을 해야 했다. 원정기간 동안 왕은 자신의 왕국과 경계를 이루는 영토에 있는 제후들의 충성심을 확인하며 흡족해 했다. 이 제후들은 자기 지역의 관습을 지켰고 심지어 자치 정부를 가지고 있었지만 왕에게 조공을 바쳐야 했고 도움도 제공해야 했다.

광대한 국가를 통치해야 하는 관계로 왕은 '말(馬) 희생제의'(아쉬바메다)를 치름으로써 자신이 '왕 중에서도 가장 위대한 왕'(마하라자디라자)이라는 칭호를 받아야 한다고 주장할 수 있었다. 베다 시대에 처음으로 생긴 이 의식은 훗날 굽타 왕조에서 부활했는데, 뒤에서 상술하기로 한다.

군사작전은 계절적 조건을 고려하여 감행했는데, 긴 시간이 소요되는 작전은 보통 12월에 감행했고 공격지역이 가까운 곳이면 보통 3월이나 4월에 감행했다.

군대는 전통적으로 전차부대, 코끼리부대, 기병부대, 보병부대 등 4개 군단으로 이루어졌다. 전술했듯이 전차는 7세기 이전에는 전쟁터에서 사용되지 않았다. 무게가 상당해 기동력이 떨어졌고 수렁이나 늪지대에 쉽게 빠졌기 때문이었다. 하지만 7세기 이후에는 전차가 왕이 직접 전투에 참전했음을 알려주는 표시였다. 뿐만 아니라 지휘관의 전차에는 깃발이 걸려 있어 예하 전차들이 지휘관의 전차를 쉽게 따를 수 있었다. 전차는 공격도 했고 방어도 했는데, 전차가 패배하면 전군의 패배로 이어질 수도 있을 만큼 상당히 중요한 위치를 차지했다. 전차에는 전차수 한 명과 궁사 한 명, 보조궁사 두 명이 탔다. 전차의 축 부분에서 전차를 모는 전차수는 일체의 차폐물 없이 적의 화살에 그대로 노출되는 등 대단히 위험했다. 그는 또한 변화하는 전략에 따라 말과 전차의 방향을 바꾸는 등 말을 부리는 솜씨가 대단히 뛰어나야 했다.

전투용 코끼리들은 금속판 갑옷으로 무장했다.[13] 코끼리에는 세 명의 궁사와 코끼리 모는 사람이 탔는데, 기병 셋이 호위하는 경우도 있었다. 코끼리부대는 선두에서 길을 뚫고 장애물을 없애버리는 등, 적의 공격에 끄떡도 하지 않으면서 기세등등하게 앞장을 섰다. 기동력이 뛰어난 기병부대는 정찰과 기습공격을 담당했는데, 도망치는 적군을 끝까지 추적하며 적의 주둔지를 점령하는 작전을 주로 수행했다. 코끼리와 마찬가지로 말들도 저마다 이름을 붙여 불렀다. 전투 전에 말들에게 포도주를 먹여 흥분시키곤 했다. 기병들은 갑옷과 창(아마도 두 개),[14] 칼 또는 활로 무장했다. 보병은 활, 화살통, 검, 방패 또는 창이나 단도로 무장했다. 보병들은 평지나 참호에서 싸우는 것 말고도 임시주둔지를 구축하고 포대와 창고와 무기고를 지키는 일을 했다.

전투부대가 앞장서면 보급부대가 뒤따랐다. 보급부대는 물, 식량, 의약품, 짐승들의 먹이, 무기, 전차 수리에 필요한 부품과 연장, 여벌의 갑옷과 방패 등을 수레에 싣고 있었다. 등이 굽은 소들이 수레를 끌었는데 수레 위에는 장인, 직공, 노동자, 참호를 잘 파는 인부, 토목기술자, 목수, 대장장이, 기계공, 외과의사, 간호원, 왕실 성직자, 점성술사, 관리, 조신, 심지어는 후궁들까지도 타고 있었다. 행군은 긴 휴식으로 자주 지연되곤 했다. 병사들은 이 때를 틈타 "급조한 천막에서 야자열매 주스를 마시거나 대추야자 잎사귀로 만든 주스를 마시고",[15] "기분 좋게 강으로 미역을 감으러 갔다."[16]

하지만 행군을 강행하는 때도 있었다. 야영지에는 전망대를 세워 밤마다 파수병이 철통경계를 펼쳤다.

전술은 엄격한 규칙에 따랐다. 대표적인 전술로는 적의 요새 가까이에 캠프를 치고 오랫동안 적을 포위해 마침내 적이 평지로 나올 때 공격하는 것을 들 수 있다. 야영지는 도시처럼 도랑을 파고 성벽을 쌓은 다음 네 개의 출입문을 만든 뒤 보초병을 세워놓았다. 출입문은 통행증을 가진 자만 드나들 수 있었다. 상기한 4개 군단은 저마다 본부가 있었으며, 왕은 야영지의 한가운데에서 호위부대에 둘러싸인 채 항상 전투준비를 하고 있었다.

전조가 상서로울 때에만 전투를 감행했다.[17] 대개 왕이 참석한 기도회를 가진 뒤 일주일 뒤에 공격을 개시했다. 전투 전날 밤, 왕은 군사들을 모아놓고 열변을 토한 뒤에 연회를 베풀었다. 그날 밤 왕은 무기를 바로 옆에 두고 자신의 전차에서 잠을 잔 다음 새벽이 오기 전에 기상하여 전투를 준비했다. 왕실 성직자는 신이 왕을 확실하게 보호해줄 것이라는 찬송가를 읊조리며 왕이 철갑옷을 착용하는 것을 거들어주었다.[18] 날이 밝으면 군대는 이론적으로는 '불변의 대형' 으로 배치되는데, 궁정의 기치 — 왕의 즉위식 때 보관해두었던 성수를 뿌려 축복을 내린 — 가 선두에 서고 보병부대가 진용을 갖춘 가운데 대규모의 코끼리부대가 밀집대형으로 뒤를 따랐다. 보병의 제1선에는 궁사들이, 제2선에는 검을 가진 병사들이 있었는데 이들은 밀착하여 종렬대형으로 서로를 보호하며 진군했다. 기병대가 바로 뒤에 붙었고 전차들은 양쪽 측면에 배치되었다. 왕은 후위의 한가운데 있기 때문에 적은 전위대의 공격을 요령껏 피하면서 왕을 생포하는 협공전술을 즐겨 사용했다. 징과 북을 울리며 커다란 조개나팔을 부는 소리로 돌격명령이 떨어진다. 전차와 말이 먼지를 일으키며 진격하고 코끼리와 보병이 지축을 흔들며 돌진한다. 수많은 병사들이 왕의 이름을 목이 터져라 부른다. 그것이 바로 피아(彼我)를 구별하는 유일한 방법이었다. 먼지에 뒤범벅이 된 깃발이 활에 맞아 쓰러진 시체 위에서 나부낀다.[19] 땅거미가 지면 누가 먼저랄 것도 없이 전투를 끝내고 날이 밝기를 기다린다. 의사들과 간호원들은 정신없이 뛰어다니며 부상병에게 붕대를 감아주고 소속부대로 데려다 준다. 수의사들은 코끼리와 말들을 돌보았다. 장교의 당번병들은 전장에 떨어진 화살을 주워 수리한 뒤 화살촉에 새겨진 이름을 보고 몇 뭉치로 정리했다.

전투가 끝나면 전사자를 카스트별로 나누어 화장용 장작더미에 산더미처럼 쌓아올린다. 이 즈음이면 피 냄새를 맡은 독수리가 공중에서 맴돌고 자칼이 주위를 기웃거린다. 전사자의 부인이나 가까운 친척은 자기 식구의 화장을 도울 수 있도록 허락받는다. 남부 인도에서는 전몰병사들의 숭고한 죽음을 기리기 위해 돌을 세웠다.

승리한 왕은 제일 먼저 감사의 노래를 부르면서 제사를 지내고 브라만들에게 제물을 드렸다. 그리고 패배한 적군의 여성들을 포함한 전리품을 배분했다. 왕은 보통 적군의 보물과 짐승을 갖는데, 개인적으로 사용하기 위해 전체의 1/6을 따로 떼어놓았다. 그런 뒤에 왕은 피아의 부상병들을 돌아보며 위로의 말을 건네고 전쟁의 법도를 어긴 병사들을 군법회의에 회부하라고 명령했다.[20] 마지막으로 그는 조공을 바치고 제후가 되겠노라고 항복한 적국의 왕을 왕좌로 복권시킨다. 전쟁포로들의 운명은 협상에 달린 문제였지만, 보통은 일정 기간 동안 추방시키거나 정복자의 나라에서 1년 정도 노예생활을 하게 된다.

왕은 연도에 늘어선 백성들의 열렬한 환호를 받아가며 의기양양하게 수도로 귀환한다. 백성들은 왕을 기리기 위해 꽃 아치를 세우고, 깃발을 높이 게양하는 등, 수도 전역을 멋지게 장식한다. 왕이 수도에 들어오면 남녀노소 누구나 그의 발 아래로 볶은 보리를 던진다. 나라 전체가 왕의 승리를 기뻐하며 며칠이고 계속해서 축제를 벌인다. 마을로 돌아간 병사들은 마을 사람들에게 극진한 대접을 받는다. 그리고 승리의 기쁨을 뒤로 한 채, 전사들은 자신들의 영광을 드높일 수 있는 새로운 전투를 손꼽아 기다린다.

장엄하고 당당한 의식

아쉬바메다,[21] 즉 '말(馬) 희생제의'는 왕에게 우주적인 주권을 수여하는
것으로서 왕 신성화 의식의 마지막을 장식한다. 이 의식은 베다 시대에 기
원을 두고 있는데, 심지어 기원전 인도-이란 시대까지 거슬러 올라가기도
한다. 이 의식은 주로 슝가 왕조의 푸샤미트라 왕(기원전 176), 굽타 왕조 시
대의 사무드라굽타(서기 335~75), 쿠마라굽타(414~55), 아디탸세나굽타(7
세기 후반)가 행했고, 그리고 마지막으로 동부 인도의 오리사 지방에서 9세
기에 행했다고 기록되어 있다.[22]

3일에 걸쳐 행해지는 이 희생제의는 왕국과 백성들의 번영을 위한 왕실
행사인 동시에 백성들의 행사로서 준비 기간만 꼬박 1~2년이 걸렸다. 주로
2월이나 3월에 행해지는데 비용이 많이 들고 절차가 매우 성가셨다. 이 희
생제의를 종결하기 위한 각종 후속 의식들만도 1년이 넘게 걸렸다.

이러한 장엄한 희생제의를 위해 간택된 말은 빠르고 값비싼 군마라는 사
실 이외에도 몇 가지 특징을 지니고 있어야 했다. 일련의 의식과 제사를 지
낸 다음, 간택된 말에게 연못의 물을 뿌린다. 그리고 좀더 잘 뛸 수 있도록
거세한 백 마리의 말들과 함께 북동쪽으로 질주하는 의식을 행한다. 장차
왕이 될 왕자를 비롯한 일단의 젊은 크샤트리아들은 간택된 말이 암컷과 교
배하지 못하게 하면서 1년에 걸쳐 여기저기 돌아다니는 말들을 호위한다.
말이 지나간 영토는 희생제의를 드리는 왕이 정복한 땅으로 여겼다. 말을
호위하는 젊은이들은 무장을 한 채 말이 어디든지 뛰어다닐 수 있도록 보호
했다. 그 동안 궁정에서는 찬미가를 부르고 음악을 연주하며 제물을 바치는

등 하루도 빠짐없이 의식을 행했다.

호위하는 젊은이들의 빈틈없는 경계 덕분에 말은 떠났던 지점으로 반드시 돌아왔고, 그 때부터 본격적인 희생제의 준비가 시작된다. 상당히 넓은 구역을 비로 쓸고 물을 뿌려 깨끗하게 청소한 뒤 바닥을 편평하게 한다. 그런 다음 바닥에 벽돌을 쌓아올린 뒤 풀을 흩뿌려 제단을 세우고, 성직자들이 사용할 오두막집과 성스러운 전차를 보관할 차고도 짓는다. 제단의 동쪽으로 희생제의에 사용할 21개의 말뚝(유파)을 쌓아놓고 21마리의 짐승을 불의 신 아그니에게 바쳤다.

성직자는 3일 연속으로 제물을 바치면서 성화에 버터기름, 보릿가루, 볶은 쌀과 볶은 보리를 뿌렸다.

간택된 말은 둘째 날에 희생 제물로 바쳐졌다. 우선 상당수의 암말을 간택된 말 앞으로 보내 그 말이 흐느껴 울도록 만들었다. 흐느끼는 말 울음소리는 성직자가 목청껏 부르는 노래로 간주되었는데 의식적인 면에서는 완전히 동일한 것으로 여겨졌다. 간택된 말은 세 마리의 다른 말과 함께 마구를 채웠다. 황금으로 장식한 마구는 하얀 깃발이 꽂혀 있는 왕실 전차와 연결되어 있었다. 화려한 복장을 한 왕은 북소리에 맞춰 왕실 전속 가수(아드바류)를 대동하고 전차에 오른다. 전차는 희생제의를 위해 지정된 구역의 동쪽에 있는 신성한 연못으로 향한다. 전차가 돌아오면 정실 왕비와 두 명의 나이 지긋한 왕비가 신성한 구절을 영창하면서 말의 갈기와 꼬리를 멋지게 꾸민다. 그리고는 간택된 말만 빼놓은 채 희생제의를 위해 골라낸 짐승들을 말뚝에 묶고 목을 자른다.(중심 말뚝에 묶여 있는 20마리를 포함해 모두 609마리를 희생시켰다는 기록도 있다.) 간택된 말은 희생제의를 드리는 구역의 북쪽으로 데리고 가서 질식시켜 죽였고, 잡아놓았던 수많은 짐승들을 풀어주었다.

왕비들은 대학살의 현장에서 말에 대한 의식적인 사랑의 구절을 중얼거리고 옷자락으로 말에게 부채질을 해주면서 죽은 말 주위를 방향을 달리하여 세 번 돈다. 정실 왕비는 말 옆에 앉고, 성직자들과 다른 왕비들은 의식의 일환으로 음탕한 말을 주고받는다. 왕과 성직자는 문제를 내고 대답하는 수수께끼 시합을 벌인다. 마지막으로 말은 황금장식이 상감된 칼로, 그리고 다른 짐승들은 동제 또는 철제 칼로 베었고 말의 피를 세 번에 걸쳐 성화에 바쳤다.

상당수에 이르는 성직자, 귀족, 고관대작, 길드 수장은 물론 일반 백성들까지 이 성대하고 장엄한 의식에 참예했다. 이 장려한 희생제의는 살이 타는 냄새와 피비린내가 코를 찌르고, 성직자들이 의식적인 주문을 계속해서 읊조리는 가운데, 성화와 횃불의 어른거림 속에서 밤늦게까지 끊임없이 제물을 바치는 등 경이롭기까지 했다.

3일째 되는 날, 신성한 술인 소마를 바쳤다. 이 의식은 음악을 연주하고 의식용 기도문을 영창하는 가운데 밤새 이어졌다. 4일째 날, 의식에 참석했던 사람들은 목욕을 하여 스스로를 정화했다. 21마리의 생식력 없는 암소가 이 날 희생되었고, 브라만들은 그 전날과 마찬가지로 상당한 선물을 받았다. 왕이 그들에게 준 색다른 선물 중에는 자신의 아내 네 명 또는 아내에게 딸린 몸종들도 있었다.

원시시대에 뿌리를 두고 있는, 피를 흘리는 의식이 수반된 아쉬바메다는 기본적으로 희생제의를 드리는 왕과 온 백성을 연결시키는 상징적인 연기였다. 동시에 이 희생제의는 "승리의 주문, 왕권을 보존하기 위한 주문, 다산을 기원하는 주문으로서 태양 숭배의식에서 나온 것이었다."[23] 사실 말은 크샤트리아 카스트를 상징했고 '창조주' 이자 '태고의 인간' 인 프라자파티에게 바쳐진 것으로 태곳적 인간의 소우주적 재현이었다. 태양이 움직이는 경로를 따라 말들이 지나쳤던 영토는 1년 동안 왕이 통치한다는 상징적인 의미였던 것이다. 그리고 희생제의의 특징인 다산의식은 왕국이 태평성대

를 구가하기 위한 상징적인 의식이었다.[24]

현재 집권중인 왕은 자신의 우주적인 권력이 가지고 있는 이와 같은 승리의 신성화를 자신의 임기 마지막을 위해 유보하는 한편, 장자에게 이 의식을 준비시켰다. 이 의식을 통해 장자를 왕위에 올리는 동시에 자신이 누렸던 영광을 전승하기 위함이었다. 왕권의 화려함을 포기하고 경건하게 은자생활을 하면서 평화로운 최후를 맞이한다 하더라도, 바로 이것이 인도 왕들의 공적생활의 마감을 알리는 신격화 의식이었던 것이다.

　지금까지 연구해 본 결과 다음과 같은 의문이 자연스레 떠올랐다. 부드럽고 시적인 매력을 가지고 있는 정교한 관습과, 예절과 의식이라는 이름으로 부과된 잔혹한 제도 사이를 순전(順轉)하면서 지나친 의식주의에 얽매인 채 형식주의로 경도된 이러한 문명을 어떻게 받아들일 수 있을 것인가?

　이러한 질문에 완벽한 답을 할 수는 없으리라. 우리의 연구는 특정한 상황을 다루는 사료 없이 이루어져야 했기 때문이다. 현재 남아 있는 이 시대의 문헌들은 비록 양적으로는 풍부하다 하더라도 구체적인 인물이나 정확한 도시의 위치, 확인 가능한 궁전 등을 전혀 다루지 않고 있다. 이러한 문헌들은 실제 사건의 정황보다는 바람직한 기준을 설명하면서 보편성에 한정될 뿐이며, 단 한 번도 특수한 개별적 특징이나 눈에 띄는 관심거리를 언급하지 않고 있다. 조각작품과 회화작품은 이상적인 묘사만을 하면서 오늘날까지 전해왔다. 연대기와 비문은 불가피하게 과장된 찬양일색일 뿐이다. 화려하기 그지없는 저택은 오랜 시간이 지나면 사라져버릴 자재로 지어졌고, 가난한 사람들이 거주했던 오두막집은 금세 허물어지고 말았으며, 군대의 주둔지는 호화롭지만 일시적이었다. 대부분의 건축물은 오래 전에 유실되어 당대의 문헌과 기술로 재구성해볼 수 있을 따름이다. 그럼에도 불구하고, 현존하는 석굴 가운데 그 어떤 것도 당대 문헌과 정확하게 일치하지 않는다는 사실을 유념해야 하지만, 절벽을 파서 세운 신전과 사당은 고대 인도의 뛰어난 건축기술의 실체를 웅변적으로 보여주고 있다. 반면에 날란다 지방에 있는 사찰이 당대 문헌과 정확하게 일치하기는 하지만 사찰에 대한 정교한 묘사는 인도인들의 기록이 아니라 중국 순례자들의 기록이라는 사실도 염두에 두어야 한다.

역설적이게도 '이름' (나마)이 의식적(儀式的)이고 생성적인 힘으로 인도인의 생활에서 근본적인 중요성을 가지고 있다는 사실에도 불구하고, (몇 가지 예외가 있기는 하지만) 인도의 고대 문헌은 하나같이 저자가 없고 익명으로 되어 있다. 심지어 저자의 이름을 알 수 있다 하더라도 저자가 살았던 시대가 미상이기 때문에 저자에 대해 파악하기 어렵다. 특히 서양 사람들이 이해하기 어려운, 브라만교의 세계관이 지배하는 인도 특유의 개인 중심적 철학이 실제 생활 — 수많은 사람이 카스트, 가계, 그리고 씨족에 의해서 구별되는 — 과 갈등을 일으킨 것으로 보인다.

이렇게 전적으로 이론적인 설명의 미로에서, 살아 움직일 뿐만 아니라 삶의 굴레에서 고통 받는 인간의 실재를 어떻게 이해할 것인가? 나는 어쩔 수 없이 문헌의 부족함을 고고학 발굴작업 결과에 기댈 수밖에 없었고 추론으로 보완해야 했다. 어떤 인물들을 역사적 사실과 연결시키거나 전설적인 실재 또는 허구의 실재 너머에 존재하고 있는, 문헌상의 인물을 확인하는 작업이 우리의 능력을 벗어나는 작업일 수도 있지만, 인도인의 본질은 인도의 고대 문명이 남겨놓은 무수한 이야기, 경전 및 철학서를 통해 빛나고 있음을 부인할 수 없다. 심지어 인도인들이 이상적인 규범을 정의하고 사회 전체를 이와 같은 이상적인 구조에 부단히 통합시키려고 했다는 사실 자체도 인도 정신성의 가장 전형적인 특징으로서, 인간과 우주와의 관계와 인간 사이의 관계를 단순화하고 정의하려는, 안정과 확립된 질서에 대한 욕망을 상징하는 것이라 할 수 있다.

이러한 태도의 정당성이나 결과를 가지고 갑론을박할 생각은 전혀 없다.

다만 인도인들이 인도에 면면히 흐르는 정밀한 규칙을 지켜야 한다고 인식하고 있다는 사실에만 관심을 가질 뿐이다. 입법자, 현자 및 사상가들이 확립한 이러한 규칙은 인간 본성을 세심하게 살펴본 결과에 기초하고 있다. 나아가 미지의 세계나 설명할 수 없는 세계에 부단히 직면하는 인간의 불안을 보다 쉽게 잠재우고 있다. 이성을 중시하는 현대인들은 인도인들이 그토록 엄격한 영적 체제를, 그것도 매우 자발적으로 받아들이는 이유를 이해하기 어려우리라. 하지만 인도인들은 고난에 대해 서양인들과는 전적으로 다른 태도를 가지고 있음을 인식해야 한다. 인도인들의 타고난 숙명론은 고난에 순응할 뿐만 아니라 불가항력적인 고난에도 깊은 신앙심으로 평강을 잃는 법이 없다. 인도인들은 질서정연한 삶의 목표인 '무욕(無慾)'을 저마다의 카스트에 맞게 순순히 받아들인다. 이는 태곳적부터 지금까지 면면히 내려오는 중요한 태도이다.

　사정이 이러함에도 불구하고 도덕가들이 부도덕이나 나쁜 성격, 그리고 좋지 않은 습관을 비난했던 것을 감안해볼 때 금제, 처벌 및 혹독한 규칙에도 아랑곳하지 않고 범죄가 일어났으며 미덕이 항상 꽃피지는 않았다는 사실도 미루어 짐작할 수 있다. 마누법전에 수도 없이 나오는 범죄와 그것에 대한 처벌은 범죄행위가 상당히 많았다는 사실을 웅변적으로 보여주고 있다. 나아가 정통 원리와 실제 행위에 상당한 괴리가 있다는 사실도 어렵지 않게 찾아볼 수 있다. 이를테면 브라만교는 채소만을 먹도록 엄격하게 규정했지만 사냥꾼과 어부들은 하루도 빠짐없이 생명을 죽이는 직업에 종사했다. 강력한 처벌에도 불구하고 도박이 모든 카스트에서 성행했다. 서로 다른 카스트에 속해 있는 사람들 간의 결혼 금지 규정은 '카스트가 혼합된' 카스트를 결국 공식적으로 인정할 정도로 흐지부지 되고 말았다. 이 모든 사실은 성직자들과 판관들이 주창하는 형식주의의 이면에서 개인들은 항상 그것과 다르게 행동했음을 여실히 보여주는 것이다.

당대의 평민문학에 나오는 헤아릴 수 없이 많은 이야기들을 심도 있고 정치하게 연구한다면 인도 사회의 전반적인 모습을 쉽게 그려볼 수 있으리라. 이를테면 양가집 규수라고 교묘하게 속여 브라만과 결혼한 여자도 있다. 뿐만 아니라 지나치게 색을 밝혀 아내의 말이라면 콩을 팥이라 해도 쉽게 믿는 남편을 꼬드겨 궁정 여인들이 입는 것과 똑같은 사리를 훔치도록 한 여인도 있다. 나아가 이웃사람들이 서로 욕을 하고 드잡이를 하다가 무서운 비난과 협박으로 점점 발전하여 결국에는 모든 사람이 부상을 입을 정도로 커다란 싸움이 되는 경우도 있다. 물론 지금 말한 이야기는 민화일 뿐이다. 하지만 이야기에 나오는 사람들은 의심할 바 없이 실제 살았던 사람들인 것이다.

그러나 이러한 이야기들이 엄숙한 경전이나 문헌보다 고대 인도인들의 생활을 보다 많이 반영하고 있다고 믿는 태도 역시 바람직하지 못하다. 두 가지 자료 모두 정확한 자료로서 상호 보완하면서 당대의 생활상을 보여주는 것이기 때문이다.

오래 전에 확립된 규범을 오늘날에도 그대로 따르는 사람들이 많다는 사실만 봐도 인도의 전통이 면면히 이어져 내려오고 있다는 점을 미루어 짐작할 수 있다. 나날이 변화하는 세계 속에서 인도는 온갖 어려움에도 불구하고 세계에 지속적인 영향을 미치고 있을 뿐만 아니라 영적인 갈구를 표현하는, 살아있는 전통을 유감없이 보여주고 있다. 오늘날 인도의 국익을 주장하는 사람들은 예전처럼 익명으로 활동하지 않고 이름을 밝힌 채 당당하게 활동한다. 하지만 그 옛날과 마찬가지로 현대 인도인들은 인도인의 고유한 특성을 유지하고 있을 뿐만 아니라 탁월한 인도문명의 세련미와 훌륭함과 섬세한 감성을 수천 년에 걸쳐 지속적으로 풍부하게 발전시켜 미래의 세대들에게 전해준 조상들의 정신을 계승하고 있다.

다수의 유럽 국가와 달리 광대한 영토를 자랑하는 인도인들은 수천 년간

변하지 않는 양식과 전통에 따라 살아가고 있다. 따라서 나는 출판사의 총서를 위해 단지 1천 년 동안의 일상생활을 다루었을 뿐이다.

서기 7세기의 정치적 격변으로 끝을 맺는 이 책에서 설명된 9세기 동안의 기간은 인도문명의 황금기와 일치하고 있다. 이 시기에 브라만교와 불교는 어깨를 나란히 하고 융성했다. 예술 수준도 정점에 달했으며 인도에서 가장 아름다운 신전과 사찰이 세워졌다.

이 책 전편에서 나는 카스트 제도, 심지어 연애까지도 포함한 인간관계의 제의적이고 의식적인 특성과 함께 인도 고대 시대의 매혹적이고 복잡한 성격을 독자들에게 환기시키고자 했다.

제1부: 인도인의 삶

1장: 지리적 배경과 역사적 배경

1) 『The Edicts of Asoka』, transl. N. A. Nikam, R. McKeon, Univ. of Chicago Press, 1959, pp. 27-8
2) 『Milindapanha』(밀린다 왕의 질문)
3) 이 왕국의 연대는 가설에 근거할 뿐이다. 기르슈망(Ghirshman, Roman 1895-1979)이 주창한 가장 최근의 이론은 이 왕국의 연대를 기원전 144-85로 보고 있다.

제2장: 사회구조와 종교적 원칙

1) 『Matanga-jataka』, no. 497, transl. Cowell and others, IV, p. 242.
2) 『Phandana-j』, no. 475, 같은 책 IV, p. 130
3) 과일과 약초를 파는 것도 금지되었다. 같은 책., IV, p. 229, n. 1
4) A. Foucher, 『Les Vies anterieures du Bouddha』.
5) 『Citta-Sambhuta-j』, no. 498, IV, pp. 244-5
6) 『Matanga-j』, no. 497, IV, p. 236; 『Citta-Sambhuta-j』, loc. cit.
7) 『Setaketu-j』, no. 377, III, p. 154
8) 『Citta-Sambhuta-j, loc. cit.
9) 『Satadhamma-j』, no. 179, II, p. 57. 『Bhadda-sala-j』, no. IV, p. 92도 참조. 여기에서 여자 노예의 딸의 아버지인 왕은 그녀와 식사를 하지 않을 목적으로 속임수를 썼다.
10) 이 관습은 16세기까지 지속되었다. 이러한 여전사 수비대는 특히 아마라바티 조각 작품을 비롯해서 고대의 그림 및 조각에 많이 그려져 있다(서기 2-3세기). Ramayana, II, vi, 9에서 이들은 '여성의 꽃으로, 최고의 신분을 가진 여성'으로 묘사되고 있다. A. Foucher, L'Art gréco-bouddhique du Gandahra, II, p. 70 참조.
11) D. R. Chana, 『L'Esclavage dans l'Inde ancienne』, Pondicherry, 1957. 같은 저자의 다른 책으로 'The Ideological Aspect of Slavery in Ancient India', in 『Journal of the Oriental Institute』(Baroda), VIII, 4, June 1959, pp. 389-98도 참

조할 것. Y. Bongert, 'Réflexions sur le problèe de l'esclavage dans l'Inde ancienne, à propos de quelques ouvrages récents', 『B.E.F.E.O』., LI, 1, 1963, pp. 143-94도 참조.

12) Renou, 『La Civilisation de l'Inde ancienne』, par. 29, p. 110

제3장: 정치구조와 행정구조

1) R. S. Hardy, 『A Manual of Buddhism in its Modern Development』, London-Edinburgh, 1880, p. 153

2) 『Mahasupina-jataka』, no. 77, I, p. 190

3) 『The Edicts of Asoka』, op. cit., p. 53

4) 같은 책, pp. 37-8

5) 『Duta-j』, no. 260, II, p. 221

6) 『Harsacarita』, II(58), (Cowell과 Thomas 번역), Royal Asiatic Society, London, 1897, p. 41 참조. 이 서신은 하얀 면을 붉은 밀랍으로 봉랍한 천조각이었다(중국 승려 현장 이후에).

7) 『Epigraphia Indica』, XXXI, Part I, p. 7

8) 전게서 참조.

9) 정확하지 않은 세부묘사가 여러 텍스트에 나와 있다. 이를테면 목수들이 사는 마을에 '일 천 명의 가족이 살았다' 는 말은 단지 '상당수에 이르는 가족' 을 의미할 뿐이다. 『Samudda-vanija-j』, no. 466, IV, p. 99 참조.

10) 『Mrcchakatika』, Act IX, transl. Ryder, Harvard Oriental Series, Lanman, IX, Cambridge (Mass.), 1905, p. 132 seq.

11) L. Renou, 『Anthologie sanskrite』, p. 206 seq. Also 『Cambridge History of India』, I, p. 247. 중국 승려 현장은 인도의 네 가지 고문 방법(물고문, 불고문, 압박고문, 독약고문)에 대해 묘사하고 있다. Beal, 『Buddhist Records of the Western World』, I, p. 84을 보라.

12) 『Khurappa-j』, no. 265, I, p. 212

13) 『Vedabha-j』, no. 48, I, p, 131 seq.; 『Paniya-j』, no. 459, IV., p. 72; 『Samkha-dhamana-j』, no. 60, I, p. 147; 『Bherivada-j』, no. 59, I, p. 146

14) René Grousset, 『Sur les traces du Bouddha』, Paris, 1929, particularly p. 33 seq. and p. 260을 보라.

15) 『Vedabha-j』, loc. cit.

16) 『Pucimanda-j』, no. 311, III, pp. 22-3; 『Kanhadipayana-j』, no. 444, IV, p. 18

17) 『Mahilamukha-j』, no. 26, I, p. 68

18) 『Kalakanni-j』, no. 83, I, p. 210

19) 『Kanavera-j』, no. 318, II, p. 40; Sulasa-j, no. 419, III, p. 261

20) 『Muga-pakkha-j』, no. 538, VI, p. 3

21) 『Puppharatta-j』, no. 147, I, p. 313; 『Kama-Vilapa-j』, no. 297, II, pp. 302-3;
    『Sacchamkira-j』, no. 73, I, p. 177; 『Kanhadipayana-j』, no. 444, IV, p. 18;
    『Maha-Ummagga-j』, no. 546, VI, p. 197

22) 『Mahasilava-j』, no. 51, I, p. 130

23) 『Kulavaka-j』, no. 31, I, p. 78

24) 『Maha-Paduma-j』, no. 472, IV, p. 120

25) 『Culla-j』, no. 193, II, p. 82. '빨대와 음식(straw and food)' 이라는 또 다른 고
    문방법이 언급되고 있지만 자세히 알 수는 없다. 『Sarabhanga-j』, no. 522, V,
    p. 65 참조.

26) 『The Edicts of Asoka』, op. cit., pp. 61-3

제4장: 경제와 일상생활

1) 『Brhat-samhita』, LIV

2) 자세한 내용은 Louis Renou, 『La Civilisation de L'Inde ancienne』, p. 197을 보
   라.

3) A. Foucher, 『La Vie du Bouddha』, p. 276 and fig. 4(p. 376). Also
   『Cullavagga』, V, 16, 2

4) 『Kunala-j』, no. 536, V, p. 219

5) J. C. Jain, 『Life in Ancient India』, p. 90

6) 『Harsacarita』, transl. Cowell and Thomas, p. 228

7) 이러한 낫들은 여러 바위에 조각되어 있는데, 대표적인 예로 산치에 있는 1번 스
   투파의 남쪽 문에 조각된 것을 들 수 있다. Foucher와 Marshall의 『The
   Monuments of Sanchi』, vol. II, pl. XIX, d, 3. 참조. 이와 동일한 깨진 주랑 파편
   에는 매우 굽은 낫을 들고 있는 사람이 조각되어 있는데, 산치의 소형 박물관에
   보존되어 있다.

8) Jain, op. cit., p. 90

9) 『Raghu Vamsa』, IV, 20

10) 『Mahabharata: ghosayatra』, III, 240

11) 『Manava Dharma Sastra』(the Code of Manu), VIII, 230

12) 고대의 도로망에 대해서는 단편적인 정보밖에 알려져 있지 않다. E. Lamotte, 『Histoire du Bouddhisme indien』, I, p. 10 참조.

13) 『Ancient India as described by Megasthenes』, transl. J. W. McCrindle, XXXIV

14) 『Arthasastra』, I, 21; II, 4, etc. See the excellent passage in S. C. Sarkar, 『Some Aspects of the Earliest Social History of India』, p. 15 seq.

15) 『Ramayana: Ayodhyakanda』, sarga lxxx, 1-2

16) 같은 책, lxxx, 5 seq.

17) 『Megasthenes』, XXXIV, 5

18) 『Vannupatha-j』, no. 2, I, p. 10

19) G. P. Majumdar, 『Indian Culture』, II, 2, p. 280

20) 정글에 사는 야만족들에 대서는 은둔자에 대해서는 다음을 참조하라. K. N. Dikshit, 'Excavations at Paharpur, Bengal', in 『Memoirs of the Archaelogical Survey of India』, no. 55, pl. XLIX. See also G. Yazdanii, 『Ajanta』, I, pl. XXXb. 빈드히야 산속에 사는 야만족의 젊은 족장에 대한 상세한 묘사는 바나의 『Harsacarita』, op. cit., pp. 231-2 참조.

21) 『Phala-j』, no. 54, I, p. 135

22) 『Phala-j, loc. cit., and 『Gumbiya-j』, no. 366, III, p. 132; 『Kimpatekka-j』, no. 85, I, p. 212

23) 『Vannupatha-j』, no. 2, loc. cit.

24) 『Apannaka-j』, I, p. 5

25) 『Vannupatha-j, loc. cit.

26) 『Farudapana-j』, no. 256, II, p. 205

27) K. de B. Codrington, 'The Culture of Mediaeval India as Illustrated by the Ajanta Frescoes', in 『Indian Antiquary』, LIX, August 1930, p. 159 seq.; and September 1930, p. 169 seq. 다음 자료도 참조하라. A. L. Basham, 『The Wonder that was India』, pp. 226-7

28) 『Milindapanha』, VII, II, 11-12 (『Sacred Books of the East』, vol. XXXVI, p. 300)

29) 같은 책, VII, II, 16

30) 같은 책, VII, II, 16 (p. 301)

31) 『Rg Veda』, I, 56, 2; I, 58, 3; I, 116, 5; I, 182, 5, etc.

32) H. G. Rawlinson, 『Intercourse between India and the Western World』, p. 4

33) 『Arthasastra』, IV, III

34) 『Digha Nikaya』, transl. RhysDavids, I, p. 222. 『Kevaddha Sutta』, p. 15 seq. (Harvard Series, vol. 28)

35) 『Supparaka-j』, no. 463, IV, p. 87

36) 『Milindapanha』, VII, II, 17

37) 『Nayadhammakahav』(Jain, op. cit., p. 118 참조)

38) 『Milindapanha』, VII, II, 9-10(S.B.E., p. 298)

39) J. Takakusu, 『A Record of the Buddhist Religion...』, Oxford, 1896, p. xxx

40) Cf. Sylvain Lévi, 'Manimekhala, a Divinity of the Sea', in 『Indian Historical Quarterly』, VI, 1930, p. 597 seq.

41) 『Mahajanaka-j』, no. 539, VI, p. 222; Sankha-j, no. 442, IV, p. 9 seq. Jain, op. cit, p. 118

42) 『Lasaka-j』, no. 41, I, p. 110

43) A. Foucher, 『Les Vies anterieures du Bouddha』, p. 50

44) 『Valahassa-j』, no. 196, II, p. 89. 다음 자료 역시 참고하라. E. Chavannes, 『Cinq cent contes et apologues extraits du Tripitaka chinois』, no. 37; Foucher, op. cit., p. 252 seq. 이 이야기는 특히 마투라 지방에 널리 퍼져있었다. J. P. Vogel, 『La Sculpture de Mathura』, pl. XXb; and in Ajanta: Yazdani, op. cit., IV, pl. LI-LXV 참조.

45) 『Supparaka-j』, no. 463, IV, p. 87

46) 『Cullaka-j』, no. 4, I, p. 20

47) 『Manava Dharma Sastra』(the Code of Manu), VIII, 157, 406

48) Pierre Meile, 'Les Yavanas dans l'Inde tamoule', in 『Journal asiatique』, 1940-1, fasc. 1, p. 85 seq.

49) Louis Finot, 『Les Lapidaires indiens』, Paris, 1896

50) 이러한 기술에 대한 언급은 현실과는 거리가 멀고 상상에 바탕을 두고 있다. 『Maha-ummagga-j』, no. 546 , VI, p. 231과 각주. 6번 참조.

51) 『Jataka』, no. 254, II, pp. 199-203

52) Foucher, op. cit., p. 125

53) 『Periplus of the Erythrean Sea』, para. 49에는 인도의 와인에 대한 중요한 정보
가 소개되어 있다. 다음의 자료들도 참고하라. Laufer, in 『Sino-Iranica』, p. 220
seq. Herodotus, I, 133. 2세기경 작자 미상의 기록에 대해 다룬 다음 책들도 참
고할 것. J. Pirenne in 『Journal asiatique』, CCXLIX, 4, 1961, p. 441 seq. L.
Renou, 『La Civilisation de L'iInde ancienne』, p. 196

54) 예를 들어 '아무리우스(카이우스)'라는 이름은 팔레스티나(베이산), 알렉산드
리아, 아테네에서도 발견되었다. 그들은 아레초에 정착한 고대 에트루리안 사
람들의 후손이었다. Sir Mortimer Wheeler, 'Aikamedu: an Indo-Roman
Trading-station on the East Coast of India', in Ancient India, 2(1946년 7월),
pp. 17-124 참조.

55) Meile, op. cit., p. 103 seq.

56) 『Periplus of the Erythrean Sea』, loc. cit., para. 49

57) 기원전 2세기부터. P. Pelliot's Critical Bulletin in 『T'ung pao』, 1921-2, XX, pp.
142-56 참조.

58) V. S. Agrawala, 'Geographical Data in Panini', in 『Indian Historical
Quarterly』, 1953, I, pp. 2, 30

59) Theopharastus, Historia Plant, IV, II. 참조. 포도나무는 나시크 지방과 퐁디세
리 지방에 지금도 자라고 있다. 많은 바위 조각에 멋지게 조각되어 있어 포도나
무가 고대 시대에 상당히 광범위하게 분포되어 있었다는 사실을 미루어 짐작
할 수 있다.

60) 『Geographica』, II, 1, 14, and IX, 10, 2

61) Sir John Marshall, 'Excavations at Bhita', in 『A.S.I., A.R』., 1911-12, p. 32

62) 아잔타 석굴 벽화에도 비슷한 가게들이 그려져 있다.(cavern XVII) Yazdani,
op. cit., IV, pl. XXIII를 보라.

63) 『Jataka』, I, p. 290; IV, p. 82, etc. 다음 문헌도 참조하라. 『Divyavadana』,
XXVI. 모티 찬드라의 다음 책에서는 흥미로운 일화들이 많이 소개되고 있다.
'Cosmetics and Coiffures in Ancient India', in 『Journal of Indian Society of
Oriental Art』, VIII, 1940, pp. 62-145

64) 『Varuni-j』, no. 47, 1, p. 120

65) 마투라 지방의 저울에 대해서는 Vogel, op. cit., pl. XXc 참조. 아마라바티 지방
의 저울은 D. Barrett, 『Sculptures from Amaravati』, pl. XXVI 참조. 나가르주나

콘다 지방은 A. H. Longhurst, 『The Buddhist Antiquities...』, pl. XLIIa, XIXb, XLVa 참조. 아잔타 지방은 Yazdani, op. cit., IV, pl. XXIII를 참조할 것.

66) Yazdani, op. cit., I, pl. V

67) Finot, op. cit., p. v, referring to S. de Sacy, 'De la manière de compter...' in 『Journal asiatique』, 1824, pp. 56-71

68) Moti Chandra, op. cit., p. 100

69) 『Saddanta-j』, no. 514, V, p. 25

70) Jain, op. cit., p. 103

71) 『Jataka』, no. 546, VI, p. 233. Sarkar, op. cit., pp. 57-8. 가죽옷은 오로지 브라만만이 입을 수 있었다.

72) 『Alinacitta-j』, no. 121, II, p. 14

73) 『Kusanali-j』, no. 121, I, p. 268

74) Foucher, op. cit., p. 144. See also 『Alinacitta-j』, loc. cit.

75) 보자 왕에게 헌정한 『사마랑가나 수트라다라』은 5세기 불교문헌에 '비행기' 의 존재가 언급되어 있다고 밝혔다. G. P. Majumdar, 'Conveyances (Man's Indebtedness to Plants)', in 『Indian Culture』, II, 2, October 1935, p. 288 seq 참조. Barua and Majumdar, 'Flying Machines in Ancient India' in 『The Calcutta Review』, December 1933, p. 287 seq 참조. P. Srinivasamurti, 'Aeronautics in Ancient India', in 『Adyar Library Bulletin (Brahmavidya)』, XVI, 4 참조.

76) 『Babbu-j』, no. 137, I, p. 295

77) A. K. Coomaraswamy, 『La Sculpture de Bharhut』, Pl. XXVI, fig. 67. 같은 저자의 『La Sculpture de Bodhagaya』, pl. XIII and LI (2)도 참조할 것.

78) A. K. Coomaraswamy, 『Les Arts et Métiers de l'Inde et Ceylan』, pp. 113-14

79) Upadhyaya, op. cit., p. 268, fn. 6

80) '쿠타라' (kuthara)라고 부른다. 바르후트의 캘커타 박물관 소장(소장품 no. 337). Coomaraswamy, 『La Sculpture de Bharhut』, pl. XLIII, fig. 151를 보라.

81) '무드가라' (mudgara)라고 부른다. C. Sivaramamurti, 『Amaravati Sculptures』, pl. X, 12를 볼 것.

82) 다음 책을 참조할 것. Coomaraswamy, loc. cit., pl. XXVIII, no. 225 (72), 캘커타 박물관 소장(소장품 no. 291). Sivaramamurti, loc. cit., pl. XXVI, 2c; Goli도 참조할 것. I. N. Ramachandran in 『Bull. Madras Gov. Museum』, I, part I,

1929, pl. I C도 역시 참조.

83) Longhurst, op. cit., pl. XXXIV, b

84) 앞의 책 101p 참조. 『Kusa-j』, no. 531, V, p. 151 참조.

85) 『Kacchapa-j』, no. 408, III, p. 228

86) Yazdani, op. cit., IV, pl. VIa and p. 22 참조. 이 기술은 봄베이와 퐁디셰리 등 몇몇 지방에서 여전히 쓰이고 있다.

87) 『Maha-ummaga-j』, no. 546, VI, p. 156 seq.

88) 『Serivanija-j』, no. 3, I, p. 10

89) J. M. Casal, 『Site urbain et sites funeraires des environs de Pondichery』

90) 질그릇 장난감에 대한 가장 유명한 문학적 묘사는 수드라카 왕이 지었다고 하는 희곡 '므리츠차카티카'에 등장한다. L. Renou와 J. Filliozat, L'Inde classique, vol. II, 1864, pp. 270-1 참조. 많은 장난감이 발굴작업 도중에 출토되었고, 바위에도 조각된 것을 알 수 있다. J. Auboyer, l'Inde ancienne, fasc. VI, pl. I, 3과 4 참조.

91) Jain, op. cit., p. 102. 『Kusa-j』, no. 531, V, p. 151

92) 『Suruci-j』, no. 489, IV, pp. 200-1

93) 체는 '수르파'라고 불렸는데, 특히 산치의 스투파 I에 묘사되어 있는 것을 볼 수 있다. Foucher와 Marshall, loc. cit., vol. II, pl. LIIa. 참조. 수르파는 필수적인 가정용품일 뿐만 아니라 종교의식에도 사용되었고, 심지어 신성한 소지물로 여겨지는 경우도 있었다. 이를테면 시탈라 여신이나 마리야마이 여신이 들고 있는 체를 들 수 있다. Auboyer와 M.-T. de Mallmann, 'Sitala la Froide' in Artibus Asiae, XIII, 1950, pp. 207-27 참조.

94) Coomaraswamy, op. cit., pl. XLIV, fig. 164

95) '차트라' 또는 '아타파트라'라고 불렸다. 고대의 양산과 우산에 대한 묘사는 매우 자주 등장한다. 가장 유명한 것으로는 Coomaraswamy, op. cit., pl. XLI, fig. 137. Foucher and Marshall, op. cit., vol. III, pl. LXXXVII, 71a. 같은 책, vol. II, pl. XVI. Sivaramamurti, op. cit., pl. XXV, 1) Longhurst, op. cit., pl. XXb. Ramachandran, op. cit., pl. VI F 등이 있다.

96) '탈라브린타'라고 불렸다. Sivaramamurti, 『Le Stupa du Barabudur』 (Publications du Musee Guimet, Recherches d'Art et d'Archéologie, VIII), Paris, 1960, pl. VII 참조.

97) Jain, op. cit., p. 97. L. Renou, 『La Civilisation de l'Inde ancienne』, §80, p. 190

98) 비단은 주로 중국에서 수입된 것으로 짐작되지만 누에는 벵갈 지방과 아삼 지
    방에서도 번식했다. Basham, loc. cit., pp. 196-7 참조. 5세기에 비단 직조 산업
    은 상당히 발전했다.(같은 책, p. 149, n. 19와 pp. 204-5). Sarkar, loc. cit., pp.
    60-1 참조.

99) 『Raghu Vamsa』, Upadhyaya에서 인용. op. cit., p. 258 seq. 다음 문헌에는 방
    직 기술에 대한 흥미로운 묘사가 등장한다. Sarkar, op. cit., p. 61 seq.

100) Jain, op. cit., pp. 102-3

101) 『Baka-j』, no. 38, I, p. 95

102) 『Silavanaga-j』, no. 72, I, p. 176

103) J. Hackin과 R. Hackin 외, 『Recherches archéologiques à Begram and
     Nouvelles Recherches archéologiques à Begram』, in Memoires de la
     D.A.F.A., IX and XI 참조.

104) 『Ahigundika-j』, no. 365, III, p. 131에 언급되어 있다.

105) Jain, op. cit., p. 100

106) Finot, op. cit., passim

107) 『Kummasapinda-j』, no. 415, III, pp. 244-5

108) 『Dhammaddhaja-j』, no. 220, II, p. 131; 『Kummasapinda-j』, loc. cit. See also
     Jain, op. cit., pp. 103-4

109) 『Somanassa-j』, no. 505, IV, pp. 277-8

110) 『Kusa-j』, no. 531, V, p. 152

111) 『Gumbiya-j』, no. .336, III, p. 132

112) 『Rohantamiga-j』, no. 501, IV, p. 257

113) Hackin, loc. cit. 그리고 Yzdani, op. cit., IV, pl XXXIIIa 참조.

114) 『Kurunga-j』, no. 21, I, p. 57

115) Coomaraswamy, op. cit., pl. XXVIII, fig. 70

116) 같은 책, pl. XXIX, fig. 74

117) 『Mamsa-j』, no. 315, III, p. 33

118) 『Vatamiga-j』, no. 14, I, p. 45

119) 『Atthasadda-j』, no. 418, III, p. 204

120) 코끼리 사냥은 불교설화의 가장 유명한 주제이다. 『Saddanta-ji』, no. 514, V,
     p. 23 이하 참조. 많은 미술가들이 이 설화를 자주 그렸다. 이 설화는 코끼리
     사냥의 기술을 매우 상세하게 묘사하고 있다.

121) 설화의 저자는, 사냥꾼이 가죽 가방을 낙하산 삼아 새처럼 활공해 높고 편평한 땅에 사뿐히 착지했다는 사실을 덧붙이고 있다.

122) 『Sammodamana-j』, no. 33, I, p. 85; 『Cullahamsa-j』, no. 533, V, p. 178; 『Mahahamsa-j』, no. 534, V, p. 187; 『Salikedara-j』, no. 484, IV, p. 176. 다음 문헌도 참조할 것. 『Gijjha-j』, no. 399, 독수리 사냥에 대해서는 III, p. 204

123) Jain, op. cit., p. 96

124) V. R. R. Dikshitar, 『War in Ancient India』, p. 176

125) 같은 책, p. 168 seq.; Renou, op. cit., § 84, pp. 198-9; 『Arthasastra』, XXXII (transl. Sastri, pp. 137-9); 『Samgamavacara-j』, no. 182, II, pp. 64-5

126) Sir John Marshall, 『A.S.I., A.R.』, 1911-12, p. 45를 보라.

127) 『Khurappa-j』, no. 265, II, p. 232

128) 『Suci-j』, no. 387, III, p. 178

129) 『Kalinga-j』, no. 479, IV, p. 145

130) 『Akatannu-j』, no. 90, I, p. 220; 『Apanna-j』, no. 1, I, p. 4

131) 『Veri-j』, no. 103, I, p. 245

132) 『Vissasabhojana-j』, no. 93, I, p. 227

133) 『Visayha-j』, no. 34, III, p. 85

134) 소작농들은 세금을 내지 않았으나 납세를 하던 시대에도 그 금액이 매우 적었다.

135) 개인이나 길드에게 화폐를 주조할 수 있는 면허증을 주면서 주조 화폐 총액의 13퍼센트에 이르는 돈을 받던 때도 있었다.

136) Basham, op. cit., p. 180

137) J. W. McCrindle, 『Ancient India as described by Megasthenes and Arrian』, pp. 31, 36-8

138) E. J. Rapson, 『Indian Coins』, Strasburg, 1897; 『Catalogues of Indian Coins in the British Museum』; V. C. Smith, 『Catalogue of Coins in the Indian Museum, Calcutta』, Part One, Oxford, 1906; R. B. Whitehead, 『Catalogue of Coins in the Panjab Museum, Lahore』, Oxford, 1914; 다음 문헌도 참조할 것. Renou, op. cit., §88, p. 203, seq., and Renou and Filliozat, op. cit., vol. I, §314 seq., p. 172, seq.

139) 『Arthasastra』, V, 3. And see L. Renou, op, cit., §89, p. 205 seq.

제2부: 개인생활과 집단생활

제1장: 일상생활의 배경

1) 『A.S.I., A.R』., 1912-13, p. 76

2) Sir John Marshall, 'Excavations at Bhita', in 『A.S.I., A.R.』, 1911-12, p. 40. 외벽을 이중으로 쌓는 경우도 있었다. 벽과 벽 사이에 바위로 바리케이드를 치거나 깊게 해자를 만들어 성은 난공불락이 되었다.

3) A. Foucher and Sir John Marshall, 『The Monuments of Sanchi』, II, pl. LIb

4) 가장 기념비적인 석조 주랑이 산치 지방에 남아있다. C. Sivaramamurti, 『Sanskrit Literature and Art...』, p. 10을 보라. P. Stern in N.R.A.B., p. 25 seq도 참조할 것.

5) Journal asiatique, CCXLVII(959), fasc. 2, pp. 252-5에 나오는, 정전으로 인정받은 텍스트와 문학 텍스트에 기초한 짧은 글인 'Gopura porte de ville' 에서 M. Jean Filliozat는 출입구와 출입구에 있는 '탑' 을 구별하고 있다. 이는 의심할 바 없이 회화작품과 조각작품에 자주 묘사된 구조물의 외부로 튀어나온 전면을 말하는 것이다.

6) 발굴작업에서 타일이 많이 출토되었다. 특히 Marshall, loc, cit., p. 41에 자세하게 설명되어 있다.

7) '신성한 그릇' 이라는 뜻의 '암타카라사' 라고 불렸다. 또는 '칼라사가타', '칼라사 쿰바', '푸르나칼라사', '바르사마나', '바르샤스트라' 로도 불렸다. 『Hobogirin』 사전 p. 265 'byo' 항목 참조. 『Arthasastra』, II, 5, quoted by A. K. Coomaraswamy 참조. 『Yaksas』, II, pl. 64 seq 참조, Coomaraswamy and Kershaw, 『Artibus Asiae』, 1928-9 참조, Rosu and Al-George, in 『Arts asiatiques』, IV, 4, pp. 243-54, and VIII, p. 241 seq 참조.

8) J. Auboyer, in 『N.R.A.B』., p. 68

9) 같은 책.

10) A. Foucher, 『Études sur l'art bouddhique de l'Inde』, Tokyo, 1928; J. Przyluski, 'LeSymbolisme du Pilier de Sarnath', in 『Mélanges d'Orientalisme publiés par le Musée Guimet à la mémoire de Raymomde Linossier』, II, pp. 481-98; B. Majumdar, 'Symbology of the Asoka Pillar, Sarnath', in 『Indian Culture』, II, 1,

pp. 160-3; B. N. Sharma, 'The Lion Capital of the Pillar of Asoka at Sarnath', in 『The Poona Orientalist』, I, 1936, pp. 2-6; J. Przyluski, 'The Solar wheel at Sarnath', in 『F.I.S.O.A』., IV, 1936, pp. 43-51; G. Coedes, 'Note on the Pillar at Sarnath', in 『F.I.S.O.A』., V, 1937, pp. 40-1

11) 이 왕조는 특히 아마라바티(Amaravati)에 있는 이러한 바퀴가 덮여 있는 기둥에 많이 묘사되어 있다.

12) 『라구 왕조』, I, 44: "왕이 세운 마을들은 신성한 기둥으로 확인할 수 있었다."

13) 이 기둥의 다양한 의미에 대해서는 J. N. Banerjea의 'Indian Votive and Memorial Columns', 『F.I.S.O.A』., 1937, pp. 13-20 참조.

14) Marshall, op. cit., p. 32

15) Vogel, 『La Sculpture de Mathura』, pl. VIII b와 LVII a, 그리고 b 참조. C. Sivaramamurti, 『Amaravati Sculptures』, p. 140도 참조할 것.

16) 『Kanavera-j』, no. 318, Cowell, III, p. 41

17) A. K. Coomaraswamy, 『La Sculpture de Bharhut』, pl. XLVI, fig. 194

18) 이는 중요한 인물이 살던 개인 주택의 전형적인 설계였다. S. L. Beal, Buddhist Records…, I p. 74의 'Hsuan Ch'uang' 참조.

19) C. Sivaramamurti, 'Citrasala: Ancient Indian Art Galleries', in 『Triveni』, VII, Madras, 1934, pp. 169-85; 같은 저자의 『Sanskrit Literature and Art…』, p. 92 seq도 참조할 것. Meyer, 『Hindu Tales』, p. 174와 Coomaraswamy, 『Indian Architectural Terms』, p. 255도 보라.

20) J. C. Jain, 『Life in Ancient India』, p. 164

21) Trivikrama Bhatta, 『Nalachampu』, p. 195

22) 『Muga-j』, no. 538, VI, p. 17

23) 총안이 뚫린 벽에 궁수와 창병이 빼곡히 들어차 있는 장면이 묘사된 부조작품은 산치, 아마라바티와 상당수에 이르는 지역의 고대 유적에 많이 있다.

24) 이는 매우 흔한 광경으로 고대 유물에 많이 묘사되어 있다. Foucher와 Marshall, loc. cit., II, pl. LII a. Lakhnau 참조. 마투라에서 발굴한 뛰어난 조각품(박물관 소장품 no. B-86) 참조.

25) 고대의 연못과 호수에 대해서는 Foucher and Marshall, op. cit., II, pl. LXV a, 1 참조.

26) Hsuang-Ch'uang: Beal, op. cit., I, p. 74

27) L. Renou, 『La Civilisation de l'Inde ancienne』, p. 239 (Harsacarita)

28) 대표적인 것으로 마하발리푸람의 크리슈나 동굴에 있는 7세기의 바위에 조각
    된 것을 들 수 있다.

29) 우마차는 베다(리그베다, 아타르바베다 등)를 비롯한 고대 문헌에 자주 등장하
    는 소재이며 현대 인도의 도로에서도 흔히 볼 수 있다. 다음 문헌들을 참조하
    라. G. P. Majumdar, 『Indian Culture』, II, 2, p. 278 seq.; Sivaramamurti,
    『Amaravati Sculptures』, p. 140. Coomaraswamy, op. cit., pl. XXVI, fig. 67과
    pl. XXXI, fig. 84; Foucher and Marshall, po. cit. pl. XIX c, 3 (산치 박물관에 소
    장된 남쪽 주랑); J. Hackin, 『Recherches archéologiques à Begram』, pl. XLV,
    fig. 105와 p. 70; Vogel, 『La Sculpture de Mathura』, pl. LVII b; Longhurst,
    『Nagarjunakonda』, pl. XLVII b; Ramachandran, 『Goli』, pl. V, c and d

30) 베다에서는 '트바스트르', 자카타에서는 '라타카라' 로 부른다. 라타카라는 제
    화업자를 지칭하기도 한다. 구두도 일반적인 교통수단으로 여겨졌기 때문이
    다.

31) pl. V, a and VI, a in Yazdani, 『Ajanta』, IV

32) 『Ubhatobhattha-j』, no. 139, I, p. 299; 『Kunala-j』, no. 536, V, p. 219

33) 이하의 세부적인 묘사는 다음의 책들을 주로 참고했다. Louis Renou, 'La
    Maison védique', in 『Journal asiatique』, CCXXXI, October-December 1939, p.
    481 seq.; G. P. Majumdar, 『Indian Culture』, III, 1, p. 71 seq.; O. Viennot, 『Le
    Culte de l'arbre』, p. 66 seq.; S. Kramrisch, 『The Hindu Temple』, 1, pp. 1-18

34) 『Alinacitta-j』, II, p. 14; H. L. Jain, 'Prefabricated Houses in Ancient India', in
    『Annual Bull. Nagpur Univ. Hist. Soc』., 4, 1949

35) Sankha, 『Grhya Sutra』, III, 3, 1

36) 『Atharva Veda』, III, 12, 5

37) 이러한 침대는 기원후 1-2세기 경 카피사의 베르그람에서 출토된 상아 조각품
    에 새겨져 있다. 『N. R. A. B.』, p. 73에 있는 J. Auboyer 참조. 보통 이러한 침
    대에는 피류나 염소의 가죽이 덮여있기 때문에 얼기설기 엮인 가죽끈은 제
    대로 보이지 않았다.

38) 팔리어로 '보자나 팔라카' 또는 '파타칸돌리카' 라고 불렸다. 이 등나무 스탠
    드는 고대 예술 작품에 자주 등장하며 현대에도 쓰이고 있다. 다음 문헌들을 참
    조하라. J. Auboyer, loc. cit., pl. F, j와 fig. 30 b; 라크나우 박물관 소장품(no. J
    533); 뉴델리 국립박물관 소장품(no. 94), Sivaramamurti, 『Sanskrit Literature
    and Art...』, pl. XVIII, 59.

39) 요리와 식사에 사용되는 접시와 그릇들의 이름은 매우 다양해서 여기에 일일이 소개하기 힘들다. 다음 문헌을 참조하라. Jain, op. cit., p. 99; Coomaraswamy와 Kershaw, loc. cit.; K. de B. Codrington, in 『Indian Antiquary』, LIX, August 1930, p. 171 and fig. F

40) 지금도 동부 아시아 및 남동부 아시아 전역에서는 그릇들(아그히야판티)을 포개어 쌓아놓는다.

41) 이 관습은 아잔타 XVII 석굴에 그려져 있는 작품에서 미루어 짐작할 수 있다(5세기경이나 6세기경). Yazdani, Ajanta, IV, pl. XIV a. 참조. 고기완자를 접시 대신 잎사귀에 싸서 각자의 앞에 내놓는 것은 의식을 행할 때의 식사 관습으로, 남부 인도 지방의 브라만들이 이용하는 식당에서는 지금도 이런 식으로 식사를 한다.

42) G. P. Majumdar, 'Hearth and Home', in 『Indian Culture』, III, 3(January 1937), p. 431 seq.

43) Yazdani, op. cit., I, pl. XVI3.

44) 비밀 방의 존재에 대해서는 다음 책을 참조할 것. 『A.S.I., A.R』., 1911-12, p. 35

45) Yazdani, op. cit., IV, pl. XVII a, '힘루' 또는 '마쉬루' 라 불리는 이 태피스트리는 아유랑가바드 지방에서 지금도 생산되고 있다.

46) G. P. Majumdar, loc. cit.

47) P. K. Acharya, 'Hindu Architecture and Sculpture', in 『Indian Culture』, VIII, 2-3, p. 181

48) J. Griffiths, 『The Paintings of the Buddhist Cave Temples of Ajanta』, pl. LXXXV

49) Acharya, loc. cit.

50) 다음 자료를 참조하라. 캘커타 박물관(소장품 no. 184); Coomara-swamy, pl. XIII, fig. 33과 p. 53; pl. XXIV, fig. 61; Foucher와 Marshall, op. cit., pl. LII a, 3; 『N.R.A.B』., fig. 96 (no. 55a) ; P. Meile, 'Les Yavanas dans l'Inde tamoule', in 『Journal asiatique』, 1940, p. 114; 『Lalit Kala』, no. 7, April 1960, pl. XXIV

51) Sivaramamurti, 『Amaravati Sculptures』, pl. V, fig. 32와 33, 그리고 p. 142 참조. D. Barrett, 『Sculptures from Amaravati』, pl. VII 참조. 라크나우 박물관(소장품 no. B-84와 J-532) 참조.

52) 『Raghu Vamsa』, XVI, 39

53) J. Auboyer, 『La Vie publique et privee dans l'Inde ancienne』, p. 27 seq.

54) 이러한 유형의 침실은 아잔타 석굴 XVI에 그려져 있는 작품에서 확인할 수 있
다. Yazdani, loc. cit., III, pl. LXI(오른쪽) 참조. 이 시대 내내 비나는 확실히 활
모양의 하프였다. 비나라는 말은 6-7세기 이후에 전혀 다른 유형의 악기, 즉 대
나무 양쪽 끝에 호리병박이 걸려 있고, 하나 이상의 현이 걸려 있는 '루트'를
가리키게 되었다. 이 악기의 마지막 유형은 7세기 내내 발전되어온 가장 정교
한 악기인 현대식 비나의 원조가 되었다. C. Marcel-Dubois, Les instruments de
musique dans l'Inde ancienne, Paris, 1942, p. vi 참조.

55) J. Auboyer, 『Le Trône et son symbolisme dans l'Inde ancienne』

56) 이런 장면은 고대 불교 예술작품에 흔히 등장한다.

57) 일례로 마말라푸람에 있는 거대한 주랑을 들 수 있다.

58) Coomaraswamy, 『Yaksas』, I, p. 33과 n. 1

59) Foucher와 Marshall, op. cit., II, pl. LII a, 3

60) stupa II의 난간 장식 참조.

61) 스투파에 대한 연구 논문은 이루 셀 수 없이 많다. 이제는 고전이 된 탁월한 연
구 논문들을 몇 개 소개한다. Paul Mus, 『Barabudur, Esquisse d'une histoire du
bouddhisme fondee sur la critique archéologique des textes』, 2 vol., Paris,
Geuthner, 1935; 『in extenso』 in 『B.E.F.E.O』., XXXII (1932), 1, pp. 269-439,
and XXXIV (1934), pp. 175-400. M. Benisti, 'Etude sur le Stoupa dans l'Inde
ancienne', 『Bull. de L'Ecole Francaise de l'Extreme-Orient』, vol. L, fasc. 1
(1960), pp. 37-116

62) J. Auboyer, op. cit., p. 11 seq.

제2장: 일상생활에서 종교의 중요성

1) 라구 왕조, XVI, 70. 이 축제는 초기 고대 시대의 미술품에는 나와 있지 않는 것
같다. 하지만 16세기 이후의 라주푸트 미니어처에서 이 축제를 묘사한 것들이
자주 발견되고 있다. 이 축제는 지금도 벌어지고 있다.

2) J. Auboyer, 『La Vie publique et privee...』, fasc. VI, p. 26 seq.

3) 『Aitareya-aranyaka』, I, 2, 4, iv, 3

4) Victor Henry, 『La Magie dans l'Inde antique』, pp. 42, 89 seq., etc.

5) L. Renou와 J. Filliozat, 『L'Inde classique』, vol. I, §1213; J. C. Jain, 『Life in
Ancient India』, p. 216; O. Viennot, 『Le Culte de l'arbre dans l'Inde ancienne』,

Paris, 1954, pp. 94, 102

6) 『바라타 나티야샤스트라』에 따르면 소나무가 아니라 대나무였다고 한다. Arnold Bake, 『 'Ein Indradhva-jajotthana in Nepal' in Indologen-Tagung』, 1959 (dir Ernst Waldschmidt), Gottingen, 1960, pp. 116-21 참조.

7) 이 축제는 지금도 오리사를 비롯한 인도의 여러 지방에서 행해지고 있다.

8) 『Surapana-j』, no. 81, Cowell, I, p. 208; 『Paniya-j』, no. 459, IV, p. 73

9) D. Barrett, 『Sculptures from Amaravati in the British Museum』, pl. VII

10) 『Histoire générale des Religions』, 'Extrême-Orient', p. 414 and n. 164 (p. 537) 참조.

11) 『Hatthipala-j』, no. 509, IV, p. 295

12) A. K. Coomaraswamy, 『Yaksas』, 2 vol., Smithsonian, Washington, 1928-31

13) 쿠베라는 서사시 라마야나에 등장하여 라마와 겨루는 거인 라바나의 이복형제이다.

14) C. Sivaramamurti, 『Amaravati Sculptures』, p. 75

15) 『Palasa-j』, no. 370, III, pp. 137-8

16) 『Mahabharata』, XIII, 58, 24; 『Atharva Veda』, IV, 27, r, 5

17) 『Kutavanija-j』, no. 98, I, p. 240

18) 『Pucimanda-j』, no. 311, III, p. 23

19) 아이를 출산하지 못하는 것은 저주로 여겨졌다. 자녀가 없는 부부가 조잡한 마술 의식을 치르는 경우도 있었다. 이에 대한 설명은 V. Henry, 『La Magie dans l'Inde antique』, p. 132. 이하, 참조. 현대에 이르기까지 다수의 문명에서 나무를 숭배하는 행위가 이루어지고 있는데, 이는 생산제의에 해당한다. 나는 이러한 제의가 지금도 지속되고 있는 것을 직접 두 눈으로 확인했다. 이집트의 경우, 아이가 없는 여인네들은 아이를 얻을 욕심에 특정한 나무의 가지에 리본을 묶는다. 루마니아에서는 결혼하지 못하고 죽은 사내가 저승에서 짝을 찾을 수 있도록 무덤에 심어놓은 '나무들'의 사진을 찍었다.

20) 『Rukkhadhamma-j』, no. 74, I, p. 75; and see Jain, op. cit., p. 220 seq.

21) 『Dummedha-j』, no. 50, I, p. 127; 『Palasa-j』, no. 307, III, p. 16 참조. Coomaraswamy, 『La Sculpture de Bhargut』, pl. XXII, XXIII, fig. 56-60 참조. Barrett, op. cit., pl. XXI b, XXV 참조. J. Auboyer, 『Le Trone et son symbolisme dans l'Inde ancienne』, p. 11 seq 참조. Sivaramamurti, 『Sanskrit Literature and Art』, p. 89 참조.

22) 『Sulasa-j』, no. 419, III, pp. 261-2

23) J.-P. Vogel, 『Indian Serpentlore or the Nagas in Hindu Legend and Art』, London, 1926; J. Fergusson, 『Tree and Serpent Worship』, London, 1873; Jain, op. cit., p. 219

24) 이에 관련된 무수한 전설이 전해 내려온다. 몇 가지를 소개하자면 다음과 같다. J. Przyluski, 'La princesse à l'odeur de poisson et la Nagi dans les traditions de l'Asie orientale', in 『Études asiatiques』, pp. 265-84; V. Goloubew, 'Les légendes de la Nagi et de l'Asparas', in 『B.E.F.E.O』., XXIV (1924), p. 501 seq.; E. Porée-Maspero, 'Nouvelle étude sur la Nagi Soma', in 『Journal asiatique』, 1950, pp. 237-68

25) 나가 제의는 마하바라타에 등장하는 마니나가에 바쳐진 신전일지도 모르는, 마니야르마스(라지기르)에서 발견된 거대한 규모의 사당들을 건축하도록 고취한 것으로 보인다. M. H. Kuraishi와 A. Ghosh, 『Rajgir』, Delhi-Calcutta, 1951, pp. 21-7 참조.

26) J. P. Vogel, 『La Sculpture de Mathura』, pl. XLI

27) Hiranyakesin, 『Grhya Sutra』, I, 5, 16, 2

28) 『Cullavagga』, V, 33, 3

29) Hiranyakesin, loc. cit., I, 5, 16, 6

30) 같은 책, I, 5, 17, 5

31) Renou and Filliozat, op. cit., I, §748

32) Renou and Filliozat, op. cit., I, §1265; Jain, op. cit., p. 148; 『Mahasuppina-j』, no. 77, I, p. 187 참조. A. M. Esnoul, in 『Les Songes et leur interprétaton』, Paris, 1959, pp. 209-47 참조.

33) Hiranyakesin, op. cit., I, 5, 17, 5

34) 『Raghu Vamsa』, XIV, 49-50

제3장: 개인과 가족

1) Hiranyakesin, 『Grhya Sutra』, II, 4, 10; 11; 12; 13

2) C. Sivaramamurti, 'Samskaras in Sculpture', in 『Arts asiatiques』, II (1955), fasc. 1, p. 3 seq.

3) V. Henry, 『La Magie dans l'Inde antique』, pp. 81, 138, 144

4) J. C. Jain, 『Life in Ancient India...』, p. 149

5) Henry, op. cit., pp. 67-8

6) Gobhila, 『Grhya Sutra』, II, 6, 『S.B.E.』, XXX, p. 301, no. 10

7) L. Renou and J. Filliozat, 『L'Inde classique』, II, §1656

8) '시만타카라나' 의식은 오직 첫 출산 때만 치렀다. Gobhila, 『Grhya Sutra』, II, 7

9) 『Raghu Vamsa』, III, 2

10) 『Grhya Sutra, S.B.E.』, XXX, p. 302, n. 13

11) 같은 책, loc. cit., n. 14

12) 같은 책, n. 18

13) 그는 아이에게 다섯 뭉치의 머리카락을 남겨줄 수도 있었다.

14) Hiranyakesin, 『Grhya Sutra』, I, 2, 9, 18 참조. Asvalayana, 같은 책, I, 17, 10 참조. Sankhayana, 같은 책, I, 28, 23 참조.

15) M. T. de Mallmann, 'A propos d'une coiffure et d'uncollier d'Avalokitesvara', in 『Oriental Art』, I (1949), 4, pp. 168-76 참조. 『Kadambari』 (ed. Nirnayasagara Press, Bombay, 1912), p. 40 참조. 『Harsacarita』 (same ed., 1918), p. 134 또는 Cowell과 Thomas, pp. 115-16 참조. J. and R. Hackin, 『Recherches archéologiques à Begram』, pl. LXIII, fig. 190, no. 330 (184 b) 참조. Foucher와 Marshall, 『The Monuments of Sanchi』, II, pl. XXXIV, a, 2 참조.

16) 『Kalakanni-j』, no. 33, transl. Cowell 외, I, pp. 209-10

17) J. Auboyer, 『La Vie publique et privée...』, pl. I. 참조. 『Trésors d'art de l'Inde』, Petit Palais, Paris, 1960, pl. 20, no. 117 참조.

18) Auboyer, op. cit., pl. I, 3 and 4; D. Barrett, 『Sculptures from Amaravati』, pl. XXIX

19) Auboyer, op. cit., pl. II, 2

20) 『Kanhadipayana-j』, no. 444, IV, p. 19; 『Muga-j』, no. 538, VI, pp. 4, 9; 『Vessantara-j』, no. 547, VI, p. 284

21) Auboyer, op. cit., pl. II, 1 참조. 주사위 놀이 장면은 아잔타 석굴의 부조에서도 발견된다. G. Yazdani, 『Ajanta』, II, pl. XXXIII 참조.

22) Renou와 Filliozat, op. cit., II, §1656; 『The Cambridge History of India』, I, p. 237; Henry, op. cit., p. 187 seq.

23) A. L. Basham, 『The Wonder that was India』, p. 160

24) A. Foucher, 『La Vie du Bouddha』, pp. 76-7. Illustrated in Yazdani, op. cit.,

III, pl. LXIII

25) 『그리히아수트라』, S. B. E., pp. 302-3, n. 20. 나는 보통 Sankhayana와 Hiranyakesin의 가르침을 따랐다. 너무 상세한 부분은 어느 정도 요약했다.

26) 크샤트리아는 삼, 바이샤는 양모를 사용했다.

27) 인도인들은 소리를 가장 중요시 했다. 신의 이름을 정확하게 발음하고, 의식을 치르는 도중에 신의 이름을 끊임없이 부르면 기도와 제의에서 확실한 효험을 볼 수 있다고 여겼다. 상당수에 이르는 주문(만트라)은 이런 식으로 만들어졌고, 제의적으로 전수되었다. 만트라는 신성할 뿐만 아니라 '그의 이미지보다 대단히 높은 신의 물질적 형태' (Filliozat)인 신성 그 자체이다. 바로 그것이 '옴(Om)' 이라는 음성이다.

28) 은거지의 풍경은 고대 예술작품과 조각에 자주 묘사된다. 다음 자료들을 참조하라. A. K. Coomaraswamy, 『La Sculpture de Bharhut』, pl. XXXI, fig. 85; pl. XLIII, fig. 157; pl. XLV, fig. 176; pl. XLIX, fig. 233; pl. LI, figs. 247과 253. Foucher와 Marshall, op. cit., II, pls. XXV, XXVII, XXIX, XXXIV, LII a, LXV a. J. Hackin, 『N.R.A.B』., fig. 97 (no. 55 b). J. P. Vogel, 『La Sculpture de Mathura』, pls. XVI a, LX a. Sivaramamurti, 『Amaravati Sculptures』, pl. XI, 14; LXIII, 5 d. A. H. Longhurst in 『Memoirs of the A.S.I』., no. 54, pl. XLV b, etc. 문학작품에도 자주 묘사된다. 가장 잘 알려진 것으로는 『Ramayana』, LVI를 들 수 있다.

29) 오늘날에도 존경하는 사람에게 이런 행위를 한다.

30) A. Foucher, 『Two jataka』 in 『N.R.A.B』., pl. IX b와 p. 128.

31) 이러한 가르침의 형태는 오늘날에도 여전히 이루어지고 있다.

32) Renou와 Filliozat, op. cit., II, §1687 seq.

33) J. A. Page, 『A.S.I., A.R』., 1926-7, pp. 127-34; S. Beal, 『Life of Hiuen Tsiang』, 1924, p. 111; Watters, 『On Yuan Chwang's Travels in India』, II, p. 164 seq.; 『Memoires de Yi-tsing』, transl. E. Chavannes, p. 84 seq.

34) 『Grhya Sutra』, op. cit., p. 302, n. 19

35) 같은 책, p. 303, n. 20-21. 때로는 친척이나 친구들이 준비해 주기도 했다. Hiranyakesin, I, 2, 10, 4 seq.

36) 이런 형식의 샌들은 아잔타 석굴의 부조에서도 발견된다(cave XVII, 입구 왼쪽 벽).

37) 1949년 반포된 인도 헌법은 조혼 풍습을 엄격히 금지하고 있다.

38) 브라만 이론은 여덟 가지 형태의 결혼을 인정하는데, 이 결혼 가운데 네 가지
결혼이 정상적인 것으로 받아들여지고 있다. 결혼 가운데 가장 고결한 '브라만
식' 유형은 본문에서 설명한 것과 같다. '신들의 결혼'에서는 의식을 집전하는
성직자에게 처녀를 바친다. 그것을 계약도 하지 않고 지참금도 없는 '프라자파
티'라고 한다. '현자들의 결혼'에서는 신랑이 신부의 아버지에게 가짜로 지참
금을 건네주는데, 이는 구매를 가장하는 의식이었다. 비정상적인 결혼 형태로
'아수라의 결혼'에서는 돈을 주고 처녀를 사는데, 입법자들이 상당히 비난했던
결혼 형태이다. '간다하라바의 결혼'은 서로 간의 동의 하에 비밀스럽게 결합
하는 것이다. '라크사사의 결혼'은 전투에 이은 납치로 특징지어진다. 마지막
으로 '파이사카스 결혼'은 간단히 말해 강간이다. 아홉 번째 결혼 형태인 '스
바얌바라 결혼'에서 크샤트리아는 무장 마상 시합을 통해 신부를 얻는다.

39) 이에 대한 자세한 묘사는 『Grhya Sutra』, op. cit., pp. 300-1, n. 9 참조.

40) 『Rg Veda』, X, 85, 36; 『Atharva Veda』, XIV, 1, 50-1

41) L. Renou, 『La Civilisation de l'Inde ancienne』, p. 95(§20)

42) Henry, op. cit., p. 94 seq.

43) Hiranyakesin, 『Grhya Sutra』, I, 5, 16, 14

44) 『Kusa-j』, no. 531, V, p. 153; 『Cullavagga』, VI, 2, 1

45) 『Mahavagga』, VI, 12, 1-4; 『Cullavagga』, V, 28, 2

46) M. Chandra, 'Cosmetics and Coiffure in Ancient India', in 『F.I.S.O.A』., VIII,
1940, pp. 80, 105, 124, 132

47) 『Bhaddha-sala-j』, no. 465, IV, p. 92

48) 『Maha-ummagga-j』, no. 546, V, pp. 183-4

49) 같은 책.

50) Renou, op. cit., §109; Renou와 Filliozat, op. cit., I, §1204; Basham, op. cit.,
pp. 213-215; B. S. Upadhyaya, 『India in Kalidasa』, p. 196; Jain, op. cit., p.
123 seq.

51) Foucher and Marshall, op. cit., II, pl. LII a; Yazdani, op. cit., I, pl. XII, and IV,
pls. XXXVI and LXX

52) Foucher, 『Les Vies anterieures du Bouddha』, p. 185.

53) Illustrated in Sivaramamurti, 『Amaravati Sculptures』, pl. XLVI, 2b

54) 『Maha-ummagga-j』, loc. cit.

55) 중국 승려 현장에 따르면 황소, 당나귀, 코끼리, 말, 돼지, 개, 여우, 늑대, 사자,

원숭이도 죽이지 않았다고 한다. Beal, op. cit., I, p. 89 참조.

56) 『Harivamsa』, transl. Langlois, II, p. 104

57) Monnier-Williams, in Notes to 『Sakuntala』 of Kalidasa

58) Hsuan-Ch'uang: Beal, op. cit., I, p. 88

59) 『Vasistha Dharma Sastra』, XX, 44; XXI, 11; Baudhayana, I, 5, 10; IX, 3; XIX, 18; Manava Dharma Sastra, V, 89-90; VII, 47; IX, 13, 80, 84, 225, 237; XI, 68; XII, 56

60) Upadhyaya, op. cit., pp. 196-7

61) E. H. Warmington, 『Commerce between the Roman Empire and India』, p. 265; Renou, op. cit., §110; Upadhyaya, op. cit., pp. 196-7; Jain, op. cit., p. 124 seq.

62) Upadhyaya, loc. cit. 지금도 인도인들은 빈랑을 베틀후추 잎사귀에 싸먹는다.

63) Upadhyaya, op. cit., p. 211

64) 『Raghu Vamsa』, V, 2

65) 이는 지금까지도 내려오는 관습이다. 중국 승려 현장은 이 축복의 기도문을 아홉 가지로 분류하여 기록했다. Beal, op. cit., I, p. 85 참조.

66) Upadhyaya, op. cit., pp. 209-10

67) Renou와 Filliozat, op. cit., I, §1209, p. 589. 베다 시대에는 방석을 짚으로 채웠다.

68) 이와 유사한 의식이 지금도 일본의 다도에서 행해지고 있다. 주인은 시계 반대 방향으로 찻잔을 세 번 돌린 다음 손님에게 건넨다(손님은 양손으로 찻잔을 받아야 한다).

69) Beal, op. cit., I, p. 107

70) Henry, op. cit., p. 111 seq. 이 의식은 매우 길고 복잡했다. 『Harsacarita』, II, 63 seq. (transl. Cowell과 Thomas, p. 44 seq.) 참조.

71) 『Vasistha Dharma Sastra』, II, 40; 『The Code of Manu』, transl. Buhler, X, 117

72) 산스크리트어로 저술된 아유르베다, 그리고 수스로투아와 카라카의 고전적 전문 서적들은 그 명성에 힘입어 멀리 떨어진 팔리, 벵갈, 네팔 지역까지 전파되었고, 일부가 타밀어로 씌어진 남부 인도의 전문서적을 저술하는 데 자극을 주었다. 이 저작물들은 인도 지역을 넘어 쿠카 방언, 코탄족 방언, 티베트어, 몽골어, 중국어 및 아랍어로 번역되었다. 이 번역서들은 원래의 텍스트에 방대한 주석이 붙었다. 인도 의학은 그리스 의학보다 일찍 발전되었으며, 서양의 처방전

에 등장하는 주요 의학용어에 영향을 주었다.

73) Renou와 Filliozat, op. cit., II, §1619-81; Renou, op. cit., p. 184; Upadhyaya, op. cit., p. 290 seq.; Jain, op. cit., p. 178 seq.; Henry, op. cit., pp. 165 seq., 179 seq., 187, 190, 197, 205; Basham, op. cit., p. 498 seq

74) 죽어가는 사람을 묘사한 다음의 문헌을 참조할 것. 『Harsacarita』, transl. Cowell과 Thomas, p. 140 seq.

75) A. M. Esnoul, 『Les Songes et leur Interprétation』, pp. 223-6

76) 『Vaikhanasa Grhya Sutra』, V, 1, transl. Renou, 『Anthologie sanskrite』, pp. 53-4

77) 이 설명은 의학과 철학이 동등하게 받아들인 동일한 요소들(텅 빈 공간, 바람, 불, 물, 땅)로 우주와 신체가 구성되었다는 믿음과 일치한다. 즉, 신체 내에서 바람, 불, 물이 결합해 생명을 만들고 생명을 유지하게 만드는데, 이러한 관계에서의 부조화는 죽음으로 이끄는 체액을 나오게 한다.

78) 『Raghu Vamsa』, VIII, 90

79) 『Bhagavad Gita』, transl. Edgerton, II, 1-28

80) 미망인은 침통한 마음을 견디지 못해 실신하기도 했다.

81) 『Raghu Vamsa』, VIII, 66-7

82) 좀더 자세한 절차는 다음 책들을 참조할 것. 『Grhya Sutras』: Asvalayana, IV, 1-6과 Paraskara, III, 10; Renou와 Filliozat, op. cit., I, §740-2와 1196 seq.; Jain, op. cit., p. 241 seq.; J. M. Casal과 G. Casal, 『Site urbain et sites funéraires des environs de Pondichéry』, 1956, p. 19 seq., 27, 29, 50 seq.

83) Casal, op. cit., p. 29

84) 사핀다를 위한 기간은 고인의 사회적 지위나 가족간의 관계에 따라 다른데, 보통 10일이며 아무리 짧아도 3일은 된다.

85) Cowell이 편집한 『Jataka』, I, p. 215와 n. 2 참조.

86) 『Manimegalai』, VI, 36-96, transl. Léon Saint-Jean of Karikal, and publ. by Casal, op. cit., p. 51 seq.

87) Asvalayana, 『Grhya Sutra』, IV, 1, 15

88) S. C. Sarkar, 『Some Aspects of the Earliest Social History of India, p. 39 seq 참조. 『Harsacarita』, p. 164도 참조할 것.

89) 유골단지의 성별 구분은 아사발라야나가 쓴 『그리히아수트라』 IV, 5, 2에 자세히 나와 있다. J. M.과 G. Casal이 무트라팔레온에서 발굴한 세 개의 단지(no. IV, XIV, XV)가 돌출된 유방과 남근의 특징을 묘사하고 있다는 사실은 특기할

만하다. 또한 남부 인도 지방의 묘지에서 발굴된 단지들에는 브라만적인 정통
화장의식과는 달리 짐승들이 깨끗하게 갉아먹어 석회의 흔적이 전혀 없는 유
골이 들어 있었다는 점도 특이하다.

사누르의 발굴작업에서도 질그릇으로 만든 다수의 유골단지가 출토되었다.
1950년부터 1952년까지 이루어진 발굴 작업이 자세하게 설명되어 있는
『Ancient India』, no. 15(1959), pp. 10-20 참조.

90) Asvalayana, IV, 5, 1 seq.

91) 『Corpus Inscriptionum Indicarum』, III, p. 92

92) Sarkar, op. cit., pp. 82-3과 186-7; Upadhyaya, op. cit., p. 189; 『The
　　Cambridge History of India』, I, pp. 292-3과 414-15 seq.; Sivaramamurti,
　　『Sanskrit Literature and Art』, p. 89 seq.; Renou, op. cit., §22

93) Upadhyaya, op. cit., p. 204

94) 간디를 비롯한 개혁가들은 헌법이 제정된 후로 과부의 재혼을 허용할 것을 강
　　력히 주장했다.

95) 좀더 상세한 내용은 Renou, op. cit., §23 참조.

96) 같은 책, p. 98

97) 같은 책, §12-15 and 24; 『idem』, 『Anthologie sanskrite』, pp. 208-9

제4장: 수도원의 생활과 은둔자의 삶

1) 『Nayadhammakaha』, ed. N. V. Vaidya, Poona, 1940, I, p. 25 seq. Also
　　『Uttaradhyahana』, 19; Jain, 『Life in Ancient India』, p. 105와 n. 235

2) Transl. Cowell과 Thomas, III, 12 참조.

3) 귓불에 장신구를 치렁치렁하게 달았기 때문이다. 지금은 은둔자들의 명맥이 끊
　　어졌으나 이들의 과장된 의식은 지혜의 상징이었다.

4) 아잔타 석굴 부조(cave XXVI[파리니르바나]) 참조. G. Yazdani, 『Ajanta』, IV, pl.
　　LXXX 참조.

5) 『Asamkiya-j』, no. 76, transl. Cowell, I, p. 186

6) 중국 승려 현장은 이러한 자살에 대해 언급한 바 있다. S. Beal, 『Buddhist
　　Records of the Western World』, I, p. 86 참조.

7) E. Lamotte, 『Histoire du Bouddhisme indien des origines a l'ere caka』,
　　Louvain, 1958, p. 59 seq., 71 seq., 330, 546, 686

8) 『Mahavagga』 제 1부는 비구가 되는 조건과 절차를 설명하고 있다.

9) 우기에는 수계를 행하지 않았다.

10) 『Mahavagga』, V, 1, 28

11) 『Brahmadatta-j』, no. 323, III, p. 53

12) 같은 책, p. 54

13) 『Mahavagga』, II

14) M. Chandra, 'Cosmetics and Coiffure in Ancient India', in 『F.I.S.O.A』., VIII, 1940, p. 76 참조. 『Cullavagga』, V, 14, 2-5; VII, 8, 2; VIII, 8, 2; X, 27, 4; etc 참조.

15) 『Memoires sur les religieux éminents』, transl. E. Chavannes, p. 85 seq 참조. H. D. Sankalia, 『The University of Nalanda』, Madras, 1934 참조.

16) 『Surya siddhanta』(서기 350), XIII, 21 seq와 XI, 8 (transl. B. Deva, 『Bibliotheca Indica』, pp. 90-1과 211) 참조. 중국 승려 의정이 쓴 『A Record of the Buddhist Religion as practised in India and the Malay Archipelago』(서기 671-695), transl. J. Takakusu, p. 144 seq 참조.

17) 『Mahavagga』, IV

18) 너무 염세적이거나 비관적인 사람은 입교를 거부당했다. J. C. Jain, op. cit., p. 193

19) 『S.B.E』., vol. XXII, p. XXII seq.

제3부: 황궁과 귀족의 생활

제1장: 도시 생활과 멋쟁이들

1) 『Kamasutra』 of Vatsyayana, I, 4, 8 seq. Susruta, XXIV (『Cikitsasthana』) 참조. M. Chandra, 'Cosmetics and Coiffure in Ancient India', in 『F.I.S.O.A』., pp. 75, 97 seq., 122도 참조할 것.

2) primarily, the 『Kamasutra』, transl. S. C. Upadhyaya with foreword by M. Chandra, London, 1962 참조. C. Sivaramamurti, 『Sanskrit Literature and Art, Mirrors of Indian Culture』, p. 13 seq 참조. O. Gangoly, 'The Mithuna in Indian Art', in 『Rupam』, nos. 22-3, 1925, p. 54 seq 참조.

3) 『Raghu Vamsa』, XIX, 28

4) 『Arthasastra』 of Kautilya, II, 27

5) 『Kamasutra』 참조. 그러나 Renou는 『La Civilisation de l'Inde ancienne』, §77에서 이러한 견해가 지나치게 문학적이라고 지적했다.

6) 『Vattaka-j』, no. 118, transl. Cowell, I, p. 261

7) 같은 책.

8) 『Takkariya-j』, no. 481, IV, p. 157

9) '64가지의 예술' 목록은 『카마수트라』에 나와 있다. 목록의 다양함이 다소 놀랍기는 하지만, 이 목록이야말로 교양 있는 남녀가 알아야 하는 모든 것을 망라하고 있다고 할 수 있다. 그 내용은 마술, 부적, 변장술, 주문, 사탕과자와 음료수 제조법, 화장품과 향수 제조, 속임수, 수수께끼를 만들어내는 방법에서부터 미술, 약품 제조, 광물학, 사금 채취, 광석 채취 등에 이르기까지 매우 다양하다.

10) 『Atthana-j』, no. 425, III, p. 282 seq.

11) Kanavera-j, no. 318, II, p. 40; 『Sulasa-j』, no. 419, III, p. 261

12) J. Auboyer, 『La Vie publique et privée dans l'Inde ancienne』, fasc. VI, p. 21 seq. Illustrated in Cunningham, 『The Stupa of Bharhut』, pl. XLV, 9; G. Yazdani, Ajanta, II, pl. 38. 다음 유물에서는 시바 신과 파르바티 신이 주사위 놀이를 하는 장면이 무수히 등장한다. Elephanta (서기 6세기), Ellora (서기 7-8세기)

13) 모헨조다로 시대 이후의 발굴현장에서 다수의 상아 주사위가 출토되었다.

14) C. Marcel-Dubois, 『Les Instruments de Musique de l'Inde ancienne』 p. 80 seq.

15) Sivaramamurti, op. cit., pl. XXIV, 80

16) 『Raghu Vamsa』, XIX, 13

17) 쿠샨 왕조 시대 때부터 사용되었다. 『Asokavadana』, VII

18) 아자타사트루 왕은 석가모니의 열반 소식을 이렇게 듣게 된 것으로 짐작된다.

19) 『Kamasutra』. Also 『Harsacarita』, transl. Cowell and Thomas, p. 214

20) 『Kamasutra』

21) 『Visnudharmottaram』, transl. P. Shah, Baroda, 1958

22) 『Silparatna』 of Srikumara 참조. 『Harsacarita』, op. cit., p. 123 참조.

23) 이는 시를 암송하고 토론하기 위해 모인 유미주의자(라시카스) 그룹이었다.

24) 1960년 7월 27일, 인도 의회 부의장은 연설 대신 즉흥시를 낭송한 바 있다.

25) S. Lévi, 『Le Theatre indien』, Paris, 1890; A. B. Keith, 『The Sanskrit Drama in its Origin, Development, Theory and Practice』, Oxford, 1924. 가장 최근의 평론으로는 L. Renou, 『L'Inde classique』, II, §§1845-1903 참조.

26) 특히 『Bharatanatyasastra』 참조.

27) 『Mahabhasya』, VI, 1, 13

28) J. C. Jain, 『Life in Ancient India as depicted in the Fain Canons』, p. 188

29) B. S. Upadhyaya, 『India in Kalidasa』, p. 224

30) 『Samkhadhamana-j』, no. 60, I., p. 147

31) 『Bherivada-j』, no. 59, I, p. 146

32) 『Ghata-j』, no. 454, IV, p. 53

33) Cunningham, op. cit., pl. XXXV, 2 참조. Auboyer, op. cit., pl. 3과 p. 4 참조. 나가르주나콘다에서 최근 발견된 메달에 새겨진 두 명의 레슬링 선수는 바르후트의 유적지에 묘사된 것과 매우 흡사하다.

34) Jain, op. cit., p. 240

35) S. Kramrisch, 『The Art of India』, pl. XVII

36) 『Dubbhaca-j』, no. 116, I, p. 259

37) Jain, op. cit., p. 241

38) 이 마술은 오늘날에도 여전히 공연되고 있다. 사진사들은 이 마술을 필름에 담으려고 시도했지만 속임수가 너무나 완벽해서 끝내 밝혀내지 못했다. 『Surchi-j』, no. 489, IV, p.204에 자세하게 나와 있다

39) 같은 책 참조. A. Foucher의 『Les Vies antérieures du Bouddha』, p. 202도 참조
    하라.

40) 『Dasannaka-j』, no. 401, III, p. 208

41) D. Barrett, 『Sculptures from Amaravati』, pl. XXVII; Yazdani, op. cit., II, pl. X
    b

42) 『Harsacarita』, op. cit., V, 170

43) 『Harivamsa』, transl. M. A. Langlois, II, p. 93 seq.

44) Auboyer, op. cit., p. 9

제2장: 황궁과 그 주변의 생활

1) 라구 왕조 XIV, 7에서는 둥글고 작은 창문에 대해 언급하고 있다. 왕은 이 창으
   로 다리 한쪽을 내놓는다. 신하들이 자신을 볼 수 있게 하고, 그들로부터 온당한
   존경을 받고 싶었기 때문이다.

2) 『Brhad Purana』, III, 74. 라구 왕조, I, 35에서는 발기부전으로 고생하는 왕에게
   은거하면서 단식을 하고, 우유 다이어트를 해야 한다고 권하고 있다. 왕비들의
   불륜에 대해서는 『Kalingabodhi-jataja』, no. 479, Cowell, IV, p. 142 참조.

3) 마누법전, IX, 65

4) 『Mahabharata』, Udyoga Parva, 38, 43 참조. 『Ramayana』, Ayodhya, ch. 68-9 참조.

5) 이런 식의 자살 방법, 특히 첫 번째 방법은 특히 중앙 인도의 중세 시대에 몇몇
   왕들이 감행했다.

6) 『Suruci-j』, no. 489, IV, p. 203; 『Sarabhanga-j』, no. 522, VI, p. 66

7) 『Harsacarita』, IV (143), transl. Cowell과 Thomas, pp. 111-12

8) E. Senart, 『Essai sur la legende du Bouddha』, p. 300 and n.

9) 『Vessantara-j』, no. 547, VI, p. 251

10) Senart, loc. cit., p. 300 and fn.

11) 『Ramayana』, loc. cit., 59

12) J. Auboyer, 'Quelques réflexions à propos du cakra comme arme de guerre',
    『Arts asiatiques』, XI, 1 (1965)

13) Moti Chandra, 'Cosmetics and Coiffure in Ancient India', in F.I.S.O.A., VIII,
    1940, p. 73 참조. R. Fick, 『Die soziale Gliederung...』 pp. 287-8 참조.
    『Gangamala-j』, no. 42, III, p. 269 참조. 『Sigala-j』, no. 152, II, p. 4 참조.

『Illisa-j』, no. 78, I, p. 200 참조.

14) 『Gangamala-j, loc. cit.

15) 『Supparaka-j』, no. 463, IV, p. 87

16) 『Makhadeva-j』, no. 9, I, p. 31

17) 왕의 의복으로는 히말라야산 모피, 털가죽, 네팔과 다른 지역에서 나온 피륙, 모직 담요, 바나라스에서 직조한 '빛나는 돌 표면처럼 부드러운' 멋진 옷, 중국에서 수입한 비단, 인도의 직물 중심지에서 나온 가벼운 양모 직물 등이 있었다. Chandar, loc. cit., p. 81 참조.

18) A. Foucher, 『Les Vies anterieures du Bouddha』, p. 104 seq.

19) G. Yazdani, 『Ajanta』, IV, pl. V

20) 『Jataka』 no. 418, III, p. 258

21) 『Jataka』 no. 537, cited by Foucher, op. cit., p. 287

22) Yazdani, op. cit., III, pl. LXVI

23) 타일랜드와 라오스 왕실에서는 지금도 흰색 코끼리를 선발한다.

24) 『Alinacitta-j』, II, p. 16

25) 『Mahajanaka-j』, no. 539, VI, p. 27

26) 산치, 바르후트, 바자 지방의 유적에 자세히 묘사되어 있다.

27) 고대 인도문학은 어느 것이나 국가의 코끼리가 지닌 중요성을 강조했다.

28) 『Giridanta-j』, no. 184, II, pp. 67-8 참조. Foucher, 'Deux jataka sur ivoire', in 『India Antiqua』, 1947 참조. Hackin, 『Nouvelles recherches archéologiques à Begram...』, p. 84 참조.

29) 『Kurudhamma-j』, no. 276, II, p. 258

30) 1947-8년에 런던에서 개최되었던 인도 예술 박람회의 카탈로그 pl. XIX (no. 111) 참조.

31) Foucher, loc. cit.

32) Bhartut, Bodhgaya, Sanchi, etc.

33) 이와 같은 관습은 쿠샤나 왕조와 굽타 왕조시대부터 존재했다. Luders in 『Epigraphia Indica』, XXIV, p. 194 seq와 Bhandarkar의 같은 책, XXI, p. 4 seq 참조. V. S. Agrawala, 마투라 박물관 카탈로그, III, pp. 38-45 참조. C. Sivaramamurti, 『Sanskrit Literature and Art』, p. 90 seq 참조.

34) 『Harsacarita』, II(68), p. 49

35) 『Arthasastra』, II, 18

36) V. Dikshitar, 『War in Ancient India』, p. 16 seq와 pp. 214-15

37) 바르후트의 난간 장식에 화살을 펴는 장면이 묘사되어 있다.
    A. Coomaraswamy, 『La Sculpture de Bharhut』, pl. XLVII, fig. 200 참조.

38) 『Arthasastra』, II, 11 참조. Chandra, op. cit., p. 82 seq 참조.

39) Foucher, op. cit., p. 104 참조. Sir A. Cunningham, 『The Stupa of Bharhut』,
    pl. XLV, 7 참조.

40) 『Ancient India as described by Megasthenes...』, transl. J. W. McCrindle, pp.
    71-2

41) J. Auboyer in Hackin, op. cit., p. 73

42) 다른 형태의 방석에 대해서는 Auboyer, 『Le Trône et son symbolisme dans
    l'Inde ancienne』, pp. 9-45 참조.

43) 『Raghu Vamsa』, XIX, 4-36

44) 같은 책, 48-54

45) 봄철이면 여인들은 꽃을 피우도록 하기 위해 정원에 가서 오른발로 아소카 나
    무를 만졌다. 이는 문학과 미술작품에 자주 등장하는 주제이다.

46) 『Sakuntala』, act V, scene III. See Sivaramamurti, 『Amaravati Sculptures...』, p.
    100 and pl. VII, fig. 14

47) 『Raghu Vamsa』, XVI

48) Depicted at Ajanta, cave XVII: Yazdani, IV, pl. X

49) 『Mahabharata』, IV, 8, 16; 『Saundarananda』, IV, 26

50) 면도기는 '크쉬라' 라고 불렸다. 『Atharva Veda』, VI, 68 참조. 족집게는 '산다
    사가' 라고 불렸다. J. C. Jain, 『Life in Ancient India...』 참조.

51) 손톱을 정리해주는 사람(나카체다나)에 대해서는 『Cullavagga』, V, 27, 2 참조.
    남자나 여자나 모두 손톱 정리에 특별한 관심을 기울였다. 특히 왼손 손톱은 길
    게 기르는 것이 허용되었는데, 잘 관리하여 청결하고 윤기 있게 관리해야 했다.
    불교 승려들은 손톱을 이빨로 물어뜯거나 벽에 문질러 관리하는 것을 계율로
    금지했다.

52) 면봉은 '칸나말라하라니' 라고 불렸다. 『Cullavagga』, V, 27, 6 참조. 청동으로
    만든 면봉이 탁실라 지방의 유물 발굴작업에서 발견되었다. 『A.S.I., A.R』.,
    1914-15, p. 17, pl. XXIV, 34와 p. 23, pl. XXIV, 28 참조.

53) 테라코타로 만든 안마 도구 역시 탁실라 지방 유물 발굴작업 도중 발견되었다.
    op. cit., 1915-16, p. 15, pl. VIII 참조.

소의 뼈로 만든 안마도구는 『Cullavagga』, X, 10, 2 참조.

54) 과일 모양의 용기도 있었다. 『A.S.I., A.R.』, 1902-3, p. 184 참조.

55) 탁실라 지방의 유물 발굴작업에서 이러한 종류의 향수 분무기가 발견되었다. op. cit., 1928-9, p. 52 참조.

56) '파트랑굴리' 라고 불렀다. 『Saundarananda』, IV, 13-16 참조.

57) 탁실라 지방 유물 발굴작업에서 발견되었다. 『A.S.I.』, A.R., 1914-15, p. 20, pl. XXIV, 29 참조.

58) 머리빗(파니하 프라사다니)은 상아, 나무, 철, 동물의 뼈 또는 뿔로 만들었다. 『A.S.I., A.R.』, 1926-7, p. 119 참조. op. cit., 1928-9, p. 51, pl. XXI, 13-14 참조. G. P. Majumdar in 『Indian Culture』, I, 4, p. 663 참조. Sivaramamurti, 『Amaravati Sculptures』, p. 120 참조.

59) 『Agni Purana』, CXXIV, 41

60) 향유의 구성 성분은 『Agni Purana』, CCXXII, 33에 나와 있다.

61) Susruta, 『Samhita』 (Chandra의 책에서 인용)

62) 라크나우 박물관(소장품 no, J 278) 참조. 1947-8년 런던에서 개최된 인도 문화 예술 박람회 카달로그 pl. VIII, no. 53 참조.

63) Susruta, 『Samhita』, XXIV, 4

64) Sivaramamurti, 『Amaravati Sculptures』, p. 139

65) 『Raghu Vamsa』, VII, 7. See also B. S. Upadhyaya, 『India in Kalidasa』, p. 207 and n. 2

66) '아갈로쿰' 이라고 불렀다.

67) '비세샤카' 또는 '박티' 라고 부르는 이러한 문양은 인도의 문헌에 자주 등장한 다. Chandra, op. cit., passim. 라지푸타나 지방과 마투라 지방에서는 결혼식 때 이러한 문양을 찍기도 했다.

68) 이러한 종류의 장식은 바르후트(Bharut)의 부조에 자세히 묘사되어 있다. Coomaraswamy, loc. cit., pl. XXX와 Upadhyaya, loc. cit,. p. 206과 n. 21 참 조. 디자인은 상당히 다양했는데, 태양, 달, 별, 삼지창, 코끼리, 갈고리, 꽃, 멋 진 나뭇잎, 다양한 상징물, 단순한 점들의 패턴을 상징했다.

69) 얼굴의 윤곽을 우아하게 만들어주고, 얼굴빛을 활짝 핀 연꽃처럼 만들기 위해 사용한 이 반죽은 피부에도 좋다고 여겨졌다. 『Susruta』, pp. 40-1 참조.

70) 검은색 안자나는 '칼라나야나', 회색은 '카잘라', 노란색은 '라산자나', '소타 안자나', '게루카' 라고 불렀다. Chandra, op. cit., p. 77

71) Chandra, op. cit., pp. 104-5

72) 같은 책, p. 78

73) '안지니' 라고 불렀다. Jain, op. cit., p. 105와 no. 235

74) 『Mahavagga』, VI, 2, 1

75) 『Bharata Natyasastra』, XXIII, 28-33. 붉은 입술연지를 담아두는 작은 상자가 탁실라 지방에서 발굴되었다. 『A.S.I., A.R』., 1928-9, p. 52

76) 이러한 장면은 마투라 지방 유적의 부조나 베르그람 지방의 상아 조각품에 잘 묘사되어 있다. Hackin, 『Recherches archéologiques à Begram』, pl. VIII, no. 53 참조.

77) 아잔타 석굴 부조에 자세히 묘사되어 있다.

78) 바르후트와 산치의 스투파에 묘사되어 있다.

79) Auboyer in Hackin, 『Nouvelles recherches archéologiques à Begram...』, p. 64, pl. C(f)

80) Sivaramamurti, 『Sanskrit Literature and Art...』, pp. 30-35, 『Amaravati Sculptures』, pp. 106-7. 다양한 헤어스타일마다 각각 이름이 있었다.

81) 애교점의 형태와 위치는 다양했다.

82) 황금으로 만든 거울(팔리어로 무크라, 또는 아다사)에 대해서는 『Raghu Vamsa』, XVII, 26 참조. Upadhyaya, op. cit., p. 207 참조. G. Rao, 『Elements of Hindu Iconography』, I, 1, p. 12 참조. K. de B. Codrington, 'The Minor Arts of India', in 『Indian Art』, p. 177과 『Indian Antiquary』, LIX, August 1930 참조. 『A.S.I., A.R』., 1915-16, pl. IX, 3과 101(pp. 16-17), 그리고 pl. XV(p. 20) 참조.

83) 이러한 거울은 폼페이 유적지에서도 발견되었다. A. Maiuri, 'Statuetta eburnea di arte indiana a Pompeii', in 『Le Arti』, I, 2, pp. 111-15(Florence, 1939) 참조. Hackin, op. cit., pp. 41-2 참조.

84) Sivaramamurti, 『Amaravati Sculptures』, pp. 107-16 참조. K. K. Ganguly, 'Early Indian Jewellery', in 『Indian Hist. Quart』., XVIII, 1 (March 1942), p. 110 seq 참조. G. P. Majumdar, 『Indian Culture』, I, 1, p. 664 참조. Upadhyaya, op. cit., p. 203. Many details are provided in 『Sukra Nitisara』 참조.

85) 『Raghu Vamsa』, XIII, 23

86) J. M. Casal, 『Fouilles de Virampatnam-Arikamedu』, pl. XIII A, and p. 29

87) 『Raghu Vamsa』, V, 74

88) 서사시 및 고전 인도문학에서 시적인 묘사로 자주 등장하는 유명한 장면이다.

89) Hackin, op. cit., fig. 30 b; Upadhyaya, op. cit., p. 254

90) Hackin, op. cit., fig. 667

91) 같은 책, figs. 22, 25, 659, 660

92) J. P. Vogel, 『La Sculpture de Mathura』, pl. XIXa; Hackin, loc. cit., fig. 667

93) Hackin, op. cit., p. 70

94) 『Stereospernum suaveolens』(Bignonia) 참조. 『Raghu Vamsa』, XIX, 46 참조.

95) Hackin, op. cit., p. 79 (pl. E, fig. f and j)

96) 『Mahasara-j』, no. 92, I, p. 225

97) 『Raghu Vamsa』, XIX, 9 and 10; XVI, 56과 66

98) Hackin, op. cit., fig. 140

99) Sivaramamurti, 『Sanskrit Literature...』, p. 42; Auboyer, 『La Vie publique et privee...』, VI, pp. 4-5 and pl. III, 2; 『Raghu Vamsa』, XVI, 83; 『Nalinika-j』, no. 526, V, p. 102

100) C. Marcel-Dubois, 『Les Instruments de musique de l'Inde ancienne』, pl. XXXIX, 1

101) Hackin, op. cit., p. 62와 n. 10 참조. 『Buddhacarita』, III, 12; 『Ratnavali』, act II, 3 참조. Sivaramamurti, 『Amaravati Sculptures』, p. 100

102) Kautilya, I, 19; 『Dasakumara』, VIII; Manu, VIII, 145 seq., 216 seq.; 『Mahabharata』, XV, 5; Yogayatra, II, 17 seq., etc.

103) Chandra, op. cit., p. 121, citing Bana's 『Kadambari』

104) A. H. Longhurst, 『Nagarjunakonda』, pl. XXXVI, b

105) 그러나 이 가르침을 따르지 않은 후대의 왕들도 있었다. Foucher, op. cit., pp. 284-7. 『Jataka』, no. 220, II, p. 136, n.

106) 위대한 왕 아소카를 비롯한 소수의 왕들을 제외한 다른 왕들은 사냥을 금지하는 것을 못마땅하게 생각했다. 그들은 크샤트리아로서 전쟁이든 사냥이든 무기를 사용하는 것을 중요하게 여겼다. 일반적으로 가장 이상적인 왕의 이미지는 전사와 용감한 사냥꾼의 이미지였다.

107) 『Raghu Vamsa』, V, 50; IX, 49-53, 60, 65, 67, etc.

제3장: 왕의 공적생활: 최고 권력자의 화려함

1) 『Divyavadana』, II, 27-9

2) 『Ramayana』, II, 3, 1 seq.

3) 이 과정은 불가피하게 요약하기로 한다.

4) J. Auboyer, 'L'Arc et la Fléche dans l'iconographie ancienne de l'Inde', in 『Artibus Asiae』, XIX, 3-4, 1956, pp. 173-85

5) 이 절차는 프놈펜 박물관 소장품인 Khmer lintel의 Vat Eng Khna에 잘 묘사되어 있다. 『Histoire des Religions』, 1960, II, p. 289 참조.

6) 이 사냥은 다분히 형식적인 것으로 신하들에 대한 왕의 종주권을 상징하는 것으로 짐작된다.

7) Auboyer, 『La Vie publique et privee dans l'Inde ancienne』, p. 25

8) 왕은 형제들에게 나무 검을 주었고, 형제들은 그것을 봉건영주에게 주었으며, 영주는 그것을 치안책임자에게 건네주었다. 치안책임자는 그것을 왕과 같은 부족에서 태어난 사람에게 맡겼다. 그리고 제주를 행하는데, 10명의 남자가 동시에 다른 잔으로 술을 마신다.

9) Auboyer, 『Le Trône et son symbolisme dans l'Inde ancienne』, p. 153 seq.

10) 『Agni Purana』, CIX; L. Renou와 J. Filliozat, 『L'Inde classique』, I, §§1114-15 (p. 341); pavitrananda, 'Pilgrimages and Fairs: their bearing on Indian Life', in 『The Cultural Heritage of India』, III, p. 153 seq.

11) 이러한 순례여행은 초기 시대의 발굴작업에서 분명하게 드러난, 축원 제물을 만들어내는 산업의 번영을 가져왔다는 점에서 특기할 만하다.

12) V. R. R. Dikshitar, 『War in Ancient India』, pp. 201 seq., 217 seq., 300 seq., 337 seq.; Renou, 『La Civilisation de l'Inde ancienne』, §§53, 63, 69

13) 『Arthasastra』, II, 32

14) Arrian in 『Ancient India as Described by Megasthenes and Arrian』 (transl. J. W. McCrindel), XVI

15) 『Raghu Vamsa』, IV, 42

16) 같은 책, IV, 45

17) 예를 들어 무지개가 떴을 경우.

18) 『Atharva Veda』, XIX, 20

19) 『Raghu Vamsa』, V, 42

20) Dikshitar, op. cit., p. 67 seq. and p. 91

21) P. E. Dumont, 『L'Asvamedha』, 1927

22) A. L. Basham, in 『Journal of the Andhra Historical Research Society』, X, p. 14

23) Dumont, op. cit., p. x

24) Auboyer, 『Le Trone et son symbolisme...』, p. 136 and n. 2』

주요지침서

A.S.I.: 『Archaeological Survey of India』(Delhi)
A.S.I.A.R.: 『Archaeological Survey of India』(Annual Reports)
J.I.S.O.A.: 『Journal of the Indian Society of Oriental Art』(Calcutta)
S.B.E.: 『Sacred Books of the East』(Oxford)

산스크리트 텍스트와 팔리어 텍스트 번역본

『Artha-sastra』 of Kautilya: rev. and ed. by Dr R. Shama Sastry, Mysore, 1929.

『Atharva-veda samhita』: tr. W. D. Whitney, 『Harvard Oriental Series』, VII and VIII. Cambridge, Mass., 1905.

『Bhagavad-gita』: tr. F. Edgerton, 2 vols. Cambridge, Mass., 1952.

『Buddha-carita』 of Asvaghosa: ed. and tr. E. B. Cowell. S.B.E., XLIX, 1894.

『Brhat-samhita』 of Varahamihira: ed. and tr. M. S. Dvivedi. Banaras, 1895-7.

『Culla-vagga』: ed. F. Max Müller. S.B.E., XVII and XX, 1882, 1885.

『Digha-nikaya』: 'Dialogues of the Buddha', tr. from the Pali by T. W. and C. A. F. Rhys Davids. 3 vols. London, 1899-1921.

『Grhya-sutra』: 『The Grihya-sutras』, tr. H. Oldenburg and F. Max Müller. S.B.E., XXIX and XXX, 1886, 1892.

『Hari-vamsa』 (suppl. to 『Maha-bharata』): tr. into French by M. A. Langlois. 2 vols. London, 1834-5.

『Harsa-carita of Bana』: tr. E. B. Cowell and F. W. Thomas. Cambridge, 1897.

『Jataka: The Jataka or Stories of the Buddha's former births』, ed. E. B. Cowell with a commentary, and tr. 'by various hands'. 6 vols. Cambridge, 1895-1907.

『Kadambari』 of Bana and Bhusanbhatta: tr. (abridged) C. M. Ridding. Royal Asiatic Society. London, 1896.

『Kama-sutra』 of Vatsyayana: tr. S. C. Upadhyaya. London, 1962.

『Maha-bharata: The Mahabharata』, tr. P. Roy. 10 vols. Calcutta, 1884-1896.

『Mahabharata』 (selections) tr. C. Arnold. London, 1920.

『Maha-vagga』: tr. from the Pali by T. W. Rhys Davids and H. Oldenberg. S.B.E., XIII and XVII, 1881, 1882.

『Maha-vamsa』 of Mahanama: tr. from the Pali by W. Geiger. London, 1958(reprint).

『Maha-vastu: Mahavastou』, tr. into French by E. Senart. 3 vols. Paris, 1882.

『Manuy-smrti (Manava-dharma-sastra): The Laws of Manu』, tr. G. Buhler. S.B.E., XXV, 1886.

『Milinda-panha』: 'The Questions of King Milinda', tr. from the Pali with intro. by T. W. Rhys Davids. S.B.E., XXV and XXVI, 2 vols., 1890-4.

『Mrcchakatika』 of Sudraka: 'The Little Clay Cart, attributed to King Shudraka', tr. A. W. Ryder. Cambridge, Mass., 1905.

『Raghu-vamsa of Kalidasa: Raghu Vamsha』, tr. Sir Wm. Jones. Calcutta, 1901.

『Ramayana』 of Valmiki: 『The Ramayan of Valmiki』, tr. T. H. Griffith. 5 vols. London, 1870-4.

『Sakuntala』 of Kalidasa: ed. and tr. R. Pischel. London, 1877.

『Visnu-dharmottara』: 'A Treatise on Indian Painting and Image-making' (Part III, a selection), tr. Stella Kramrisch. Calcutta, 1928.

총서와 선집

『Corpus Inscriptionum Indicarum: Inscriptions』 vol. I, ed. E. Hultzsch (『Asoka』), London, 1925; vol. II, ed. S. Konow (『Kharosthi』), London, 1929; vol. III, ed. J. F. Fleet (『Early Gupta Kings』), London, 1888.

『Epigraphia Indica』: various editors (publ. as supplement to Indian 『Antiquary』 by Government of India). 27 vols. Calcutta and Delhi, 1892-(in progress).

『Harvard Oriental Series』: various editors and translators. Cambridge, Mass., 1895-(in progress).

『Sacred Books of the East』: publ. under the direction of F. Max Müller. 50 vols. Oxford, 1879-1900.

Renou, Louis. 『Anthologie sanskrite』, Paris, 1947.

역사와 문명

Altekar, A. S. 『State and Government in Ancient India.』 Banaras, 1949.

Auboyer, J. 'L'Asie orientale', in 『Histoire générale des civilisations』 (dir. M. Crouzet): I, pp. 537-636, Paris, 1953; II, pp. 603-700, Paris, 1954; III, pp. 54-71, Paris, 1955.

Basham, A. L. 『The Wonder that was India』 (a survey of the culture of the Indian sub-continent before the coming of the Muslims). London, 1954; New York, 1954 and 1959.

Beal, S. (tr.) 『Si Yu Ki. buddhist Records of the Western World』, 2 vols. London, 1883.

Foucher, Alfred. 『The Life of the Buddha』, tr. from the French by S. B. Boas. Middletown, Conn., 1963.

Grousset, R. 『Sur les traces du Bouddha』, Paris, 1949.

Hutton, J. H. 『Caste in India』, Cambridge, 1946.

Lamatte, E. 『Histoire du Bouddhisme indien des origines à l'ère saka』, Vol. I. Louvain, 1958.

Lamotte, E. 『The Spirit of Ancient Buddhism』, Venice, 1962.

McCrindle, j. W. (tr.). 『Ancient India as described by Megasthenes and Arrian』, 6 vols. Calcutta, 1877-1901.

Majumdar. R. C. and Altekar, A. S. The 『Vakataka-Gupta Age』 (c. A.D. 200-550). Lahore, 1946.

Mookerji, R. K. 『Chandragupta and his Time』, Delhi and Bombay, 1952.

Munshi, K. M. 『The Age of Imperial Unity』 (vol. II of 『The History and Culture of the Indian People』). Bombay, 1951.

Naudou, J. 'L'Inde', in 『Histoire Universelle』, Encylopédie de la Pléiade, Vol. I, pp. 1411-1519. Paris, 1956.

Nikam, N. A. and McKeon, R. (ed. and tr.). 『The Edicts of Asoka』, Chicago, 1959.

Nilakanti Sastri, K. A. 『The Age of the Nandas and Mauryas』, Banaras, 1952.

Przyluski, J. (tr.). 『La légende de l'empereur Acoka (Acoka-Avadana)』, Annales du Musée Guimet. XXXII. Paris, 1923.

Rapson, E. J. 『Ancient India』 (vol. I of 『Cambridge History of India』). Cambridge, 1922-37.

Rawlinson, H. G. 『Intercourse between India and the Western World, from the

Earliest Times to the Fall of Rome』, Cambridge, 1926(2nd ed.).

Raychaudhuri, H. 『Political History of Ancient India』, Calcutta, 1953(6th ed.).

Renou, L. and Filliozat, J. 『Classical India』, tr. P. Spratt. 3 vols. issued. Calcutta, 1957-(in progress).

Takakusu, J. 『A Record of the Buddhist Religion as practised in India and the Malay Archipelago, by I-tsing』, Oxford, 1896.

Warmington, E. H. 『Commerce between the Roman Empire and India』, Cambridge, 1928.

Watters, T. 『On Yuan Chwang's Travels in India』, 2 vols. London, 1904-5.

일상생활

Acharya, P. K. 'Villages and Towns in Ancient India', 『Law Volume』 II (1946), pp. 275-84.

Agrawala, V. S. 『India as Known to Panini』, Lucknow, 1953.

Auboyer, J. 'Les jeux et les jouets', no. VI in series 『La Vie publique et privée dans l'Inde ancienne』, Musée Guimet, Paris, 1955.

Auboyer, J. 'La Vie privée dans l'Inde ancienne d'après les ivoires de Begrâm', 『Mémoires de la délégation française en Afghanistan』, pp. 61-82. Paris, 1939-40.

Chandra, M. 'Cosmetics and Coiffure in Ancient India', 『F.I.S.O.A.』, VIII, 1940, pp. 62-145.

Chandra, M. 'The History of Indian Costume from the First Century A.D. to the Beginning of the Fourth Century', 『F.I.S.O.A.』, VIII, 1940, pp. 185-224.

Codrington, K. de B. 'The Culture of Mediaeval India as illustrated by the Ajanta Frescoes', 『Indian Antiquary』, LIX, August 1930, p. 159 seq.; Sept. 1930, p. 169 seq.

Dikshitar, V. R. R. 『War in Ancient India』, 2nd ed. Madras, 1948.

Ganguly, K. K. 'Early Indian Jewellery', 『Indian Historical Quarterly』, XVIII, 1 (March 1942), p. 46 seq., and XVIII, 2 (June 1942), p. 110 seq.

Gode, P. K. 'The Indian Bullock-Cart: its prehistoric and Vedic ancestors', 『The Poona Orientalist』, V (1940), pp. 144-51.

Gode, P. K. 'The Role of the Courtesan in the Early History of Indian Painting',

『Ann. Bhandarkar Inst』, 1946, pp. 288-302.

Gode, P. K. 'Carriage-Manufacture in the Vedic Period and in Ancient China in 1121 B.C.' , 『Ann. Bhandarkar Inst』, 1946, pp. 288-302.

Gurner, C. W. 'The Fortress Policy in Kautilya's Arthasastra' , 『Indian culture』, VIII (1941-2), p. 251 seq.

Jain, J. C. 『Life in Ancient India as depicted in the Fain Canons』, Bombay, 1947.

Law, B. C. 『India as described in Early Texts of Buddhism and Fainism』, London, 1941.

Majumdar, G. P. Series of essays in 『Indian Culture』: 'Man's Indebtedness to Plants: Dress and other personal Requisites in Ancient India' (I, 4, April 1935, pp. 651-66). 'Furniture' (II, 1, July 1935, pp. 67-76; and II, 2, Oct. 1935, pp. 271-6 and 277-90). 'Health and Hygiene' (II, 4, April 1936, pp. 653-4). 'Hearth and Home' (III, 1, July 1936, pp. 71-88; and III, 3, Jan. 1937, pp. 431-54). 'Domestic Rites and Rituals' (III, 4, April 1937, pp. 605-12).

Majumdar, R. C. 『Corporate Life in Ancient India』, Poona, 1922.

Meile, P. 'Les Yavanas dans l'Inde tamoule' , 『Journal Asiatique』, 1940-1, 1, pp. 85-125.

Mehta, J. 『Sexual Life in Ancient India』, London, 1953.

Mookerji, P. K. 'Social and Economic Data in Asokan Inscriptions' , 『Indian Culture』, XI, 1945-6, p. 141-4.

Mookerji, P. K. 『Ancient Indian Education, Brahmanical and Buddhist』, London, 1947.

Mukerjee, R. K. 『The Culture and Art of India』, London, 1959.

Naik, A. V. 'Studies in Nagarjunakonda Sculptures' , 『Bull. Deccan Col』, II, 1941, pp. 50-118, 263-300.

Puri, B. No. 'Toilet and Treatment of Hair in the Kusana Period' , 『Indian Culture』, XII, 1945-6, p. 166 seq.

Saletore, R. N. 『Life in the Gupta Age』, Bombay, 1943.

Sarkar, S. C. 『Some Aspects of the Earliest Social History of India』, London, 1928.

Sengupta, P. 『Everyday Life in Ancient India』, Bombay, 1955.

Sivaramamurti, C. 'Samskaras in Sculpture', 『Arts asiatiques』, II, 1955, 1, pp. 3-17.

Sivaramamurti, C. 'Sanskrit Literature and Art, mirrors of Indian Culture' . 『A.S.I.

Memoirs』, 73. Calcutta, 1955.

Upadhyaya, B. S. 『India in Kalidasa』, Allahabad, 1947.

일반서

Auboyer, J. 'Le Trône et son symbolisme dans l'Inde ancienne', 『Annales du Musée Guimet』, LV. paris, 1949.

Auboyer, J. 『Arts et styles de l'Inde』 (coll. 'Arts, Styles et Techniques', Larousse). Paris, 1951.

Coomaraswami, A. K. 『Yaksas』, 2 vols. Washington, D.C., 1928-31.

Dumont, P. E. 『L'Asvamedha, Description du sacrifice solennel du cheval dans le culte védique』, Paris, Louvain, 1927.

Fergusson, J. 『Tree and Serpent Worship』, London, 1873.

Henry, V. 『La Magie dans l'Inde antique』, Paris, 1904.

Keith, A. B. 『The Sanskrit Drama and its Origin, Development, Theory and Practice』, Oxford, 1924.

Levi, S. 『Le Théâtre indien』, Paris, 1890.

Marcel-Dubois, C. 『Les Instruments de musique dans l'Inde ancienne』, Paris, 1941.

Renou, L. 'La Maison védique', 『Journal asiatique』, CCXXXI, Oct.-Dec. 1939, p. 481 seq.

Shastri, D. 'Altars, diagrams, etc., in the ritual of ancestor worship', 『F.I.S.O.A.』, VIII, pp. 166-73.

Viennot, O. 'Le Culte de l'arbre, dans l'Inde ancienne', 『Annales du Musée Guimet』, LIX. Paris, 1954.

Vogel, J. P. 『Indian Serpent-lore or the Nagas in the Hindu Legend and Art』, London, 1926.

고고학 관련서적: 예술분야

Acharya, P. K. 'Hindu Architecture and Sculpture', 『Indian Culture』, VIII, 1941-2, 2-3, pp. 175-82; 369-72.

Barrett, D. 『Sculptures from Amaravati in the British Museum』, London, 1954.

Coomaraswami, A. K. 『History of Indian and Indonesian Art』, London, 1927.

Coomaraswami, A. K. 'Indian Architectural Terms', 『Journal of Oriental Asiatic Society』, XLVIII, 3, pp. 250-75.

Coomaraswami, A. K. 'Early Indian Architecture', 『Eastern Art』, III, 1930-1.

Cunningham, Sir A. 『The Stupa of Bharhut』, London, 1879.

Dikshit, K. N. 'Excavations at Paharpur, Bengal', 『A.S.I. Memoirs』, 55. Delhi, 1938.

Foucher, A. and Marshall, Sir J. 『The Monuments of Sanchi』. 3 vols. Calcutta, 1940.

Griffiths, J. 『The Paintings of the Buddhist Cave Temples of Ajanta』, London, 1896-7.

Hackin, J. and R. 『Recherches archéologiques à Begram』, 『Mémoires de la Délégation archéologique française en Afghanistan』, IX. Paris, 1939.

Hackin, J., Carl, J. and Hamelin, P. 'Nouvelles recherches archéologiques à Begram (ancienne Kapici), 1939-40' followed by comparative studies by J. Auboyer, V. Elisseeff, O. Kurz, P. Stern, 『Memoires de lar Délégation archéologique française en Afghanistan』, XI. 2 vols. Paris, 1954.

Kramrisch, S. 『The Art of India: traditions of Indian Sculpture, Painting and Architecture』, London, 1954.

Kramrisch, S. 『The Hindu Temple』, 2 vols. Calcutta, 1946.

Longhurst, A. H. 'The Buddhist Antiquities of Nagarfunakonda, Madras presidency', 『A.S.I. Memoirs』, 54. Delhi, 1938.

Marshall, Sir J. 'Excavations at Bhita', A.S.I.A.R., 1911-12, p. 32 seq.

Ramachandran, I. N. 'Buddhist Sculptures from a stupa near Goli Village, Guntur district', 『Bull. Madras Gov. Museum』, new series, I, 1. Madras, 1929.

Ramachandran Rao, P. R. 『The Art of Nagarjunakonda』, Madras, 1956.

Sivaramamurti, C. 'Amaravati Sculptures in the Madras Government', 『Bull. Madras Gov. Museum』, new series, IV. Madras, 1942.

Smith, V. A. 『History of Fine Art in India and Ceylon』, 2nd ed., revised by K. de B. Codrington. Oxford, 1930.

Vogel, J. P. 『La Sculpture de Mathura』, vol. XV of 'Ars Asiatica', Paris, 1930.

Yazdani, G. 『Ajanta』, 3 vols. London, 1930.

고대 인도의 일상생활

첫판 1쇄 펴낸날 2004년 12월 6일

기획 박민영 ｜ 편집 김태희 ｜ 마케팅 이희웅
펴낸곳 도서출판 우물이 있는 집
펴낸이 김재범

출판등록 2001년 7월 25일 제 10-2191호
주소 마포구 연남동 562-48 102호
전화 02-334-4844 팩시밀리 02-334-4845 E-mail woomulhouse@hanmail.net

값 16,000원
ISBN 89-89824-30-3 03910